2005 年 4 月 25 日の事故現場　© 朝日新聞社

それでも人生にYesと言うために

JR福知山線事故の真因と被害者の20年

柳田邦男

文藝春秋

図1　快速電車運行の経過(伊丹駅出発から脱線まで)

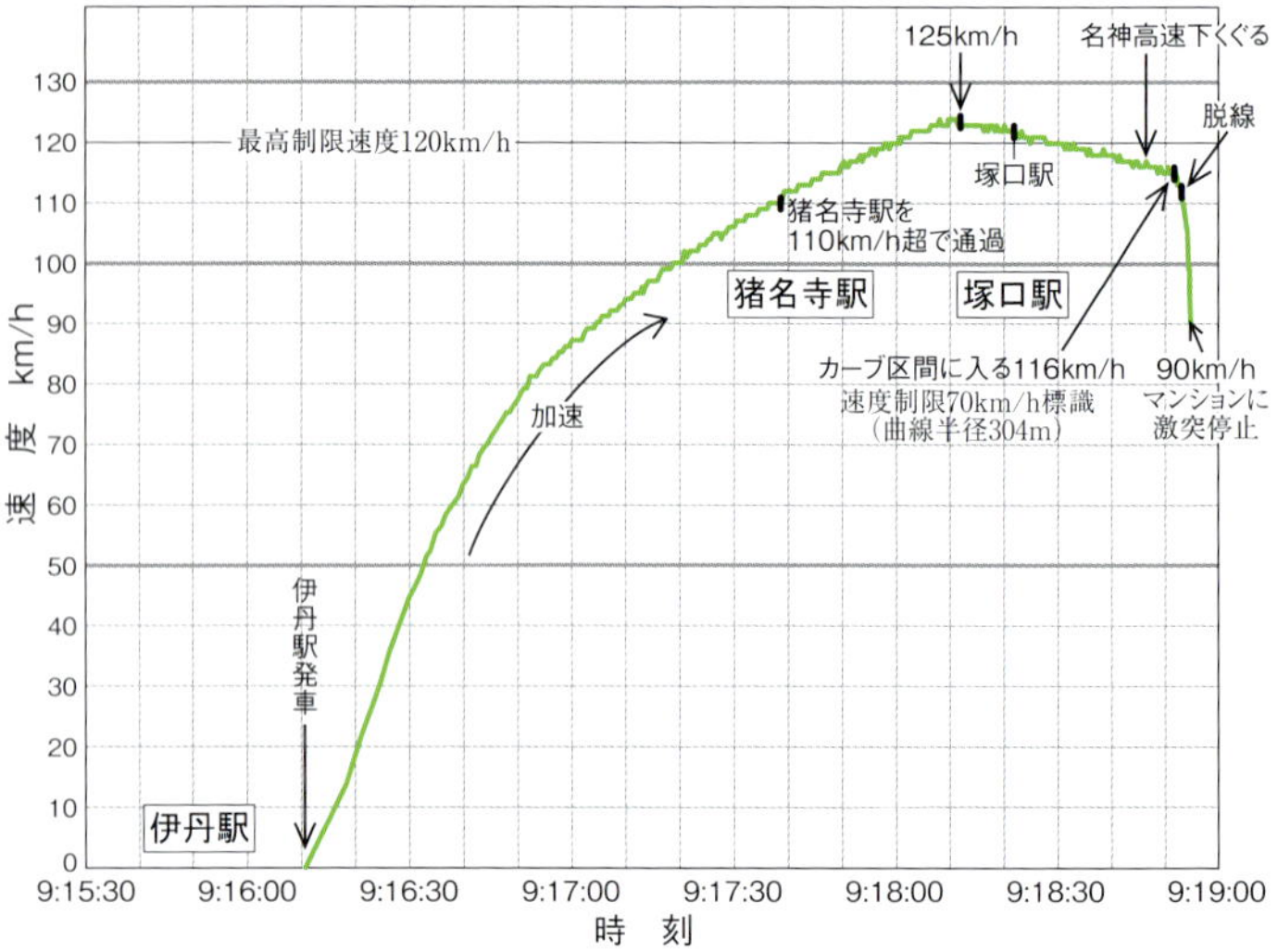

(航空・鉄道事故調査委員会の報告書の図を著者が簡略化)

図2　事故現場周辺地図

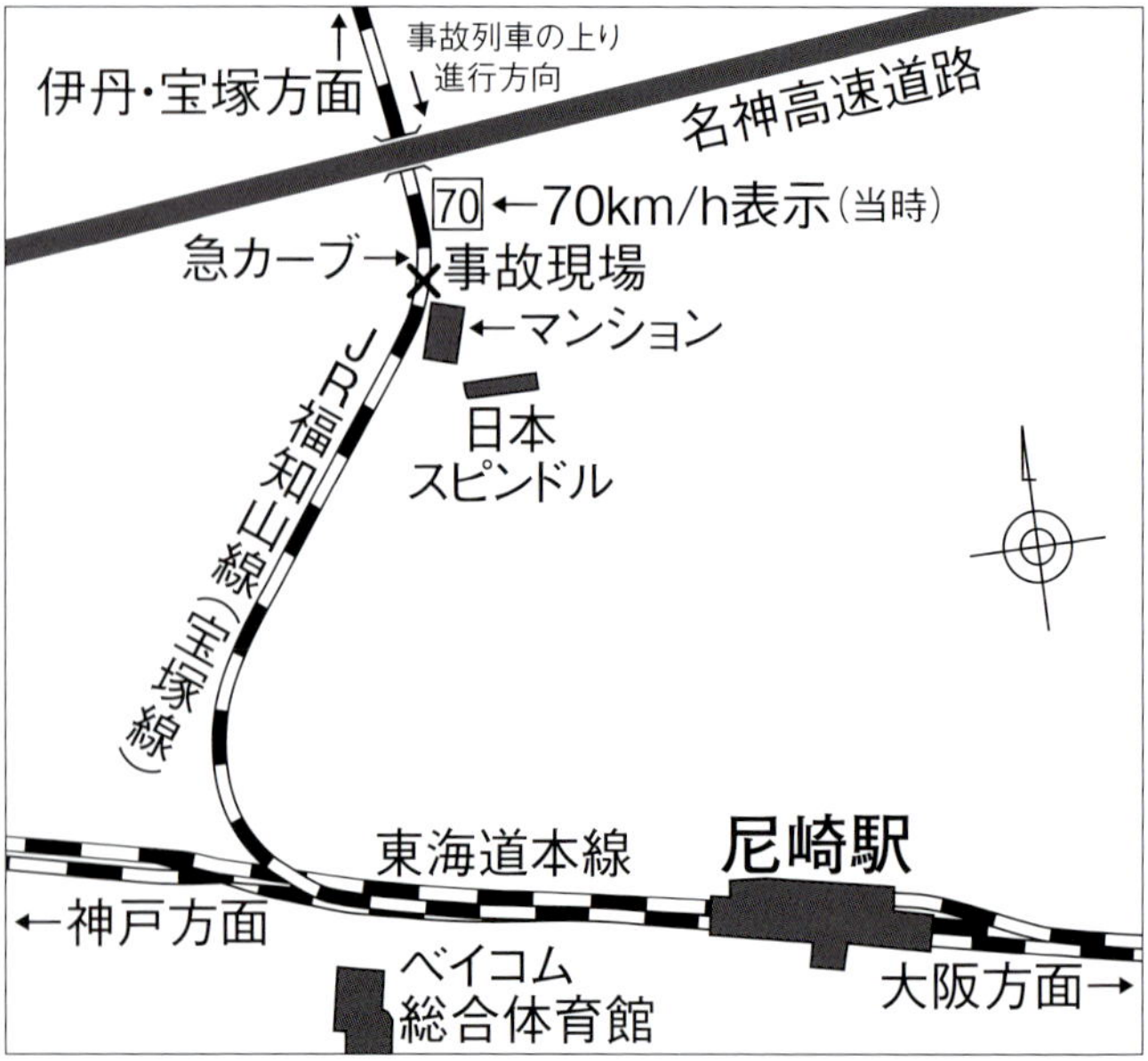

JR 福知山線の上り電車が伊丹駅から塚口駅を過ぎると、直線区間になり、間もなく名神高速道路の下をくぐる。(2015 年 4 月 25 日撮影。以下同じ) ©Yanagida

名神高速道路のガードをくぐって出ると、すぐに線路の左脇に速度を 60 km／時（事故当時は 70 km／時）以下に下げるように指示する標識があり、すぐ先から急カーブになっているのが見える。前方カーブ左脇のマンションが見えてくる。
©Yanagida

カーブ区間に入ると、左側にそびえるマンションが近づいてくる。この辺りから 1 両目の脱線転覆が始まった。白い塀は、事故現場の空き地を目隠しするためのもの。マンション 1 階の壁は除去されている。©Yanagida

（写真と下図の車両の方向は逆になっている）

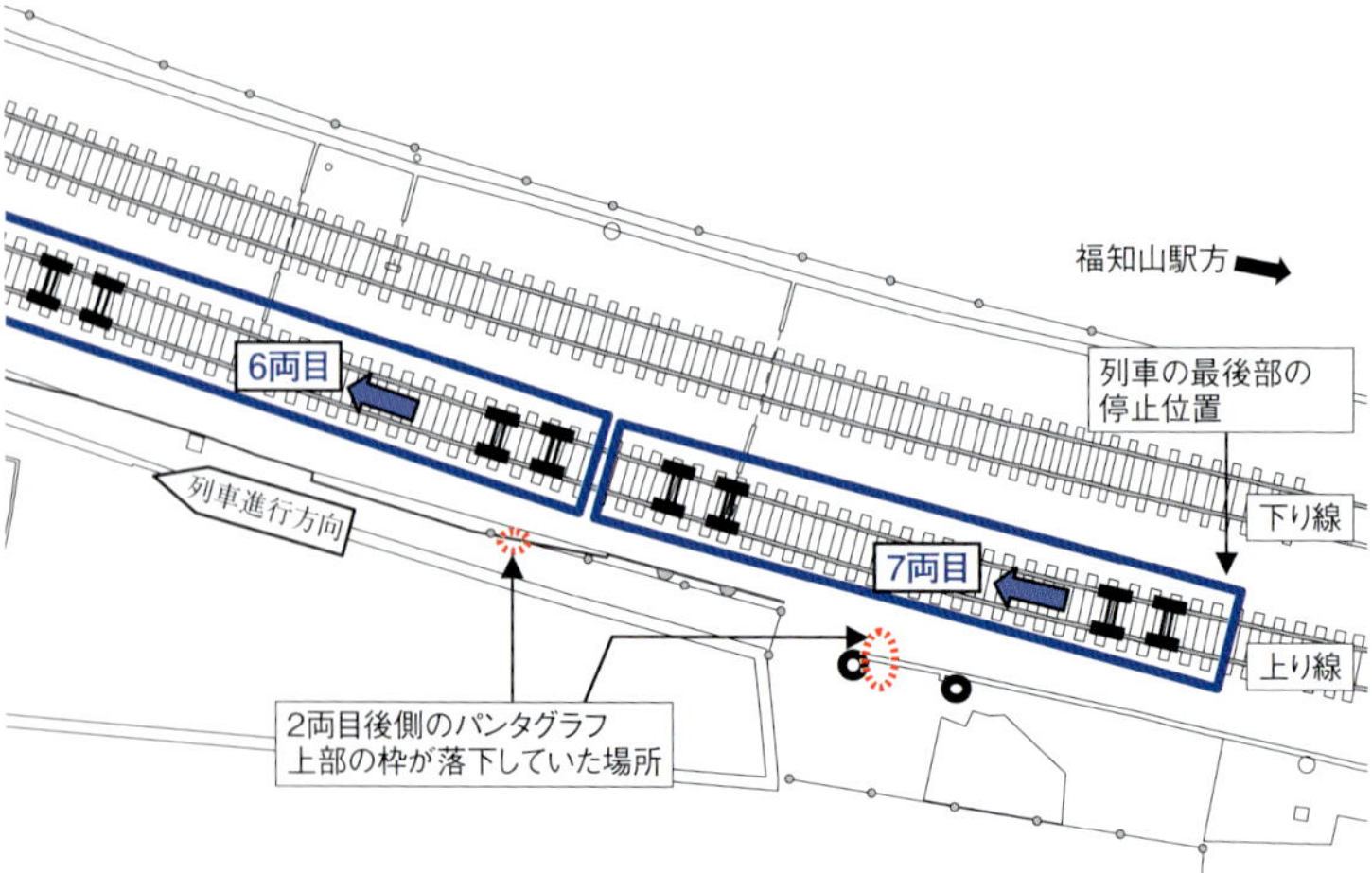

図3　車両の脱線状況
航空・鉄道事故調査委員会の報告書より

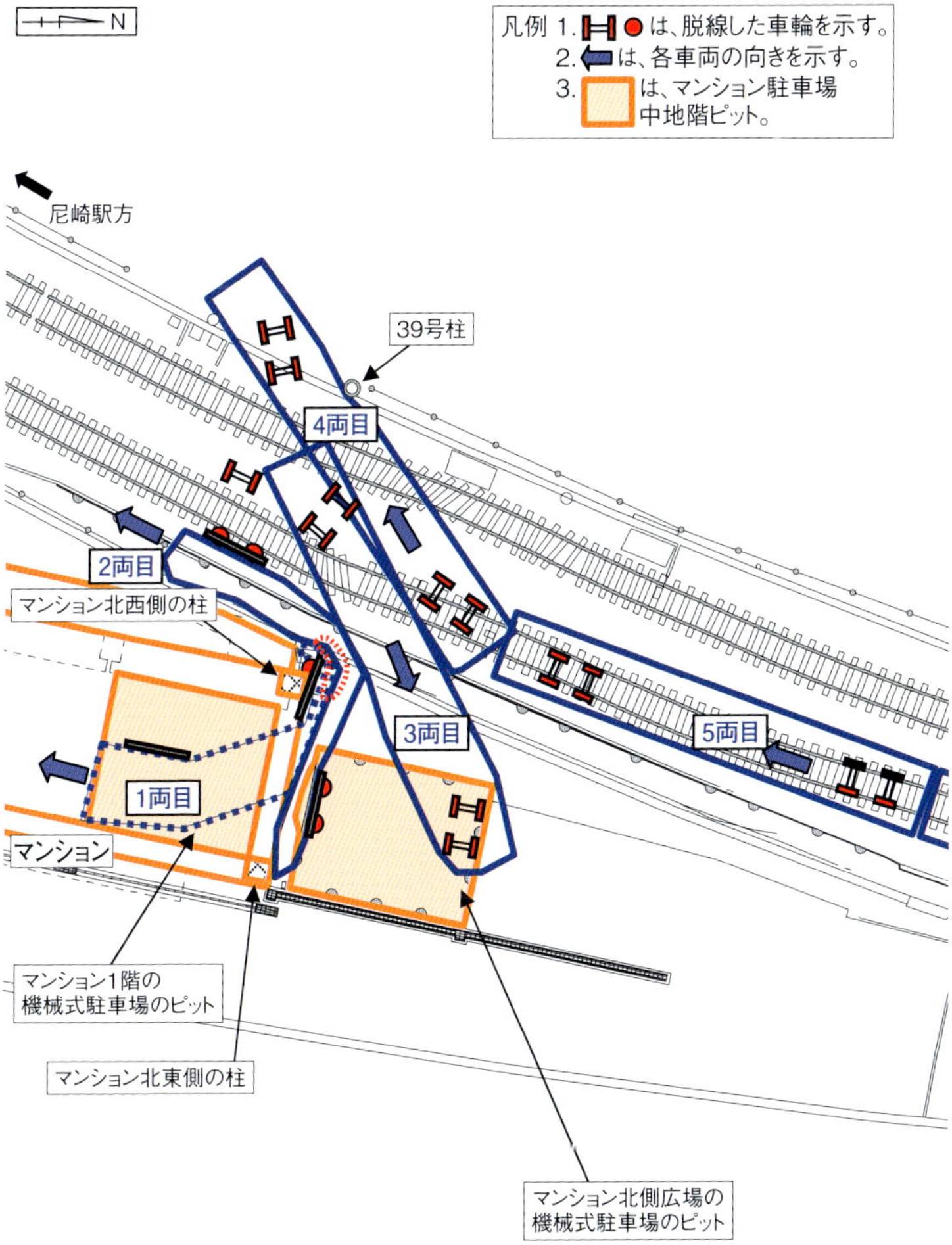

図4　乗客の乗車位置(本書の登場人物)

航空･鉄道事故調査委員会の報告書の図を基に、著者が人物名を加筆。

【記入例】

死亡者	●	：男性の乗客
	▲	：女性の乗客
負傷者	○	：男性の乗客
	△	：女性の乗客

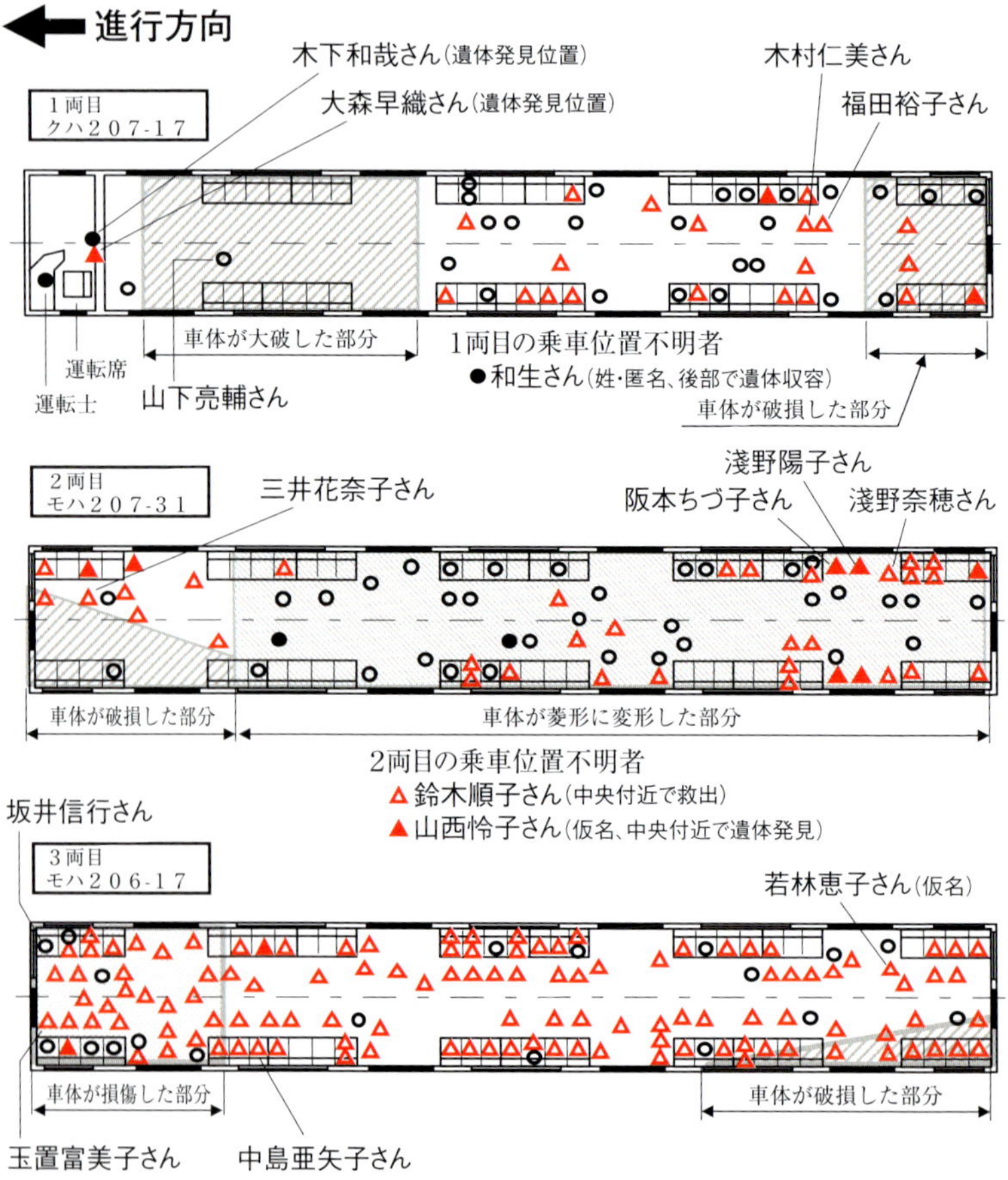

（右上）事故直後、後部車両の乗客らが３両目付近に集まってくる。脱出して倒れている乗客もいる。マンション手前にあった車が破壊されて、左側に飛ばされている。（乗客撮影）

（左上）３両目最前部に乗っていた坂井信行さん（中央）は、激突の瞬間、破壊された前方ガラス窓から投げ出され、マンションの地下駐車場ピットの中に転落したが、後部車両から駆けつけた学生２人に救い上げられた。足は骨折しているのにはだしで歩いている。この時の記憶は失われていたが、乗客がたまたま撮った写真と学生たちの話で経過がわかった。（同上）

（下）２両目からの救出活動を行う救急隊員、日本スピンドル社の社員（白い作業服）ら。乗客の救出には近所の会社や工場などからも多くの人々が駆けつけた。（2005年4月25日午前10時48分）© 読売新聞／アフロ

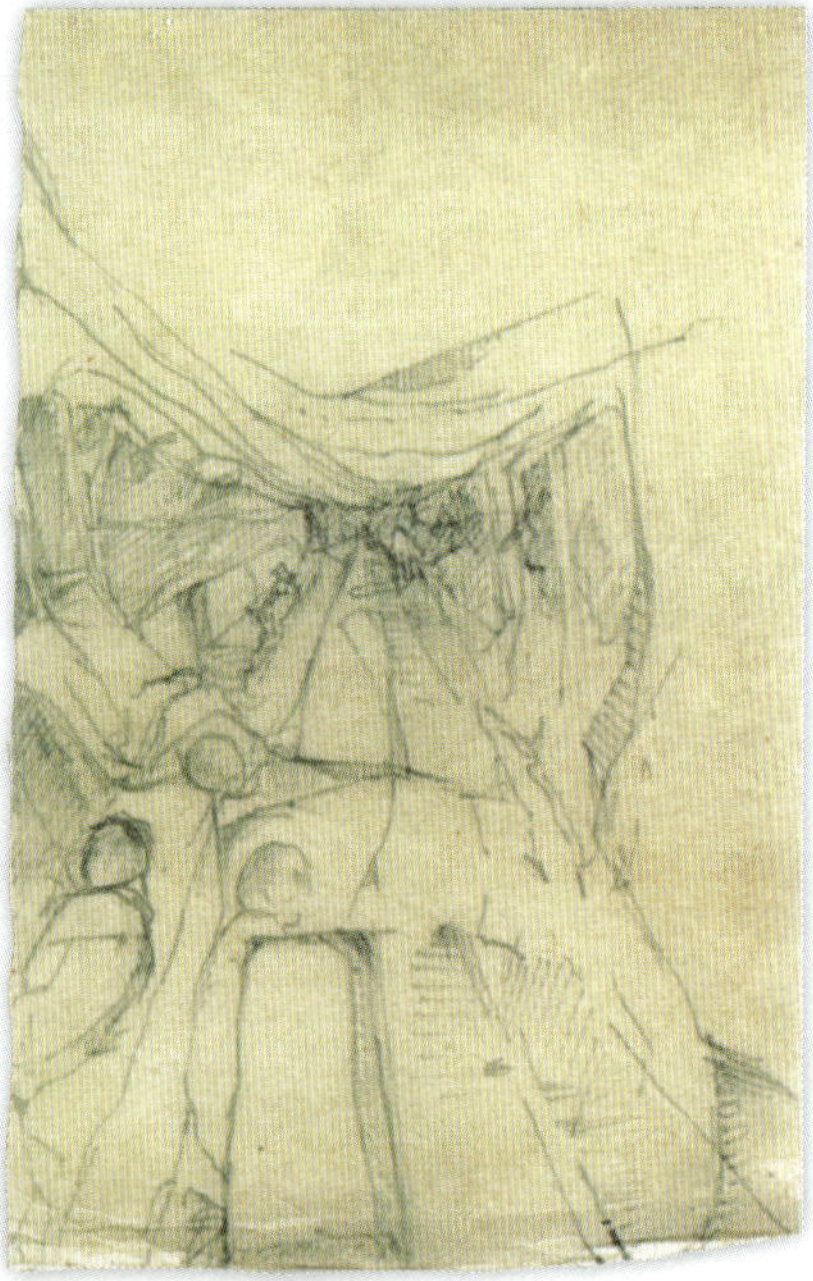

事故を起こした快速電車の１両目に乗っていて閉じこめられた画学生・福田裕子さんが事故後間もなく、潰れた車内の状況を記憶に基づいて描いたスケッチ。手前中央、座席の下が本人。
© 福田裕子

福田裕子さんは、車内の惨状があまりに凄惨だったことから、事故後、人物を描けなくなっていた。２年後の年明けに、卒業制作として描いた日本画の大作『此の岸より』は、人物ではなく、草を食む騎馬を描いているが、全体的には抽象画のようで具象性がなく、ブルーと黄色を主体に構成している。だがよく見ると、騎馬の胴体のところに真赤に彼岸花を描きこんでいる。彼岸の亡き人々を此岸（現世）から見つめ悼んでいるのか。© 福田裕子

福田裕子さんが、1両目に閉じこめられたトラウマゆえに描けなくなっていた人物を描けるようになったのは、3年後のことだった。モデルに向かい右手に鉛筆を持つとひどい震えに襲われるので、左手で木炭で背景から塗りつぶすようにしていくと、やっと人体の線を描けるようになったのだ。完成してみると、失われたいのちへの悲しみが漂っているようだった。

© 福田裕子

事故から10年、2015年4月25日に空色の会が尼崎駅頭で配った「4.25を忘れない」というしおりの絵は福田裕子さんの作品。ブルーと黄をのびのびと使い、海面には幾筋もの光が降り注ぎ、心の回復を映し出していた。

© 福田裕子

両足首より下は神経麻痺が残ったが、装具を付けると杖をついて歩けるようになった山下亮輔さん。就職できた伊丹市役所には自転車で颯爽と通う。（2015年） ©Yanagida

重傷を負いつつも生き残ったことへの罪責感に苦悩した恵子さん（仮名、中央）は、好きなライブイベントを自ら企画し進行役を務めることで、支え合う仲間を見出した。2015年4月のライブイベント会場（伊丹市内の旧酒蔵）にて、毎年サポートしてくれる若い2人の友人と。
© 恵子

事故から10年目、チャリティーイベントでギターを演奏する山下亮輔さん。
© 三井ハルコ

娘さんが重傷を負い、負傷者と家族等の会の活動の世話役をしている三井ハルコさんは、支援の臨床心理士・堀口節子さんとアメリカのNTSB（国家運輸安全委員会）を訪ね、事故原因究明や被害者支援の取り組みを取材。写真はNTSBのスタッフと。（2007年）
© 三井ハルコ

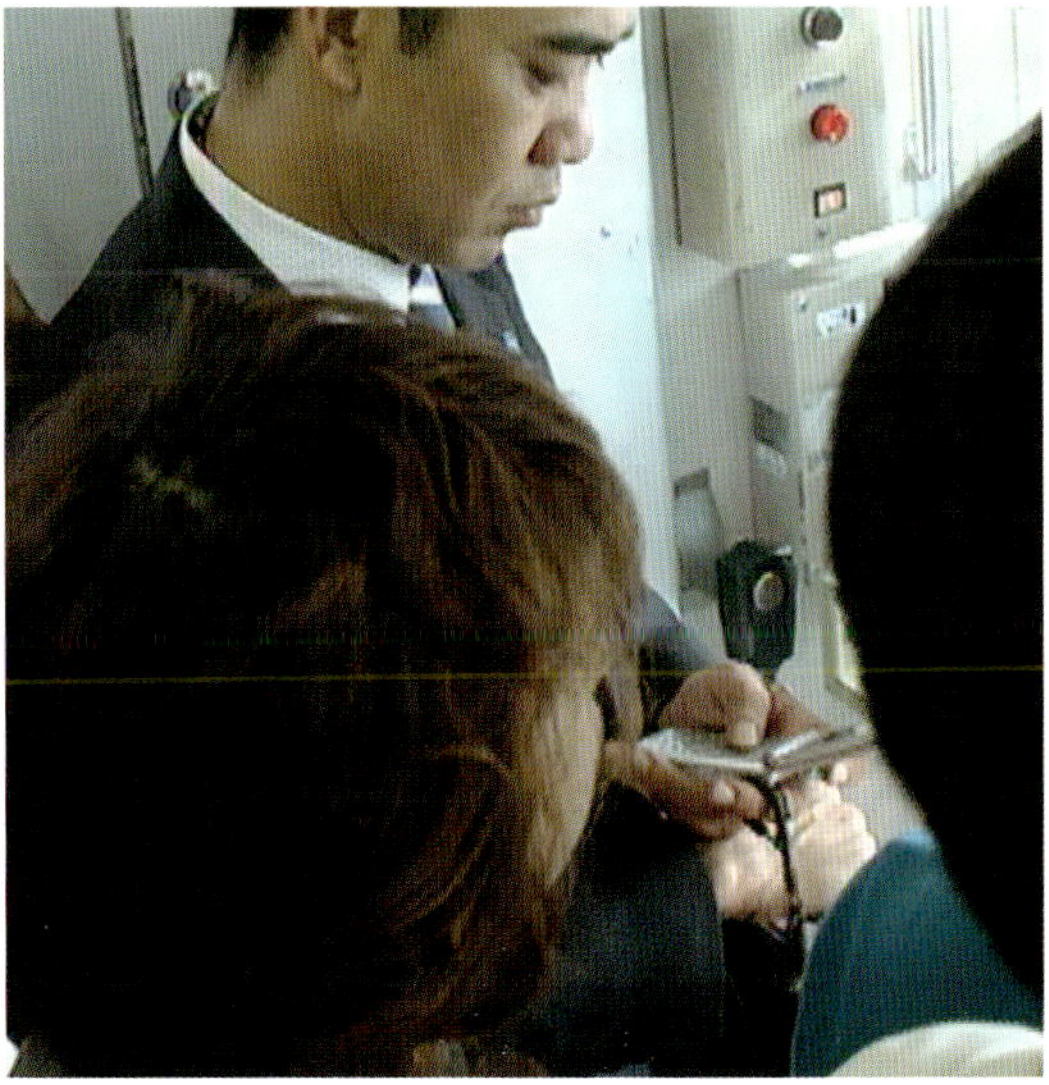
学生だった長男を亡くした木下廣史さんは、高速過密ダイヤに疑問を抱き、通勤のために福知山線の電車に乗る度に、運転席のすぐ後ろで停車駅ごとにダイヤのずれを秒単位で携帯電話に記録し、無理なダイヤの実態を実証した。© サンテレビジョン

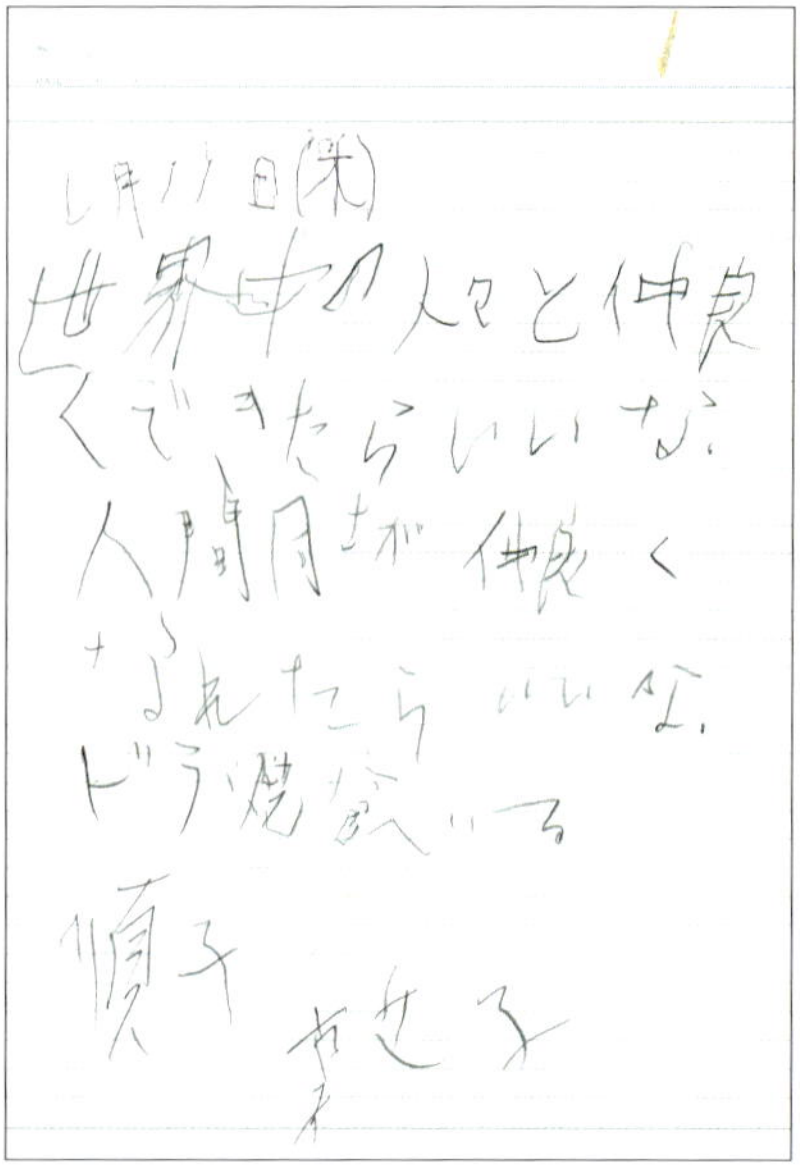

2007年1月11日の鈴木順子さんの日記。「世界中の人々と仲良くできたらいいな。人間同士が仲良くなれたらいいな。ドラ焼食べる。順子　敦子」自分の名前だけでなくいつもケアしてくれる姉の名前も書き入れている。© 鈴木順子

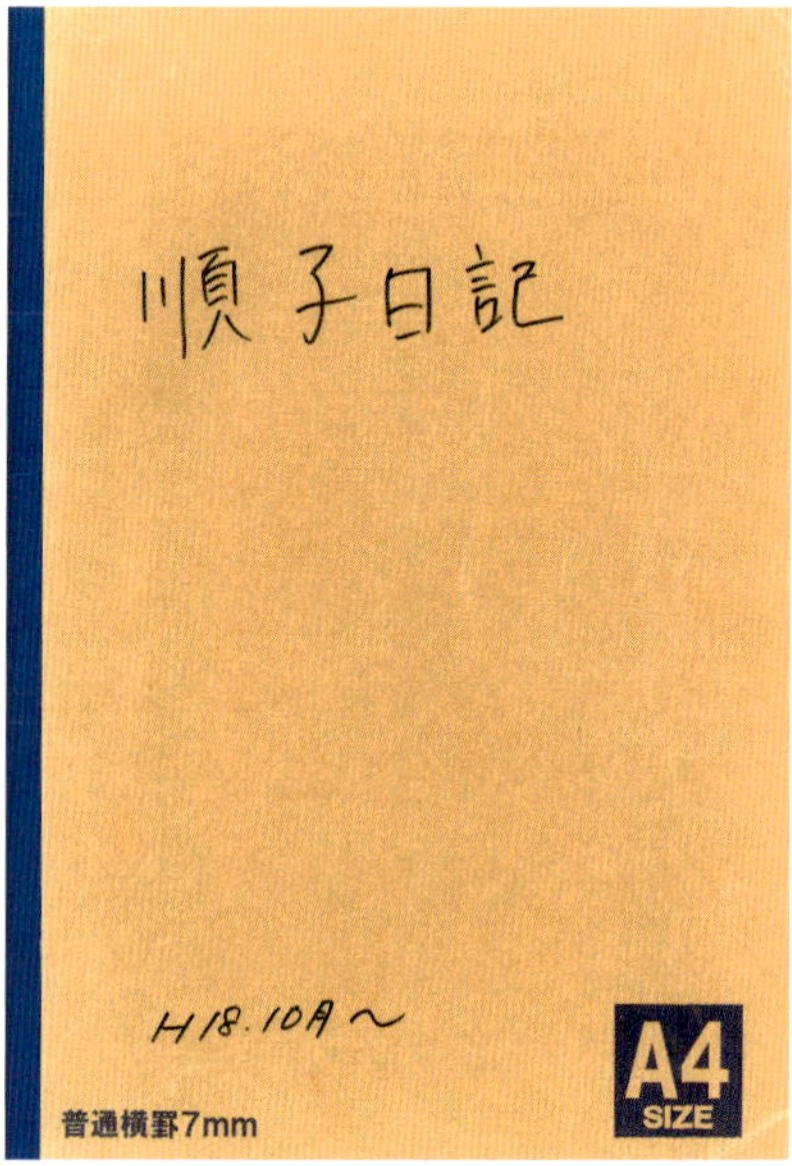

高次脳機能障害を負った鈴木順子さんの事故の翌年2006年10月からの日記帖

事故から10年経つ2015年1月、鈴木順子さんのスケッチ帖から。ひつじ年なので、ひつじの顔を描き、HAPPY NEW YEARと書いている。©Yanagida

高次脳機能障害の後遺症を背負った鈴木順子さんは、事故後10年経ちリハビリテーションの成果がしっかりと見えるようになってきた。言語力、観察力、表現力を回復させるためのセラピーに挑戦する。この日のリハビリテーションは、まず会話と甘夏のスケッチから。(2015年5月29日　西宮協立リハビリテーション病院にて)
©Yanagida

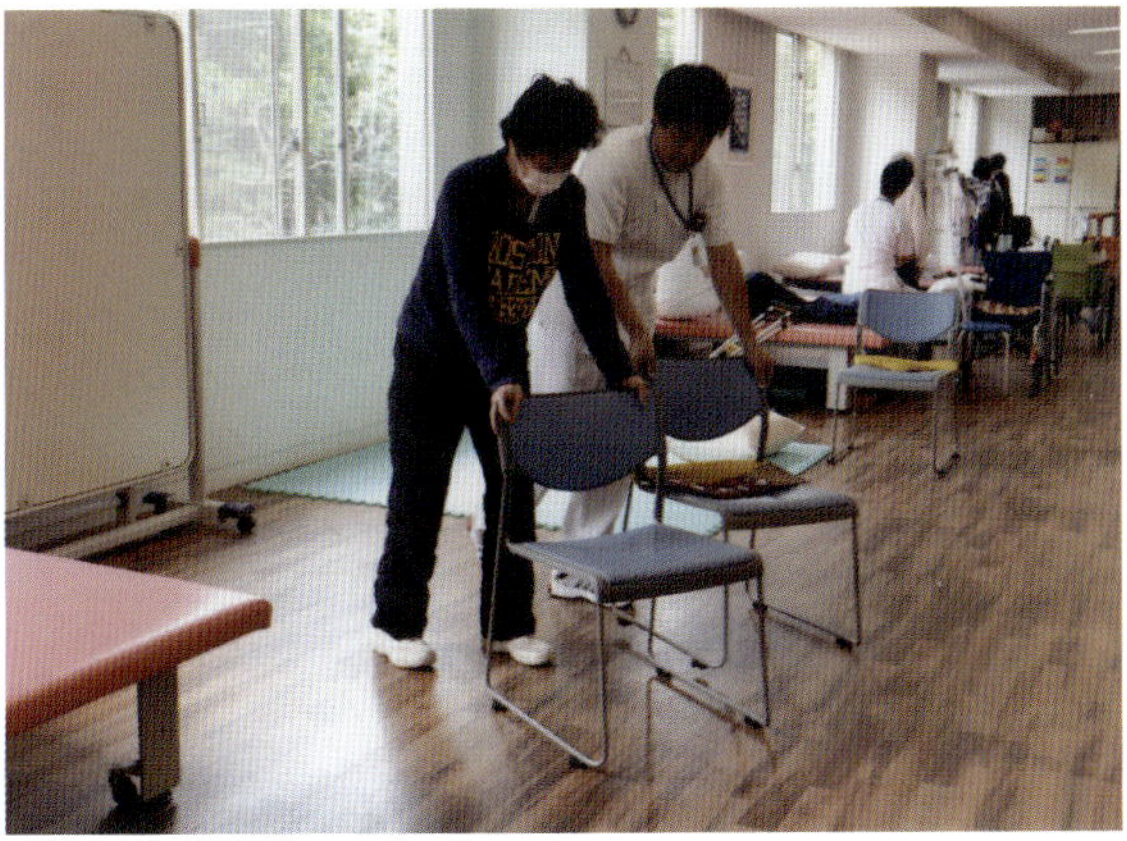

その日、次のメニューの歩行訓練で、椅子を支えにしてはじめて自分の足で前に歩くことができた！ ©Yanagida

鈴木順子さんは、2016年夏から、時折経験したことのある陶芸に、母・もも子さんと一緒に、車で10分ほどの住宅街にある陶芸教室に毎週一回通いはじめた。母・もも子さんは、一緒に陶芸をしながら、12年の苦闘を経て、ようやく「それでも人生にイエスと言うために」という言葉の意味を実感できるようになったと語った。
©Yanagida

両足骨折、顔面裂傷などの重傷を負った玉置富美子さん。左足首の激痛が9年も続き、キャリーバッグを杖代わりにして歩くうちに姿勢が傾き、腰痛も生じてきた。（2014年4月）
提供：関西テレビ

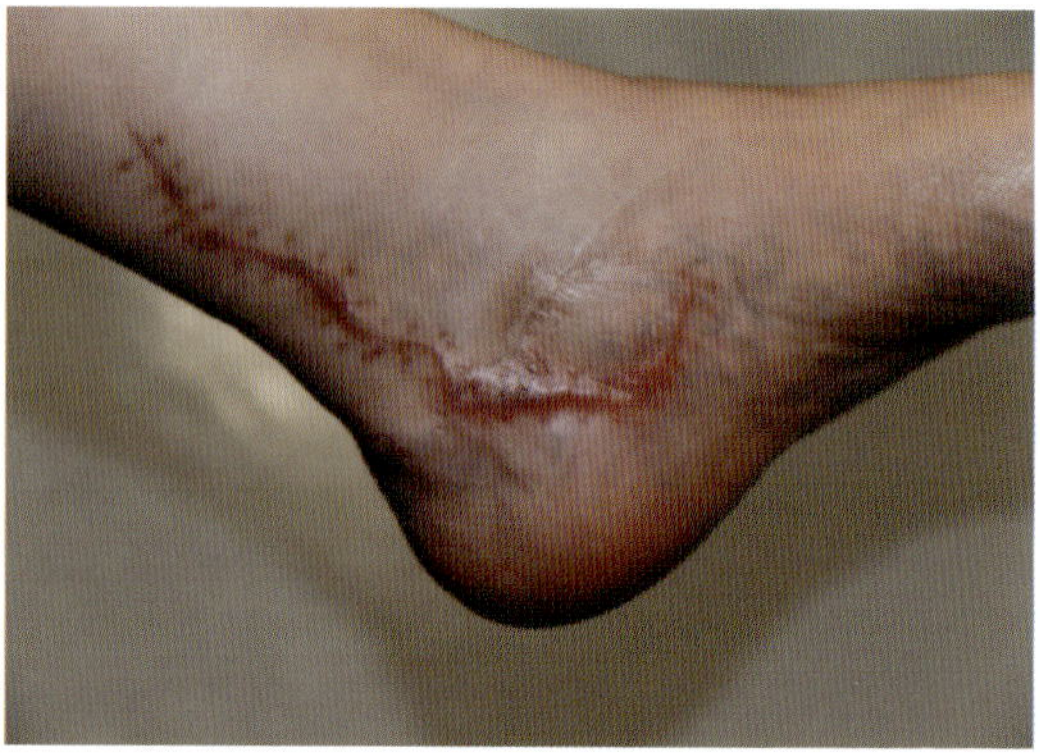

玉置さんは、事故から10年目を前に、奈良市の稲田有史医師の執刀で先端医学の神経再生手術を受けた。切開痕は15㎝にも及び、神経を圧迫していた固形化した組織や取り残されていた鉄粉を除去したところ、血流が再開し、神経が再生された。
© 稲田有史

左足首の神経再生手術によって、杖なしでも姿勢正しく歩けるようになった。手術から2カ月後の2015年3月24日、リハビリのために、奈良・東大寺境内を散歩する玉置さん。
©Yanagida

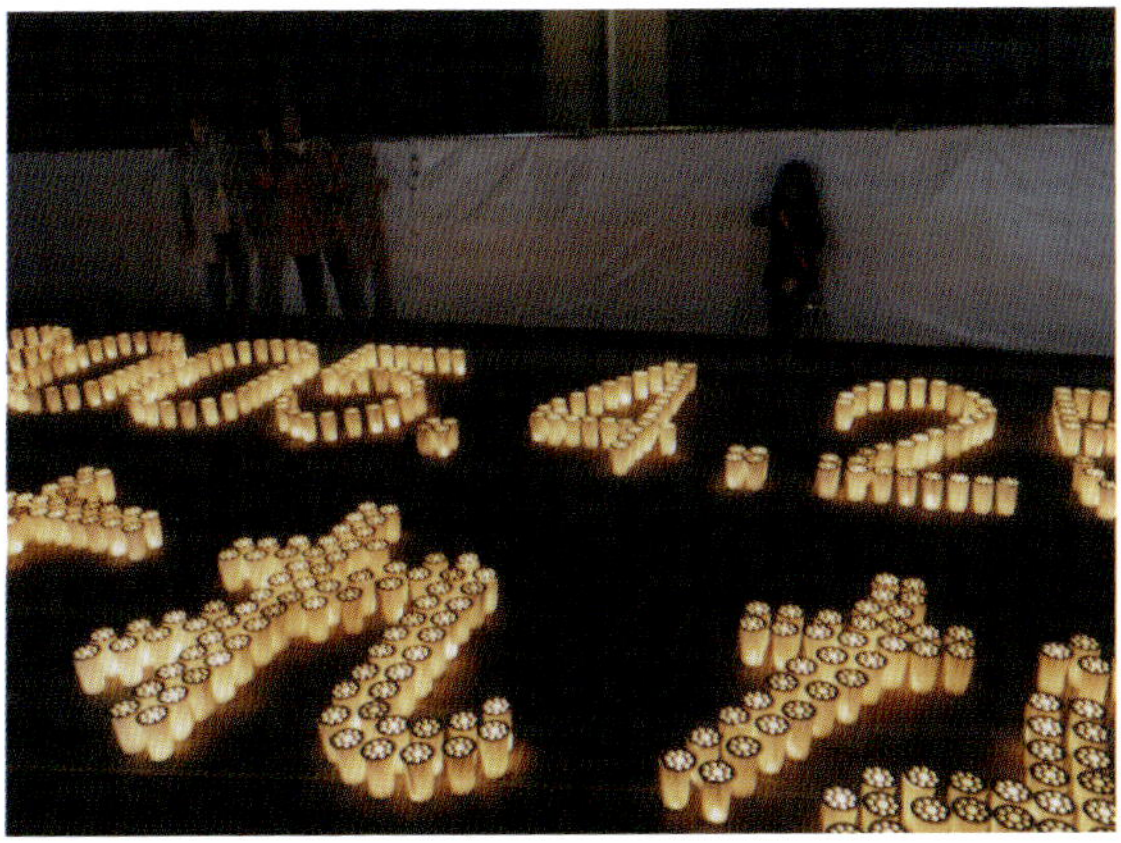

事故から10年を経た2015年4月25日の前夜、遺族が事故現場のマンションの横の空き地に祈りをこめて、ローソクの灯で「2005.4.25　わすれない」のメッセージを浮き上がらせた。
©Yanagida

左から1人目が娘さんが重傷を負った三井ハルコさん。日航ジャンボ機墜落事故（1985年8月12日）で9歳の健ちゃんを亡くした8.12連絡会の美谷島邦子さん（左から3人目）も参加した。
©Yanagida

遺族や関係者たちは、紙コップに亡き人への思いや安全への思いを書いて、ローソクを灯した。
©Yanagida

事故調査委員会が公表した福知山線脱線事故の中間報告について記者会見する「4・25ネットワーク」の淺野弥三一さん（右）ら（2005年9月6日）提供＝共同

JR事故負傷者の会の10周年シンポジウム（2015年4月25日、尼崎市）。左から、三井ハルコさん、中島正人さん、小椋聡さん、柳田、玉置富美子さん、堀口節子さん（臨床心理士）、津久井進さん（弁護士）。

目次

第四章　支援の新しいかたち

第五章　企業の価値観の転機に

装幀　石崎健太郎
カバー写真　杉山拓也

第一章　10秒間の修羅

1

無視された標識「70」

人間が止むことなく開発してきた技術は、電車でも航空機でも、どんな走り方や飛び方をしたか、速度はどれだけ出ていたかといったことを、秒刻みで、いや100分の1秒刻みででも、微細に記録する装置を作り実用化するところにまで到達している。

しかし、人間が、つまり運転士やパイロットが、刻々と何を考えていたかといった脳内の営みを記録する技術はいまだ発明されていないし、判断や行為の過程をリアルタイムでとらえて制御するなどという〝すぐれもの〟が登場する時代が到来し得るのか、全く未知のことだ。

それでも人間の社会は、何とか理屈をつけ、折り合いをつけて、電車を走らせ航空機を飛ばしている。例えば、自動列車停止装置（ATS）とか、航空機の対地接近警報装置（GPWS）などを装備して。まさかそんな装置のロジック（論理）を超えたとんでもない破綻が起こることがあるなどとは考えもしないで。

二〇〇五年四月二十五日の朝、阪神地方は穏やかな春の日和の中で、いつもと変わりのない一日が始まっていた。

大都市大阪圏の西方、伊丹、宝塚から三田《さんだ》、篠山《ささやま》方面に伸びるJR西日本の福知山線（宝塚から手前は宝塚線とも）は、高度経済成長期以降の急速な沿線人口の増加により、一九九〇年代頃から、朝夕のラッシュ時には、車内がかなり混雑するようになっていた。それでも午前9時を過ぎると、立っている乗客が触れ合うほどではなくなる。

この日、午前9時04分宝塚駅始発の7両編成の上り快速電車は、途中の停車駅・伊丹駅でホームの停止位置より80メートルを行き過ぎて急停止した。急ブレーキに、立っていた乗客の多くは、思わず吊り革を持つ手を強く握って転倒するのを防ぎ、「何があったんだ」と訝《いぶか》った。

列車は一旦定位置までバックしてからドアを開け、乗客の下車・乗車が終わるのを待って、定刻より、1分20秒遅れて、9時16分10秒に発車した。

運転士のミスによるオーバーランやダイヤの遅れは、JR西日本では厳しい処罰の対象になっていた。この快速電車を運転していたのは、運転歴十一カ月の高見隆二郎《たかみりゅうじろう》、二十三歳だった。快速電車が伊丹駅に入ってきた時の速度、ブレーキ操作の仕方、オーバーランの距離、バックして発車するまでの時間などについては、記録装置から正確にわかるが、高見運転士が何を考え、どのような心理状態にあったかを記録する装置は開発されていなかった。

高見運転士は、ダイヤの遅れを取り戻そうとしたのか、伊丹駅を発車すると、加速させる力行《りきこう》ハンドルを徐々に一段階ずつ引いて速度を上げていった。快速電車は次の猪名寺《いなでら》駅と塚口駅は停まらずに尼崎《あまがさき》駅まで直行することになっている。

猪名寺駅を通過する時、速度は、時速110キロに達し、次の塚口駅手前では、時速125キロを記録した。この路線の制限速度の時速120キロを5キロも上回る速度だった。塚口駅を通過する頃からは、電車の惰性にまかせる「惰行」に入ったが、減速の度合いはわずかだった。塚口駅を過ぎると、しばらく直線区間になり、名神高速道路の下をくぐり抜けた時、速度はまだ120キロを少し切っただけだった。

ガードを出てすぐの線路左脇に、小さな立て札に「70」と記された標識（ポスト）が立っている。間もなく半径304メートル（R304）の右急カーブに入るので、時速70キロ以下に減速せよという標識だ。その地点で時速70キロ以下にするには、名神高速道路のガードをくぐるかなり手前から、ブレーキを操作して減速を始めておかなければならない。しかし、運転士がブレーキ操作をした痕跡はなかった。

快速電車の1両目が右カーブに突入したのは、9時18分50秒頃、速度は制限速度を46キロも上回る116キロもあった。

その直後、記録装置によると、はじめてブレーキが操作されたが、その操作は緊急用の非常ブレーキではなく、常用ブレーキで、しかもブレーキのかけ方は、レバーを最も弱いところから徐々に強いほうに引いてくるという悠長なものだった。

はやくも1両目の車両には、左方向への強い遠心力が加わり始めた。乗客は、立っていれば、進行方向に向かって左側に倒れそうになるほど振られる力を感じただろう。

だが、1両目の車両の左右両輪がレール上を正しく走り得たのは、右カーブに入ってからわずか4秒間ほどだった。

9時18分54秒頃、速度はなおも時速105キロという高速だった。右側車輪が浮き上がり、車体が左に傾くとほぼ同時に、左側車輪がレールの外側に脱線して、前進する車体はあっという間に横倒しになった。レールは右へカーブしていくが、レールと車輪の噛《か》み合わせがなくなった車体は、窓のある左側面を下にして、直進した。線路脇のまくら木やバラスト（砂利）の上をガガガーッという激しい音をたて、電柱にぶつかったパンタグラフの一部を飛ばし、無数の小石をはね飛ばして驀進《ばくしん》した。

その真正面に10階建ての高層マンションが聳《そび》え立っていたが、もう車両を止め得るものは、何もなかった。脱線地点からマンションまでは、60メートルほどしかなかった。わずか車両3両分だ。

1両目の記録装置は、9時18分54秒頃の脱線と同時に作動しなくなったので、その後の速度や停止時刻などの正確なデータはない。だが、脱線時の速度やマンションまでの距離から推測すると、脱線から数秒後にはマンションに激突したと見られる。いや、正確に言うなら、マンション1階の開口部に飛びこんだのだ。

開口部の中は、中地階の機械式駐車場になっていて、換気のために開口部が設けられていたのだ。奥行きは10メートルほどしかないため、全長20メートルの車両の前半部だけが中に飛びこんで、ぐちゃぐちゃに潰れ、前部台車の車輪は二つとも横に飛ばされてしまった。駐車場の内部に駐車してあった自動車数台が潰され、ガソリンが流れ出した。

外に残った車両の後部は、2両目に押し潰されて右方向への力を受けたため、マンション開口部右側の柱を支点に折れ曲がったうえに、2両目の車体と外壁にはさまれてぺしゃんこに潰された。

この1両目の車両の中で、四十二人が犠牲になり、四十九人が重軽傷を負いながらも救出された。負傷者の救出には、大変な時間がかかったが。

2両目の車両は、1両目の脱線転覆に引きずられて脱線したが、1両目の転覆による減速で遠心力が減少したためか、転覆は免《まぬが》れて、まくら木やバラストの上を突進した。1両目がマンションに飛びこんで車両後部が右に振られたのに伴い、2両目の車両前部も右に振られたため、前部はマンションに衝突せずに、マンションの右側すれすれにレール寄りのところを進んだ。

しかし、車両の中ほどの左側面が、マンションの角の柱に激しくぶつかったため、突然停止して、車両の後ろ半分が時計の針と同じ方向に水平に回転し、車両の側面全体で1両目の車両後部をぺしゃんこに圧し潰すと同時に、自らも車軸の横幅が狭くなるほど潰れた。その外観は、マンションの北側と西側(線路側)にスカートをはかせたように見え、1両目の車両を被い隠した形になったので、直後に現場に駆けつけた警察官や救急隊員らは、2両目の車両を1両目と間違えたほどだった。(口絵頁参照)

2両目の乗客の被害は1両目より大きく、死者は五十七人、重軽傷者は七十五人に達した。

3両目は、2両目に引きずられて脱線して突進したものの、2両目の車両のマンションへの衝突停止とともに追突停止したが、車両後部が4両目に押されたため、車両全体が反時計回りに回転し、進行方向と逆向きになって停止した。前部は2両目とのぶつかり合いで破壊され、後部左側は4両目が台車まで乗り上げた形で破壊されていた。

3両目の死者は三人、重軽傷者は百五十七人に上った。

4両目は、3両目の車両を破壊しながら、3両目とは逆に右側の下り線路側へ頭を振って、下り線のレールを越えて止まった。車両の左側面が3両目の後部に衝突して、3両目の台車に乗り上げた。右側面は下り線を乗り越えてから、線路脇の電柱に接触してかなり破壊された。

4両目に死者はいなかったが、重軽傷者は百二人を数えた。

5両目も脱線したが、レールからほとんど逸れていなかった。急停止の衝撃で七十人が負傷した。

6両目と7両目は、脱線しなかったが、将棋倒しなどで合わせて九十九人が負傷した。

ほかに乗車車両不明の死者四人（おそらく1〜3両目のどれか）と負傷者十人がいた。

乗客の被害は、全体で死者百六人、重軽傷者は五百六十二人に達した。ほかに運転士一人死亡。通行人にも一人、飛んできた破片による負傷者がいた。

このJR福知山線脱線事故は、日本の鉄道事故史上、一九六二年の国鉄常磐線三河島二重衝突事故（死者百六十人、重軽傷者二百九十六人）と一九六三年の国鉄東海道線と京浜東北線の二重衝突事故（死者百六十一人、重軽傷者百二十人）以来の大惨事となった。

三河島二重衝突事故は、最初の衝突事故で停止した電車から降りて土手の上の線路上を歩いていた大勢の乗客の列に、別の電車が走ってきて次々にはね飛ばすという異常な事故だった。土手の下にいた街の人が、何人もの人間が土手の上から降ってきたことへの驚愕と怒りに震えて訴える声がテレビで報道された。

「人間が運転している電車を、なんで人間は止められないんだ！」

その惨事から四十三年経った二〇〇五年四月二十五日、またまた生み出された大変な人数の遺族や負傷者が同じような叫びをあげないではいられない事故が起きてしまったのだ。

福知山線快速電車の1両目が脱線し始めたのは、午前9時18分54秒頃だ。数秒後には、1両目はマンションに激突した。2両目以降の車両も、次々にマンションに衝突したり、相互にぶつかり合って向きを変えたりした。その一連の破局の連鎖が終わったのは、最後部の7両目が停止した時だ。

7両目に設けられていた記録装置は、脱線しなかったので作動していた。それによると、7両目が完全に停止したのは、9時19分04秒だった。

結局、1両目が脱線し始めてから、最後尾の7両目が停止するまでの時間は、約10秒に過ぎなかったことになる。

その10秒間に快速電車の車内で、乗客の一人ひとりが、どのような経験をしたのか、それは一人ひとりの人生を大きく屈折させることになった。

その事実を語れる負傷者、つまり生存者の証言に基づいて、10秒間の修羅を辿ることにする。

二人の女子学生

大都市大阪に向かう朝の上り電車は、会社勤めの大人たちや学校に急ぐ学生・生徒らで立錐の余地がないほど混み合うが、午前9時頃ともなれば、少しはゆったりした感じになってくる。

電車というものは、様々な人生を運んでいる乗り物だ。普段の何事もなく定時のダイヤで走っているぶんには、無数の個別の人生などには、何のかかわり合いを持つことなく、黙々とダイヤをこなしているだけだが、自らに何かとんでもない破綻を来たすや、バラバラだった乗客たちの人生を、突然一束にくくって切断し、悲惨な運命共同体を生み出すことになる。そんな事態が生じると、乗客たちにとっていつもなら泡沫《うたかた》のように消えてしまう直前の瑣末《さまつ》な出来事までが、なぜか鮮やかに記憶に刻まれる。

　大阪芸術大学で日本画を学んでいた三年生の福田裕子《ゆうこ》は、この日、自分の出る授業が2時限目からだったので、西宮市内といっても六甲山の北に広がる地域にある自宅からいつもより遅めに出て、それほど遠くないJR福知山線の西宮名塩《にしのみやなじお》駅に向かって歩いた。

　近くの新緑の山が春の陽光を受け青空に映えて清々しかった。そんな風景に目が向くのは、やはり絵心のある学生だからか。

《あ、写真に撮っておこう》

　立ち止まって、鞄の中に手を入れたが、写真機能のある携帯電話はなかった。《忘れた！　取りに戻ろうか》と一瞬思ったが、そんなことをしていたら、出る予定の2時限目の授業に遅刻してしまう。一日くらい携帯なしでも何とかなるだろうと思い直して、駅に向かった。駅に着くと、乗ろうと思っていた上り快速電車が動き出したところだった。走っても無駄なので、ゆっくり階段を下りて、ホームに出た。

《次の各駅停車の普通電車だと、授業開始ぎりぎりになるかなあ》

　と、少し焦った気持ちになった。

　いつものように、快速電車の1両目が停車するホームの前のほうへ歩いて行くと、場内アナウンスで次の普通電車の車両数案内が流れた。普通電車は車両数が少ないので、ホームの先端までは来ない。《あ、そうだった》と思い、裕子はさきほど下りてきた階段近くまで戻って、列の後ろに並んだ。

その時、背後から「裕子さん！」と叫ぶ声と同時に、首根っこの辺りをバシッと叩かれた。元気のいい叩き方なので、後頭部にズンと響いて、少しよろめいたほどだった。振り向くと、高校時代の同窓生の木村仁美《ひとみ》が笑顔で立っていた。進学した大学が違うので、しばらく会っていなかったし、朝の電車が一緒になるのははじめてだった。裕子も驚いた。

「ああびっくりした！　仁美さん!?」

仁美は、神戸市内にある甲南大学にストレートで入り、すでに四年生になっていた。就職先探しの初日で、大阪市内の会社の面接に出かけるところだった。仁美も西宮市の六甲山の北側にある団地に住んでいるので、大学へはバスで西宮名塩駅に出て通学していた。この日は面接なので、少しくらいは小奇麗にしていかなければと思っていたものの、寝坊したので、化粧もそこそこに家を飛び出した。バスに乗ってから、周囲の目を気にしつつ、アイラインを引いたりした。

駅に走りこみ、カードで改札を抜けると、慣れないハイヒールの踵《かかと》を鳴らして階段を駆け下りた。そこへ電車が入ってきた。行列の後ろに立っている若い娘《こ》が、仲良しだった裕子だとすぐにわかった。懐かしいものだから、駆け下りた勢いのまま、裕子の背中をたたいて驚かせてしまったのだ。

二人が行列をしていた人たちの後ろについて乗ったのは、1両目だった。車内は結構混んでいて、座るどころではなかった。二人は身を寄せ合うようにして立ち、小声で会話した。

「アイライン、変じゃない？　バスの中で書いたから、太くなってん」

「気にならんよ。私なんか眉毛書くのも忘れたわ」

互いにくすくす笑った。

宝塚駅に着くと、次の快速電車に乗り換える乗客たちがホームに流れ出たので、車内は急にがらんとなった。二人は空いたボックス席に座った。おしゃべりをしているうちに、川西池田駅に着いた。停車時間が長いなと思っていると、向かい側のホームに、先ほどの宝塚駅で多くの乗客を拾った快速電車がシルバーの車体を朝日で輝かせて滑り込んできた。川西池田駅で普通電車を追い越すのだ。

「急いでるから、やっぱり快速に乗り換える」

裕子が急に立ち上がった。

仁美も、そのほうがいいし、独りになったらつまらないと思って、席を立った。

ホームの向かい側には快速電車の2両目が見えたが、ホームの中央に喫煙所があって、男性数人が煙草を喫っているのが見えたこともあって、裕子は前寄りに急ぎ足で向かい、仁美も続いた。列の後ろについて乗り込んだのは、1両目の最後部ドアだった。空席はなさそうだったので、反対側のドアのほうへ行こうとしたが、ドアの前に茶髪と金髪の男子高校生が座り込んでいた。二人はうろうろするのはやめて、ドア横のポールの前寄りのところで、前後方向に向き合って立った。

後日、二人はこんな会話を交わした。

「どうして2両目を避けたん？」

仁美が聞くと、裕子は、

「混んでるみたいだから、何となくね」

特別の意味はないという言い方だった。

二人が快速電車に乗り換えたこと、たまたま1両目に乗ったことなど、全く偶然なことがつながって、とんでもない事態に巻き込まれることになるのだが、そんな運命は占い師でも予測できなかっただろう。

車内は窓から射し込む初夏のような陽射しで、やけに明るかった。二人が陽気に他愛ないおしゃべりをしていると、裕子の目に左窓越しに駅のホームの「伊丹駅」という掲示がすーっと過ぎて行くのが映った。

《あれ、快速は伊丹でいつも停まらんかったっけ?》

裕子がそう思った次の瞬間、電車はググーッと急ブレーキがかけられて、前へつんのめる感じで急停止した。進行方向に背中を向けて立ち、吊り革に手をかけていなかった仁美は、背後によろけた。裕子が一瞬手をつかんで支えたので、転げずに済んだが、後ろに立っていた女性の足をハイヒールで踏んでしまった。

「うわ、すいません! 足、大丈夫ですか? すいません」

懸命に謝る仁美に、女性は「大丈夫ですよ」と笑顔で言ってくれた。気がつくと、窓の外はホームを過ぎて雑草が生い繁っていた。伊丹駅で降りようとしたのか、ドアに近寄ったスプリングコートの女子大生が、「あれ、ホームがない」と言って立ちすくんだ。

すると電車は何の車内アナウンスもなく、急にバックし始め、かなり戻ってから停止した。そこでようやくドアが開けられ、乗客の乗り降りがあって、発車した。客がどっと乗ってきたので、裕子と仁美は車内の中央寄りに立ち位置を移さざるを得なかった。

「お詫びせぇへんのかな」

「なあ、詫びろよなー」

と二人が不愉快な気持ちを冗談まじりに言い交わしていると、しばらくしてようやく車掌のアナウンスが流れた。

「オーバーランいたしましたことを、深くお詫び申し上げます。次は、尼崎、尼崎です」

二人とも、《本気で謝ってるんかいな》と、納得できない感情を抱いた。それでも車内はまだそれほどカリカリした感じではなかった。

雰囲気が急に変わったのは、おそらく塚口駅を過ぎた頃からだった。「ガタン、ガタン」という大きな響きに続いて、車体の上下揺れがひどくなり、窓ガラスがガタガタと音を立てて軋み出したのだ。しかも、電車はさらにスピードを増していく。いつもとは違う異様なまでの速いスピードだ。

後の事故調査で明らかになったデータによれば、伊丹駅を発車してからどんどん速度を上げていった快速電車は、猪名寺駅通過時には時速110キロに達し、その後も加速を続け、20秒後には時速120キロ、さらに10秒後、塚口駅の手前で制限速度を5キロもオーバーする時速125キロに達していた。

その後は、惰行に入り、わずかずつ速度が下がっていくが、それでも塚口駅を出たあたりで時速120キロを少し切る程度の高速運転だった。

二人は不安になり、「速いな」「速いよな」と顔を見合わせて言い合った。車内の乗客たちも、「ちょっと速いですよね」「速すぎないですか?」「大丈夫ですかね」などと、言葉を他者にかけないではいられないほど緊迫した空気に包まれていた。

車内が急に暗くなった。名神高速道路の下をくぐったのだ。再び車内が明るくなると、数秒で右に急カーブに入った。

そして、運命の10秒に突入したのだ。

（筆者注・ここに記す負傷した乗客たち一人ひとりの脱線転覆時の状況とその後救出に至るまでの経過は、被害者たちが体験記を寄せ合ってまとめたJR福知山線脱線事故被害者有志著『JR福知山線脱線事故　2005年4月25日の記憶』〈神戸新聞総合出版センター刊、2007年〉と、各個人に対する新たな詳細なインタビューとによって構成したものである。）

ボフッと落ちた黒い影

脱線転覆時の車両の状況を、二人の女子学生の回想による証言で辿ることにする。

木村仁美の証言に基づく経過。

カーブに入ったなと思った次の瞬間、「キキーッ」というけたたましい音が鳴り響き、同時に、進行方向に背を向けていた仁美は、伊丹駅の時のように後ろに倒れそうになるばかりか、横にも振られそうになった。思わず裕子の両手を握ってバランスを取ろうとした。

ハッと気がつくと、向き合っている裕子の肩越しにすぐ後ろに見える2両目の窓枠が、見る見る横にずれていく。それと同時に、車両の形は四角なはずなのに、菱形《ひしがた》になっていくではないか。

《エッ、どういうこと？》

はじめは2両目が傾いていくのかと錯覚していたが、とんでもない、傾いていくのは自分が乗っている1両目だった。「キャーッ」「うわー」という悲鳴とともに、周りの乗客たちが倒れたりへたりこんだりして、右へ（進行方向に対しては左へ）滑っていく。

仁美は、裕子が進行方向の左側へ落ちていく勢いに抗し切れず、あっという間に握り合っていた両手が離れてしまった。その時、裕子が驚愕した目を見開いたまま、折り重なる人たちの上に落ちるのを目撃した。仁美から見て左側の椅子や吊り革にしがみついていた乗客たちも、次々に飛ばされるような形で右側の折り重なった人々の上に落ちていった。この段階になると、もはや叫び声ひとつ聞いた記憶はない。

仁美は懸命に足を踏んばって立っていようとしたが、車体が急速に傾きを増し、大きな力で首を斜め上に引っ張られたような感じがするや、身体が宙に浮いた。浮いたというより、飛んだ感じだった。

《やばい！》そう思った仁美は、反射的に身体をまるめ、大事な就職用の書類や財布の入ったリクルート鞄を両手で抱きしめた。車内の電気が消え、車体が砂利を削るような「ガリガリガリッ」という激しい音が響いた。

下手に何かにすがろうとすると、かえって危ないという思いが走り、目をぎゅっと閉じ、歯を食いしばり、ただ鞄を抱きしめて体を丸めた。

「ドーンッ」

凄まじい爆発音とともに車体が物凄く震動した（おそらく車体が横倒しになった瞬間だろう）。続いて「ゴゴゴゴゴ……」と地響きのような震動。その間、仁美の身体は、まるで洗濯機の中に放り込まれたかのように、跳ね回り、あらゆるところにあらゆる角度からぶつかり、グヮーンという最後の音響と同時に、身体の左側を下にして、何か柔らかい山の上に叩きつけられた。

このように丁寧に記述すると、かなり長い時間だったような印象になるが、仁美の記憶では、4～5秒程度の短時間の出来事だった。仁美のこの時間感覚は、1両目が脱線してから横倒しになって突進し、マンションの駐車場に前部が突っ込み、後部が右へへし折れてマンションの壁に激突するまでの時間が数秒だったというデータとほとんど一致する。仁美は何と冷静に経過を感じていたことかと、筆者は驚嘆するばかりだ。

叩きつけられた仁美の上からは、コンクリートの破片や粉々になったガラス片や砂塵が降ってくるので、目を開けることができない。10秒ほど経ったろうか、バラバラ降ってくるものがなくなったので、上体を起こして、そっと目を開けた。上のほうに窓があって光が射しているが、辺りは暗くて、自分がどこにいるのか、見当がつかない。

上の窓の向こうに優先座席の派手な柄のシートが見える。ほこりが光に照らされて舞っている。その方角から、二つの黒い影がなぜか今ごろになって降ってきて、自分のすぐ前のところと右横にまるで麻袋のようにボフッと鈍い音を立てて落ちた。人だ。だが動かない。自分が奇跡的に生き残った数少ない乗客の一人だとは思ってもみなかった。自分が座っているところが柔らかいので、何の上にいるのかと、暗闇に慣れてきた目で見ると、人の山ではないか。手や足や頭がいくつも見えるのに、呻き声すら聞こえない。一体何人いるのかわからないほど積み重なっている感じだ。

眉間《みけん》にパンチを食らった時のような鋭い臭いが、鼻と口内に刺し込んできて、鼻の奥と喉が痛い。鉄が激しい摩擦で焼けたような臭いと言おうか。上の光が届いている辺りに、白いワゴン車の前半分が、車内にめり込んでいるのが見える。
《この車と衝突したのだろうか》
ぼんやりそんなことを考えて、見回した。
《うわーっ、ぺしゃんこだ》
やっと車両がめちゃめちゃになっている状況の一端がつかめてきた。

仁美と一緒だった福田裕子の証言に基づく経過は――。

周りの様子に違和感を覚え始めたのは、窓の外の景色が流れるスピードが異常に速く感じるようになった時からだった。車内は浮き足立ったような異様な空気になっていた。やがてブレーキをかけたような鋭い音が響いたかと思うと、次の瞬間、大きな縦揺れが生じ、進行方向を向いて立っていた裕子の目に視界が急に回転するように映った。

がたがた揺れて傾いていく車両の中で、乗客たちはバランスを崩し、倒れて落ちていく。車内灯が点いたり消えたりする中で、裕子は足をふんばって揺れに耐え、目の前の仁美と見つめ合いながら無我夢中で何かをつかんだ。それは仁美の両手だったが、そのことは、後で仁美から聞いてわかった。

物凄い音がしているのに、途切れ途切れにしか聞こえない感覚だったのは、自分の身体が激しく揺さぶられていたせいだったのか。次の瞬間、まるで無重力状態になったようにふわっと身体が浮いた。目の前に、目をぎゅっと閉じて歯を食いしばった仁美の顔が見えた。この時、仁美も裕子が目を見開いたまま折り重なる人たちの上に落ちていくのを目撃していたのだから、同時に投げ飛ばされた瞬間のそれぞれの必死の形相を、互いに網膜に刻んだという極めて特異な体験をしたのだ。

浮いた裕子の目には、進行方向に向かって右側の窓がすーっと高くなってきて、窓の外の街の風景が下方に見えなくなり青空が広がるのが見えた（電車が急カーブで遠心力によって左に傾き脱線転覆していった経過に一致する）。自分の身体は床に着いたか着かないかという状態で落下し、どこかに叩きつけられた。後頭部が何かぐにゃっとした柔らかいものにどすっと当たったが、まるで痛みは感じなかった。そこは傾いて下面になった車両左側のドア付近だった。

ドアの窓から、バラスト（敷石）がわーっと近づいてくるや、車両は左側面をバラストに接触させて突進するので、ガリガリガリッと激しい振動が壁から全身に伝わってきた。前のほうから車体がねじれ、側面や床がめくれ上がり、窓枠などのパーツが壊れていくとともに、窓ガラスが次々に破砕されてくる。目の前の窓ガラスが破れたら、危ない。

《ヤバイ！》

そう思った瞬間、いきなり耳栓がはずれたかのように音の感覚が戻り、車両が何かに激突したのか、物凄い衝撃音とともに、真っ暗になった。

裕子は、その時気を失った。再び目を覚ましたのは、おそらく数分経ってからだ。裕子は自分が数少ない生き残りの一人だとは、夢にも思わなかった。いや、それどころか、自分の周囲に塊状になっているのが、動かなくなった乗客たちなのだということすら認識できていなかった。

裕子の記憶でも、電車が突然傾き出してから衝撃音とともに停止するまでの時間は、「ほんの数秒、4〜5秒か」と感じられた一瞬の出来事だった。

脱出

人の山の上にいることに気づいた仁美は、このままでは下の人が動けない、申しわけないという思いで、暗くてよくわからないが、ともかく立ち上がった。倒れている人をうっかり靴で踏んで怪我をさせてはいけないと、ハイヒールを脱いだ。パンストがびりびりに破れていた。薄暗い中を見回したが、裕子はどこへ飛ばされたのか、姿が見えない。車両がめちゃめちゃに壊れているので、車両の姿勢がどうなっているのかもわからないが、進行方向の左上のほうに開口部があるのがわかった。開いている穴は、縦横1メートルもなさそうだが、その穴からなぜか、引きちぎられた黒いフェンスが斜めに垂れ下がっている。なぜそれがあるのかは、わからなかった。

(車両にはそんなものはないから、おそらくマンション駐車場のフェンスが突っ込んできた電車によって破壊され、その一部が1両目の車両の窓から飛びこんだのだろう。)

《あのフェンスを梯子代わりにしてよじ登れば脱出できそうだ》

気がつくと、すぐそばに、スプリングコートの女性と茶色っぽいスーツに眼鏡をかけた髪の薄い会社員風の中年男性と、もう一人、乗車した時からドアのところに座っていた二人組の高校生のうちの金髪の方の男子の三人が立ち上がっていて、上方に見える脱出できそうな穴の下に集まっていた。

三人は無言だった。スプリングコートの女性が真先に、穴から下ろされたらしい黒いフェンスをよじ上り始めた。上のほうから白い作業服の男の人が下を覗くようにして姿を現し、手を差し伸ばした。女性の手が届くと、すーっと引き上げられた。（白い作業服の男たちは、いちはやく救助に駆けつけた近くの日本スピンドル製造会社の従業員たちだったと思われる。）

フェンスの下には、やや昂奮気味の会社員風の中年男性がいて、「次はおれだ」と言わんばかりに、フェンスに手をかけて、我先にと必死の形相で登っていった。

それを待っていた仁美は、最後まで手放さなかったリクルート鞄を右肩にかけ、フェンスに足をかけたが、フェンスは一人以上乗ったらずり落ちそうに思えたので、背後の高校生に、「一人ずつ、ゆっくりね」と声をかけた。芥川龍之介の「蜘蛛《くも》の糸」みたいに、全員が地獄に落ちたらおしまいだ。

黒いフェンスを這い上がると、別の白いフェンスが突き出ていて、それをまたがないと、上に出られない。先に上った女性がどうやってまたいだかは見ていなかった。

下からは、金髪の高校生が見上げている。

「ごめんな」

仁美は高校生を見て口の中だけでそうつぶやくと、スカートがずり上がるのもかまわずに、大開脚をしてようやく白いフェンスをまたいだ。

上から白い作業服の男性が手を出してくれた。仁美は右肩から鞄をはずして男に受け取ってもらうと、自力でフェンスを上り切り、外に出たが、辺りは舞い上がった砂塵で薄暗く感じるほどだった。靴をぬいでいたので、大地を歩くと、足の裏にガラスの破片が突き刺さった。

そこではじめて電車の惨状を見た。自分が閉じこめられていた1両目は、マンション中地下の車庫に飛び込んで潰れていたこともわかった。どうりで暗かったわけだ。

気がつくと、口の中がじゃりじゃりしている。唾《つば》を含んでは地面に吐き捨てると、勝手に汚ない言葉が飛び出してくる。

「くそっ」

何度も同じことを繰り返して、口の中の異物をすべて吐き出した。

マンションの壁には、ぺしゃんこに潰れた車両がへばり付いて浮いている。

「あれは2両目かな」

などと思いながらぼーっと見ているうちに、気持ちも落ち着いてきた。作業着の男性が大勢いて、乗客の救出や救助作業をしていた。まだ、消防署の救急隊や警察署員らは来ていない様子だった。

靴がないので、やたらに動かないことにした。脱出した1両目の近くにいたので、1両目と2両目の潰れた残骸が間近にあって視界を遮《さえぎ》り、列車の全体がどうなっているかはわからなかった。

《何時だろう》と、腕時計を見ようとしたが、どこではずれてしまったのか、なくなっていた。

携帯電話を鞄から取り出し、110番にかけたが、話し中で通じなかった。

通りがかりだったらしい会社員風の男性がすぐ側で、警察に携帯で知らせているのが聞こえた。

「もう大変ですわ。とにかくすぐ来てください」

仁美が後で携帯の発信記録を調べると、110番にかけた発信時刻は、午前9時30分になっていた。仁美の携帯の時計は約8分進んでいたので、正確な発信時刻は、午前9時22分頃だったことになる。

電車がマンションに突っ込んだ時刻は、9時19分頃だったから、仁美は事故発生から3〜4分後には脱出していたことになる。暗い潰れた車内での様子を回想で辿ると、10分も15分も経っていたように感じられるが、実際にはわずか3〜4分にしか過ぎなかったのだ。1〜2分の誤差はあるにしても、仁美は一番早い自力脱出者たちの一人であったことは確かだ。

仁美は自分が110番に通報しなくても大丈夫だとわかると、何はともあれ会社訪問先の面接係やバイト先に連絡しなければと、まず携帯で約束していた会社に電話を入れた。

「あの、乗っていた電車が事故を起こして大変なので、今日は行けそうにないんです」

かなり昂奮気味に伝えたのだが、相手は重大な事態になっていることなど想像を超えたことなのか、あっけらかんとした感じで、

「そうですか、明日でもいいですよ」

と言った。

あまりにも平和な声のトーンに、仁美は自分がいかに超現実的な状況に置かれているかを実感させられた。

仁美は、今度は裕子の携帯にかけた。何度かけてもつながらない。不安がつのる。裕子の母親に大変な事態になっていることだけでも伝えようと思ったが、自宅の電話番号を聞いていなかった。平常時なら本人の携帯さえ通じれば用が足りてしまう時代の落とし穴だった。そこで裕子と親しい共通の友人三人に次々に電話をかけた。

「裕子さんと一緒に乗っていた電車が事故を起こして凄いことになってるねん。わたしは何とか車内から這い出したんやけど、裕子さんがどうなってるかわからへんねん。裕子さんの自宅に電話をして、お母さんに知らせてほしい。無事かどうかわからないのに連絡してよいのか迷うんやけど、でもやっぱり知らせないといけないと思うねん」

破れたストッキングだけで靴もはかずに恐る恐る歩く仁美に、近所から駆けつけたのだろう、おばさんが黒い靴下を提供してくれた。裕子の行方が心配で、自分だけ避難することができない。仁美は抜け出した1両目の穴から10メートルくらいのところで、裕子が出てくるのを待つことにした。

《あ、彼だ》——自分に続いて出てきたのだろう、金髪の高校生が呆然と立ちつくしているのに気づいた。出て来た穴を見つめている。

仁美は近寄って声をかけた。

「友だちは？」

返事がない。

「中？」

やっと小さく頷《うなず》いた。

「私もやねん」

仁美は小声で呟《つぶや》くように言って、「携帯貸そうか？」と、携帯を差し出したが、高校生は首を横に振った。

仁美は携帯でバイト先、大学などにかけ続けた。事故発生から10分くらい経った頃だろうか、ヘリコプターの最初の1機が、轟音を響かせて頭上に現れた。すぐに2機目、3機目が続いて来た。救助に当たっている作業着の人たちやおばさんたちの声も、救助された女性の叫び声もかき消されがちになる。無残な状態をさらす車両のあちこちから、自力で出てくる人、背負われて出てくる人、担架代わりの板や車内の座席シートに横になって運び出される人などで、周囲はまるで戦場のようになってきた。

作業服の人たちが近くに敷いた2枚のブルーシートが、たちまち血まみれの人たちで埋められていった。体格のいい男性が大声で指揮している白い作業服の集団は、実に冷静で、邪魔な残骸や潰れた自動車などを取り除《の》けて救出の通路を作ったり、動けない人を慎重に運び出したりしている。その姿は、実に頼もしく見えた。

仁美は不思議なほどどこにも重傷を負わなかったばかりか、驚くほど冷静に直後の現場の状況を目撃し続けた。

近くの会社から来たのだろう、事務職の制服を着たおばさんたちや近所の住民らしい人たちが、あちこちに座り込んだり寝ころがったりしている負傷者を懸命に介抱している。男性たちが車内から座席シートを運び出してきて、負傷者が座る場所を設ける。

20分くらい経ってからだろうか、ようやく救急車が相次いで3台到着した。さらに10分ほど経つと、消防署の文字の入った揃いのオレンジの作業服を着たレスキュー隊がやってきて、救出活動が一段と本格化した。仁美ははじめのうちは、白い作業服の人たちがきびきびと作業をしているので、彼らをレスキュー隊だと思い込んでいたが、彼らはすぐ近くの工場から駆けつけた社員たちであることを知った。

仁美は、母と弟のそれぞれに何度も携帯電話をかけていたが、ずっとつながらず、やっと弟のほうにつながったのは、事故から20数分経ってからだった。自宅にいて事故を知らなかった弟は、

「なんや」

と、さも迷惑そうに言った。

「電車事故に遭うたんや。ヘリが飛んでるから、テレビに映ってると思うわ。多分NHKとちゃうかな。テレビつけてみて」

仁美が淡々とした口調で言うと、弟は電話を切らずに、すぐにテレビをつけた。

「おお、なんかすごいことになってるやん」

「そうやろ、私そこにいるから、お母さんに言っといて」

「お前は生きとるん？」

弟にはまだ現実感がないのか、少しずれた感じだった。

「生きているから電話してるんやん」

そう言う仁美も、テレビに映し出されたような事故の全体像をまだつかめてはいなかった。事故や災害の真只中にいる被害者は、自分のいる局所しか見えないため、事態の全容はわからないものだ。これは、報道に携わる取材者についても言えることだ。現場に入った記者は、リアルな現場の状況をレポートすることができても、全体の状況となると、むしろ中央のデスクのほうが多方面からの情報が集まるので把握しやすくなるのだ。それでもまず重要なのは、リアルな現場

の状況なのだ。

弟との電話を切ってしばらくすると、母親から電話がかかってきた。母も自宅にいたのだが、固定電話で祖父と話していて、仁美からの携帯への電話に出られなかったのだ。しかし弟から事故のことを教えられると、驚いて仁美に電話をかけてきたのだった。

「おまえ、生きてるの」

母親も弟と同じような反応だった。

「生きてるから電話に出てるのよ」

「怪我はないの」

「大丈夫」

「とにかく迎えに行ってあげる」

「来んといて、大変な人でごった返してるから」

「着換えを持っていかないと困るでしょ」

「ここは緊急車両などでいっぱいになるから、一般人が来たら邪魔になるよ。来んといて」

仁美は、まだ二十一歳の学生だったが、自立心の強い娘だった。

1時間が経つ頃には、もう自分で動ける人は残っていないのだろう、時々板やはずした座席に乗せられて運び出される人は頭まで毛布をかけられていて、生きているのかどうかは、わからなかった。1両目のすぐ側に、救急車が待機していて、毛布をかけた人を収容する。

砂塵がすっかりおさまった後は、青空がやけに高く広がっていた。陽射しがきつくなり、座っていた仁美の顔の右半分の肌がヒリヒリするほどだった。

「これで顔、冷やしぃ。顔の傷、痛いやろ」

声をかけられたので、見上げると、白い作業服のおじさんが、氷水の入ったビニール袋を差し出している。「ありがとう」と言って受け取った。顔がひりひりするので、ビニール袋をあてたが、この時は顔に数ヵ所、切り傷があることに気づかなかった。周囲の状況があまりに凄惨だったからだろう。気づいたのは、帰宅して鏡を見てからだった。

「ねえちゃん、病院に行かんのか」

白い作業服のおじさんたちに、何度も勧められたが、裕子の安否を考えると、それどころではなかったから、その都度、「大丈夫です」と言って断った。

新聞記者が近寄って来て、「お話を伺ってもいいですか」と声をかけてきた。煩わしかったが、断る気にもなれず、1両目に乗っていて起きたことを話しているうちに、1両目から新たに一人が座席に乗せられて運び出されてきた。毛布が胸元までかけられている。真上を見ているようだ。毛布から投げ出された右手に、白いサポーターが着けてある。裕子が湿疹の皮膚を保護するために巻いているサポーターだ。

「裕子さん！」

大声で叫んで、仁美は走り寄ろうとした。しかし、裕子との間には、大勢の負傷者や救護者がいて近づけない。裕子を救出した一隊は、何台もの救急車が出入りしている道路のほうへ向かうように見えたので、仁美は先回りをしていようと、黒い靴下のまま走った、途中で見回すと、一隊がどこへ行ったのかわからなくなっていた。

「もう絵を描けへんかも」


車内で両手が離れてしまった後の裕子はどうなっていたのか。

物凄い衝撃音とともに気を失った裕子が、数分後に意識を取り戻すと、自分は左半身を下にして倒れているのに気づいた。

《仁美さん!》と名前を呼ぼうとしたが、のどがヒューッと鳴るだけで、声にならない。探しに行かなければと、身体を動かそうとした途端に、右肩に激しい痛みが走った。しかもはずれた座席シートが右半身の上にのしかかっていて、全く身体を動かすことができない。

足が痺《しび》れて痛い。辛いので足を動かすと、下のほうから、男性の苦しそうな声がした。

「痛いから動かすな」

自分の足の下に、男性の足が押さえつけられているようだった。

「すいません」

裕子は本気ですまないと思い、足を動かすのをやめて、痛みに耐えた。

周囲は薄暗く、所々から光が漏れていたが、砂塵が舞っていて見通しが悪かった。それでも時間が経つうちに視界が徐々によくなってきた。不自然に折れ曲がった壁や吊り革のレール。割れた窓から覗く鉄骨。崩れ落ちた座席。その上に横たわる人。

「くそっ」

普段使ったことのない野卑な言葉が、繰り返し口から飛び出してくるのを抑えられなかった。

物凄い臭いが鼻を突く。オイルと鉄が焦げたような臭いと言おうか。ガソリンの臭いもする。火災報知器のベルが鳴り続けている（電車が駐車場に飛びこんで壊した火災報知器が勝手に警報音を鳴らしていたのだ）。上のほうから男性の声がした。

「早く出ないと、崩れるぞ！」

《ふざけるな。出られるものなら、とっくに出とるわ》と、怒鳴り返そうとしたが、やはり声が出なかった（肺挫傷の重傷を負っていたのだ）。

とにかく危険が迫っていることは確かなように思えた。

《なんや、ようわからんけど、ここまでか》

裕子は本気で死を覚悟した。そんなことは、生まれてはじめてだった。

後になって振り返ると、この時、死を覚悟したことが人生観の大きな転機となり、

《生きているうちに出来ることを精一杯やろう》

と、腹を据えて考えるようになったという。

目が慣れてくるうちに、目の前の浮き上がった床に亀裂が入っていて、その割れ目から光の当たった地面が見えていて、地面に色鮮やかな赤い血溜まりができていた。

そのうちに、乗客と思われる一人の男性が誰かと協力して、動ける乗客を外に運び出していることに気づいた。その人たちに声をかけた。

「すみません、座席が身体の上にあって動けないんです。除けていただけませんか」

二人が近づいて来て、重い座席を持ち上げて除けてくれた。身体が急に楽になったが、痛む肩を押さえて身を起こすのがやっとだった。頭痛はするし、身体は思うように動かない。

すぐ横に、やはり上半身起き上がっていた女性が、うつ伏せに倒れている若い男性に何か声をかけていた。

「お知り合いですか？」

声をかけると、女性は力なく答えた。

「いいえ。呼んでも返事がないんです」

女性はその男性の肩の辺りをさすっていた。

彼は黒っぽい服に大きな靴をはいて、背中をまるめて蹲《うずくま》り、体を震わせていたので、背中をさすってあげた。首を回して後方を見ると、そこにも若い男性がしゃがみ込んでぼんやりとしていた。

裕子はしゃがみこんだ男性のそばに行こうと、足場の悪いところをとっさに立ち上がった途端に、足の裏に鋭い痛みを感じた。何かを踏んだなと思って見ると、ガラスが刺さっている。事故で飛ばされた時に、片方の靴が脱げていたのに、はじめて気づいた。よろけながら、そのガラス片を抜いた。

頭がぐらぐらするので、手を当てたところ、手に真っ黒いものがべったりと付いた。《うわーっ》と驚いた。額が裂けているようだが、鏡がないので正確にはわからなかった。

口の中に砂利のようなものを嚙んでいたので、手に吐いてみると、自分の歯だった。

車内の後方を見渡すと、左側に何人もの人たちが折り重なって倒れていた。薄暗いので、その人たちがどうなっているのかまではわからなかったが、意識のある人もいるようだった。

裕子は、一旦立ち上がったものの、ふらついて吐きそうになるし、右肩があまりに痛いので、その場に再び座り込んでしまい、しばらくぼーっと様子を見ていた。車両の上では、作業をする人たちが残骸を少しずつ取り除けているのがわかった。

時計を持っていなかったので、どれくらい時間が経ったのか、まるでわからなかった。携帯を忘れてきたことを悔いた。

どれくらい経ってからか、オレンジ色の作業服を着たレスキュー隊がめちゃめちゃになった車内に入ってきた。どこから入れたのかはわからなかった。レスキュー隊は、裕子に声をかけると、二人がかりで抱き上げて、用意したはずれた座席シートの上に寝かせ毛布をかけてくれた。

運び出された裕子が仁美と顔を合わせることができたのは、マンション脇の駐輪場でだった。自転車が移されてできた空間にシートが敷かれ、十人ほどの負傷者が横たわっていた。そこに裕子は降ろされたのだ。

駆け寄ってきた仁美に気づいた裕子が涙を流して、先に声をあげた。

「よかった！　生きとったんや!!」

仁美は裕子の手を握って泣き出した。

「あんたこそ！」

二人は互いに何度も、「生きててよかった！」と言って涙を流し続けた。それ以外に言葉はなかった。

仁美は、裕子の額の右側がパックリと割れて血だらけになっていることに気づいていたが、裕子の意識がしっかりしているので、とにかく生きていてよかったという気持ちが強く、そのことをあえて言わなかった。落ち着いてよく見ると、右足のジーパンが縦に引き裂かれ、むき出しになった右足に痛々しい切り傷が口を開けていた。

近くの果物屋の人がバンで負傷者の搬送支援をしていて、二人はそのバンに乗せられて、尼崎中央病院に運ばれた。

裕子は病院に着くと、玄関前でストレッチャーに乗せられて、一階廊下に入ると、そこですぐに額の傷を縫う応急処置を施された。廊下には、続々と運ばれてくる負傷者を乗せたストレッチャーの行列ができていた。順番を待たなければならなかった。

その間に、歩ける仁美が状況確認のためにロビーに戻ると、マスコミの取材者たちや身内の人を探しに来た人たちでごった返していた。ロビーの一角に備えられたテレビがついていて、事故現場の状況を伝えていた。仁美は、空中からの映像をはじめて見た。1両目は中地階の駐車場に半分突っ込んでいるので、空中からでは車両の状況がよくわからない。これに対し、2両目はマンションの壁にはり付けられたような強烈な形になっているので、目立つ。レポーターがその2両目を1両目と勘違いしてレポートしている。仁美は、廊下に戻り、テレビで見た現場の状況を裕子に伝えた。

裕子はストレッチャーのまま二階のX線撮影室前に移された。仁美は一旦外へ出て、裕子の母への連絡を頼んだ友人に電話をかけてから、裕子のところへ戻った。

沈んだ表情の裕子が、ぼそぼそとした声で言った。

「もう右手は駄目かもしれん。右半身の感覚がなくなっているから、もう絵を描けへんかもしれん」

目から涙が溢《あふ》れていた。

仁美は、つい先ほどテレビの映像から受けた衝撃さえ吹き飛ぶほどのショックを受けた。裕子は絵が好きで、大阪芸術大学に一浪してまで進学し、日本画を専攻している。その画家への道が二十一歳のこれからという時に閉ざされてしまうのか。そう思うと、仁美はこらえ切れずに、ウーッと泣きながら、ストレッチャー脇の床にへたりこんでしまった。

《私の右腕が駄目になればよかったのに。裕子にとって右腕は命に匹敵するくらい大事なものだ。それに比べれば、私の右腕なんかそんな大事なものじゃない。それなのに、私の右腕は折れもしないで……》

仁美の心は、裕子に対しすまない気持ちでいっぱいだった。

「ゴメンな、ゴメンな」

仁美は、涙を浮かべて謝った。気丈な仁美が人前でこんなにも心をさらけ出して友のために泣いたのは、はじめてだった。その時、仁美は事故によって引き起こされた事態の重大さに、はじめて気づいた。大変な事故に遭ったのだと、心の中にずしりと重たいものを感じたのだ。

X線撮影室担当の看護師が、ストレッチャーの横から裕子に本人確認のために尋ねた。

「福田裕子さんですね。生年月日は？」

仁美が代わって答えようとしたところ、そばにいた中年の男性がすばやく裕子の生年月日を言った。

「裕子さんのお父さんですか？」と看護師が確かめると、男性は、「そうです」と言った。

《あ、裕子のお父さんが駆けつけてくれたんだ》と安心感が仁美の心に染み渡った瞬間、それまでの緊張感が一気に抜けて、仁美は腰が抜けて床にへたりこみ、立てなくなった。と同時に、心臓の血液がどっと左足に流れこんできたような感覚が走り、左足の激痛に襲われた。気が張っていたため、左足に怪我をしていたことすら気付いていなかったのだ。
《私、無傷じゃなかったんや……》
仁美は、はじめてそう思った。

2

抜けない両足

近畿大学法学部に入学したばかりの十八歳・山下亮輔《やましたりょうすけ》は、その日の朝、伊丹市内の自宅を愛犬ゆずに玄関先まで送られて、自転車で出た。前夜は大学の新入生歓迎コンパで未明まで騒いでしまったが、朝になれば、もう気持ちはすっきりしていた。

黒のストライプの長袖シャツに青いジーパン、そして茶色のブーツ。青春真只中の若者が新緑の並木の下を颯爽《さっそう》と自転車を漕ぐ姿は、晴れて大学生になった解放感と自信満々の気持ちをストレートに表していた。

JR伊丹駅近くの駐輪場に自転車を置くと、駅に通じる歩道橋を駆け上がった。階段を駆け上がるなどということは、高校時代にラグビー部だった亮輔には日常茶飯事で、まるで気にとめるようなことではなかった。そんなことでさえ二度とできなくなるとんでもない出来事が身に振りかかってくる時刻が近づきつつあったと、誰が想像できようか。単に階段を駆け上がることができなくなるというのは象徴的なことであって、実は亮輔のそれまでの人生が切断されてしまうほどの事件に遭遇するのだ。

近畿大学に行くには、伊丹駅からJR福知山線で大阪駅に出て、近鉄大阪線に乗り換え、大学のある長瀬駅で降りるというコースになる。伊丹駅から約40分だ。

歩道橋から伊丹駅に飛び込んだ亮輔は、改札口を入ると、いつもはエスカレーターで降りるのだが、この日は、なぜか反対側の階段でホームの前寄りの方へ降りた。ちょっとした偶然が運命のベクトルを不運な方向へ向けてしまう。なぜそちらを選んだのか、亮輔自身にもわからない。ホームに出ると、しばらくして快速電車が勢いよく入って来た。ところが、停まるはずの電車が通過するのかと思うほど速いスピードで、先頭がホームの端よりかなり先まで行って、急停止した。《おい、おい、どこへ行くんだ》と、亮輔は電車を追うようにホームの前のほうへ走った。ところが、電車は今度は急いでバックしてきて停止した。気がつけば、亮輔は1両目の一番前のドアの前に立っていた。もう一つの偶然が運命のベクトルをさらに悪い方向へ向かわせた。2時限目の授業に間に合うためには、この電車に乗らなければならない。進行方向に向かって左側のドアから入ると、運転席のすぐ後ろの吊り革に右手をかけて立った。亮輔は快速電車の最前部に乗ってしまったのだ。

MP3プレイヤーのイヤホンを耳に挿し込んで、好きなJポップを聴いていた。目の前の座席には、三人の知らない学生が座っていた。音楽にひたっていたせいか、亮輔は電車が異常なスピードを出していたことにも気づかなかった。

塚口駅を通過したことは覚えているが、次に気がついた時には電車は右カーブに入り始めていた。

《何だこの揺れは》そう思った時には、立っていられないほど電車は左に傾いていた。座っている学生たちの上に倒れないようにと、必死に両手で吊り革にしがみついた。

《倒れたら、どうやって身を守ろう》

そう考えても、事態の進行のほうが早かった。目の前の窓の外に、ガーッと地面が迫ってきた。

「キャーッ」

女性の叫び声が車内に響き渡った。

ガリガリガリーッと車体が地面の砂利をこすっていく。吊り革にしがみついていても、身体はもう学生たちの上にのしかかっていた。窓の外の地面がグワーッと超接近してくる。吊り革の両手も、もう支え切れないと思った瞬間、窓が地面に触れ、物凄い破壊音が耳をつんざき、真暗になった。

亮輔はその時、反射的に目をつぶったのだろう。轟音、摩擦音、衝撃音、吊り革からもぎ取られるように放たれ倒れる自分……。何が何だかわからない中で、気を失ったのだろう。

何分経ったのか、気がつくと、周りは真暗闇で、何がどうなっているのか、まるでわからなかった。自分がどこにいるのかもわからない。

《生きている。自分は生きてここにいる。》

そのことだけは、確かだと思えた。

奇妙なことに、身体は動けないのだが、痛みの感覚は全くなかった。眠りから覚めた時のような感覚だった。やがて周囲の音に対する聴覚が戻ってきた。

「苦しい！」「痛い！」「助けて！」

暗い車内のあちこちから悲痛な叫び声や泣く声、うめく声が聞こえてくる。わんわん響くほどだ。一体何人くらいだろうと、声の違いを数えてみた。少なくとも十人はいる。だが、離れたところや2両目や3両目にも、沢山いるのかもしれない。不思議だったのは、人々の叫び声やうめき声以外には、何の物音も聞こえないことだった。

自分がどうして動けないのか、暗い中で確かめようとした。上半身は後ろに少し寄りかかって座っているような姿勢になっている。両手を動かすことができる。手を前へ伸ばすと、何かが壁のように塞いでいる。それが何であるかは、暗いのでわからない。頭の上にはやや空間があるが、その上には天井のようなものがある。狭い空間に閉じこめられた感じだ。（天井のようなものは、後で救出される時に、進行方向に向かって右側の窓だとわかった。車両が左へ転覆して駐車場に飛びこんで潰れた時、右側面の窓やドアが上になって潰されたため、内部で生き残った者には天井のように感じられたのだ。）

一方、下半身は何かが乗っかっていて、両足を引き抜くことも動かすこともできない。何が乗っかっているのか、上半身を前にこごめるようにして両手を伸ばして触ってみた。闇の中では、それが何であるかわからないが、鉄のような硬いものではなかった。柔らかだ。手が届く範囲で慎重に触ってみると、何と人の身体ではないか。亮輔は衝撃を受けた。

手をさらに動かして調べると、一人や二人ではない。何人もが折り重なるようにして、足の上に積み重なっている。ところが、重みを感じない。下半身が苦しいという感覚はあるのだが、重さも痛みも感じないのだ。

《なぜだろう。下半身の感覚が麻痺しているのか？　脳がいかれたのか？　幻覚か？　それとも、もうあの世に片足を突っ込んでいるのか？》

亮輔は、自分が事故に巻き込まれ、めちゃめちゃに潰れた車内に閉じ込められていることを、一刻も早く両親や恋人の美咲に知らせなければと思い、ジーンズのポケットに入れていた携帯電話を取り出そうと、手を伸ばしたが、下半身に重いものが乗っていて、ポケットに手を入れることができない。腕時計はどこかに飛んでしまって失くなっていたし、携帯も取り出せないので、一体事故からどれくらい時間が経ったのか、確認することもできない。

携帯という命綱

暗闇の中に置き去りにされた孤立感が襲ってくる。このまま見捨てられるのか。

相変わらず、あちこちから悲痛な叫び声があがっている。だんだん弱っていく声もある。

悲しみが破壊空間の中に満ち満ちている。

亮輔は、突然不安にかられ、叫んだ。

「助けて！　誰か、助けて！　……」

返事はどこからも返ってこなかった。

ずいぶん長い時間が経った頃、問いかける声があった。

「何歳なん？」

どうやら右下のほうからのようだ。若い声だった。そちらへ顔を向けたが、暗くて声の主がどんな人物で、どこにいるのかもわからない。再び声がした。

「どこの大学やで」

「近畿大学やで」

それっ切り、相手はしゃべらなかった。その人物が、一歳年上の同志社大学二年の林浩輝であることを知ったのは、亮輔が救助されてからだった。林は事故から22時間近くも経ってから最後の生存者として救出された人物だ。林の弟が美咲の同級生だったことから、亮輔は一度だけ会ったことがあった。そんな人物が、すぐ近くで同じように身動きできなくなっているというのも不思議な縁だった。

悲鳴、叫び、うめきが津波のように押し寄せてくる。このまま〝生殺し〟にされるのかとさえ思えてくる。

突然、怒りの声が響き渡った。

「うるさい！　静かにしろや！」

この忘れられない凄絶な状況を、亮輔はずっと後になって思い起こす度に、《あれがぎりぎりまで追いつめられた人間の限界状況というものなのだろう》と、身が震える思いがするのだった。悲鳴をあげる人もうめく人も、「うるさい！」と叫ぶ人も、誰もが生と死のぎりぎりの境に追いつめられている。誰もが、叫ばずにはいられないし、うめかずにいられないし、「うるさい」と怒りをぶちまけずにはいられない。誰かが正しくて、誰かが間違っているとか、誰かは忍耐強いが、誰かは弱いといった議論などは意味を持たなくなっている。

一瞬静寂に包まれたが、しばらくすると、再び苦痛やうめきがうねりとなって、残骸の中に充満していった。

このままでは、まさに〝生殺し〟にされかねない。お互いに顔も見えない暗い中で、話のできる数人がどうすれば救出してもらえるか、まず何をしたらよいか、相談をした。すぐに結論が出た。

「ここに俺たちが生きているっていうことを、知らせよう。どこへでもいい、外部に知らせないことには、救助隊だってどこから探せばいいかわからんだろう」

「携帯、誰か持ってませんか。携帯なら110番でも119番でも通じるから」

その発言に、何人かがわれに返ったように、携帯を探し始めた。みんな身体の自由がきかないので、暗い中での手探りだった。亮輔ももう一度、ジーパンのポケットに手を伸ばそうとしたが、下半身の上には何人もの人々が横たわって重なっていて、とても携帯を取り出すことができない。仕方がないので、近くに落ちていた見知らぬ人の鞄を引き寄せて、中を探ってみた。やはりない。

「あった！」

林浩輝の声が聞こえた。携帯がどこにあったのか、どうしてそれまで見つからなかったのかは、亮輔にはわからなかった。林が親にかけているのがわかった。生きていること、自分だけでなく、何人もいること、1両目の車内にいること、早く救助してほしいことなどを、懸命に伝えていた。

――命綱。

亮輔は、《携帯が命綱になった》と思った。そんなことは、それまで考えてもみなかった。何事もなく過ごしている日常生活の中で、まるで空気や水のように、あるのが当たり前になっている携帯。それが、事故や災害で、いくら叫んでも外部に伝わらないような空間に閉じこめられた時、コミュニケーション手段として決定的に役立ってくれるとは。まさに「現代の命綱」だった。

1両目の最前部に乗っていた生存者たちが携帯でようやく外部と連絡が取れたのは、事故発生から何と7時間も経ってからだった。亮輔は、そのことをかなり後になってから知った。携帯の通信記録から、時刻が正確にわかったのだ。

同じ1両目に乗っていながら、木村仁美や福田裕子がかなり早い時期に救出されたのに対し、亮輔らの発見が大幅に遅れたのは、なぜなのか。

仁美らが閉じこめられた1号車の後部は、マンション駐車場に突入してアコーディオンのように潰れた前部と違って、マンションの外に出ていたので、窓などの開口部を通じて、外部から内部を覗いたり声をかけたりしやすかった。そのことが救助作業を相対的に取り組みやすくしたのだろう。

これに対し、1両目の前部は、中地階構造の狭い駐車場の中で潰れたため、内部へのアクセスが困難になっていた。しかも破壊された自動車からガソリンが漏れて引火の危険性が極めて高く、火花が出るような工具は一切使えなかった。そうした状況の中で、救助隊は、1号車後部をはじめ、2両目、3両目の乗客たちの救出や死亡者の収容に、ほとんど手を取られ、1両目の前部に目が行かなかったのだ。

レジリエンス（再生力）

日本では、一般の人々には耳になじみのない用語が、欧米では様々な学問や業務で広く使われるようになっている。

――レジリエンス（Resilience）。

この用語の意味（概念）を簡潔に言うと、「困難な状況あるいは事態から立ち直る力」ということになろう。

強いて単語で言うなら、「回復力」「再生力」「生き直す力」といったところだ。

どのような文脈で使われているのか、様々な学問分野や業務分野の具体的な場面によって様々だ。

例えば、戦禍や災害から地域社会が復興する力。戦争や災害や事故の被害者が立ち直り、新たな生活・人生を切り拓《ひら》く力。重い病気や障害を背負った人が現実を受容し新しい価値観によって前向きに生きようとする力。さらには、事業に失敗した企業が経営改革や事業の転換などによって再生する力を論じる場合にも、この用語が使われる。あるいは、進行がんとわかった人が、たとえ死が避けられなくても、最期の刻《とき》まで精神性高く生きようとする力について論じる場合にも、レジリエンスという概念が使われる。あるいは、愛する人を事故、災害、病気などで失った後、喪失の悲しみと辛さや孤独感からどのようにして生き直す道を見出すか、その心の再生の力を論じる時にも、レジリエンスという視点が重要になる。

これらのうち個人の問題に絞って見ると、レジリエンスを引き出すきっかけとなる出会いや出来事、あるいは人間として高揚し成熟するに至る過程は、ドラマ性に満ちていて、人間の可能性のすばらしさを気づかせてくれる。

人間が事故や災害で、崩壊したビルやトンネルや崩落した土石の中に閉じ込められた時、何日あるいは何時間生き延びられるのか、その条件は様々であろうし、奇跡的に幸運な条件がからむこともある。事故・災害の歴史を振り返ると、驚異の生存事例が少なくない。

たとえば、ここに書いているJR福知山線脱線事故の五ヵ月前、二〇〇四年十月二十三日の新潟中越地震の時、長岡市妙見町の信濃川沿いを走る県道が大規模な崖崩れで埋まった時、巨岩がむき出しになった崩落現場の岩石の間に、人間が生存しているなどとは、誰も想像だにしなかった。ところが三日後に巨岩がひしめき合うような現場の岩石の間から、埋没した行方不明の軽四輪が発見された。そして、翌日急遽派遣された東京消防庁のハイパーレスキュー隊（消防救助機動部隊）によって、車からわずかなすき間に抜け出して生存していた二歳の幼児・優太くんが救出されたのだ。地震から四日後、九十二時間ぶりの生還だった。

あるいはその六年後の二〇一〇年八月五日、チリのサンホセ銅鉱山の地下坑道で起きた落盤事故では、地下700メートルの坑道に労働者33人が閉じ込められ、避難所で実に69日間も生き延びた。世界中から支援を受けた救出作業がついに成功し、十月十三日に全員救出されたのだ。

事故や災害が起きた時、死は免れたものの何らかの条件で閉じ込められた人間が救出されるまでの経過は、大変なドラマに満ちている。

JR福知山線脱線転覆事故では、線路脇のマンション中地階の駐車場に飛び込んでぐしゃぐしゃに圧壊した1両目やマンションにへばりついた2両目の内部に多くの乗客が閉じ込められた。内部は暗く、マンション車庫の圧し潰された自動車からガソリンが流れ出ていて、金属を切断する電気ドリルや電動カッターやバーナーなどは、引火のおそれがあるため使えなかった。

車体の破壊状態を見ると、こんなにも容易に潰れてしまうのかと、軽量化されたがゆえの薄っぺらさに愕然となるのだが、潰れた車体を、閉じ込められた乗客の救出のために切断しようとしても、電動カッターなどは使えないこともあって容易なことではなかった。閉じ込められた乗客たちは、身体に重い物がのしかかっていたり、何かに挟まれていたりするので、救助隊がむやみに残骸の撤去作業をすると、別の何かがのしかかってかえって乗客の生命を危うくするおそれもあったから、救助作業は時間がかかった。

近畿大学法学部一年になったばかりの山下亮輔は、1両目の残骸の中に閉じ込められた一人だった。両下肢が車両の壊れた部材のようなものに圧迫されていて、動くことができなくなっていた。救出されたのは、事故発生から十八時間も経った二十六日午前三時過ぎになってからだった。

この事故で最後に救出されたのは、同志社大学二年の十九歳だった林浩輝で、二十二時間近くも経った二十六日午前七時過ぎのこと。山下が救出されたのは、その約四時間前で二番目に長い時間を残骸の中で生き抜いたのだ。

救出に至る経過の最終段階を見ておく。

ＪＲ福知山線脱線転覆事故の負傷者たちが示してくれたレジリエンスの力は、事故直後から一、二年の短期間に立ち直る場面と、五年、十年という長い期間にわたって苦しむＰＴＳＤ（心的外傷後障害）からどう心身の安定を取り戻し生きる力を獲得するかという場面に分けられるだろう。何事にも始まりの動機と多様なプロセスがあるように、レジリエンスの発揚もいきなり全開とならなくても、その端緒をつかむことは、その後の展開に大きな意味を持つ。被害者たちは、春先のいまだ凍える大地から芽を出すふきのとうのように、事故現場の車内に閉じこめられ、ひたすら救出を待つ状況の中にあっても、絶望の魔手にからめとられるのを拒否し、残された身体機能と思考力を動員して、必死に救助される道を探ったのだ。

駐車場の中の暗い潰れた車体の中で、数人の重傷者たちが、生きて救出されるには、まず何をすべきかと、気持ちを鎮めて話し合ったということは、「困難な状況から立ち直る力」＝レジリエンスの最初の小窓を開けた行動だと言えるだろう。

身動きできなくても、互いに頭を使い、話し合って最善の道を探すという行動は、まさに支え合いの行為だ。連帯は弱者のレジリエンスの可能性を高める。

亮輔は林浩輝がようやく見つけた携帯で家族と話をしているのを聞いているうちに、頭の中に、朝、家を出る時に言葉を交わさなかった母の顔が浮かんできた。さらにそれが引き金となって、幼い頃からの楽しかった母との思い出の情景が次々に湧いて出てきた。

《これって、走馬灯体験というものなのかなあ》

懐かしむ感情が湧いてくる中で、情景は再びこの日の朝、家を出た時のことに戻った。前夜、新入生歓迎コンパで遅くまで飲んで帰ったことで機嫌を悪くした母は、今朝は「行ってらっしゃい」の一言もなかった。ツーンと寂しいような悲しいような感情がこみあげてきた。

《いけない。そんな走馬灯体験に引き込まれるなんて、まるで死を予感してるみたいだ。懐かしがっている場合ではない、生きるんだ》

亮輔は、自分の心に鞭を打った。

《ここにいます！》

《助かるんだ！》

心の中で必死に叫び続けた。

携帯で生存者がいると外部に伝えることができたことは、生き抜く意思を持続するうえで励みになった。

だが、救助隊が現われる気配がない。時間がいたずらに過ぎていく。相変わらず、破壊された1両目前部の車内は、暗い。

何時間も経ってから、ようやくガタガタする音や救助隊の声が聞こえた。下のほうで、残骸を少しずつ取り除ける作業が始まったようだ。

救助隊がまず見つけたのは、亮輔の下のほうにいた林だった。

突然、右下のほうで、何かが取り除けられ、穴が開いた。作業用の照明の明かりがその穴から差し込んできた。その穴からぼんやりとした明かりに照らされて、救助隊員の顔が見えた。左側を下に転覆した1両目車両の下側に高さが1メートルもないほどの空間があり、その空間に身体を滑り込ませた救助隊員が、破れた窓から内部を覗いたのだ。

《やっと見つけてもらえた！》

全身にはりつめていた緊張感が一気に抜けていく。見捨てられたのではという孤立感も消えた。

「そこにいる人、名前を言うてみ」

救助隊員が声をかけてきた。

「山下亮輔です」

「そこに生存者は何人おるか」

「四人や！」

叫ぶ声やうめく声は、すでにかなり少なくなり、この時点で確かに声を出していると確認できていたのは、四人だった。

下のほうにいる林と、すぐ近くの男性一人、女性一人、そして亮輔自身の計四人だ。女性は40歳代の大下裕子という人だった。

救助隊員が林に水の入ったペットボトルを手渡し、「飲んだら他の人に回して」と言った。林は二口、三口飲むと、ボトルを亮輔に回してきた。手を伸ばしてボトルを受け取った時、

《なーんだ、こんな近いところにいたのか》

と驚いた。水を飲み終えた亮輔は、暗い中にいる大下裕子のほうにボトルを差し出した。手が伸びてきて、亮輔の手に触れ、ボトルをつかんでくれた。だがもう一人の男性は何の発語もなくなっていた。命が尽きていたのだ。

亮輔は車内の状態を確認しようと、救助隊員に懐中電灯を貸してほしいと頼んだ。懐中電灯を

受け取って、周囲を照らすと、車両はグチャグチャに壊れて、自分がいる空間は、意外に狭いことがわかった。

しかし、見えるものが、なぜかどれもこれもぼんやりとしている。気がつけば、コンタクトレンズがはずれてなくなっていた。電車が転覆してマンションに衝突した時、投げ飛ばされた衝撃で、はずれたのだろう。

医師が救急隊員の次に下の穴から入ってきて、林の腕に点滴の針を刺して、点滴を始めた。おそらく脱水症状や貧血状態に陥っていたのだろう。

そのうちに、亮輔のすぐ上のところ、つまり車両が横倒しになって天井のようになった右窓のある側面に、救出のための穴が開けられ始めた。自力では動けない人を担架で引き上げるには、かなり大きな穴を開けなければならない。その作業は火花を出さないようにしながら進めなければならないため、時間がかかった。動けない者には、もどかしく見える。

「早くしてくれ!」

亮輔は、思わず叫んだ。あまりに時間がかかるので、いらいらがつのるばかりだった。車両が狭い駐車場をほとんどふさぐ形で潰れている状況について、閉じこめられ動けなくなっている亮輔にわかるわけがない。苦しみと死の不安から一刻も早く逃れたい思いがあるだけだった。

腕時計はガラスが割れて止まっているし、携帯を見ることもできないので、一体どれくらい時間が経ったのか、今何時ごろなのかもわからない。実際には、事故から実に13時間以上も経ち、すでに夜半近くなっていたのだが、亮輔はそんなに時間が経っているとは思ってもみなかった。もし時間がわかっていたら、かえって耐えられなかったかもしれない。

18時間後の救出

「もうちょっとや、がんばれ」

救助隊員がそう言ってくれても、身動きできない者にはまだるっこく感じられてならない。救助隊員は、さらに続けた。

「医師が入ったり、担架を吊り上げたりするには、出入口を広くしないといけないので、ガラスを割りますよ。慎重にやりますが、ガラスが飛び散るかもしれませんから、下を向いていてください」

《電車が横倒しになり、天井のようになった右側の窓を壊して穴を開けるのか》

亮輔にも、救出の立体的な構図がようやくわかってきた。

頭上の救出口を広くする作業が進み、人を背負って出られるだけの空間ができた。亮輔が上半身を少し起こして穴の外を見ると、照明の光ばかりが当てられていて、周囲の状況はまるでわからなかった。車庫の中だから、空が見えるわけがないし、すでに夜になっていたので青空が見えるわけもないのだが、亮輔はいまだそうした状況については想像を超えたことだった。

開けた穴から吊り下げられた恰好で次々に降りてきた救助隊員と医師は、まず大下裕子と亮輔に点滴の針を刺すと、医師だけが吊り上げられて出て行った。隊員が裕子の身体にのしかかっている大きな物を取り除けようとした。

鋭い悲鳴が上がった。物を動かすだけで、裕子は「痛い！」と悲鳴を上げるのだ。重い物が裕子の身体のどこかをひどく傷めていたのだろう。救出作業は一段と慎重に進めなければならなかった。林が自分の苦痛を抑えて、何度も励ましの言葉をかけた。

救助隊員たちは裕子の身体を圧迫していたいろいろな残骸を取り除け、細長い担架に乗せて毛布をかけ、斜めになっても動かないように縛りつけた。準備を終えると、穴の外にいる隊員らがゆっくりと担架を引き上げた。外部で裕子の救出を確認したのは、午前0時5分だった。事故から15時間近く経っていたのだ。（残念なことに、大下裕子はクラッシュ症候群の悪化で、5日後入院先の病院で息を引き取った。）

次は亮輔の番になった。裕子の場合と同じように、救助隊員たちが両足を圧迫していた重たい物を取り除け、亮輔を担架に乗せて縛りつけた。そして、担架ごと吊り上げようとした瞬間、それまで不思議と痛みを全く感じなかった両足に激痛が走ったのだ。

「痛い！」

亮輔は、それまで出したことのないような大きな叫び声をあげた。絶叫と言ってよかった。救出隊による引き上げ作業がぴたっと止まった。救助隊員が亮輔の両足の状態を確認すると、足にまだ乗っているものがあった。それを取り除けて、再び引き上げがゆっくりと進められたのだが、またまた激しい痛みが走り、血が逆流したように感じた瞬間、亮輔は気を失った。

亮輔が救出されたのは、事故発生から18時間近く経った26日午前2時45分だった。

亮輔たちが閉じこめられていた一角には、多くの遺体があり、その遺体を運び出す作業も始められた。

林の救出にはかなり時間がかかり、運び出すことができたのは、26日午前7時5分だった。事故発生から22時間近く経っていた。林は救出された最後の生存者となった。

消防士の父の叫び

事故が起きた時、亮輔の父親はまだ自宅で寝ていた。伊丹市消防署の消防士なので、夜勤が多く、この日も徹夜明けで、朝帰宅して眠りに就いたところだった。

そこへ亮輔の母親が電話をかけてきた。

「大変な電車事故が起きているよ。JR福知山線だというから、もしかして亮輔が乗っているんじゃないかと心配になってね。テレビをつけて見て」

父親は、電話を切らずに飛び起きると、居間に駆け込みテレビをつけた。凄い現場が映っている。

「亮輔は何時頃家を出た？」

「8時半頃かな」

「まさか、この電車に乗っていないだろうな」

消防士という職業なので、すぐに事態の大変さを呑み込んだ。すぐに亮輔の携帯に電話をかけた。応答がない。何度かけてもつながらない。

通学している近畿大学の事務室に電話をかけて、亮輔が授業に出ているかどうか確認してほしいと依頼した。しばらくして電話がかかってきた。

「校内放送で呼び出したのですが、名乗り出て来ません」

父親は居ても立ってもいられなくなり、近くに出かけていた母親が帰るとすぐに車に乗せて、尼崎市の事故現場に向かった。現場は交通規制が行われていて近づけない。やむを得ず近くに停めて、現場へ走った。現場は乗客の救出作業で混乱していた。かなり負傷者が出ていて、脱出したり救出されたりした負傷者がビニールシートの上などに寝かせられていたり座り込んでいたりしていた。亮輔の姿はどこにもなかった。救急車などが負傷者を病院に搬送していた。

《亮輔はすでに搬送されたのかもしれない》

そう考えた父親は母親とともに、今度は尼崎駅近くにある尼崎中央病院に向かった。尼崎市は自分の活動範囲ではないが、この辺り一帯の救急病院がどこにあるかは、消防士として頭の中に入っていた。

尼崎中央病院に入ると、ロビーに掲示板があり、事故で救急搬送されて来た負傷者名と重篤なために高度な救急治療のできる病院に転送された負傷者の病院名とが記されていた。そこに「山下亮輔」の名はなかった。両親は転送先の病院を訪ね、さらに周辺のいくつもの病院に電話をかけまくったが、どこにも亮輔は運ばれていなかった。

両親は、その後、JR西日本が犠牲者の遺体安置所にした尼崎市記念公園総合体育館にも立ち寄って、身元不明の遺体のポラロイド写真を肉親の安否を問う家族だけに見せる部屋に入って調べたが、やはり亮輔の写真はなかった。やむを得ず、両親は情報が一番早く入りそうな尼崎警察署でテレビを見ながら待機することにした。

恋人の美咲は、午後になって亮輔の母親から電話で状況を知らされると、短大への通学に使っていた原付バイクで現場に駆けつけたものの、何をすることもできないので自宅に帰り、テレビを見て救出を祈るばかりだった。夜になって、尼崎警察署まで原付バイクを走らせ、両親から何の手がかりもないことを知らされると、居たたまれなくなって、物陰に行き、ただただ泣き続けた。

夜が更けていく。

「山下亮輔君の生存が確認されました」

警察官が待機する両親に走り寄って言った。

「正座したような姿勢でいるとの報告です。でも、元気で、声も出しているそうです」

その言葉に、母親は号泣した。

現場にいた仲間の消防士からも、携帯で連絡が入った。

「四人の生存者が残っている。息子さんは正座をしているような恰好で、一番元気やから安心していいぞ」

だが、父親の頭の中に職業的な知識から不安がよぎった。

《こんなに長時間にわたって動けなかったのだから、もしかしてクラッシュ症候群の危険性があるのでは……》

「生存」の一報が入ったものの、実際に亮輔が運び出されるまでに時間がかかった。1時間、2時間と過ぎていった。深夜になっても、テレビは現場中継を続けていた。いつになっても亮輔が運び出されてくる情景が映らない。

午前2時45分、ようやく亮輔と見られる人物が担架に乗せられて車両の開けられた穴から運び出されてきた。毛布をかけられ、担架に縛りつけられているが、足が出ている。亮輔の足に違いない。

現場の消防士仲間が、再び携帯で無事救出したと伝えてきた。父親は、即座に問い返した。

「意識は？」

「薄れている」

父親は言葉を呑んだ。

確かに亮輔は、車内から引き揚げられる時、激痛に襲われて気を失い、待機していた救急車に運ばれた時には、医師の問いかけに返事がなかったのだ。

意識が薄れているとの連絡を父親を介して聞いた母親はパニックに陥った。

「お父さんどうしよう！　亮輔が！」

現場の同僚から、亮輔を乗せた救急車は関西労災病院に向かったと連絡が入った。

両親はすぐに尼崎警察署を出ると、関西労災病院に車を走らせた。病院の所在地に詳しいので、最短コースで病院に着いた。救急車の到着と同時だった。父親は車から飛び出すと、救急車の側まで走った。

担架で降ろされる亮輔に近寄ると、大きな声で叫んだ。

「亮輔、わかるか！　お父さんやで。亮輔、わかるか！」

亮輔はうんうんと返事をしたように見えたが、苦しくてうなっているようでもあった。亮輔は、この時の自分の状態について記憶はないという。

父親はＩＣＵ（集中治療室）にまで付き添って入り、亮輔の名前を呼び続けた。

「お父さん、お気持ちはわかりますけど、これから治療を始めますので、とにかくここから出て待機してください」

医療スタッフに言われて、父親はようやくわれに返った。

亮輔は一命を取り留めた。しかし、それは際限なく襲ってくる痛みと苦しみに満ちた長い長い治療と闘病の始まりだった。

3

「この人、赤（タグ）だ！」


2両目の乗客たちは、どのような状況に巻き込まれたのか。

2両目は脱線した後、1両目との連結器がはずれて、ほぼ線路沿いに突進し、マンションに正面からは衝突しなかったものの、左側面をマンションの角に激しくぶつけたため、車両の後半部は3両目に押されて、時計の針が進む方向へ回転し、全体を「くの逆向きの形」にして左側面全体をマンションの壁に激突させた。空から撮影した写真を見ると、2両目は車両の横幅がほとんどなくなったと言えるほどぺしゃんこになって、マンションにへばりついた形になっているのがわかる。このため、2両目の死者は1両目の死者を上回わるほど大きな被害を出す結果となった。

2両目の最前部と言ってよい位置に乗っていたのは、山下亮輔と同じように大学に通い始めたばかりの十九歳の三井花奈子《みついかなこ》だった。一年浪人して受験勉強に励み、念願の同志社大学に入れたので、母親・ハルコの目には健気に見えるほど、真摯に授業に出ていた。

この日は、2時限目の授業から出ればよかったので、川西市の自宅からバスでJR福知山線の川西池田駅に出て、午前9時過ぎの上り快速電車に乗れば、同志社前駅まで直行するので、授業に間に合う。その通学に慣れてきた時期だった。

同志社前駅では1両目が改札口に近くて便利なので、川西池田駅のホームに入ると、1両目の行列の後ろに並んだ。四つのドア別に四つの行列ができていて、花奈子が並んだのは、1両目の後部ドア列だった。見回すと、行列の人数が1両目に集まっていて、2両目から後ろの列はずっと少なくなっている。

車内でくっつき合うのはいやだなと思った花奈子は、2両目の一番前の列に移動した。そこへ電車が入ってきた。車内に入ると、空席はなかったが、あまり混んでいないのでほっとして、最前部の進行方向に向かって右側の長椅子の前に立ち、吊り革を右手で握った。長椅子には自分と同じくらいの年に見える若い女性などが座っていた。普段ならすぐに忘れてしまいそうな周りの乗客のことが、異常事態が発生すると、意外に記憶から甦るものだ。

快速電車は急速にスピードを上げていき、停車しない北伊丹駅を通過する時には、最高制限速度の時速120キロを少し超えていた。それでも福知山線に慣れていない花奈子には、異常なこととは感じなかった。途中停車駅の伊丹駅に急停止する感じで着いた時、窓の外に駅のホームがなかった。変だなと思っていると、電車はバックし始めた。《オーバーランしたのか》と思ったが、JRの線ではよくあることなのかなと、大して重大なこととは思わなかった。

伊丹駅では、新たにかなりの人々が乗ってきて、急に混雑した感じになった。ドアが閉まり動き出した。花奈子は、後になって事故の体験を思い起こす度に、ドアが閉まった瞬間の情景が、もはや逃れることのできない運命共同体の中に乗客たちを閉じこめた瞬間のように思えてならないのだった。実際、それは妄想などではなく、紛《まぎ》れもない現実だった。

伊丹駅を出てからの電車のスピードは、花奈子にも異常に感じられ、吊り革をしっかり握っていないと転倒してしまいそうなほど激しく揺れた。発車してから事故が起こるまでは、あっという間だった。

花奈子は、1両目との連結部に近いところに立っていたので、連結部の窓越しに、1両目の車両の動きの異常な変化にすぐに気づいた。1両目の車両が左に傾きながら、2両目の前面と激しくぶつかり合い始め、窓ガラスが一瞬のうちにガシャガシャンと割れる。

周りから悲鳴やざわめきが湧き起こると同時に、激しい衝撃が生じた。それ以降の記憶がない。花奈子は意識を失ったのだ。

気がつくと、無残に潰れた車体の中にいて、身体は何かに挟まれて動けなくなっていた。頭が上で、身体は垂直に立った状態なのだが、足は地に着いていない。下肢が金属のような固いものにはさまれて圧迫されていて、動かすことができないのだ。なぜか手も動かせない。

息が苦しく、吸っても吸っても、空気が足りない感じだった。自分が生きているのか死んでいるのかさえ、わからない。

「助けて！」

女性の叫び声が、だんだん甲高くなってくる。叫び声があちこち近いところから聞こえる。周囲の様子がわかってきた時、花奈子はショックを受けた。自分は動けなくなっている人間の塊の中にいるのだ。

意識が朦朧《もうろう》とする中で、花奈子の脳裏に浮かんできたのは、母の顔だった。父や姉の顔も浮かんできた。

《家族みんなに会えないまま死んでしまうなんて、絶対にいやだ。助けを求めなければ、誰にも見つけられないで死んでしまう》

切羽詰まった思いがこみあげてくる中で、花奈子は周囲の人たちと同じように叫んだ。

「助けて！」

いや、叫んだつもりだけだったかもしれない。再び意識を失ってしまったのだ。

次に意識が戻ったのは、救助隊の人に身体を支えられてマンションのすぐ前に連れ出された時だった。花奈子は、そのまま地面にしゃがみこんだ。目の前には、見たこともないような潰れた形になった2両目の車両が、マンションにへばりついている姿があった。それ以外の車両もジグザグ状にそれぞれが勝手な方向を向いて壊れている。

自分の姿はと見ると、白いスカートが血で赤く染まり、片方の靴がなく、手に持っていた鞄もなくなっていた。額を触ると出血している。手、肩、足など身体中が痛くて動かすことができない。一番辛かったのは、息苦しいことだった。呼吸困難に陥りそうだった。周りには、怪我をした人たちが横たわっていて、みなぐったりとしている。

しばらくして、花奈子は担架でブルーシートの敷かれた場所に移された。すぐに病院に運ばれるのかと思っていたが、一向にその気配がなかった。周りでは、負傷者一人ひとりに対して、医療班による搬送と治療の優先順位を決めるいわゆる「トリアージ」の救急診断が行われていた。一分一秒を争って治療を急ぐ必要のある重篤な負傷者には「赤」のタグをつけ、現場での応急処置だけでしばらく待っても生命に別状はない負傷者には「黄色」のタグをつける。現場で死亡が確認された人には「黒」のタグをつけて、とりあえず現場に安置しておく。

「この人、赤だ。搬送！　先だ」

「この人、黄色。しばらく待ってください」

そんな声が飛び交うのを聞いていて、花奈子は、《そうか、重傷者は赤で目立つようにして、先に運ぶのか》と、緊急搬送に手順があるのを知った。

待つ間に心の支えになったのは、周辺の工場などから支援に駆けつけてくれた従業員らが、ボトルで水を飲ませてくれたり、励ましの言葉をかけてくれたことだった。

そのうちに花奈子にも医療班によって「赤」のタグがつけられると、担架に乗せられて、近くの中学校の校庭に運ばれ、待機していた救急車に乗せられた。酸素マスクをつけられたが、息苦しさは和《やわ》らがなかった。頭はぼーっとしていたが、家族に会いたいという思いだけは途切れることなく駆けめぐっていた。ピーポーピーポーの音とともに、救急車が現場から遠ざかるにつれて、家族にもうすぐ会えるという期待感が高まってきて、自分は助かるという安堵感も朧《おぼろ》げながら生じてきた。

「生きているのですね」

母の三井ハルコが事故の発生を知ったのは、かなり早い段階だった。9時30分ごろだったろうか。娘同士が同じ大学に入った幼馴染の友人から電話があり、「大変な事故が起こっているの、知ってる？」と言われたのだ。ハルコは、市民活動に関心が強く、前の年から準備に追われていた市民団体の設立や運営を支援する中間組織のNPO法人「市民事務局かわにし」の設立に三日前に漕ぎつけたばかりで、この日も自宅でパソコンを叩いて仕事をしていた。

友人からの電話を切ると、テレビをつけた。電車の脱線現場の凄まじい情景に、ハルコは息を呑んだ。しかし、この時はまだ事故を遠くで起きたことのように、距離感をもって見ていた。それでも友人から、「花奈子ちゃんが乗っていなかったか気になって」と言われたことに引っかかって、念のために花奈子に携帯で電話をかけた。つながらない。普段、家族からの電話にあまり出ない娘なので、今度はメールを送った。

〈10：50　タイトル：だいじょうぶ？　本文：すぐ連絡ください。〉

返信がない。ハルコは、何度も電話とメールを発信したが、全く反応がない。

《今できることを考えよう。落ち着こう》

一生懸命に自分に言い聞かせた。そして、花奈子があの電車に乗ったかどうか、花奈子の今日の行動予定を調べれば可能性がわかるはずだと思いつくと、2階に上がり、娘の部屋に入った。

《もしかして――》と、不吉な思いが頭の中をよぎったが、そんな思いを必死で払いのけて、娘の机の上を見ると、大学の授業時間割の表があった。この日は、2時限目の10時45分からの授業に出ることになっている。その授業に出るには、どの時刻の電車に乗るのか。

ハルコは、家を出た時刻、バスの時刻表、JR福知山線の時刻表を調べ、娘が乗った可能性が高いJRの電車を割り出した。やはり可能性が高い。

《どうか乗っていませんように》

《でも、もしかしたら……》

頭の中で願望、祈り、不安が渦を巻く。1階の居間に下りて、テレビを見ると、現場は混乱のさなかだ。死者の数が増えていく。尼崎警察署に電話をかけたが、数十回コールしても話し中でつながらない。花奈子に繰り返し電話をかけ、メールを送っても、反応がない。花奈子が生後四カ月の頃、大人のベッドとベビーベッドの間の狭い空間に真っ逆様になって落ちているのに気づかず、気づいた時にはチアノーゼを起こしていて、救急車で運んだ時のことがフラッシュバックした。救急車の中で、「花奈ちゃん、花奈ちゃん」と叫んでいた自分。

やっと警察署に電話がつながったが、応対してくれた女性は、「現場も警察も大混乱で、状況は全く把握できません」としか言ってくれない。これでは現場に行っても、何もわからないだろう。花奈子の様子がある程度わかるまでは、勤めに出ている夫と長女・聡子に連絡するのを控えようと、ハルコは考えていたが、独りでオロオロしているばかりで、息苦しくなってきたので、とうとう夫と長女に電話をかけて状況を説明し、いつでも連絡が取れるようにしておいてほしいと頼んだ。

特に聡子は、五つ離れた妹の花奈子を、幼い頃から可愛がり、成長してからも強い愛情を注いでいたので、職場で電話を取り、妹が事故に巻き込まれたかもしれないと聞くや、「花奈子が！」と言ったきり泣き崩れた。聡子が勤めていたのは吹田市内の大学病院だったから、事情を知った同僚たちが手分けして、尼崎市近辺の病院に片っ端から電話をかけて、「三井花奈子」という若い女子学生が緊急入院していないか調べてくれた。しかし、花奈子の消息はつかめなかった。

事故から3時間余り経った12時30分過ぎ、ハルコがこのままではいけない、現場に行こうと思い、出かける準備を始めた時だった。電話が鳴った。

「三井花奈子さんのお家の方ですか？」

年配の女性の声だった。

「はい、母親です」

「こちらは大隈病院です。花奈子さん、今から入院されます」

おそらく救急車から搬送の連絡が入ったのだろう。ハルコは《やっぱり乗っていたのだ》という思いと同時に、頭の中いっぱいにカーッと熱いものが広がるのを感じた。

「生きているのですか？」

「はい」

「生きているのですね？　ありがとうございました。すぐにそちらに向かいます。どうかよろしくお願いします」

ハルコはすぐに、夫と長女の聡子、実家、友達に電話で連絡をしてから、花奈子の入院に必要なものを揃えると、車に積んで出かけた。大隈病院ははじめてなので、道路地図を携行した。川西市から南へ下り、尼崎市に近づくと大渋滞で、一寸刻みでしか進めない。沿線の大きなドラッグストアの駐車場に車を停め、タクシーを探した。やっと見つけたタクシーの運転手に、何とか抜け道を探して、大隈病院まで急いでほしいと頼んだ。

タクシーの中で、ハルコは懸命に自分に言い聞かせた。

《花奈子がどんな顔になり、どんな姿になっていようとも、生きているだけでいい。すべてを受け容れよう。生きていることに勝《まさ》ることはない》

「側にいてほしい」

病院に真先に着いたのは、聡子だった。外科がまず額《ひたい》の裂傷を縫合する手術を始める直前だった。聡子は全身傷だらけの妹の姿を見るや、

「花奈ちゃん！」

と言って泣き出した。その涙を見た花奈子は、それまで独りで頑張って耐えていた緊張の糸が一瞬にしてほどけて、

「お姉ちゃん！」

と言ったきり絶句し、泣き続けた。自律心の強い女の子だった。その後の入院中にどんなに痛みがあっても、家族の前で涙を流したのは、この時だけだった。

額の縫合手術は、あまり時間がかからなかった。そのうちに父親が駆けつけ、やっと遅れてハルコが着いた。ハルコは痛々しい花奈子を思わず抱きしめようとしたが、医師から左鎖骨骨折、肺挫傷、右親指骨折、額裂傷という診断名を聞かされ、やむを得ず手で身体の一部をそっと撫で

て声をかけるのが、してやれる精一杯のことだった。

「花奈ちゃん、よく生きていてくれたね」

花奈子はどこを見ているのかわからないような目で上のほうにぼーっと目をやり、顔は能面のように無表情だった。

それでも花奈子自身は、家族全員がそろったのを見て、ようやく心の中で、《ああ、私は生きていたのだ》と確信することができて、その安心感にひたっていたのだという。

ハルコが花奈子の髪をよく見ると、細かいガラス片が無数にからみついていた。口の中にも、かなりガラス片があちこちに刺さっていた。ハルコと聡子は看護師がそれらを丁寧に取り除けるのを手伝った。

花奈子は、しきりに頭が痛いと言う。部屋が傾いていると言うし、頭の中がぐるぐるするとも言った。その状態は、様々な治療が済んだ夜になっても続いた。

医師は、頭を安定させるためという理由で、花奈子の姿勢を、足を伸ばしたまま上半身を起こし、ジャッキベッドの半分を起こして背もたれにするという恰好にした。脳に負担がかからないようにするためだという。

夜になっても、花奈子の頭痛は続いた。それでも、ハルコに言った。

「一人でも大丈夫だから、帰っていいよ」

ハルコが立ち上げたばかりのＮＰＯの仕事で多忙を極めているのを知っていたからだ。ハルコは、わが子の健気さを痛いほど感じたが、それは自分を抑えて無理をしての言葉であることも見抜いた。

「何言ってるの。花奈子は大変な状態なんだから、遠慮なく本当の気持ちを言っていいのよ」

すると、花奈子はぼそっとした声で言った。

「側にいてほしい」

事故は被害者を苦しめるだけではない。家族をも激流の渦の中に巻き込んでいく。

白いパンツルックの女性

マンションの壁にへばり着くような姿で車両横幅がなくなったと言えるほどぺしゃんこに潰れた2両目は、最も多くの犠牲者を出した。その2両目に、瀕死の重傷を負い、特に頭部に重大な損傷を受けた若い女性の鈴木順子《じゅんこ》がいた。順子のその後は、人間の脳の秘めたる可能性を劇的に見せてくれたエピソードに満ちている。

順子は、生存者の中では最も重い怪我をした一人と言える。そのことは、生き残ることの重荷がいかに大きいか、その重荷を一身に背負って表している存在と言うことができるだろう。もちろん生き残ることの重荷とは、負の側面ばかりではない。苦難の中でこそ見えてくるいのちの本質、生きることとの根源的な意味というものを秘めているがゆえの重さでもあるのだ。

その日、つい二週間足らず前に三十歳になったばかりの順子は、大阪市梅田のコンピュータ技術者養成教室にコンピュータを使ってデザインや建築設計をするCAD技術の講座を受けるために出かける途中だった。西宮市北部の名塩《なじお》地区の丘陵地に開発された住宅地に両親と一緒に住んでいた順子は、十年ほど派遣社員として働いていたが、年齢を考えてしっかりとした技術を身につけ、それを生かせる定職を探そうと、この年はじめからコンピュータの教室に通っていた。もともとイラストを描くのが得意だったが、これからの時代は、CADを使いこなせないと、ビジネス界で就職先を探すのは無理と考えてのことだった。

いつもは早目に家を出て、JR福知山線の西宮名塩駅から座って行ける普通電車を利用していた。しかし、この日は家を出るのが少し遅れたので、快速電車に乗ったのだ。

母親のもも子は、西宮市北部山沿いにある読売カントリークラブの従業員食堂で調理師をしていた。朝早くから出勤しなければならないので、家を出た時には、順子はまだパジャマ姿だった。技術畑の会社員の父親・正志は、さらに早い時刻に出勤していた。

もも子は、午前中いっぱいランチの調理に追われ、昼時には配膳で忙しく、テレビを見るどころではなかった。昼食のピークが過ぎた頃、食堂のテレビが何か緊迫したニュースを報じているので、何事だろうと目を向けた。電車の脱線事故だが、只事ではないことがすぐにわかった。耳をそばだてて聞くと、現場はJR福知山線の尼崎駅の手前だという。もも子はハッとなった。自分も夫も娘も、それぞれに利用している線だ。しかも、事故が発生したのは、9時18分頃だという。夫は早朝出勤だから乗っていないだろうが、順子が出かける時間は、丁度その頃だ。全身の毛が逆立った。

もも子は携帯を持っていなかったので、食堂の公衆電話に飛びつくようにして、順子の携帯の番号を回した。何度かけても、応答がなかった。順子が受講している講座の会社に電話で尋ねると、「今日は見えてません」という。

「もしや……」

もも子は頭の中が真っ白になった。勤務どころではなくなっていた。早退して帰宅すると、正志も帰ってきた。午後1時を過ぎていた。テレビが報じている負傷者の搬送先の病院名をメモして、片っ端から電話をかけては、「鈴木順子という名の女性は運ばれてきてませんか」と尋ねたが、どの病院にもいない。

そんなことをしているうちに、大阪市内に住んでいるもも子の姉である今下《いました》まり子夫妻が駆けつけて来た。電話であちこちの病院に問い合わせていたのではまだるっこいので、もも子夫婦と姉まり子夫婦の四人は、事故現場近くに設けられた遺体安置所に向かった。

棺の並ぶ遺体安置所にも、順子はいなかった。それでも、これから運ばれてくるかもしれないからと、待機所の椅子にかけて、しばらく待つことにした。

《いったい順子はどこへいるのか、どうなってしまったのか……》

もも子、五十七歳。これまで家族関係や仕事をめぐっていろいろ大変なことはあったけれど、心が収拾つかないまでに壊れてしまいそうな混乱の渦に呑み込まれたのははじめてだった。せめてまり子夫妻が側にいてくれるのが救いだった。

ここにいても、運ばれてくるのは、遺体だけ。もし生きていたら、どこかの病院に搬送されるから、ここにいたのでは、すぐにはわからない。どこか新しい情報のつかめるところに行こうと思い始めた時だった。JR西日本のスタッフが、新たに救出された人がいると伝えてくれた。

「救出された方は、女性で、白いパンツをはき、首に真珠のネックレスをつけています。大阪市立総合医療センターに搬送されました」

《順子だ！》

近隣工場全社挙げての救助

もも子は、即座にそう思った。朝、順子がどんな服を着て家を出たかは、先に出勤したので見ていなかったが、白いパンツにネックレスは順子が好んで身につけるスタイルだ。

JR西日本のスタッフに大阪市立総合医療センターの電話番号を聞くと、すぐにまり子の夫の携帯で電話をかけた。救命センターにつないでもらうと、医師が応対してくれた。

「娘は鈴木順子と申します。三十歳です。血液型はB型。髪は長く、歯を矯正しています」

人物を確認するには十分なデータだ。医師はそれでもご本人に間違いありませんとは言わず、慎重な言い方をした。

「ご本人かどうかはわかりませんが、ともかく来て確認してください」

世の中には、同姓同名の患者が同じ病院に入院していて、たまたま同じ日が手術日になってしまったという事例さえある。主治医が違い、それぞれに決めた手術日が偶然同じ日になってしまったのだが、その病院では、医師たちが当日になってそのことに気づき、薬剤の準備など何かの間違いがあるといけないということから、一人の患者の手術日を遅らせたという。患者の正確な確認は、医療機関の重要な責務なのだ。

もも子たちは、夕闇の迫る街をタクシーで大阪市都島にある大阪市立総合医療センターに急行した。気がつけば、しとしとと降り出した春雨が車のガラスを濡らし、フロントガラスのワイパーがもも子たちの不安な心を表すかのように、せわしなく往復運動をしていた。

この事故では、大破した車内に閉じこめられた多数の乗客たちの救助にあたっては、近隣の工場や運送会社などの従業員や住民が様々な機材を持ち込んで必死になって働いたことが、負傷者の早急な救出に大きく貢献したが、特に注目されたのは、産業機械・建設資材メーカーの日本スピンドル製造会社の全社を挙げての活動だった。

同社は事故現場から数十メートルのところにあったことから、只事でない大音響を聞いた安全責任者の総務部長が現場に駆けつけると、大変な事態が生じているのに、救助活動が行われていないのを目撃した。総務部長はすぐに会社に戻って、齊藤十内《じゅうない》社長に報告し、自社から救援部隊を出す必要があると提案した。

齊藤社長は会議を中断して、自ら現場に走って凄惨な状況を確認するや、工場の操業を中断して全社員を動員して救援活動にあたることを決断した。出動した社員は二百人以上に上った。社員らは自律的に、車両から救出するグループ、負傷者を安全な場所に誘導あるいは運ぶグループ、負傷者の応急手当てをするグループ、負傷者を車で病院に搬送するグループの四つに分かれて、活発に動いた。その活動の一端を、同社の報告書「4・25『あの時、私達は…』」に記された「2両目より被災者を救出した社員から聴取」の項から引用させて頂く。

〈2両目の車両は、マンションに激突した際「くの字」に折れ曲がり、救助活動は困難を極めた。事故直後現場に駆けつけた先発救護班は、はしごが届くまでの間2両目に取り付くことができず、3両目の被災者の救助を行っていたが、2両目のドアの重みを必死に支えている女性の姿を確認。その直後に工場からはしご・脚立が現場に届いたので、急いではしごを掛けて足場を確保。女性2人が支えていたドアをロープでくくりつけ、女性2人を救出。その際、車両の下部に折り重なった6～7人の被災者を目にする。自力でドアに近づいてきた女性2人と男性1人を救助する。くくりつけたドアをはずした時点で、レスキュー隊員1名と警察官2名が応援に合流、車両内よりさらに2人の被災者を救助する。その後、順次到着するレスキュー隊・警察と協力して、救助活動を継続した。〉

救援活動をした社員の個人別手記も、同社の報告書に掲載されているが、その中から、40歳代の女性社員の手記の一部を引用させて頂く。各種の救急用品を持って同僚と一緒に現場に入った社員だ。（ ）内は柳田による注。

〈一番先に気になったのが、学生服の女の子でした。彼女は足の、ふくらはぎが抉《えぐ》れていて、弁慶の泣き所に骨が出ていました。私がびっくりしたら大変な事になると思い、学校名とかを聞いていました。その時、ガーゼと包帯を救急の人に渡され、傷口に巻くように指示されました。傷口にそのまま巻くには、外すときに痛いと思い、止血をしながら、包帯だけを巻きました。（中略）

いろんな人が、電車から放り出された座席に乗せて運んでいかれるようになった頃、歩く場所がなく、人の合間を縫って歩くので、動けない負傷者は踏まれる事になりました。だから（私は）必死で叫びました。「この子は足が痛いんです。この人は、動けないんです。あたらないで！踏まないで！」彼女が運ばれた後も、動けない人はいっぱいでした。動けないというより、自分の力で動く事のできない人がたくさんでした。体が斜めで、見ているだけでつらそうな顔。破れたストッキング。（中略）

たくさんの若い人が何か機材を持ってきたので、マンションの東側のフェンスを切ってもらいました。運び出すスペースが広がったのでそこからもたくさん運ばれました。フェンス際の人がみんな運ばれたので、マンション入り口近くに戻りました。負傷者じゃない人は、タオルや氷・水・紙コップ。いろんな人の血も拭きました。少し元気な男の人は、（自分の）怪我の状態を確認したいようで、「どこから血が出ていますか？」「あの人大変そうやから救急の人に言いに行ったって」と。確かに（「あの人」は）大変そうでした。左目を負傷した女性は、叫んでいました。「目が見えない、痛い！このまま見えなくなったらどうしたらいいの？」何回も、叫びます。体ごと押さえ込んで、

「大丈夫！信じよう！我慢して待とう！」

しか、言えませんでした。何回も救急隊の所に行っても、「もっと大変な人がおるんや。ちょっと待って」と、追い払われるだけでした。でも確かに、救急隊の足下の人は、酸素ボンベや心臓マッサージをしている人でした。救急隊の少なさ、車の少なさにつらくなりました。〉

こんなことで終わりにはさせない

このような救出作業の進行によって、午後になると、救出される乗客は急に少なくなっていた。そんな中で、鈴木順子がレスキュー隊によって救出されたのだ。２両目の中央部前寄りの車内からだった。時刻は14時半を過ぎていた。事故発生から５時間以上経っての救出となる。

救出された時、順子は虫の息だった。

駆けつけていた済生会滋賀県病院の長谷貴將医師をリーダーとする救急医療チームが強心剤の

注射や点滴などの応急処置をした。酸素マスクをつけようとしたところ、口の中に粉々になったガラス片がいっぱい詰まっていた。急いで取り除かないと、呑みこんで大変なことになりかねない。口を開けておく器具がないので、スタッフの一人、秋冨慎司医師がボールペンを口の中に立てて、口蓋が閉じないようにし、もう一本のボールペンでガラス片を注意深くかき出し始めた。もう少しというところで、順子の呼吸が停止した。秋冨医師は咄嗟に順子の口に自分の口をあてて、マウス・トゥ・マウスの人工呼吸を行った。順子の肺が再び呼吸を取り戻した。ガラス片を除去し終えると、酸素マスクを装着した。

順子は救急車で近くの中学校まで運ばれ、校庭で待機していた救急ヘリによって、高度救急医療のできる大阪市立総合医療センターに空中搬送された。救急ヘリの中でも心肺停止に陥ったが、同行の医師による心臓マッサージで、再び蘇生した。

もも子たちが大阪市立総合医療センターに着いたのは、それからしばらく経ってからだった。両手を消毒し、白衣を着、マスクをして、救命センターの集中治療室に案内されて入ると、まぎれもない順子がいた。人工呼吸器をつけ、何本もの管が繋がり、頭には三角巾が巻かれている。病状がただならない状況にあることがひと目でわかる。

「順子！」

声をかけても、順子は昏睡状態にあり、何の反応もなかった。順子は頭部から肺や腹部に至るまで、全身的に損傷を受けているため、脳神経外科や腹部外科など各種専門分野の医師たちが協力して治療に当たった。それは救命治療の総力戦と言ってよかった。

治療が山を越えたところで、韓正訓医師や林下浩士医師らによる家族への説明が行われた。

主要な損傷は、脳挫傷、脾臓損傷、肺挫傷、腹腔内出血、出血性ショックなどだった。特に脾臓は損傷がひどいので、直ちに切除したという。

これに対し、脳は衝撃によって相当にひどい損傷があったが、脾臓のように切除してしまうわけにはいかない。内部の出血で生じた血腫は切除したが、あとは内科的に薬によって更なる出血を防ぐしかない。脳が浮腫を起こしていないかどうかを測る脳圧センサーが脳に埋め込まれた。

「もう少し救出が遅れていたら、助からなかったでしょう」

医師の言葉に、もも子は娘が運命の女神に見捨てられなかった幸運をありがたく思ったが、次の瞬間には、それに続く医師の説明で、もも子は打ちのめされた。

「今は助かるか助からないか、ぎりぎりのところにいますが、仮に助かったとしても、お父さんやお母さんのことがわからないかもしれません」

何ということだろう。それでは植物状態に等しいじゃないか。もも子は、そう思うとめまいを感じた。

人工呼吸器などでいわば重装備状態の順子は、人工呼吸器のテンポに従って、わずかに胸が上下する以外には、表情は全くなく、全身どこもピクリとも動かなかった。

血圧、脈拍、血中酸素濃度などのバイタルデータを示すモニター画面上の電子画像グラフは、規則正しく流れていく。韓医師が時折やってきて、モニターのデータや順子の状態をチェックする。

「ここ三日間がヤマですね」

韓医師の言葉が、希望のほうに力点を置いているのか、それとも命が尽きる可能性を暗に示しているのか、もも子には測りかねた。あるいは、言葉通り医師にもどちらに転ぶか判断できない状態なのか。

もも子は、ずっと付き添うにしても、身の周りのものを何一つ持ってきていないことに気づき、一旦帰宅して、泊まり込みに必要なものを持ってくることにした。

その帰途、もも子の胸に悲観的な思いがふっとこみあげてきた。

《駆けつけた家族の中には、大事な人と棺で対面した人もいた。順子に息があるうちに会えたのは、まだよかったのかもしれない》

だが、投げ出すことを嫌うもも子の心の片隅には、《こんなことで終わりにはさせない》という思いが少しずつ芽を出し始めていた。

4

不安が適中して

3両目の車内はどうだったか。

3両目は、先端部が2両目に引きずられて、線路から離れる左方向に持って行かれて、2両目のマンション激突と同時に停止したのに対し、後部は脱線しても線路上にあって4両目に押されて線路のカーブに沿って右へ持って行かれたため、車両の向きが進行方向と逆になってしまった。

その損壊状況は、前部は2両目後部との激突によって潰れ、後部も4両目とのぶつかり合いで大破したほか、右側面はマンションにくの字型になってへばりついた2両目の側面とぶつかったため、かなりひどく壊れた。

その3両目の最前部に乗っていたのは、五十五歳になって間もない玉置富美子《たまきふみこ》だった。

伊丹市に住む富美子は、NTTの食堂、寮、集会所などの衛生管理やその教育・指導を中心に管理栄養士・衛生管理者として様々な事業所を飛び回っていた。この日、管理栄養士として指導をしてきた知的障害者施設に最後のあいさつに行くところだった。富美子は、伊丹駅でいつものように快速電車の3両目の最前部のドアから乗車して、進行方向に向かって左側奥の、2両目との連結部のドアに一番近いところに立ち、吊り革につかまった。

乗る直前、入って来た電車がひどくオーバーランし、乱暴にバックして、定位置から少しずれたところに停止したので、《この電車に乗って大丈夫かな……》と不安が頭をよぎったが、若い女の子が二人、自分より先にさっさと乗ったので、つられて乗ってしまったのだった。目の前は優先席だったが、男子学生二人とスーツ姿の男性一人で占められていた。乗ってきたドア付近には、女子高生五、六人がいて、賑やかに騒いでいた。連結部には、いつも車掌の動作を真似ている電車マニアの男がいた。数分後には、全員が阿鼻叫喚《あびきようかん》の坩堝《るつぼ》に投げ込まれるのだが、自分がそんな運命共同体の一人だなどと予感した人は一人もいなかった。ただ富美子だけが漠然とした不安を抱いていたのは、太古の昔には人間にもあったはずの、動物が具有する危機予知能力に近い鋭敏な感性の持ち主だったからかもしれない。

伊丹駅を発車した電車は、いつになく急速に加速し、富美子には、普段の一・五倍くらいのスピードに感じるほどになった。なぜか脳裏にかなり前に羽田沖に墜落した航空機事故の映像が浮かんだ。《大変な電車に乗ってしまった。伊丹駅で次の電車にすればよかった》そんな思いさえ抱いた。

ハッとなったのは、伊丹駅を出てしばらくすると、夫の祖母の墓がある寺の前を通るので、寺の境内の観音様を見て頭を下げるのを習慣にしているのに、観音様を確認することもできないほど、電車のスピードの異常さに気を奪われていることに気づいた時だった。不安が恐怖へとエスカレートしていった。

周囲を見回したが、乗客たちは電車の異常な速度に大して不安を抱いていないようだった。一瞬暗くなった。名神高速道路の下をくぐったのだ。すぐに明るくなり、高速道路下を出たと思っているうちに、電車が大きく左に傾き始めた。

《えっ》と思うと同時に、吊り革を握りしめて足を踏ん張った。車内に「キャー」という悲鳴が上がった。車両の傾きが戻った時、連結部にいた電車マニアの男が通路ドアを開け、血相を変えて飛び込んできた。

太陽の光で車内まで明るかったのに、なぜか突然暗くなった。2両目の後部が迫って来るように見え（実際には3両目が2両目に追突して行くのだが）、あっという間に3両目との間隔がなくなった。

《危ない！》

富美子は、顔面を直撃されたら大変だと思い、咄嗟に顔を車両の後方に向けた。だが、その瞬間、車両同士の衝突による物凄い衝撃音と震動が生じ、車両が破壊された。富美子は何やら金属板のようなもので顔がぐゎんと押さえつけられた感じがしたと思ったら、右顔面が切られて血が噴き出した。
前の座席がボンと浮き上がり、人もバウンドしながら揺さぶられている。吊り革を一層しっかりと握った途端に、吊り革を下げているステンレスのバーが落下してきたため、富美子は前の座席に倒れ込んだ。その後は、何がどうなっているかわからない状態で、車内を転げ回され、硬い物に身体のあちこちがぶつかっていった。失明しないように、反射的に目は閉じていた。最後に頭上がパーッと明るくなると同時に、ドスンという衝撃を全身に感じて、すべての動きが止まった。

そっと目を開けると、車外に投げ出されて仰向けに転がされた恰好になっていた。周囲には土煙が舞い上がり、車のクラクションが鳴り響いている。目の前には、高層マンションが聳え立ち、手前にはめちゃめちゃに破壊された車両が、どれが何両目かわからないほど身を寄せ合って無残な姿をさらけ出していた。地面に転がった位置から見上げた車両は巨大で、まるで爆撃で破壊された金属構造物の残骸のようだった。
《やっぱり事故が起きてしまったのだ》
こうなったからには、仕事先に遅れることを連絡しなければならない。富美子は携帯で会社に連絡しなければと思い、上半身を起こした。その瞬間、顔の右上のほうから大量の血が噴き出して顔面に流れ落ちてきた。しかも右頰がひどく痛む。右手を当ててみると、裂け目ができていて、一部は肉がめくれ上がり、骨に直接触れる感じがした。手は血で真赤になった。

携帯を入れていたショルダーバッグがない。周囲を見回しても、どこにも見当たらない。ショールや書類などを入れたカバンは腕にかけたまま残っていた。しかし携帯がないので、会社に連絡できない。困ったなと思って、足を見ると、靴は飛ばされてなくなっていて、ストッキングは破れ、両足ともひどく怪我をしている。とても立って歩けそうにない。周りにはガラスや石ころが散乱しているので、裸足で歩けば、さらに怪我するだけだと思い、寝て助けを待つことにした。

右顔面の出血が止まらないので、カバンからショールを出して右顔面にしっかりと当て、その上をカバンで押さえて、圧迫止血をした。

後方の車両から降りてきたスーツ姿の若い男性が近寄ってきて、声をかけてくれた。

「大丈夫です、助けが来ますよ。急いで連絡するところがあったら、ぼくの携帯で連絡してあげますよ」

富美子は会社の電話番号を教えた。男性は聞きながら番号を押し、会社に連絡してくれた。その電話がすむと、男性はすぐ近くにへたりこんでいた女性二人にも、順に同じことをした。

お互いに面識もないのに、大変な状況の中で、すぐに励ましの言葉をかけてくれたうえに、電話連絡をしてくれる人に出会えたのは、途方にくれそうになっていた富美子にとっては、いくら感謝してもし切れないほどありがたかった。たとえ些細に見える行為であっても、救急現場においては、生死の境にいる人にとっては大きな支えとなるものだ。

「酸素をください」

どれくらい時間が経ったかわからなかったが、目の前にそそり立つ2両目と3両目それぞれの割れ目から、歩ける乗客が次々に自力で脱出し始めた。後方の車両から出て来た乗客たちは、そうした人々の救助に集中したため、地面に横になっている富美子は放置された状態になっていた。富美子はただカバンを押さえ続けて、顔面の出血を止めようと努めた。

そのうちに工場の従業員らしいそろいの制服を着た男性たちが戸板を持ってやって来た。「大丈夫ですか。これから救急車が来るところまで運びますよ」と言って、富美子を二人がかりで戸板に乗せた。その時、富美子はカバンを押さえていた手を離したため、カバンは地面に落としてしまった。

戸板は薄板なので、しなって割れそうな感じさえしたが、マンション正面玄関近くの、負傷者の待機所まで持ちこたえた。顔面を押さえていたカバンを置き去りにしたため、また出血が始まり、救助隊の人が当ててくれたガーゼがどんどん血を含んでいくのがわかった。それとともに息苦しくなってきた。

富美子の脳裏に、何十年も前に胃の大出血をした時の記憶が甦った。その時、貧血を起こして目まいと息苦しさに襲われたが、医師がすぐに酸素マスクをつけてくれたので、気分が楽になったことを思い出したのだ。富美子は側にいた救助隊の人に手を挙げて合図をし、声を絞り出すようにして言った。

「酸素をください」

医療班の看護師が駆けつけて来て、酸素マスクをつけてくれた。間もなく、踏み切り近くの道路の一角に、救急車が到着した。救助隊の人が救急車のほうに向かって叫んだ。

「病院搬送は、この人が先や！」

富美子は再び戸板に乗せられて、救急車の側にいる医療チームのところに運ばれた。医師が富美子の顔面の怪我を見るや、直ちに選別の結論を下した。

「赤タグ、重傷。すぐに救急車で運べ！」

医師はそう叫びながら、富美子の胸の上に赤のトリアージタグをつけた。

最初に着いた救急車は、別の重傷者を先に乗せていたので、富美子が乗せられたのは、2台目か3台目の救急車だった。救急隊員が本部の司令と無線電話でやり取りをして、搬送先を決めると、救急車は発車した。

着いたのは、尼崎市内の近藤病院だった。

負傷の部位と程度は重大なものだった。
・右頭部の動脈、2カ所で切断。
・頭から顎《あご》にかけて右顔面裂傷。
・この裂傷により右顔面の筋肉を動かす神経の切断。
・顎に口内にまで貫通する穴が空く。
・両足とも踵周辺が深く抉られる。
・右腕の腱の損傷。

顔面の裂傷は、潰れた車体の金属の縁かガラスによるものだったろうが、裂傷の位置があと5ミリ顔の中央に寄っていたら、右目は失明していただろう。際どいところで失明は免れたのだ。

直ちに緊急手術が行われたが、手術箇所の部分麻酔はしたものの、特に両足の踵周辺の深く抉られたところに食い込んでいたストッキングを引き出す時には、神経そのものにまでストッキングがからんでいたのか、経験したことのないような激痛が走った。その痛みは、何年経っても忘れられないほど強烈な記憶となった。

手術が終わると、ICUで監視する必要はないとされ、一般病棟での入院となった。病室に戻ると、早速、警察官による事情聴取が行われた。それが済むと待機していた勤務先の会社の上司と、仕事の引き継ぎの打ち合わせをした。さらに娘に電話をかけて、キャッシュカードを止めさせるなどの連絡を済ませた。へとへとになった富美子は気分が悪くなり、ベッドサイドのモニターに表示される血圧が下がり始めたところで意識を失った。

——心肺停止だった。

直ちに蘇生術が施され、富美子は意識を取り戻したが、意識の回復と同時に、全身の痛みが襲ってきた。痛みで眠れない夜の始まりだった。それは、十年続く痛みとの闘いの始まりでもあった。

記憶喪失時の自分の写真が新聞に

ラッシュ時ほど混雑してはいなかったにしても、1両の全長が20メートルある車両が猛スピードで鉄筋コンクリートの構造物に激突して圧壊した時、各車両の乗客たちがどのように翻弄され、どのように生死が分かれるのかは、一人ひとりみな違っていた。

玉置富美子が伊丹駅から3両目に乗った時には、すでに座席は埋まっていたので、最前部左側に吊り革に手をかけて立ったのだが、伊丹駅より前の宝塚駅から乗った坂井信行《さかいのぶゆき》は、3両目最前部右側の一番前寄りに座ることができた。都市計画や建築設計などの事業をしている会社に勤めていた坂井は、うまく座れたので鞄からヘッドフォンを出して音楽をかけるとともに、コンピュータ関係の本を出して読み始めた。その向かい側の座席の前に、伊丹駅で富美子が背を向けて立つことになるのだが、それは後日わかったことで、特に知り合いでもなかったから、その時気づいたわけではなかった。

それよりも、坂井の記憶に強く残ったのは、川西池田駅で賑やかに乗ってきて、すぐ前に立った女子高生たちだった。女子高生の一人が、すぐ側に入って来た男性に、この電車でUSJに行けますかと尋ねると、男性は尼崎駅で大阪行きに乗り換えれば行けると教えていた。《USJに遊びに行くので、はしゃいでいるのか》と、坂井は思ったが、この後、彼女たちも惨事に巻き込まれることになるばかりか、その中の一人が事故による坂井の記憶喪失部分を補ってくれる不思議な来訪者になるとは、想像だに出来なかった。

伊丹駅を出て間もなく、いつもと違う小刻みな揺れとガタゴトッという音が始まるやたちまち揺れも音も激しくなり、目の前に立っている人たちがよろめいて倒れ出した。一番端の座席なので、顔を右に向けると、ガラス越しに2両目後部が目の前に迫るように見え、その2両目の車両が大きく左へ傾いていくではないか。

《脱線するぞ》

直観的にそう感じるや、顔を戻して鞄をしっかりとかかえ直し、身構えた。ジェットコースターに乗っているような一段と激しい音と振動が襲ってきたところで、坂井は意識を失った。

気がつくと、地面の上に敷かれた青いビニールシートに寝かされていた。左足首あたりに骨折があるのか、痛くて立てない。一体、あの激しい振動の後、電車がどうなったのか、なぜ自分はブルーシートに一人で寝かされているのか、経緯がつながらない。

坂井が3両目最前部の状況について、わずかながらはじめて情報を得たのは、三週間ほど経った五月十五日になってからだった。入院していた兵庫県立西宮病院に、一人の女子高生が折りたたんだ新聞を手に握りしめて訪ねて来た。

「この新聞記事を読むと、坂井さんは目の前に女子高生たちがいたこと以外は、事故時にどうなったのか、全く記憶がないと書かれているのですが、私はあの日の女子高生たちの一人なんです。私も怪我をしましたが、入院するほどではなかったので、こうしてここへ来ることができました。私はあの事故の瞬間のことをある程度覚えていますので、坂井さんが記憶を取り戻すのにお役に立てればと思って、お訪ねしたのです」

差し出された新聞を見ると、病室での自分の写真とともに、記者によるインタビュー記事が出ていた。女子高生は電車の中で自分が立っていた場所の前の座席に座っていた坂井のことを新聞記事の顔写真から思い出し、坂井が記憶を失っていると知って胸に痛みを感じたのだろう。普段なら電車の中で見かけた見ず知らずの人のことなど、すぐに忘れてしまうものだが、事故や災害に遭遇すると、「あの時、同じ場に一緒にいた」というだけで、他人事《ひとごと》ではないつながりを感じて親密感を抱くようになることが少なくない。事故や災害がもたらす不思議な力と言おうか。

その女子高生によると、3両目の最前部が、脱線して傾き始めた2両目の後部に激突した瞬間、立っていた人たちも座っていた人たちも同時に物凄い衝撃で投げ飛ばされ、3両目の最前部に沢山の人々が山のように折り重なってしまったという。彼女もその人の山の一角にいたのだが、下のほうではなかったので、圧し潰されずに助かったらしい。「坂井さんがその人の山の中にいたのか、別のところに飛ばされたのかまでは、自分も投げ飛ばされたのでわからないのですが」と彼女は言った。

坂井は彼女の話を聞いて、自分もその人の山の中にいて救助されたのかもしれないと思った。ところが違っていた。

次の日、NHKの記者から新しい情報があると電話があった。

「坂井さんを事故現場で撮った写真があるんです。脱出した乗客が携帯で撮ったものですが、写っているのが坂井さんに違いないと思うんです。鞄を抱えて歩いています」

坂井は髭《ひげ》をはやしているので、写真に写っている人物を坂井だと特定したのだろう。しかし、坂井は「歩いている」という説明に引っかかり、即座に否定した。

「それは自分ではないと思います。自分は左足首を骨折していて歩けませんでしたし、もし歩けたのなら、そのことを当然覚えているはずです。わざわざ私が写真を見て確かめるまでもないことです」

不思議な情報は、さらに続いた。坂井がさらに三日後、病室のベッドの上で朝日新聞を買って開いたところ、NHKの記者が話していた「乗客が坂井さんを事故現場で撮った」という写真が掲載されていた。その写真を見た瞬間、坂井は全身に衝撃が走るのを感じた。そこに写っているのは、まぎれもなく自分だったのだ。しかも鞄をかかえ、裸足で歩いているではないか。必死になって記憶を甦らせようとしたが、記憶は戻らない。だが、写真の中の自分は歩いている。どこからどこへ歩いているのか。あのブルーシートに横になっていた自分とどう結びつければよいのか。かえって謎が深まった感があった。

不思議な謎が解けた

ところが、話は劇的な展開を見せた。その新聞記事が契機になって、決定的なことを知る人たちが現れたのだ。読売テレビの記者が、

「坂井さんを救出した学生たちを見つけました」

と電話で知らせてきた。その記者によると、学生たちに出会った経緯《いきさつ》は、次のようなものだった。この事故では、消防署のレスキュー隊の活動とは別に、怪我をしなかった乗客たちや近隣の工場の従業員の事故直後からの活動が重傷者たちの救急搬送に大きな役割を果たしたので、読売テレビの取材班は、そうした人々を探してインタビューをしていた。その取材調査を進める中で、救助作業にかかわった大学生二人を見つけた。二人は友人同士で、こう語ったという。

「写真に写っている男性を助け出したのは、僕たち二人なんです。僕らは6両目に乗っていて怪我をしなかったので、外に出て救助作業の手伝いをしたのです。その時、車両が突っ込んで凄い

状態になっているマンションに近づくと、マンション手前の機械式駐車場の地下ピットがあって、そこをのぞいて見たら、人が倒れていたんです。ピットの深さは2メートル以上ありましたが、何とか足場を見つけて、二人がかりでその人を地上に引き上げることができました。中年の男性でした。

その人をマンションの玄関前の広場のほうへ運んであげようとしたのですが、ご本人は『歩けるから大丈夫です』と言うので、僕たちは別の人たちの救助の手伝いをするために、その人と別れました。坂井さんが歩いている写真は、その直後に撮られたものだと思います」

坂井は、その話を聞いて、霧に包まれて見えなかった情景が、やっと全容を現したように感じた。

3両目の先端は、2両目に突っ込む形で激しく衝突した時、前面の半分くらいが破壊されて、かなり大きな開口部が生じた。しかも3両目は全体の向きが逆方向を向くほど回転したので、最前部にいた乗客の何人かは、遠心力によって開口部から外に放り出されたのであろう。玉置富美子はその一人だったわけで、坂井も同じように外に放り出されたに違いない。ただ、富美子は地面に落ちたのに対し、坂井はピットの中へ飛ばされたのだ。その時、左足首を骨折したものの、頭から落下しなかったことが、生死を分ける決定的な条件になったのだろう。

時間が経たないうちに学生二人に発見されて、ピットの中から救出されたことも、生還への重要な条件になっただろう。命の恩人とも言うべき二人の学生の中の一人は、読売テレビの記者に案内されて、四日後に病院にやって来た。五月三十日だった。学生は、坂井を救出した時のことや凄惨だった現場の状況について話すうちに、涙が止まらなくなっていた。救助に参加した多くの人々がそうだったように、彼も凄絶な電車事故の現場の状況と被害者の悲惨な姿を見てしまったショックをどう受け止め、どう整理したらよいのか、様々な思いや感情の去来する渾沌の中にいたのだろう。

ブルーシートに横たわっていた坂井は、ピットに飛ばされても手放さなかった鞄の中から携帯を取り出すと、自宅の妻・美貴子と勤め先の会社に電話をかけて連絡した。だが、意識は朦朧としていたのだろう、妻や会社の上司にどのように伝えたのか、まるで記憶がないばかりか、再び意識を失ってしまった。

次に坂井の意識が甦ったのは、どこか工場の中に寝かされている場面だった。そこが日本スピンドルの工場だったことは、後で知ることになる。現場のブルーシートの敷かれた場所からどのようにして、工場の中へ運ばれたのかはわからない。鉄骨とスレートの屋根が印象に残っているだけだった。そこで警察官に簡単な聴取をされ、その後しばらくしてから電車の座席を担架代わりにして運ばれ、ワゴン車に乗せられた。坂井は現場の惨状を全く見ないまま現場を離れたのだ。

運び込まれたのは、尼崎市内の合資病院だった。ストレッチャーに乗せられて、各種の検査室を回されていると、美貴子が駆け込んできた。美貴子に断片的な記憶を話すうちに、意識もかなりはっきりしてきた。

自分がどの程度の怪我をしていたのかは、美貴子が医師から説明された診断結果を教えてくれた。

・右の鎖骨と肋骨の骨折。
・左足首の骨折。
・肺挫傷。

翌二十六日、坂井はより積極的な治療を受けるために、兵庫県立西宮病院に転院した。

四本の指で「助けて」

3両目の最前部に乗っていた玉置富美子と坂井信行は、共に外に放り出されたのだが、3両目の乗客のほとんどは、2両目の乗客たちと同じように、車内で転げ回されたあげくに、何カ所かに寄せ集められたかのように、折り重なって人の山をつくった。

川西市に住む30代の中島亜矢子は、大阪市内の生命保険会社に出勤するため、自宅から自転車で10分ほどのJR川西池田駅に着くと、ホームの3両目の乗車位置に並んだ。勤務先は結婚した時に退職したのだが、双子の子どもたちも成長して手がかからなくなったので、五カ月ほど前から同じ会社に派遣社員の形で再び通い始めたのだった。

通勤者の多くは、乗り換え駅や降車駅での行動の都合を考えて、乗車する電車の何両目かを決めておくものだ。亜矢子は、いつもは3両目の最前部のドアから乗ることにしていたが、この日はその位置に女子高生たちが並んではしゃいでいたので、少し後ろ寄りに移動して、前から2番目のドアの位置に並んだ。このようにその日のほんのちょっとした事情によるいつもとの違いで、事故への巻き込まれ方が違う結果になった人が少なくなかった。

やがて電車がホームに入って来て車内に入ると、空席がないので、やや前寄りに入り込んで、左手を吊り革にかけ、右手で携帯を開いた。メールの着信があったからで、見ると妹からだった。ゴールデンウィークの予定について確認のメールだったので、亜矢子は片手で返事を打ち始めた。

前の方に先程の女子高生たちがいて、顔は見えないが、誰かに「この電車、大阪に行きますか？」と尋ねる声が聞こえてきた。最前部に座っていた坂井信行は、この電車でＵＳＪに行けますかと女子高生が側の乗客に聞いていたのを聞いていたが、亜矢子はメールを打ちながらだったので、漠然と大阪方面へ行く女の子たちだなといった記憶になったのだろう。亜矢子の耳に入った男性の返事の声は「行くよ」といった程度の答え方だったので、頭の中では、《これは東西線の快速だから大阪には行かないよ。2分後の各駅停車なら直行できるのに。でも尼崎駅でアナウンスがあるから、乗り換えるだろう》などと、ひとりで思いやっていた。事故後になって、あの子たちに次の電車にするように言ってやれば、あの子たちは事故に巻き込まれないですんだのにと悔いたが、顔の見えない離れたところにいたのだから、そう悔いても詮ないことだった。

亜矢子はメール打ちに気持ちを集中していたので、電車が伊丹駅でオーバーランしたことにも気づかなかった。メールを打ち終わって送信しようとした時だった。速度と揺れの異常に全身に恐怖心が走り、反射的に吊り革を持つ左手に力を入れた。車内の人々とほとんど同時に、「キャーッ」と叫んで、何が何だかわからなくなった。

気がつくと、倒れている自分の上に誰かが乗っている。顔までふさがれているし、身体は動かせない。右手はわずかに動かすことができた。その右手で上の人に触ると、背広の生地だ。

《あっ、私の前に座っていた人だ》

しかし、その人はどいてくれない。急ブレーキで、みんな一斉に倒れたのだろう。そのうちに順に立ち上がるだろう。そんなふうに考えて待ってみたが、周囲はシーンとなっていて、動く気配がない。息苦しくなってきたので、

「どいてー」

と大声で叫んだが、顔がふさがれているので、声は上の人に吸収されてしまって外に響かないようだ。

《下手に騒いでも、体力を消耗させるだけだ》

そう思って、まず自分がどうなっているのかを確認することにした。

身体は仰向けに倒れていて、背中は床の上のようだ。自分の上には、背広の人だけでなく、何かがたくさん積み重なっているようだ。右足は曲がったまま、何か座席みたいな硬いものに当たっていて動かせない。(亜矢子は一番下にいたのに、たくさん積み重なった人などによって圧迫死しなかったのは、右足に横から当たる位置にあった座席のような硬いものが重量のすべてがのしかかってくるのを遮っていたからかもしれない。そんな微妙な位置関係が生死の命運を分けることになったという例は、事故や災害でしばしば見られることだ。)

左手と左足は、どうも人間らしい軟らかいものに挟まれて、やはり動かすことができない。動かせるのは、右手だけだった。その右手の先を山積みの中から外へ少し出すことができたので、誰かが気付かないかと期待して、子どもに「おいで、おいで」をする時のように、四本の指を手前にピクピクと曲げて、「ここに生きている人がいます。助けて」という合図を出した。

その手を握ってくれた人がいた。気付いてくれたのだ。その手は、感触から女性の手であることがすぐにわかった。しかも、その女性は、すぐに大きな声で助けを求めてくれた。

「ここに意識があって埋もれている人がいまーす。助けてあげてくださーい！」

亜矢子は顔がふさがれているので、周りの状況がわからない。叫んでくれた女性がいくつくらいの人なのかもわからない。それでも自分が埋まっていることに気付いてくれた人がいたので、

《これで助かる》

と安心した。安堵すると同時に、全身に張りつめていた緊張感がすーっとほどけ、同時に意識も薄れていった。

子どもに励まされて

気がつくと、亜矢子はマットのようなものの上に寝かされていた。後で振り返ると、おそらく座席のシートだったのかもしれない。一体どれくらい閉じこめられていたのか、どのようにして救出されたのか、全くわからなかった。身体中が痛く、手足を動かすこともできなかった。顔がパンパンに腫《は》れているのが触らなくてもわかった。目も痛くて開けられない。口の中は砂で一杯だった。喉が詰まりそうだし、気管に吸い込んだら大変なので、痛む右手を動かして、懸命に掻き出した。人声は聞こえていた。

「列車からガスが漏れています。歩ける人は少しでも離れてください」

マンション駐車場の車が破壊され、ガソリンが漏れて引火の危険が生じているという消防隊の

アナウンスを「ガス漏れ」と聞き違えたのかもしれない。いずれにせよ、亜矢子は自力で避難することはできない。

《せっかく（下敷き状態から）助けてもらったのに、爆発したらどうなるんかなあ。歩けないしなあ》

ぼんやりと、そんなことを考えていると、

「この人も運んであげないと」

という声がして、マットごと身体が持ち上げられた。動かされたことで、全身に激痛が走り、再び気を失った。目はずっと開けられなかったから、どんな人たちがどこへ運んでくれたのかもわからなかった。意識が戻ると、周囲のざわめきから、大勢の負傷者が集められているところであることはわかった。日射しがきつく、初夏のように暑かった。救急隊員か警察官かに、「名前と年齢、言えますか」と聞かれた。エネルギーを振り絞るようにして答えた。

「中島亜矢子、38歳」

しばらくしてから、やっと救急車に乗せてもらえた。担架で乗せられる時も、救急車が走行中も、「痛い！」「痛い！」と悲鳴をあげた。救急隊員は、

「痛いでしょうが、早く救急車に乗れたのはラッキーなんやで。頑張ってや」

と言うので、亜矢子は自分に言い聞かせた。

《目が開けられないのでよくわからんけど、きっと凄いことが起きているに違いない。自分は病院に連れて行ってもらえるんやからありがたいことなんだ》

運ばれたのは、西宮市の兵庫医科大学附属病院だった。運び込まれた重傷者が多かったので、

様々な検査や診断に時間がかかった。診断の結果は、

〈右肩甲骨骨折、全身打撲、クラッシュ症候群〉

ということだった。

手術の必要はなかったが、クラッシュ症候群のため、40度以上の高熱が出ていた。骨折した右肩は固定され、首にはギプスが付けられた。

夫の中島正人《まさと》は、事故発生時には、伊丹市にある勤務先の半導体メーカーの社内で会議中だった。自宅近くに住む母親から、「亜矢子がいつも乗っている電車が大変な事故を起こしたので、心配で電話をかけたが出ないの。大丈夫かしら」と連絡が入った。正人は急いで帰宅し、亜矢子の勤め先に電話をかけたが、出勤していないという。テレビで報じられる負傷者収容の病院に片っ端から電話で尋ねても、どこもまだ受け入れた負傷者の氏名確認はできていないという。正人は不安のあまりパニック状態になった。

中学校に進学したばかりの子どもたちの顔が浮かんだ。男の子と女の子の双子だ。

《どうか子どもたちのために無事でいてくれ》と、ただ祈るばかりだった。

テレビで亜矢子が兵庫医科大学附属病院に搬送されたことが報じられたのは、昼をまわってからだった。正人は父親と車で病院に向かった。川西市の自宅から西宮市の武庫川近くにある兵庫医科大学附属病院までは、事故の影響もあってか、交通が渋滞し、一時間もかかった。それでも途中で、家に残った母親から電話で、「病院から亜矢子の状態について連絡があり、意識はしっかりしている」と知らされたので、少しは気持ちを落ち着かせることができた。

取りあえずの救急治療が済んで病室に移されていた亜矢子を見ると、首にギプスを付け、顔は

ひどく腫れ上がっていた。正人はショックだったが、話しかけると、きちんと答える。頭はやられていないようなので、正人はようやくホッとすることができた。

正人は子どもたちには、下校するまでは心配させないようにしようと、学校への連絡を控えていた。夕方になって、正人の姉が、下校してきた子どもたちを車に乗せて病院に連れてきた。子どもたちは、病床の亜矢子を見るなり、「お母さん」と言って涙目になった。

それでも息子は健気《けなげ》に言った。

「僕、頑張るから、お母さんも頑張ってな」

亜矢子はクラッシュ症候群と高熱のために頭が朦朧としていたが、やはり子どもたちに言葉をかけられると、嬉しくなってしっかりと言葉を返した。

「あんたはいつも頑張ってるで。無理せんと、いつも通りでいいねんで」

息子は泣き出しそうな顔になった。

そんな母と子どもたちのやり取りを見ていて、正人は胸の内で亜矢子への思いをひとりごちた。

《亜矢子、よく生きていてくれた。ありがとう》

無性に涙が

伊丹駅で玉置富美子が快速電車の3両目の一番前のドアから乗った時、4番目のドアから乗った乗客たちの中に、若いＯＬの若林恵子（仮名）がいた。恵子は車内後方の右側に立つと、吊り革に手をかけた。

まだ入社して三ヵ月余りだったが、仕事にも慣れてきていた。21歳の恵子は混雑する通勤電車に乗っても、気分は意気揚々としていた。

電車が伊丹駅を出ると、速度がどんどん速くなるので、左手で吊り革をしっかりと握った。ところが、塚口駅を通過し、名神高速道路の下をくぐり抜けると間もなく、経験したことのない横揺れに、右手が吊り革から離れ、よろめきそうになった。《危ない！》と思い、あわてて左手をもう一度伸ばして吊り革をつかみなおした。

しかし、次の瞬間には、さらに大きな揺れが襲ってきて、吊り革を持つ左手を支える肩が、物凄い遠心力で後ろに引っ張られたため、手は吊り革からもぎ取られるように剝がされ、後ろ向きに倒れたところで意識を失った。

3両目は前後の向きが反対になるほど大きく水平に回転したので、恵子は車内を転げ回され、意識が戻った時には、人の山の中にはさまれていた。その位置は、3両目の最前部だった。恵子は車内の後方にいたのだから、10メートル以上も転がされたことになる。

恵子は、上下左右に人が折り重なっている中にいるので、身動きすらできない。胸が圧迫されていて、思うように呼吸をすることができない。息苦しさが増してくる。顔を少し動かすことができたが、胸の圧迫が和らぐわけではないので、息苦しさは増すばかりだった。

あちこちから悲鳴や叫び声が響いてくる。

《もうダメだ……》

意識がだんだんと遠のいていき、朦朧となってきた。その時だった。救助隊がドアをこじ開けたのか、車両の破壊された窓をさらに壊して開口部を大きくしたのか、バリバリと音をたてて出入口を作った。ドアの隙間からかドアのガラスの割れたところからか、救助隊員の手が伸ばされたので、恵子はその手をつかんで体を起こした。折り重なった人々の山の上から順に、救出が始められたのだ。恵子もようやくドアの狭い開口部から外に出ることができた。

大きな出血もなく、自分で立つこともできたので、救助の人たちは次の人の救出に移った。空を仰ぐと、青空が広がり、ヘリコプターが数機、旋回している。すぐ近くに脱線しぼろぼろに壊れた車両が無残な姿をさらけ出していて、多くの人々による救助作業が行われているが、ボーッとしているので、何がどうなっているのか、頭の中で整理できない。

恵子は運び出すドアがもっと開けばいいのにと思って近寄り、手を伸ばしてドアを引っ張ったが、びくともしなかった。

「あなたには無理だ。怪我をしてるんだから、安全な場所へ行って手当てをしてもらいなさい」

救助隊員に言われて、車両から離れた。《そうだ、会社に連絡しなくては》とやっと思いつき、離さずに持っていた鞄から携帯を出そうとしたが、携帯がどこにもない。携帯は鞄の外ポケットに入れていたのを思い出した。車内で転げ回された時に、携帯は飛び出してしまったのだろう。脱出したらしい乗客が近くにいたので、携帯を借り、会社にかけた。

「乗っていた電車が事故を起こしたので、少し遅れます。よろしくお願いします」

あまり深く考えることもせずに、「少し遅れます」と言ったのだが、それはやはり事故の重大さを把握できないまま、ボーッとしていたからだった。「少し遅れる」どころか、心身両面に大きな傷を負った恵子が会社に復帰できるようになるまでには、半年もかかることになるのだ。

恵子は休憩できるところへ行こうと思って、歩き出した。右足のつま先に切られるような痛みが走った。見ると靴をはいていない。車内で転げ回わされた時に脱げてしまったのだろう。しかもつま先にガラス片が刺さっていた。靴と携帯がないと困る。探さなければと、車両の方へ戻りかけたら、急に身体中に痛みがはしり動けなくなった。痛みというものは不思議なものだ。ショックで呆然としている時や朦朧状態のさなかには、ひどい骨折や裂傷があっても、ほとんど痛みを感じないことがしばしばある。何かが一段落したり、一息ついたりした時や、自分の怪我のひどさを目のあたりにした時などに、どっと激痛が襲ってくることがあるのだ。

恵子が全身の痛みでうずくまっていると、サラリーマン風の男性が声をかけてくれて、肩を貸してくれた。途中で、「あとは自分で歩けます」と言って、再び座り込んだ。一体何がどうなっているのかわからず、無性に涙が流れた。

再び立ち上がって泣きながら歩き出すと、別のサラリーマン風の男性が声をかけてくれて、恵子を抱きかかえ、マンション玄関近くまで運んでくれた。そこには、電車の座席のシートが並べられていて、負傷者たちがそれらに座ったり、横になったりして、救急搬送の順番を待っていた。男性は恵子をそのシートの一つに座らせると、救出活動に戻っていった。男性の白いワイシャツに沢山血がついていたのが、強烈に記憶に残った。

近所の人たちだろうか、女性たちが水のボトルや濡れタオルを配ってくれた。水を飲むと喉が痛いほどしみた。タオルで顔や手の血を拭き取った。

救急車で搬送してもらう順番がなかなか回ってこない。救急車が絶対的に足りないようだった。ようやく乗せてもらえたのは、近くの工場から提供されたバンだった。極端に重傷でない他の負傷者たちと一緒に乗せられて、病院に運ばれた。

《何で私が生きて……》

病院の中は、ごった返していた。廊下にはストレッチャーや担架に乗せられた負傷者たちの列が並び、検査と診断の順番を待つという状態だった。恵子も車から担架で運ばれると、担架のまま床に下ろされて、自分の番を待った。こうして順番を待つというのは、命が危いほどではないということなんだと、恵子にはわかった。だが、目をつむると、凄惨な現場の情景が浮かんでくる。ぐちゃぐちゃになった車両の内部。折り重なった人々。血の滴。耳に突き刺す女性の悲鳴。

――《何で私はここにいるの。何で私は生きているの。多くの人々が私のクッションになってくれたから、私は助かったんだ。でも、何で私がクッションにならなかったの。私がクッションになれば、一人は下敷きにならないで助かったかもしれないのに。……》

頭の中で、「何で」「何で」「何で」と際限なく自分を問い詰める。生き残って申しわけないという思いさえ、こみ上げてくる。そこへ父親が駆けこんできた。父親の心配そうな顔を見たとたんに、恵子はただただ涙を流すばかりだった。高校時代に、一緒に歩いていた母親を交通事故で失い、人の死に敏感になっていた恵子だった。

CTの撮影など一通りの検査データがそろったところで、医師の診断を受ける番になった。診断の結果は、骨折なし、全身打撲のみだった。あちこちに擦過傷があっても、消毒するだけですむ程度のものだった。手術の必要もないので、帰宅してよいと言われた。

父親の車で家に連れられて帰ったものの、すでに夕刻近くになっていたし、全身の痛みがひどいので、会社に電話でしばらく休ませてくださいと連絡した。何もすることができないので、ちぢこまるようにして、テレビを見続けた。

テレビを見ることで、事故が大変なものであることがわかってきた。夜になっても生存者の捜索と救出の努力が払われていたが、助け出される人は途絶えがちだった。遺体となって運び出される人のほうが多い。犠牲者の数が増えていく。すでに死者数は五十人を超えているが、1両目、2両目の破壊状態がひどく、しかも現場はバーナーや電気ドリルを使えないため、救出は困難を極めていて、犠牲者はもっと増えそうだという。

遺体安置所になっている尼崎市記念公園総合体育館からのテレビ中継映像には、並べられた棺の一つ一つに涙を流して取りすがる家族の姿や頭を下げて謝罪して回るJR西日本の垣内《かきうち》剛《たけし》社長の姿が映し出される。

恵子は、ますます罪責感に苛《さいな》まれるばかりだった。

《何で私は生き残ったの。何で亡くなったのは私じゃなかったの》

嗚咽を繰り返すばかりだった。手を合わせて祈った。

《助けて、早く助けてあげてください。お願いします。助かってください》

また、ここでも生き残ってしまったという思いが、頭のなかに渦巻いていた。

第二章　還らざるあの時

1

春の陽光

事故による負傷者の救出と生還の状況を詳細に記してきたのは、電車が脱線・転覆してマンションに激突するに至る10秒間の経過と、無残に潰れた車両の中における乗客たちの悲惨な状態、そして困難を極めた救出状況などについて、負傷者こそが真只中にいた体験者であり目撃者であり証言者であるからだ。

これに対し、命を奪われた犠牲者の家族は、大切な人がどのように巻き込まれたのか、生死の状態もわからないまま、現場付近の待機所で、只々待機させられるという精神的にも身体的にも負傷者の場合とは違った過酷な状態に置かれた。大規模な事故が発生した時、大切な人がどのような修羅の坩堝《るつぼ》に投げ込まれたのか、本人はもはや口を開かぬため、負傷者の場合とは違ったものになる。しかも長時間にわたって待機させられる焦躁の末に、傷んだ遺体との対面と確認というショックを伴う刻《とき》が来る。

以下に犠牲になった人々の家族の場合を記す。

事故は、それ以前の人生とそれ以後の人生を切断する。つい先日お祝い事があったのに、なぜ今日、天地が引っくり返るような事態に放り込まれるのか、納得のいく説明をつけられる人など、この世にはいない。

宝塚市に住む都市計画コンサルタントの淺野《あさの》弥三一《やさかず》は、運命の日の前日、四月二十四日、十年前の阪神・淡路大震災で大火に見舞われた神戸市須磨区千歳地区の復興の中核となる地区センターと公園の完成式典に妻の陽子《ようこ》とともに参加した。

震災の朝、神戸市では約百カ所で火災が発生し、特に長田区や須磨区では広域火災に発展した。長田区に隣接する須磨区千歳地区はその一つで、約千二百世帯が暮らしていた小さな古い木造住宅の密集する地区の九割が焼き尽くされ、辺り一面空襲を受けたような瓦礫に被われた焦土と化した。淺野が千歳地区の焼け跡を訪れたのは、震災から三カ月半経った時だった。千歳地区が、神戸市の打ち出した被災地の土地区画整理事業の対象の一つに指定され、淺野の経営する地域環境計画研究所がその復興計画のまとめ役を委嘱されたのだ。

それから十年の歳月をかけて、行政と住民の間に入って、時には行政の開発先導の発想による再開発計画を、住民の暮らしやこれからの地域社会のあり方などへの配慮から押し戻したり、時には住民側から激しく攻撃されたりしながらも、車優先の幅広い道路よりも歩道を広く取った緑道を配したり、３カ所に小公園を作ったりして、行政と住民の合意を実現し、この地区を様変わりさせたのだ。淺野はそれまでに、一九八二年の長崎水害や一九九〇年の雲仙普賢岳噴火災害など、いくつもの被災地域の復興にかかわってきたが、須磨区千歳地区の新しいまち作りは、自分が抱いてきたまち作り思想をまずまずは投影できたものとして印象深く記憶に刻まれたものとなった。

このように災害被災地の再生に深くかかわってきた自分が、今度は大事故の遺族となり、被害者の立場から活動していくことになろうとは、想像だにしていなかった。この時、淺野は六十四歳、陽子六十三歳。

淺野夫妻は式典の後の祝賀会で、少し酒でのどを潤して、夕刻に家に帰った。陽子が夕食の支度をして、夫婦と同居の次女・奈穂、大阪から子供を連れてきていた長女のみんなで、食卓に着いた。

「お父さん、叔母さんのお見舞いやけど、明日はどうやろ」

陽子がかねて気になっていた関東の千葉に住む淺野の叔母の見舞いの日取りについて切り出した。陽子も淺野の会社の一員だったから、千歳地区の事業に一区切りつくまでは、夫婦で一日空けて遠方に出かけるだけの余裕がなかった。だが、完成記念の式典も済んで一息つくことができたので、陽子はこの機会を逃すまいと思ったのだろう。淺野がまだ仕事が残っていて駄目なら、自分が奈穂と行ってもいいと、前から話していた。明日四月二十五日というのは、事前に奈穂が母から「いつが都合がいい?」と聞かれて選んだ日だった。

「もう私が事務所を一日くらい休んでも大丈夫でしょう。日帰りで行ってきますから」

陽子にそう言われて、淺野も早いうちに見舞っておかないとと思っていたので、すぐに答えた。

「明日やったら事務所のほうは陽子がいなくても大丈夫やろ。悪いけどわしの代わりに行ったってくれるか」

陽子は食事が済むと、早速近くに住む夫の妹・阪本ちづ子に電話をかけて、千葉行きに誘うとともに、ちづ子の家の近くにあるチケットセンターで、みんなの新幹線の切符を手配しておいてくれないかと頼んだ。ちづ子は、「一緒しますわ」と即答し、全員の切符を買っておくと言ってくれた。

三十三歳の奈穂は、ドッグトレーナーを目指していたカナダでの六年間の生活に区切りをつけて帰国したばかりで、両親の家に同居していた。

翌四月二十五日朝、陽子は、春らしい空色のスカーフを首に巻き、小さな和製のバッグを手に下げていた。見舞いとはいえ、次女を伴う女ばかりの遠出なので、心がいくぶん弾んでいたのか、玄関先で、

「日帰りやし、軽装で行ってくるわ」

と、微笑みを浮かべて言った。その言葉が、淺野の耳に残る妻の肉声の最後になろうとは。

奈穂は、新大阪で合流する姉が連れて行くと言っていた一歳半の幼子《おさなご》のために、お菓子の紙袋を下げていた。姉は前夜のうちに一旦大阪の自宅に帰っていた。

陽子と奈穂は、午前8時45分頃、菜穂の運転する車で家を出てちづ子の家まで行き、そこからはちづ子の夫の運転する車でちづ子と一緒にJR川西池田駅に向かった。新大阪から東京に向かう新幹線は午前10時過ぎの「のぞみ」だったので、時間の余裕は十分にあった。

淺野は、二人を見送った後、やや遅れて午前9時過ぎに車で家を出て、尼崎市内にある自分の会社に向かった。カーラジオをつけていた。

突然、通常番組に割り込むようにニュースが流れた。9時半頃だった。

「只今入ったニュースです。JR福知山線の尼崎駅手前で上り快速電車が脱線し、現在福知山線は上下線とも不通になっています。詳しいことは、その後、入り次第お伝えします」

第一報なので、どのような事故なのか、乗客に被害が出ているのか、何もわからない。淺野は瞬間、嫌な気になった。

《え？　ひょっとしたら陽子たちの乗った……》

《どうかその電車に乗っていないでくれ》

頭の中で、不安と祈る気持ちが綯《な》い交《ま》ぜになって渦巻いていた。

尼崎市内の事務所に逸《はや》る気持ちで入るや、「新大阪駅に着いてるよ」という吉報を聞きたくて、新大阪駅で待っているはずの長女に電話をかけた。妻は車内では携帯をマナーモードにしているだろうという思いもあった。しかし、長女の電話口の言葉は吉報ではなかった。

「まだ来てへん。事故があって電車が止まっているみたい」

駅でも詳しいアナウンスはないようだった。

次にちづ子の夫に電話をかけた。三人が乗った電車の時刻を確認するのと、何か情報がないかを聞きたかったからだ。返事は、「乗った電車の時間からすると、きっとあの電車ですわ」と、一層悲観的なものだった。やはり妻に直接確かめるしかない。だが、携帯で妻の番号にかけても、コール音すら鳴らなかった。

気がつけば、時刻は午前10時になっていた。テレビをつけると、現場や上空からの生中継が始まっていた。電車がジグザグ状に脱線している。だが、乗客がどうなっているかはわからない。死傷者が多数出ている模様とレポートされている。淺野は奈落の底に落ちて行くような心境になっていった。

「こちらの人を先に」

快速電車に乗った三人のうち、瀕死の重傷を負いながらも救出された奈穂の手記によれば、電車の転覆時に三人がどのような状態になったか、その一端がわかる。

乗ったのは、2両目の最後部のドアからだった。空席がなかったので、三人はホームと反対の開かないほうのドアの前に進み、陽子とちづ子がドアにもたれかかるようにして並び、奈穂はその手前に立って、右手で座席脇の支柱を握っていた。

窓の外を流れていく家並みのあちこちに、四月下旬だというのにまだ散らない満開の桜が春たけなわの気配を漂わせていた。

「桜が満開だし、いいお天気だし、気持ちがいいね」

三人がそんな会話を交わしているうちに、車内のアナウンスが流れた。

「間もなく伊丹です」

ところが、電車の速度は落ちない。

《あれ、伊丹には止まらないのかな?》

奈穂が変だなと感じていると、急にブレーキがかかった。奈穂は倒れないように、支柱を握っていた右手に力を入れた。電車は今度はバックを始めた。

「この運転士、寝てんのかな?　起こしてこようか?」

ちづ子が冗談を交えて笑った。

電車はかなりバックしてから、ホームの定位置で止まり、反対側のドアがあいて、ドヤドヤと乗客が入ってきた。

発車後、電車はむきになったようにスピードを上げていった。伊丹駅を過ぎると、沿線はビルや家屋が建ち並んで眺める景色もないので、三人は外も見ないで話し合っていた。

突然、電車が三人のいる側が浮き上がるような感じで異常な揺れとともに傾いた。母の陽子はバランスを失い、思わず傍の振り飛ばされそうなちづ子の手をつかんだ。奈穂は二人の取り合った手の上に、空いている左手を伸ばして摑《つか》まえ引き寄せようとした。その瞬間、

「グシャッ」

というアルミ缶を激しく潰したような激しい音の響きとともに、意識を失った。

気がついたのが、何分後かはわからない。息をするのも苦しく、足に激痛が走っている。めちゃくちゃに壊れた車両の中に閉じこめられているようだが、何がどうなっているのか、まるでわからない。両足は何かに挟まれていて動かせない。息をするのを妨げているのは、右手が胸を圧迫しているからだ。だが、その右手も何かに圧迫されていて、なかなか動かせない。このままでは息ができなくなる、死んでしまう。そう思った奈穂は、痛みに耐えつつ、思いっ切り、右手を引き抜いた。やっと正常に呼吸ができるようになった。

気を鎮めて、周囲を見回すと、車両の天井か側面が上から迫っていて、自分は棚の鉄棒と他の何かに挟まれている。自分は横向きで、鉄棒のようなものに挟まれた両足首と両膝上をやや上にして宙吊り状態になっているが、すぐ下がどうなっているかは見えない。両足はしびれていて、

これでは血が通っていないだろうなと思うほどだった。
《母と叔母はどこだろう》
ハッとなって、見回したが、狭い視野の中にはいない。《三人で手を取り合ったのだから、もしかすると自分の下に倒れているのでは》と思った瞬間、《このままでは二人を殺してしまうかもしれない》と自責の思いに襲われた。動く両手ですぐ目の上に迫る鉄の棒を掴んで自分の体を持ち上げ、体重を下にかけないようにした。
でも、腕の力には限界があった。力を抜いて、しばらく腕を休ませないと続けられない。
《ごめんね》
奈穂は、項垂《うなだ》れる気持ちで休んでは、再び鉄棒を握って体を持ち上げることを繰り返した。まるで体育の時間に鉄棒で懸垂の運動をしているようだった。気がつけば、辺りには鼻をつくガソリンの臭いが立ち込めていた。
ふと自分の足が気になって、側筋を使って頭を持ち上げ足のほうを見た。横長の椅子やぐちゃぐちゃの車が絡み合うすぐ向こう側に、人の手が見えた。腕時計をしているので、何となく時刻を見ようと思い、手を伸ばして、その人の手首に触れた。その瞬間、全身にぞくっとするものが走り、思わず手を離した。冷たくなっていたのだ。
《亡くなっている！》
死――というものがすぐ隣りにある。その現実感に、奈穂は恐怖心にとらわれた。さらに周囲を凝視すると、自分が立っていたところのものかドアが見え、その横に全身粉塵まみれになった女性が座った姿で首を垂れ、全く動かないでいるのが見えた。亡くなっているかもしれないと思うと、言葉をかけることもできなかった。のどがからからに渇いていた。

その時、自分より上のところで、人が立ち上がった。若い男性だった。ポケットから携帯を取り出すと、友達らしい人に電話をかけ、事故のことを伝えている。その電話が終わったので、奈穂は声をかけた。

「すみません、電話してもらえますか」

帰国したばかりで、まだ携帯を持っていなかった。

姉と父に連絡してもらおうと思ったのだ。

「私の家族に連絡したいものですから」

「いいよ。番号は？」

奈穂は、まず姉の自宅の電話番号を教えた。姉は新大阪に向かっていても、夫が家にいると思ったからだ。男性はすぐに電話をかけてくれたが繋がらない。電話を使う人がどっと増えて、回線の使用量がオーバーしたのだろうか。男性は何度も何度もかけてくれたが、どうしても繋がらなかった。その時だった。

「助けに来たぞ！」

どこからか声が響いた。救助隊が来たのか。

「ここにヤバイのがいる！」

男性が叫んだ。

ぐちゃぐちゃの車両を外からドンドンと叩きながら、救助隊らしい人が、

「どこや」

「どっちだ」

と声をかけてくる。男性がすぐ傍の車両の内壁を力いっぱい叩いて、答える。

「ここ！　ここ！」

しばらくすると、やや離れた位置のドアが抉《こ》じ開けられて、救助隊員が顔を覗かせた。やっと助けられるのだ。奈穂は少し安堵した。

救助隊は、ドアのすぐ横に傍で粉塵をかぶったまま座った姿勢になっている女件を運び出した。それが済むと、中に入って来た隊員一人がまず男性に声をかけた。

「君、怪我は？」

「ありません」

「じゃあ、ここから出なさい」

そう言われても、男性は椅子などに挟まれて動けない奈穂のことを気遣って、

「え、でもこの人のほうが……」

と、自分が先に出るのを躊躇《ためら》っていた。

「いや、君が出ないと、こちらの人を救助する作業ができないから、早く出ましょう」

救助隊員の言葉に、男性は納得して肩を支えられて救出されていった。本人は「大丈夫」と言っても、無残に破壊された車内で投げ出された体に怪我をしていないはずはない。それでも自分を後回しにしてでも、より重い怪我をしている他者を優先して救助してやってほしいと望む――。そういう語り伝える価値のある気高い人間精神の発露を示すエピソードは、大災害や大事故の現場ではしばしば見られるものだ。

《ああ、血が通う》

入ってきた救助隊員は三〜四人に増えていた。一人が奈穂の頬を軽く叩いて尋ねた。

「お姉さん、大丈夫？　意識ある？」

奈穂は、苦しくて声を出せず、ただ頷いた。

「がんばりや、出してあげるから」

その言葉に、奈穂は《ああ、やっと助けてもらえる》と、安堵感で力が抜けていく感じになった。ところが、救助隊員らが奈穂の足を押さえつけている座席や鉄の棒などを少しでも上へ上げようと、座布団のようなものを挿入して、油圧をいっぱいに上げても、すき間は広がらない。

「もっと油圧を送れ！」

「限界です」

《やっぱり足は抜けないんだ》

絶望感が込み上げてくると、再び痛みが耐え難くなって、意識も朦朧となってきた。

「足を切って！　……もう殺して！」

奈穂は叫んだ。

「そんなこと考えたらあかん。出してやるから、もう少しの辛抱やで」

隊員はそう言って励ましてくれるのだが、奈穂の心は絶望の奈落へ落ちていくばかりだった。

座布団まがいのものを膨らませるのでは効果がないことがわかったので、隊員らは今度は油圧ジャッキを持ち込んできた。だが、奈穂の足を被う車体の金属板は脆く薄い合金製なので、ジャッキを支え切れずに破れてしまうことがわかった。

「鉄板を持ってこい。もっと強い鉄板や」

叫び声が飛ぶ。

奈穂の足のほうへ回った隊員が、足の挟まれている状態を調べたのだろう、リーダーに報告している。

「足首は鉄の棒と鉄の棒の間に挟まれていて、狭過ぎてジャッキを入れるのは難しそうです」

それでも隊員らは、ジャッキの設置をいろいろ工夫して、ついに2本の鉄の棒の間を少しだけ広げることができたのだろう。

「少し動きました！」隊員が大声で言った。

奈穂は足首のひどい圧迫感が、すーっと緩むのを感じた。

「慎重にやれ。車体を壊すなよ。崩れたら大変だからな」と、リーダーの声。

奈穂は足首が急に熱くなるのを感じた。

《あ、血が通うようになったのだ》

その体温感は、今度こそ助け出してもらえるだろうという希望に繋がった。

膝上の上肢を押えているものはまだ動かなかったが、足首のほうが動かせるようになったので、隊員たちは横向きの姿勢になっている奈穂の両足を片方ずつねじるようにして引き抜くのに成功した。後でわかったことだが、奈穂が車内から救出されたのは、事故から2時間余り後のことだった。

テントに運ばれると、医師が毛布をはいで、足を撫ぜた。激痛が走り、奈穂は叫んだ。

「痛い！」

「どんな痛み？」と医師。

「ピリピリする……」

すると医師がスタッフに叫んだ。

「クラッシュ！　救急車！」

両足が圧迫や衝撃によって生体としての機能を失う寸前の状態になるクラッシュ症候群と診断されたのだ。一刻も早く治療を施さないと、該当部分が壊死して全身に毒がまわり、命を危機に陥れる。

奈穂は救急車で兵庫医科大学附属病院に搬送された。母や叔母がどうなっているのか、まるでわからない。一刻も早く家族に連絡したいのだが、身元を示すものは何一つないし、医療スタッフは次々に運ばれてくる負傷者の救急対応に精一杯で、連絡先を聞いてくれない。

ＩＣＵ（集中治療室）の治療台に寝かされると、首筋に管を通す切り口を開けるために、いきなりメスで切られた。次には、首のすぐ下のところに、ＩＶＨ（中心静脈栄養）のための注射針が刺し込まれた。痛みを伴う処置が次々に施されても、奈穂は車内で両足を挟まれていた時の痛みに比べればまだましだと自分に言い聞かせて、治療の痛みに耐えた。

「私のことはいいから」

奈穂ら三人の安否を気遣う父親の淺野は、尼崎の事務所でどう行動したか。

午前11時半頃になって、新大阪駅からいったん自宅に帰ったという長女から電話が入った。自宅の電話に知らない人の声による留守電のメッセージが何本も入っていたというのだ。そのメッセージは、

〈淺野奈穂さんがJRの電車事故に遭い、重傷です。どこかの病院に運ばれています〉

というのだ。

淺野はショックで震えるのを抑えながら、自宅にいる長男とちづ子の夫のそれぞれに電話をかけた。そして、陽子やちづ子の安否を確認するために、負傷者が次々に搬送されていると放送で伝えている尼崎中央病院に急いで行き、そこに陽子やちづ子がいないか、確認してほしいと頼んだ。

つけっ放しのテレビを見ていると、死者が30分ごとに十人単位で増えている。しばらくして長男から電話があり、尼崎中央病院には、陽子もちづ子も運ばれていないので、兵庫医大病院に向かうという。親戚の人がたまたまテレビに映った兵庫医大病院のホワイトボードに、淺野奈穂の名前があったと知らせてくれたのだ。

淺野は、事務所の所員たちに、その日の仕事の指示をして、まず自宅に戻った。そのうちに長男とちづ子の夫も、兵庫医大病院から戻ってきた。長男によると、集中治療室に短時間だが入れてもらえて、奈穂に面会することができ、奈穂は全身に重傷を負っているがわずかに意識があり、ひと言ふた言、言葉を発したという。奈穂が大変な怪我をしているとはいえ、意識はあるのを知って、淺野は《よかった》と思った。

感情が断ち切られ

一方、病院の奈穂は、長男と叔父が来た時、医師が二人に話した説明を聞いていた。

「今、意識ははっきりしていますが、いつ急変するかわかりません」

この言葉に、奈穂はなぜかショックも受けずに、現実をそのままに受け止めた。

《あっ、私死ぬんだ》

そして、奈穂は、兄たちに健気に言った。

「私のことはいいから、早くお母さんとちーママを探して！」

まるで懇願しているようだった。奈穂は二人の無事を祈って涙を流していた。

自宅の浅野は、事務所に電話をして、所員らに手分けして、テレビで報道されている負傷者搬送先という病院四十カ所余りに次々に電話をかけ、陽子とちづ子が入院していないかどうかを問い合わせてほしいと頼んだ。だが、どこにも見つからなかった。

季節的に昼の時間が長くなってはいたが、テレビ中継に映る現場は、いつしか暗くなっていた。浅野たちは、暗い気持ちに沈んでいた。

「こうなったら、体育館にも行ったほうがいいんじゃないかなあ。最後はそれしかないよ」

集まった親族の誰かが言った。それは、陽子とちづ子の遺体搬送を待つことを意味していた。

体育館とは、遺体安置所になっている尼崎市記念公園総合体育館で、JR尼崎駅の西1キロ足らずのところにある。夜になった。浅野と長男らは総合体育館に移動することにした。

午前0時頃になって、総合体育館の控え室に詰めていた淺野とちづ子の夫は、ちづ子らしい遺体があると係員から知らされ、確認をすることになった。

淺野らは棺の並ぶ体育館地下の安置室に入って、案内された棺の前に進んだ。棺の上には、インスタントカメラで撮った顔写真が置かれていた。写真で確認したら、棺の蓋を開けて最終確認をするのだという。淺野は写真を見た途端に、クッと胸が詰まった。顔が傷んでいても、何十年も見慣れてきた妹に違いない。

《ああ、ちづ子やな》

呆然と見つめた。不思議なことに、感情が昂《たかぶ》って来ない。涙も出て来ない。その時の自分の状態を、後になって振り返った手記に、淺野はこう記している。

〈感情というものが断ち切られ、私から離れてどこかへ行ってしまった。自分が生きているのか死んでいるのかすら分からない。「空《くう》」の状態といえばいいだろうか。〉

淺野とちづ子の夫は棺の蓋を開け、遺体となったちづ子に手を合わせた。

淺野の判断によって、ちづ子の夫を含め一緒にいた親族の全員が納得した。

「これから連れて帰ります」

ちづ子の夫が言った。搬送車を頼み、棺を乗せると、ちづ子の夫と親族は搬送車に乗って総合体育館を離れた。時刻は午前2時を回ろうとしていた。陽子の情報がないので、淺野も一旦帰ることにした。

翌四月二十六日、淺野は午前中から総合体育館に詰めた。控え室には、かなりの数の家族が疲れ切った顔をして待機していた。みな静かに座っている。低く嗚咽《おえつ》を漏らす人もいるが、声を上げて泣いたり、感情的に叫んだりする人はいない。重苦しい空気が漂っていた。淺野はその中にいると、気が重くなるばかりなので、1時間おきに外に出て、グラウンドを歩いた。控え室にかなりの数の家族がいるということは、まだ現場に救出されていない人が相当数いるということだ。陽子についても、まだ何の情報もない。

《お前、どこにいるんや》

悲痛な思いで、只待つだけという苛酷な時間の中で、総合体育館にJR職員によるアナウンスが流れた。

「マンションの耐震診断をしますので、遺体搬出はその後になります」

淺野の頭に、《何、それ》という怒りの感情が上ってきた。すぐに総合体育館に詰めているJR西日本の職員たちのいる部屋に駆け込んだ。

「今のアナウンスは何や。ちょっと待てよ、順番が違うやろ。本社に伝えなさいよ」

確かに電車に激突されたマンションは、1階部分にひびが入ったろうから、万一阪神・淡路大震災の時のような地震が発生したら、10階建てのビルが耐えられるかどうか、その耐震性のチェックは必要だろう。だが、事故から一日しか経っておらず、潰れた車両の中には救出作業の困難さゆえに、いまだに閉じこめられたままの乗客がかなりいると伝えられている。現にこの日の午前7時過ぎには、生存者が救出されている。状況からはそれ以上生存者がいる可能性は限りなくゼロに近いとはいえ、ゼロではない。一般的に事故などで閉じこめられた人間の生存限界は、致命的な負傷がない場合には、三日間、72時間と言われている。その72時間迄、まだ一日を残している。

にもかかわらず、閉じ込められている人たちの救出作業を後回しにして、マンションの耐震診断を優先するとは、何なのだ。今日明日にでも倒壊する危機が迫っているというのか。それほどの危険性があるなら、建築の専門家による目視検査でわかるだろう。淺野が怒りを感じたのは、そういう理由からだった。

ＪＲ職員はすぐに現場の責任者に、淺野の抗議を伝えた。ところが、しばらくすると、とんでもないアナウンスが流れた。

「1両目と2両目の遺体は、すべて搬出されました」

朝からのテレビ報道などでは、まだ車内に多数の乗客が閉じこめられており、懸命の救出作業が続けられていると伝えられていた。何よりも陽子は運ばれて来ないではないか。何で「すべて搬出」なんだ。淺野の怒りは、強くなるばかりだった。再度、ＪＲ職員や警察官の詰め所に走った。

「今のアナウンスの情報源はどこや。何を言ってるんや。うちのは出て来てへんやないか。ＪＲの責任者は誰や」

「県警は何をやってるんや。遺体はすべて搬出したなんて、本当なのか」

だが、ＪＲにせよ警察にせよ、遺体安置所に詰めている者たちでは、いくら問い詰めても埒《らち》が明かない。

しばらくすると、また違うアナウンスが流れた。

「1両目と2両目には、まだ十数人ずつ遺体が残っているようですが、3両目を解体して除けないと、搬出ができないため、ご家族や関係者の方々はもうしばらくお待ちください」

現場に集まっている人々は、乗っていたはずの大事な身内の人間の状態がどうなっているのかもわからず、苛立ちと憔悴感で疲れ切っている。一連のアナウンス情報は、そういう家族の心情への配慮の全くないものだと言われても、弁明の余地などないだろう。大組織の中で、事故対応の業務など考えたこともない者が、突然発生した大事故による犠牲者の家族や負傷者の世話や情報提供の担当を命じられた時、うまく任務が果たせるのか。持ち前の他者への配慮を大事にする性格の人物なら、相応の対応をするだろう。しかし、仕事の成果ばかりを追っているような職場の人間の場合には、一つ一つの言葉の意味を遺族の立場だったらどう受け止めるだろうかといったことまで考えることなしに、情報を右から左へ流すだけというに等しい仕事の仕方になるだろう。もちろん個人差はあるだろう。人の命を預かる大量輸送機関の企業は、なぜこのような大惨事を想定して、人間性のある危機対応の仕方について、全職員を対象にした教育計画を持たないのか。そういう教育を徹底して行う企業であれば、職員の顧客への対応力も品格のあるものになるだろうし、組織の安全文化も層の厚いものになるだろう。

空色のスカーフ

浅野にとって、二日目はこのように感情を逆なでされるようなことが続いているうちに、一日が暮れた。一緒にいてくれる身内の人たちと相談した結果、夜間はいったんめいめいの自宅に帰って待機することにした。

自宅で一休みした矢先だった。電話が鳴った。出ると、総合体育館詰めの警察官からだった。

「淺野陽子様と見られるご遺体が搬送されてきましたので、確認に来て頂きたいのです」

何事につけしっかりと確認しないと納得しない慎重な性格の淺野は、すぐに尋ねた。

「どんな色のものを着ていますか」

「濃いグリーンの服装です」

「じゃあ、家内ではありません」

淺野の心の奥に、妻の死を認めたくないという気持ちが蠢《うごめ》いていた。客観的に見て99・9パーセント絶望的であっても、0・1パーセントの生存の可能性を消したくなかった。着ている服の色が違うなどということは、あり得ないと思った淺野は、「念のため、身内の者に服の色を確かめてみます」と言って、いったん電話を切った。

そこへ知り合いの尼崎市の職員から電話があった。淺野は状況を縷々《るる》説明し、今しがた警察から電話で陽子らしい遺体が見つかったと知らされたが、服の色が違うようなので出かけないことにすると言った。だが、その人の考えは違っていた。

「車内にまる二日余り閉じこめられていたのだから、埃《ほこり》を被っているだろうし、夜だから警察官の言う色は正確かどうか曖昧《あいまい》だと思うんです。やはりご自分で確かめたほうがいいんじゃないでしょうか」

淺野は、そうかもしれないと思いつつも、なおためらっていた。すると午後11時過ぎになって、先程の警察官から再度電話があった。やはり一度こちらに来て確認してほしいというのだ。淺野はようやく決心がついて、尼崎市内に住む陽子の兄弟や妹にも一緒に体育館で確認してほしいと頼んで、車で出かけた。

総合体育館に着いた時、すでに日付が変わっていて、四月二十七日午前0時半になろうとしていた。館内に入るや、浅野は金縛りになったかのように、控え室から出られなくなった。現実を拒否する思いが強かったのか、座り込んだまま、心も体も鉛のようになり、地下1階の遺体安置室に向かう力を抑え込んでいたと言おうか。それでも30分ほどかけて、ようやく立ち上がると、陽子の兄弟、妹と一緒に安置室に向かった。

警察官に案内された棺の上には、ちづ子の時と同じように、写真が置かれていた。その写真に写っている女性は右向きの横顔で、激しい打撲痕があり、全体にひどく膨れ上がっていた。見る影もない。

「これはお姉さんや。たぶん間違いないわ」

陽子の妹が言った。しかし、浅野にはそうは思えなかった。遺体が身につけていた遺留品が、いくつか傍らに置いてあった。服は深い緑色で黒っぽい。

《あっ、あのスカーフだ》

目に入ったのは、家を出る時に首に巻いていたあの空色のスカーフだった。

腕時計の横にリングがあった。結婚記念に一緒に購入したリングの形をしている。念のためリングの内側を見た。

「Y・A」

浅野弥三一と浅野陽子。二人ともイニシャルは同じだ。しかも三十八年前の結婚した日の日付が彫ってある。決定的な証拠だ。

だが浅野は、それでも遺体そのものに陽子の証《あかし》を得たかった。

「足を見せてくれ」

浅野は警察官に頼んで、棺の蓋を開けてもらった。陽子はかなりひどい外反母趾《がいはんぼし》だった。遺体にかけられた白い布の足のところをめくると、見慣れた足の形があった。さらに腹部のところを開けると、まぎれもなく手術痕があった。仕事の面でも生活の面でも、人生を二人二脚で歩んできた大事な妻が、変わり果てた姿で目の前に横たわっている。ついに妻の死を受け入れざるを得なくなった。

浅野は言葉が出なかった。涙も出なかった。思考は停止し、ただ棺の横に立って、陽子の亡骸《なきがら》を見つめていた。腫れた顔面の打撲痕が黒いあざになっているのをあらためて見た時、はじめて心の中で陽子に声をかけた。

「悔しいやろ」

陽子は沈黙したまま唇をきゅっと結んでいた。精一杯、無念の思いを訴えているのだろう。

《お前らしいな》——浅野は陽子と無言の会話を交わしていた。

泣きたい時は泣いていい

兵庫医科大学附属病院に搬送された奈穂は、母と叔母がどうなっているかについて、見舞いに来てくれる姉の説明が曖昧であることや、自分が目撃した車内の状況がただならぬものだったことから、やはり駄目だったのだろうと絶望的な気持ちになっていた。

四日目の二十八日の朝、やって来た姉がとうとう二人の死について告げた。

「今夜はお通夜で、明日がお葬式なの。お母さんに会いたい？」

「会いたい。どんなことがあっても行く」

重傷を負ってICUで完全監視中の患者を、いくら親の葬式だからといっても、外出を許可する病院はないだろう。姉は答えた。

「実は昨日、お医者さんに聞いてみたの。そしたらICUの患者の外出を許可した前例はない。患者に何が起こるかわからないからだと言うの。ただ状態が良くなって安定した状態になれば可能かもしれないけれど、外出したことで状態が悪化しても責任は持てないって」

「……」

「今日はお通夜の準備があるから、これで帰るけれど、明日もう一度お医者さんに相談してみるね」

お母さんに会いたい、お母さんにしっかりとお別れをしたいと思う奈穂の心に、姉は少しだけ希望の明かりを残して出て行った。

予想していたとはいえ、母と叔母の死を告げられたショックは大きかった。ひとり切りになると、二人に申しわけないという自責の思いがこみ上げてきて、涙が止まらなくなった。

《なぜ母と叔母の手をちゃんと握って助けられなかったのか》

《なぜ私ひとりだけが生き残ったのか》

《いっそ私も二人と一緒に逝けばよかったのに》

とめどなく自分を責める思いを繰り返すうちに、二人を殺してしまったのは自分なのだとまで考えるようになっていた。そして、暗い暗いブラックホールの中に吸い込まれていくような負の感情の虜《とりこ》になっていく。頭に浮かんでくるのは、希死念慮と言われる自己否定の妄想ばかりだった。

《この世の自分なんか消してしまいたい。母たちのところへ行きたい。どうすれば行けるだろうか》

点滴の管を抜けば母のところへ行けるだろう――と思ったが、体が動かない。肝心の手を伸ばそうとしても、手も動かない。意思通りに動かせないわが身に苛立った。

しばらく経った時、精神看護の専門看護師Nが顔を見せてくれた。病院に搬送された翌日から時々ベッドサイドに来ては、椅子に座ってじっくりと辛いことや不安なことなど、奈穂の話すことに真摯に耳を傾け、丁寧に助言をしてくれる。

Nは奈穂の涙を見ると、「どうしたの」と言って手を握ってくれた。奈穂はNのやさしい問いかけに、どうしていいのかわからない辛さを話した。Nは頷いて言った。

「そうよね、辛いね。辛い時は泣いていいんだよ。涙がなくなるまで、ゆっくり泣いていいんだよ」

葛藤する自分をまるごと受け容れてくれるNの言葉に、奈穂は心の中に何か温かいものが染み込んでくるようなやすらぎを感じた。

「なぜ、私が母の代わりに死ななかったのだろう」

奈穂がつぶやくように言うと、Nは言った。

「辛く悲しいのはわかるけど、私も子のいる親だから、お母さんの気持ちのほうもわかるの。子どもが親より早く亡くなるということは、とんでもなく辛いことなの。まして親子が一緒に事故に遭って、お母さんのほうが生き残ったら、あなたの何十倍も苦しいと思うの。あなたが生き残ったというのは、きっとお母さんが望んだことだからだと思うのね。だからお母さんの思いを受け止めて、元気になろうね」

専門看護師の優しい言葉に、奈穂は反発する感情を持つこともなく、素直な気持ちで頷いた。

「お母さんと一緒にいられた」

翌日の朝、叔母が来て、奈穂に体の様子を尋ねた。「大丈夫だと思う」と答えた。そこに担当医が来たので、二人はあらためて外出許可を出してほしいと依頼した。医師は身体的にも精神的にもかなり負担がかかるので冒険になるが、大事なお母さんとのお別れなのだから、時間限定ということで許可しますと言ってくれた。時間限定とは、お寺で過ごすのを30分程にして病院に帰るということだった。

ともあれ奈穂は亡き母親と会って、最後のお別れができるということになったので、よかったと思った。とはいえ、首はほとんど動かすことができないし、両足と右肘・左肩が全く動かない身だ。病院側は、リクライニングの車椅子と介護タクシーを用意してくれたうえに、看護師一人が付き添ってくれることになった。介護タクシーに乗る時には、スタッフが手伝ってくれた。

葬儀が行われるお寺までは、車で30分ほどの距離だったが、無理な姿勢と緊張感が重なって、奈穂は途中でひどく気持ちが悪くなった。でも、看護師にそのことを言うと、帰院させられ、二度と母親に会えなくなると思い、黙って気持ちの悪さに耐えた。

お寺に着くと、男たちが車椅子ごとかかえて砂利道を歩き、葬儀の会場まで連れていってくれた。午前11時からの葬儀までは、まだ十分に時間があった。奈穂は葬儀に参列するのは負担が大きすぎるので、その前に母とお別れをして帰院することになっていた。

会場に車椅子で入ると、祭壇前の親族席にいた父が入口までやって来た。父は奈穂の側まで来ると、

「申し訳なかった。悪かったな」

とだけ言うと、言葉を続けられず、涙を流すばかりだった。浅野の心には、叔母の見舞いに行ってほしいなどと頼まなければ、お前が事故に巻き込まれることはなかったのにという悔恨の思いがこみ上げてくるのだが、言葉にならないのだった。

奈穂は奈穂で、自責の念に苦しんでいたから、

「ごめんなさい。私だけ生き残ってしまって……」

と言うと、涙で声が詰まった。浅野は自らを責める奈穂に向かって小さく首を振り、

「何を言うねん。お前まで生きてなかったら、俺はどうしたらいいねん」

と言って、顔を涙でぐしょぐしょにした。

奈穂は祭壇の前まで車を押してもらい、棺の蓋を開けてもらうと、リクライニングを上げてもらい、事故以来四日ぶりに変わり果てた母と対面した。ショックだった。母はお気に入りのピンクの着物を着て、傷んだ顔は化粧で整えられてはいるものの、いつものお化粧でなく、あの優しい母の面影はどこにも見られなかった。顔や手のしわ、首筋などをじっと見つめたが、《この人が母なのか？》と、目の前の遺体《なきがら》を母として受け入れられない気持ちが消えなかった。葬儀の時

間が近づいたので、奈穂はみんなの力を借りて、再び介護タクシーに乗せてもらって病院に向かったが、《母はもっと美しく優しかったはずだ》というしっくりしない気持ちを払拭することができなかった。

二、三日後、奈穂はICUから一般病棟に移ったが、時折理由《わけ》もなくこみ上げてくる《なぜ、あの時、母の手をもっと強く握ってやれなかったのか》《自分が代わりに死んでいればよかったのに》という思いは、消したくても消せないでいた。

ある日、見舞いに来た父が、ふと漏らした。

「お前、何のためにカナダから日本に帰ってきたのか、わからんなあ」

しかし、奈穂は言った。

「私はそんなふうには思わない。お母さんと最後に一緒にいられたから」

もう泣かなかった。

2

未来の切断

事故は、突然人の人生を無慈悲に切断する。

切断されるのは、いのちを絶たれた犠牲者の人生だけではない。残された親、子、兄弟姉妹、連れ合い、祖父母など、密接な関係にあった人たちそれぞれの人生をも切断する。

そうした人生の切断は、平凡な日常の中に潜んでいた宝石のように煌《きら》めく時間やエピソードの数々を炙り絵のように映し出してくる。そうした数々の時間やエピソードの何と豊饒さに満ち溢れていたことか。

今まさに帆を上げ、人生の長い航海に出航しようとしていた矢先に、若いいのちを絶たれた四人のこの世に行きた証《あかし》を記録しておきたい。


声楽の専攻を通じ幅広い学問領域を学んでいた同志社女子大学特別専修生の大森早織《さおり》、二十三歳。五十六歳の会社員・大森重美の長女だ。

少女の頃から歌が好きで、歌手を目指して、二〇〇一年春に京都府京田辺市にある同志社女子大学学芸学部音楽学科声楽コースに入った。声楽コースの中の早織を含む十六人がオペラクラスを専攻していた。そして、いよいよ最終学年の四年生になると、四年間の学びの集大成として、毎年モーツァルトの歌劇「フィガロの結婚」を上演するのが恒例になっている。コンサート形式で歌うのでなく、出演者たちが舞台上で演技をしながら歌うという、まさに歌劇の公演をするのだ。

早織は、透き通るような美しいソプラノの歌唱力を持っていたので、ヒロインの侍女スザンナの役に抜てきされた。舞台演出は、長年演出を手がけてきた坂口茉里先生が、この年も担当した。

四年になってからのほぼ一年間、十六人は本物のオペラに迫ろうと、夏休み中も冬休み中も、練習に励んだ。そして、年が変わって卒業が近づいた二月、大学キャンパス内の大ホールでの「フィガロの結婚」の公演をやってのけた。早織をはじめ出演者たちの熱演・熱唱に、一千人の聴衆は盛んな拍手を送った。

スザンナ役を演じた早織が、舞台中央に出て聴衆に何度もおじぎをして拍手に応える姿に目を潤ませて拍手をした大森夫妻は、二カ月後に早織を巻きこむ大事故が発生するとは、夢想だにしなかった。

早織は、教職に就ける資格は取得したが、声楽をもっと学びたいという思いが強く、卒業すると、特別専修生として大学に残った。そして、運命の日の前日、四月二十四日には、西宮市民会館で開かれた新卒者対象の音楽会に学科推薦で出演して、ヨハンシュトラウス二世の歌劇「こうもり」のソプラノのアリア二曲を歌った。曲間にまで大きな拍手が湧くほどの熱唱だった。

そして、四月二十五日、早織は大学に出かけて、クラスメートと一緒に、「フィガロの結婚」の記録写真集を編集する作業をする約束をしていた。

「早く出かけなきゃ」と言って、写真集を編集するためのメモや資料を鞄に詰めている娘の急ぐ様子を見ていた母親は、娘をクルマの助手席に乗せて、ＪＲの最寄り駅まで送った。車から降りて駅の改札口に向かう途中、早織は普段はあまりそんなことはしないのに、この日に限って何度も振り返っては、母親に手を振っていた。母親にとっては、後日しばしば甦る元気な早織の最後の姿だった。

朝早くから大阪市内の会社に出勤していた父親の重美が、妻から電話を受けたのは、午前10時頃だったろうか。妻が職場に電話をかけてくるなどというのは、めったにないことだった。《何事だろう》と思って聞くと、只事ではない。

「ＪＲ福知山線で大変な事故が起きているとテレビで放送しているけれど、脱線した快速電車は、早織がいつも宝塚駅で乗り換える電車に間違いないと思うの。早織が乗ると言っていた快速だし」

妻は、かなり動揺しながらも、大事な要素をしっかりと伝えてくれた。重美にとっても、ショックだった。

「わかった。ぼくがすぐ現場に行くから、好美は家で待機していてくれ」

重美は、すぐに会社に事情を説明して、電車で現場に向かった。ＪＲ神戸線で尼崎駅に着いたが、福知山線は不通になっていたので、尼崎駅から歩いて事故現場に辿り着いた。現場は大変な人、人、人で混乱しているので、重美は近くのプレハブ建屋の二階に上って、脱線現場を見渡した。

《これは凄い。大変なことになっている》

電車が脱線してマンションに衝突し、車両はジグザグ状になってへばりつき合っている。破壊状態もひどい。最先頭部がどうなっているかは、まるでわからない。

重美はすぐに携帯で妻に状況を伝えた。

妻が絶望的なまでにショックを受けたことは、電話を介しての声のトーンから伝わってきた。

「早織は、いつも一番前の車両に乗ると言ってたわ。1両目がどうなっているか。すごく心配だわ」

「それがよくわからないんだ。マンションに直接へばり付いているのが1両目だと思うんだが、かなり潰れていて、乗客たちがどうなっているか、まるでわからない」

重美は、もしや早織が救出されて手当てを受けていないかと、現場を探し回ったが、早織の姿はどこにもなかった。そのうちに、現場の整理にあたっている警察官から、亡くなった乗客の遺体は、対策本部のある総合体育館に安置されていると教えられたので、総合体育館に行って待機することにした。

総合体育館に入ると、広い競技フロアには、新しい棺が次々に運び込まれ、はやくも納棺され本人確認が済んだのだろう、ハンカチを目に当てた家族に囲まれた棺もあった。

重美は、控え室で情報を待つことにした。妻には、家で待機するように電話で伝えた。だが、いくら待っても早織に関する情報は伝えられなかった。時折、新たに運ばれてきた遺体について、身につけていたものや持ち物などから、氏名が推定されると、係員が控え室に来て、待機する家族に確認を依頼する。棺の並ぶ館内のほうからは、時々、泣き叫ぶ声や亡き身内の名前を叫ぶ声が聞こえてくる。

気がつけば、夜半を過ぎ、明け方になっている。二日目も、ただただ待つだけの時間が過ぎていった。心身の疲労を感じても、娘のことを考えると、現場を離れるわけにはいかない。時折、大学生の次女や会社の上司や同僚、親戚の人たちが来て、食べ物を差し入れてくれたり、仮眠を取らせてくれたりするのが、ありがたかった。

三日目も過ぎ、四日目の四月二十八日になった。対策本部が時折説明してくれる状況報告によると、マンション駐車場に飛び込んで潰れた1両目の内部捜索は困難を極めていて、なおも数人が閉じ込められているという。それでもこの日、ついに悲報が伝えられた。

1両目最前部、運転室のすぐ後ろのところから収容された若い女性の遺体が、「大森早織さんと見られる」というのだ。やがて遺体が総合体育館に運ばれてきた。重美は係員の案内で、遺体と対面をした。早織に間違いなかった。あまりの痛々しさに、重美は言葉を失った。頭の中で、

「早織、早織。早織……」

と叫んでいたが、外に出てくるのは、嗚咽だけだった。

「天国でも歌って……」

事故の翌月五月十三日の夕刻、神戸市北区に住む大森家に中学校の教師が訪ねて来た。早織が前の年六月に音楽科の教師の資格を取るための教育実習をした神戸市立有野中学校の二年生担当の教師が、生徒百五十六人全員が早織を偲んで綴った追悼の手紙を届けに来たのだ。

「先生、きれいな歌声をありがとう」

「天国でも歌ってください」

「先生のこと、大好きでした。忘れません」

「……」

などと、生徒一人ひとりが一言ずつ、便箋何枚にもわたって書き連ねた手紙だ。

教師は早織の遺影の飾られた仏前に、その手紙を置いて早織に報告した後、応接した母親に、早織が教育実習で生徒たちに接する姿勢が、いかにひたむきで、しかも優しかったか、歌を楽しく歌うように導くので、生徒たちがいかに早織の音楽の授業を楽しんだかといった、在りし日の早織の生き生きとした姿を話してくれた。

母親は、早織が二週間の教育実習に慣れてきた頃、家でふと漏らした言葉を思い出した。

「先生になるのもいいな」

歌うことへの思いを生かす道は、プロの歌手になる以外にもあるのだという気づきだったのだろう。娘にしろ息子にしろ、高校生や大学生の年齢になると、学校でのこと将来のことなどいちいち親に話さなくなる。親にしてみれば、わが子がどんな日常を送り何を考えているのか、そういったことは断片的にしかわからなくなる。

ところが、わが子が突然亡くなるという事態が生じると、友達や教師や勤め先の同僚などから、様々なエピソードを教えられ、何事もなく生きていれば知らないまま過ごしてしまったような、わが子の知られざる側面がリアルに立ち上がってくる。いのちが甦ると言おうか、魂の永続性と言おうか。人のいのちの精神性というものは、亡くなってからこそくっきりと見えてくるというのは、不思議なことだ。

事故当日、早織は「フィガロの結婚」上演の写真記録集を友人と一緒に編集する予定で出かけた。早織にとっては、大学で学び苦労し楽しんだことのすべてがそこに集約されていたのだから、その日、出かける時に鞄に入れていた記録集の構成案やメモなどの一式は、早織がどのような人生を歩み出していたのかを示すかけがえのない証となるものだ。ところが、事故現場から回収され、大森家に返却された鞄の中には、それが入っていなかった。鞄は閉じられていたのに、中に一番大切なものが入っていなかったのはなぜなのか。親である重美夫妻には、謎だった。

その構成案やメモの一式が、「フィガロの結婚」の楽譜とともに、JR西日本の「事故ご被害者対応本部」から届けられたのは、三年も経った二〇〇八年三月になってからだった。対応本部の職員が持ち主不明の遺品などの傷みやカビを防ぐために再整理作業をしているうちに、楽譜や演奏会プログラムなどを含む文書の束があり、もしかして歌手を目指していた大森早織さんという犠牲者の持ち物ではないかと思い、大森家に電話で連絡してきたのだ。

文書の多くは、泥の跡があったり、一部が破れてなくなっていたりしわだらけになったりしていたが、受け取った早織の母は、《これはまぎれもなく早織のものだ》と思った。そして、謎も解けた。早織は電車の座席に座り、鞄から写真記録集の編集に必要な書類の束を取り出して、あれこれチェックしていたに違いない。だから事故の衝撃を受けた瞬間、鞄と文書は別々に飛ばされたのだ。それにしても、JR西日本の職員が、散り散りになった書類やメモを現場で一枚も廃棄することなく回収・保存していたのは、評価に値しよう。第三者には単なる紙片に見えても、遺族にとっては亡き人の最後の時間を甦らせる資料なのだから。

実際、母親の脳裏には、戻ってきた文書の一枚一枚を見つめるうちに、写真記録集を作ることに精力を注いでいた早織の車内での姿が、くっきりと浮かんできたのだ。

喪失体験者の心は、このような亡き人への思いを濃くする出来事の積み重ねによって、辛うじて支えられていくのだろう。それでも消えないのは、「なぜこんな事故が」という思いだ。

怒りと不信感

建築士になろうとしていた近畿大学理工学部建築学科三年の木下和哉、二十一歳。大阪の梅田にある通信機器などの製造会社に勤めていた四十七歳の木下廣史《ひろし》と妻ひとみの二人の息子のうちの長男だ。

三田市に自宅があり、毎日ＪＲ三田駅から東大阪市にある近畿大学まで、ＪＲを利用して通学していた。

朝から会社に出勤していた廣史に、ひとみから電話がかかってきたのは、午前10時前だった。

「ＪＲ福知山線の尼崎駅近くで脱線事故があったと、テレビが報じているの。今朝、和哉が乗った電車に違いないと思うので、携帯をかけたんだけど、通じないの。メールを送っても、返事が来ない」

廣史の職場にはテレビなどないので、事故の状況を知ることもできない。職場の同僚たちに事情を話すと、「会社の仕事はいいから、すぐ現場へ行ったほうがいい」と言ってくれた。パソコンでニュースを検索すると、大変な事故のようだ。負傷者を搬送している現場周辺の病院に、廣史の息子が入っていないかどうかは、同僚たちが電話で調べてくれるというので、廣史は急いで会社を出た。

電車で尼崎駅に着くと、現地対策本部が設けられているという総合体育館に徒歩で直行した。総合体育館には、すでに多くの報道陣が詰めかけていた。早くも死亡者の遺体が運び込まれ始めていた。廣史は報道陣の間をくぐり抜けるようにして、館内の遺体安置などを指揮している警察官のデスクのところへ行って、大学生の息子を探していることを話し、和哉の衣服や年齢、顔の特徴などを伝えた。

しかし、和哉がどうなっているか、全く情報はなかった。

《これは長期戦になるぞ》

直観的にそう思った廣史は、いったん自宅に帰って、泊まり込みができるように身支度を整えてから、妻と一緒に総合体育館に戻ろうと考えた。尼崎駅に戻ると、三田駅に向かう福知山線は不通になっているので、JR神戸線で三宮駅に向かい、私鉄の神戸電鉄で三田に辿り着いた。

自宅には、妻・ひとみと高校生の次男が不安いっぱいの表情で待機していた。自分のクルマにひとみと次男を乗せ、泊まり込みに必要な身のまわりの物なども用意して、総合体育館に戻った時には、はや昼下がりになっていた。

館内ははやくも沢山の棺が並べられていた。詰めかけた家族は、警察官の立ち合いで遺体の写真を見て、人物の確認をする。間違いなく身内の者だとわかると、棺の蓋を開けて対面することになる。叫ぶ声。泣き伏す声。そして遺体は棺に納められたまま運ばれていく。

廣史たち家族は、控え室で待てど暮らせど、和哉の情報を得られなかった。夜は廣史だけが残ることにした。二日目になっても手がかりはないと繰り返されるだけだった。一家は絶望的になるばかりだった。

四日目の四月二十八日、対策本部の説明では、未確認の遺体はわずかだという。昼を過ぎ、夕暮れの気配が漂い出した頃、廣史が《今日も見つからないまま過ぎてしまうのか》と気が滅入っていた時だった。係員が控え室の廣史のところへやってきて、言った。

「和哉さんと見られるご遺体が収容されました。持っていた学生証に木下和哉とありますので間違いないと思います。間もなくこちらに運ばれてくると思います」

総合体育館に運ばれてきた和哉の遺体は、まず医師による検死を受けた。検死の結果は、激しい衝撃による即死だった。

即死――廣史は、その診断結果にせめてもの救いを感じた。事故を許せるわけがない。大学で建築科で学ぶところまで成長した息子のかけがえのないいのちを奪った事故を、父親として許せるわけがない。死を受け容れることはできない。ただ、車内に三日間も閉じ込められ、拷問のような苦しみの中で死んでいったのではなかったというその一点において、せめてもの救いを感じたのだ。愛のある思いやりと言おうか。

やがて和哉の遺体を荼毘に付し、葬儀を済ませて新しく設けた墓に納骨する段になった時、廣史もひとみも、愛する息子のすべてをあまりにも早くあの世に送ってしまうのは可哀そうだとの思いから、魂が宿るとされる喉仏《のどぼとけ》を分骨して家に残すことにした。

日が経つうちに、廣史は心の中で事故の原因企業であるJR西日本に対する不信感を強くしていった。JR西日本のトップが、事故の責任はスピードオーバーで急カーブに突っ込んだ運転士にあるかのような発言をして、経営責任や運転士の過失の背景にある組織の問題についてはあいまいな表現しかしないからだった。

廣史は、事故の一年ほど前から、JR西日本の快速電車のスピードに疑問と不安を持っていたのだ。疑問を感じたのは、以前から勤めていた会社が前年四月に合併したため、勤務地が東京から梅田に変わり、通勤に使う電車も三田駅から梅田に直行できる福知山線の快速電車に変えたことがきっかけだった。福知山線の電車には、以前東京に転勤する前には通勤で乗っていたが、四年ぶりに帰って快速電車に乗ってみると、あまりのスピードにびっくりしたのだ。

廣史は、1両目の最前部に乗って、運転士の運転操作を観察するとともに、駅での停車時間を腕時計の秒針を見て測ったりしてみた。

停車駅で乗客の乗降が済むと、車掌が決まり文句のアナウンスをする。

「ご乗車の皆様、定時運転にご協力くださりありがとうございます」

廣史は、このアナウンスを聞く度に、《嘘つけ！》と頭の中でつぶやいていた。この関心の向け方が、現実に事故が発生した時、廣史の問題意識を刺激したのだが、そのことについては、後に記すことにする。

生きる意味を失って

社会の様々な問題に関心を持ち、将来は雑誌の編集者になろうと、同志社大学社会学部メディア学科に入学したばかりの怜子《れいこ》、十八歳。宝塚市に住む五十四歳の会社役員・山西信行と妻牧子の四人の娘、息子たちの中の次女として、のびやかに育っていた。（このご家族の姓は匿名）

怜子は勉強だけでなく、スポーツも好きで、中学高校を通してバスケットボールの部活動に明け暮れるほどだった。そして、大学に入ると、すぐにバスケットボールのサークルに加入した。

事故の日の朝、母の牧子が大学へ行く怜子をクルマでＪＲ宝塚駅まで送った。駅に近づいた時、牧子は助手席の怜子に聞いた。

「今日、何時に帰る？」

「うーん、八時頃かな」

「じゃあ、またメールして」

駅の車寄せで、助手席から降りた怜子が早足に構内へ向かう後ろ姿を見送ったのが最後の別れになろうとは。

その直後のことを、牧子は五年半後にJR西日本の事故後入社の若い社員向けの講演でこう語っている。

〈あの日は、晴天で空が高く、風が強く吹いていました。テレビのニュースを見て事故を知りました。もしかして娘が乗った電車では……と思い、娘の携帯に連絡を取ってみましたが返答はありませんでした。でも、まさか最悪の事態になっているとは思わず、家族と共に病院を訪ねて回りました。行く先々の病院の掲示板に娘の消息を求めましたが手がかりは無く、どうしようもなく最後に行き着いたのは体育館でした。(中略)

体育館で待機しているときは、本当に辛い時間でした。死亡が確認された方々の嘆きと、憤りは大変なものでした。ご遺体の身元が確認された方の名前が、貼り出されるたびに起こる、叫びと号泣、「お母さんを返して」とJRの社員の方に詰め寄る人、まだ生死も不明で不安の中、一縷の望みと、絶望の中で、じっと待つ人々……あのような辛い凄惨な場所を、あの時まで、私は知りませんでした。

今までに、事故や災害が起こり、テレビに映し出された凄惨な現場を見ましたが、まさか、自分がそのような場にいることになるとは思いませんでした。それまで、事故や災害に遭われた方々に対して「大変だろうな」「かわいそうに」と、同情の気持ちはありましたが、本当の悲しみや辛さはわかりませんでした。自分とは遠い世界の出来事のように感じていたのです。〉

牧子のこの気づきは、事故・災害・戦争などの被害者・当事者が追い込まれる苛酷な心理状態と、そうした事件を第三者の立場でメディアを介して見る人間の感情のレベルの決定的違いをまざまざと語ったものとして普遍性があると言えよう。被害者の心のダメージの深刻さは、経験してみないとわからないと、しばしば言われるのは、そのことだ。

牧子は、娘がどんな状態になっていようと、一刻も早く会いたい、そばに行ってやりたいと切に願った。怜子が遺体となって運ばれてきたのは、夜が更けて日付が変わる頃になってからだった。

牧子は、娘を突然失った悲嘆と苦しみの日々について、別の手記でこう書いている。（高木慶子他編『〈悲嘆〉と向き合い、ケアする社会をめざして』平凡社）

〈娘を亡くしてから、私の生きる意味がわからなくなってしまいました。私のというより、母親として生きる意味がなくなってしまったように感じたのです。母親として子どもを守れなかった。最期のときにそばにいてやれなかった。親の私たちより先に一人で逝かせてしまった。それらのことが心に突き刺さりました。「もし、あの時こうしていたら」とか、「あれは夢で、『連絡できなくてごめんね』と言って、娘がひょっこり帰ってくるのでは」などと想っては現実に引き戻され、打ちのめされました。「何故、娘が死んだのか。死ななければならない理由があったのか」という問いの答えを見出すことができず、やるせない思いに自分を責め、母親として失格で、こんな私は存在する意味がないとも思いました。〉

破壊された車内で怪我を負いながらも生き残った負傷者の中には、死者を犠牲にして自分は生き残ったのだ、生きていてよいのかという思いを抱いて罪責感に苦しんだ人たちが少なくない。

だが、犠牲者の遺族の場合、特に子を亡くした親の場合は、生存者と違った意味で、《子どもが苦しんだのに、自分がのうのうと生きていていいのか》と自分を責め抜く蟻地獄に陥ることが多い。牧子は、率直にこう続けている。

〈このような状態でも生き続けている自分に対して嫌悪を感じながらも、頭の中は妙に冷静だったような気がします。それは、遺された家族とともに日々生活していかなければならないという現実があったからでした。妻として母としての役目だけでなく、祖母や母の介護もありました。悲しみに立ち止まる間もなく、その日その日の生活に追われる毎日でした。

でも、そのような日常の忙しさでは気がまぎれただけで、悲しみが薄れたのではありませんでした。〉

クルマを運転して、怜子を見送った道を通ると、助手席に目が行き、「ああ、いないんだ」という思いで、胸が引き裂かれそうになる。怜子と服を選んだブティックの前を通ると、「ああ、怜子はこんな服が好きだった」と思い出が甦って息苦しくなる。心の中で、決して還らない日々を思って、呻くように泣いてしまう。

たった一言が

愛するわが子を失った母親の悲しみは、二カ月や三カ月で癒されるものではない。だが、世間は非情だ。ある日、警察官が何か困ったことはないかと訪ねてきた時のこと。警察官に悪意があったわけではなかろうが、こう言われたのだ。

「お宅にはほかにもお子さんたちがいるからいいですね。さっき会った遺族はひとりっ子を亡くしたんですから大変ですよ」

いったい「ほかにもいるからいい」とは、何ということだ。怜子一人くらいいなくてもいいというのか。兄弟姉妹が何人いようと、一人ひとりのいのちと人生は、それぞれにかけがえのないものだ。牧子はひどく傷ついた。悲しくなったが、一警察官と議論しても辛くなるだけだから、何も言い返さなかった。

ある知人からは、こう言われた。

「いつまでも泣いてばかりいては、死んだ人が浮かばれないと思いますよ」

亡くなった怜子のことは、早く忘れなさいというのか。警察官にせよ知人にせよ、悪意があったわけでなく、牧子を元気づけようとして、言葉をかけたのだろう。だが、何と配慮のない言葉であることか。

喪失体験者に対する言葉かけの問題は、グリーフケアの重要な課題だ。ちなみに、阪神・淡路大震災で子どもを亡くした母親三十四人に対して、五年以上の長期にわたってケアを続けた臨床心理士でもある高木慶子《よしこ》教授（当時は聖トマス大学、その後は上智大学グリーフケア研究所特任所長）の報告によると、周囲からかけられた言葉や態度で、心を傷つけられたものと心に支えになったものとが、具体的に語られている。

心を傷つけられた言葉として母親たちが挙げているのは、次のようなものだ。

「早く忘れて（前向きに生きよう）」

「がんばってね」

「早く元気になってね」

「そんなに悲しんでばかりいたら、ほかの家族が困るんじゃない」

「新しい子が生まれれば、忘れるわよ」

――等々だ。

母親にしてみれば、「どうしてあの子のことを忘れられようか」「これ以上、どうがんばれというの」「そんなに早く元気になれと言われたって無理よ」「どうして悲しんじゃいけないの」「新しい子が生まれればなんて、ではあの子はいなくてもいい子だったというの」と、言葉を返したくなるだろう。

悲しみにある人に寄り添うとは、意外に難しいことだ。「癒し」という言葉が流行語のようになっているが、ケアや癒しの本質が社会の文化として根づくには、自分がその身になったらとすぐに考える「心の習慣」が、広く人々の意識の中に浸透する必要があるだろう。

牧子は、一方では心が傷つくことがあっても、他方では、心に温もりをもたらしてくれる出会いや出来事に恵まれた。

事故の翌月、怜子の高校時代のバスケットボール部員だった友人達が弔問にやってきた。友人たちが届けてくれたのは、部室に貼ってあった怜子の書いた宣誓とも言うべき決意の言葉だった。A3サイズの大きな紙に、サインペンによる横書きで、

　気持ちで負けない

　絶対に下を向かない

　　プレーヤーになる

と、力強く書かれてある。

友人達の話では、怜子は練習のし過ぎで疲労骨折した時も、松葉杖をついてシュートの練習を

するほどの頑張り屋で、それがチームの全員の目標である右の決意文にも表明されていた。部員全員がユニフォームを着て指導の先生と一緒に撮った集合写真も提供してくれた。

牧子は、チームの友人達の話によって、怜子が高校時代をいかに生き生きと青春時代を過ごしていたかを知ることができて、怜子が甦って傍にいるような気にさえなった。

《私も悲嘆に負けず、下ばかり向かないで、怜子に恥じないようにしっかり人生を歩んでいかなければ》

心の中で消えそうになっていた埋もれ火が、再び赤々と火勢を取り戻したと言おうか。若々しい女の子たちの笑顔や会話は、怜子の存在感を甦らせるエネルギーに満ちていた。

悲しみの祈り

牧子が怜子喪失後に、心の中で密かに苦しんでいたことが、二つあった。

その一つは、悲しくて辛くてどうしようもないほどなのに、思いっ切り泣き涙を流すことができないことだった。自分の感情を吐き出すのを抑えてしまう何かがあったのだろう。

牧子は、偶々《たまたま》事故の前年、二〇〇四年三月にキリスト教の洗礼を受けていた。信仰を持つようになった動機は、中学生時代に遡る。それは父の死だった。父は身体にだるさは感じていたが、肝臓が悪いとは気づかないで、元気な様子で会社勤めをしていた。ところがある日、通勤途上で気分が悪くなって倒れ、原因を調べるために入院したが、わずか一週間の入院生活で亡くなってしまった。四十九歳の若さだった。

大学一年生だった牧子にとって、父の死はショックだった。祖父母はまだ元気でいるのに、父が先に逝ってしまうなんて、信じられないことだった。《永遠なるものなんかないんだ》と思い、心の中にぽっかりと空洞が空いてしまったような不安定感が心の片隅に残った。

それから長い年月が流れて、二〇〇三年に自分が四十九歳になった時、ずっと求め続けてきた永遠なるものを見出したいとの思いから宝塚泉キリスト教会に出かけて、杉野順子牧師による聖書の勉強会に参加した。もともと通学した中学校がミッションスクールで、聖書の授業もあって親近感をもっていたので、人生の半ばになってあらためて聖書の勉強会に通ったことは、精神的に深い学びとなった。

そして、年が変わり、二〇〇四年の三月になった時、杉野牧師が転勤することになった。牧師にも教会の転勤というのがある。牧子は杉野牧師を信頼し尊敬していたので、洗礼を受けるなら、杉野牧師がいるうちがいいと考え、司式をお願いすると、快く引き受けてくれたのだ。

それから何と一年と一ヵ月後に、事故で怜子を亡くしたのだ。そんな辛い時期に、教会が変わっても心の苦悩の相談に乗ってくれる杉野牧師がいることに、牧子は感謝の思いを強くした。

《洗礼を受けていたからこそ、神様とつながることができたのだ》

牧子は、そう思った。

杉野牧師に、一番に相談したのは、思い切り泣けないことだった。娘が亡くなったのに泣いてなんかいてはいけないのだと無意識のうちに自分を抑制しているからではないかと、自分なりに思っていることを話した。すると杉野牧師は、さらりと言ってくれた。

「悲しいんだもの、泣いていいんだよ」

牧子は全身の緊張感がすーっと消えていくのを感じた。

《泣きたい時は泣いていいんだ》

牧子はそう自分に言い聞かせると、癒されるとはこういうことなのだと実感したのだった。

それでもなお、牧子は心の中にいわば課題をかかえていた。悲し過ぎて、どのように祈ればいいのかわからなくなっていたのだ。祈りは神様への感謝と賛美であって、個人的な嘆き悲しみを訴えることは神様に対する祈りではないと思い込んでいたのだ。

ＪＲ西日本の紹介で知り合ったシスターの高木慶子に、

「悲しくて祈れなくなったら、どのように祈ればいいのでしょうか」

と尋ねると、高木シスターは、こう教えてくれたのだ。

「喜びだけでなく、悲しみも、神様に捧げることができるのですよ。そんなこともできることへの感謝の気持ちを祈ればいいのです」

その後、高木シスターとは、グリーフケアの学びで親交を深めていくことになる。


事故からまる一年が経った二〇〇六年四月二十五日午前、牧子は尼崎市のアルカイックホールで開催されたＪＲ西日本主催の追悼慰霊式に家族と一緒に参列した後、用意されたタクシーではじめて事故現場を訪れた。その時の心境について、牧子は前掲の遺族手記集に寄せた手記に、次のように書いた。自分の内面をしっかりと見つめ、喪の途上での心の揺れ動きや大事な問題への気づきが心の痛みをそのままに刻む筆致で表現されている。

〈初めて事故現場に立ったとき、不思議な感覚を味わいました。娘のことだけでなく、事故に遭われ、共に命を失われた方々のことが心に響きました。自宅で娘のことを思っていたときは、その方々のことまでは思い至ることはできなかったのですが、あの場所に立ったとき、一瞬にして奪われた多くの「いのち」というものを感じました。私の周りで、風となって空へ舞い上がるような気を感じ、ぞわぞわとして、身体が持ち上げられるようでした。ただ安かれと祈ることしかできませんでした。また、その方たちの遺されたご家族や知人の方たちのことが思い浮かびました。同じ遺族としての思いが重なり、押しつぶされそうで、息が吸えなくなりました。遺された私たちは、これから先もずっとこの思いを抱えたまま生きていかなければならないのかと思うと、その重苦しさに耐えられるのだろうか、とも思いました。〉
視野が他者の心の痛みや悲嘆にまで広がるということは、心の再生への窓が開かれることにほからならないと言えるだろう。牧子は、右の文に続いてこう記している。
〈生きている限り、私の娘への思いは変わることなく、悲しみは消えることはないでしょう。しかし、娘の死の悲しみによって、私が人生を見失うことになれば、娘の生きてきた人生も意味のないものとして、娘の存在を否定することになってしまうのではないかと思います。それでは、私は娘を二度亡くしてしまうことになります。娘の「いのち」は、私の中で生き続けているのですから。〉
この理性的でかつ霊的な眼差しと確たる思いは、事故現場に立った時に心の中ですぐに獲得したものではなく、その後、時が経過する中で到達した思いであろう。その後、牧子の思いは、歳月を経るうちにさらに内実を深めていくが、そのことは後述することにする。

第三章　いのちの鼓動

1

進行する両足の壊死

関西労災病院2階の集中治療室で、山下亮輔は人工呼吸器の管を鎮静剤の投与なしで喉から気管に挿入された直後から、ずっと意識がないまま眠り続けていた。18時間も車内に閉じこめられていた亮輔だ。鎮静剤は血圧を下げる作用があるので、クラッシュ症候群で一部壊死して腫れ上がっている両足から生じる毒素をどんどん流し出すのを妨げ、ひいては生命を危うくする可能性が高い。そこで鎮静剤の投与を避けたのだ。スプレーで喉の局所麻酔はしたものの、鎮静剤なしで気管内挿管をすれば、喉の痛みは並大抵ではない。亮輔はそのショックで意識を失ったのだろう。

クラッシュ症候群は、阪神・淡路大震災の時、倒壊家屋の下敷きになった人々の多くがその状態に陥り、救出後に亡くなった人や、足切断を止むなくされた人などが相次いだことから、災害時の救命医療のテーマとして注目されるようになったものだ。放置すると、筋肉内のカリウムが血液中に流れ出して、高カリウム血症になり、筋肉を構成しているミオグロビンが遊離し腎臓内の尿細管を埋めて急性腎不全を起こすなど、死に直結する危機的な状態になる。

亮輔の両足は、内部の筋肉の一部の壊死ばかりか、表皮が失われて粘膜がむき出しになっているほどひどかった。

両親は交代で待合室に泊まり込み、亮輔に付き添った。

二日、三日と経つうちに、両足が異臭を放つようになった。壊死が進んでいる様子だった。

担当の高松純平《たかまつじゆんぺい》医師は、両親をナースセンターに招き、病状と今後について説明した。

「息子さんの両足の壊死が進行しています。息子さんの命を救うには、両足の切断を考えなければなりません。その覚悟をしておいてください」

搬送入院した直後にも、両足切断の可能性の説明を受けたが、今度はより切羽詰まった状態になっていることは、昼夜亮輔の病態の進行を見ている両親にもわかった。父親は消防署の救急隊員だったから、クラッシュ症候群の怖さを知っていた。その職業的な視点からだけだったなら、医師の要請に応諾しただろう。しかし、親として、まだ若い息子のこれからの人生を思うと、すぐに「そうですか」という気にはなれなかった。

「どこから切るんですか」

父親が聞くと、高松医師はずばりと言った。

「根元からです」

父親は真剣勝負をするような思いつめた表情で、懇願した。

「先生、切断だけはやめてください。なんとか足だけは残してください。両足を根元から切断したら義足もつけられません。生活もできません。それでは、息子があまりにも可哀そうです。どうか、息子の足を切断しないでください」

高松医師は親の心情がわからないわけではなかった。しかし、医学的に見て両足を温存しようとすると、どこかの時点で取り返しのつかないことになりかねない。ある段階で、両足の壊死が急激に広がって、大量の毒素を放出し、それが全身に回ったら、もはや手の打ちようがない。足は残したが、いのちは失われたというのでは、治療の失敗となってしまう。

沈黙する高松医師に、父親は懇願を重ねた。

「先生、この子のいのちは必ず助かります。助からないということは考えられません。とにかく足は切らないで、この子のいのちを守るように治療をしてください」

「わかりました。とても厳しい状態にありますが、最善をつくします」

後に、高松医師は亮輔にこう話した。

「君は、いのちが助かるか助からないか、その瀬戸際だった。足を切断したら、早く治るのはわかっている。実際、治りは早かったと思う。しかし、あの時、切らないといのちがなくなるというところまで来ていたかというと、切らずに乗り切れる可能性が全くないということでもなかった。心の中に乗り切れるかもしれないという気持ちもあったのです。それで切らないであらゆる手をつくそうと決めたのです。

ただ、本当にいのちが危ないという段階になったら、医師のつとめとして、切断を実行するという気持ちはしっかりと持っていました」

両親は、自宅近くの神社にお参りに行き、

「亮輔を助けてください。亮輔を助けてください」

と、何度も何度も唱えた。

高松医師は、ほとんどＩＣＵに泊まり込み、亮輔の血液や尿の検査データに重大な異変は見られないかと、見守った。

亮輔の身体は全身が膨れ上がり、特に両足の皮膚からは膿《うみ》がどんどんしみ出し、シーツを頻繁に取り替えなければならないほどだった。

そのあまりの凄さに、見舞いに来た高校生の妹・美由紀は、ショックで貧血を起こして倒れ、しばらく病院に来られなくなった。

高校時代からの恋人・美咲は、事故から一週間後に、はじめてＩＣＵに入っての面会が許可された。まるで別人のようになった亮輔の眠り続ける顔を見て、思わず涙をこぼした。それでも気丈に、退出する時、

「また来るね、頑張ってね」

と、亮輔に向かって言った。

父親は、ショックを受けたに違いない美咲を思いやって、ＩＣＵの外まで見送り、「ひどい顔してるやろ」と声をかけると、美咲は微笑んで顔を取りつくろい、亮輔の父を少しでも安心させようと思ったのか、

「いいえ、男前です」

と言った。

（筆者注・山下亮輔氏の救出状況やその三年後までの病状と治療、両親の思いと行動などについては、本人が編集スタッフの協力を得て両親や医師などに確認してまとめた手記『18歳の生存者　ＪＲ福知山線事故、被害者大学生の１０００日』（双葉社、２００８年）を基本資料にし

て、本書筆者・柳田による本人への更なる取材を重ねて執筆している。）

足を切らないで

十日目、血液や尿のデータがかなり安定してきたので、高松医師は亮輔に自発呼吸の力があるのを確認したうえで、人工呼吸器を試験的にはずした。

ずっと人工呼吸器をつけていたため、喉が荒れて弱っているため、思うようにしゃべることができない。それでもガサガサの声で絞り出すように言葉を発することができた。

「お母さん、生きとったで」

これに対し母親がどう言ったか、亮輔には記憶がない。

人工呼吸器をはずしても、呼吸するのが苦しい。それ以上は言葉が出て来ない。会話をしたいという気持ちも湧いて来ない。

息をするのも苦しい。酸素の血中濃度が低い。肺の機能が弱っていて、酸素の吸収量が十分ではないのだ。首を動かすこともできないので、感覚を失った自分の足がどうなっているのかを見ることもできない。

さらに二日、三日と経つうちに、再び高熱が襲ってきた。呼吸をするのも苦しい。意識が戻ったかと思うと、また失くなって昏睡状態に陥ってしまう。両足切断を拒否したがゆえに、極限の苦痛と言える責め苦に耐えなければならないことになったのだ。

高松医師は、亮輔に無用なショックを与えまいと配慮して、両親だけを呼び、全身状態の悪化がそろそろ限界に来ていること、いのちを守るには、やはり両足を切断しないといけないかもしれないと告げた。

「どんな状態であれ、足を切るのだけは止めてほしい」

両親はきっぱりと言った。

亮輔は朦朧とした状態の中で、本当はもう両足ともないんだという幻覚にとらわれた。首を動かすことすらしんどくてできない。医師も両親も、足は切ってないと言うのだが、本当にそうなのか、確かめようにも、首をもたげることすらできないから確かめることができない。足の感覚が失われているので、感覚的に足があるのかないのか、どちらなのかがわからないのだ。

足がないという幻覚にとらわれたのは、そういうエンドレスの苦しみが続く中でだった。

《もう、ぼくには足がないんだ》

《もう、自分で歩くことはできないんだ》

果てしなく深く暗い谷底に落ちていくような感覚。出口のない暗い闇の中に閉ざされてしまった感覚。

——絶望。

自分の未来のひとかけらもつかめない空疎感。

かつて経験したことのない孤独感。

亮輔は、泣いた。涙が止まらなかった。

涙をやわらかいタオルでぬぐってくれる手があった。母親の手だった。

何かをしゃべるのもしんどくて、沈黙していた亮輔だったが、耐え難い絶望感から絞り出すような途切れる声で言葉を発した。

「本当は……足、ないんだ……」

目を開けると、悲しそうな眼差しで見つめる母親の顔があった。

「あるよ。足は切ってなんかないよ」

懸命に繰り返す母親の説明を聞いても、足の感覚もなく、見ることもできない亮輔は、意識にこびり着いた不安を打ち消すことができなかった。

鎮静剤によって不安感や感情がコントロールできなくなるほど不安定になるのは抑えられたが、副作用として幻覚や幻聴が頻繁に襲ってきた。「処刑される」「殺される」と恐怖を感じることも一度や二度ではなかった。

自発呼吸が弱いので、再び人工呼吸器がつけられた。自分の呼吸だけでは、ひどく息苦しく辛かったが、人工呼吸器をつけると、喉に管が挿入されて話すことができなくなるので、違う苦しみがあった。それでも耐えるしかなかった。

そんな中でありがたかったのは、高松医師も両親も、「がんばれ」という言葉を使わなかったことだった。本人はすでに限界ぎりぎりまでがんばっている。それなのに、傍にいる者が「がんばれ」と言うのは、介護者が苦しむ本人を理解しないで、どう対処してよいかわからない自分を取りつくろっているに過ぎないとさえ言える。無責任に「がんばれ」と言われた本人は、「これ以上、どうがんばれというのか」と反発する感情を持つだろう。

医師や両親とは別に、亮輔の心の支えになったのは、精神看護の専門看護師・早川昌子《はやかわまさこ》だった。関西労災病院は、重大な事故などで負傷した患者は、恐怖体験がトラウマになり、パニックやうつ病などの心の後遺症に苦しむ例が少なくないことから、病棟のローテーションに入らない各種の専門看護師を配置していた。

早川は、いつも静かに傍にいるという存在だった。「どうしたの」とか、「こうしたら」といったことを性急に語りかけるようなことをせずに、じっくりと亮輔がつぶやくように言うのを待つという姿勢で一貫していた。

亮輔がテレビをぼんやりと見ていると、早川も傍に座って一緒にテレビを見る。カウンセラーと違い、通常の看護師と同じように、高熱で噴き出す汗を拭くとか、汗びっしょりの衣服を取り替えてくれるとか、身体的なケアを通して、心のケアにつなげようとしてくれる。自然体とも言える早川のかかわり方自体が、亮輔にとってはありがたいことだった。

ミスターチルドレンに癒されて

事故から一ヵ月が過ぎようとしていた。亮輔の全身状態が、ようやく安定する兆しが見えてきた。両足切断の危機は去ったのだ。

亮輔の生命力と忍耐力に軍配が上がったのだ。早川は後に、亮輔の初期の様子について、「しんぼう強い人だな」と映っていたと言ってくれたが、亮輔自身はただしんぼうしていたというより、「両足を切らないでほしい」と高松医師に懇願した以上は、長期にわたる苦しみを自分が引き受けるという決意を貫かなければならないと、思い続けていたのだった。

もちろんクラッシュ症候群の程度によっては、いのちを守るために、足切断もやむを得ない例が少なくない。亮輔の場合は、両足の壊死部分を切断しないまま瘢痕化させるとともに、膿んでしまった表面全体を治癒させるという闘いで乗り切れるかどうかのぎりぎりのところだった。その闘いは、全身にまわる毒素の排除をする腎機能の維持、多量の水分補給、高熱のコントロール、感染症予防、点滴による栄養補給、人工呼吸器の使用、感情をコントロールするための鎮静剤の使用など、医学的な戦術が、決定的に重要だったことは言うまでもない。しかし、それだけで亮輔に軍配が上がったわけではない。限界状況を乗り越えることができたのは、患者本人の精神力と生命力、さらにはスタッフと家族によるケアなどが極めて重要な要素になったことにも注目する必要があるだろう。亮輔の再生への道程は、まさに総力戦だったと言える。

人工呼吸器を完全に取りはずして、一般病棟に移ったのは、事故から三十日目の五月二十四日だった。

それでもまだ身体は動かすことができないし、首も持ち上げることができない。だから、自分の足を見ることもできない。相変らず高熱が出たりする。人工呼吸器を長くつけていたこともあって、うまくしゃべれないし、しんどくて積極的にしゃべろうとする力が湧いてこない。火傷《やけど》のように皮がむけて膿んでいる足を、一日に2回、看護師が洗浄する。傷だらけの足は飛び上がるほど痛む。亮輔は悲鳴をあげそうになる。それを必死にこらえた。

そのうちに流動食が出るようになった。

亮輔は、食欲がなくても、生きるためだと、無理をしてでも、出された料理はできるだけ食べるようにした。食べると、次の日には身体の調子が少しよくなっている感じになる。

亮輔の気持ちを高揚させない大きな障害となっていたのは、しゃべれないことだった。高松医師や看護師が懸命に話しかけても、亮輔は言葉で返せない。コミュニケーションがうまく取れないのだ。

両親も懸命に言葉かけをした。それでも亮輔は、せいぜい「うん」とか「水」と言うだけで、文脈のある会話ができない。

《亮輔は自分の殻に閉じこもっている》と、周囲の人たちは思った。しかし、亮輔は会話を拒しているのでもなければ、殻に閉じこもっていたわけではなかった。話そうとしても、言葉が出てこない、しんどくてしゃべる気にもならないのだった。

そんな中で、心を癒してくれたのは、音楽だった。

一般病棟に移ってから、亮輔が音楽好きなのを知っている母親がMDプレイヤーを持ってきてくれた。日常的に携帯していたMP3プレイヤーは事故で壊れてしまったのだ。自分でセットする力がないので、母親がMDをセットし、亮輔の耳にイヤホンをつけてくれた。

母親がスタートボタンを押すと、亮輔の耳に好きなミスターチルドレンの歌声が流れてきた。

その瞬間、亮輔は胸に何か温かい血液のようなものが流れ込んできたように感じた。その温かいものが全身に染み渡るにつれて、あの事故以来、身も心も凍りつき色彩を失っていた自分の中に、樹木の枝々に小さな春芽が姿を見せ始めたようなやわらかい喜びの感覚が甦ってきた。それは見知らぬ世界を彷徨していた自分が、懐かしい調べに乗って、古巣に戻ってきた感じと言おうか。

《ぼくは生きていたんだ》

はじめて意識がわずかながら戻り、「お母さん、生きとったで」とガサガサ声で言った時とは違って、やわらかい温もりのある感覚だった。

その変化は、顔にも表れた。イヤホンを耳につけ、音楽を聴いている亮輔の表情から、黒ずんだ険しさが消え、嬉しそうにしている。

毎日のように見舞いに来る恋人の美咲も、その表情を見て、亮輔の好みのEXILE《エグザイル》などのアーティストの曲をMDに入れて持ってきてくれた。

しかし、亮輔の内面は、いまだ氷が完全に融けたわけではなかった。音楽は理屈抜きで心を癒してくれるのだが、言葉をしゃべるのはまだまだしんどくて、話す気力が出てこない。自分の苦しみの状況や内面の葛藤を言語化して伝えるだけのコミュニケーションの力は戻っていなかった。それ以前の他者の心を推察するなどという余裕さえなかった。

だから、美咲があれこれと気を遣って話しかけても、うなずくことも首を振ることもできなかった。それは傍で見ている者にとっては、無反応で何を考えているのかわからないと当惑するばかりであったろう。まして恋人という関係であれば、自分の存在は迷惑なのではないか、やたらに話しかけては疲れさせるだけではないかなどと、悩んでしまう結果をもたらすことになるだろう。

だが、亮輔にしてみれば、音楽の世界にひたることで心をくつろがせるのが精一杯で、他者の思いやりに感謝するゆとりなど全くなかったのだ。その行き違いは、やがて二人の間の亀裂を深めることになる。

事故は、その瞬間に死傷者を出すだけでは終わらない。その後の人間関係を破壊する事態さえもたらすのだ。

声が戻った

六月に入ると、亮輔はリハビリに挑むことになった。一ヵ月以上、寝たきりで、スタッフによる体位交換と足の軽い屈伸以外には、首を動かすこともできないでいたため、全身の筋肉は硬直したに等しい状態になっていた。

かつてアメリカで、人間が寝たきりになって歩行もしないと、どれくらい筋肉や関節が硬直し弱くなってしまうかを医学的に明らかにする研究で、人体実験をしたことがある。二十歳代の健康なスポーツマンの本人同意を得て被験者になってもらい、一ヵ月間寝たきりにして、体位交換をする以外は、排尿・排便もベッド上で済ますという実験をしたのだ。一ヵ月後に立たせると、歩くことができず、直立不動の姿勢も保てなくなっていたという。これは人体実験をするまでもなく、高齢者が脳卒中や足の怪我などで寝たきりになれば、みるみるうちに痩せ細り、脚力が失われていくことで示されている事実だ。

亮輔は、両足の重傷だけでなく、全身に打撲があり、首も捻挫していた。再生力のあふれる十八歳の若さ漲《みなぎ》る年齢であっても、積極的なリハビリをしないと、体力の回復が阻害される。特に足の膝関節は放置すると固まってしまう拘縮《こうしゅく》という状態になり、回復が困難になる。

担当の理学療法士は、内山匡将《うちやまただまさ》だった。

リハビリは、まずベッドに寝たまま、足の曲げ伸ばしから始められた。内山が片足ずつ、両手で下肢を握ってゆっくりと押して膝を立てる。ズキッズキッと強烈な痛みが全身に伝わる。必死になって耐え、叫びそうになるのを抑えるが、あまりの痛さに涙がぼろぼろ流れるのまでは抑えられない。

右足と左足を交互に何度か屈伸させるのが済むと、次は腹筋や胸筋・背筋を回復させるために、両足を伸ばしたまま、上半身を起こして座位の姿勢にする訓練だ。自力ではとても上半身を起こすことはできない。内山がベッドの真横に来て、寝ている背中に片手を入れて、ゆっくりと起こしてくれる。ベッドの上で座位になったのは、入院以来はじめてだった。

その時、亮輔ははじめて自分の両足を見た。

《足がある！》

喜びと安堵と生きている実感とがごちゃまぜになったような感慨無量の感情が亮輔の内面にじーんとこみ上げてきた。この時期には、下肢にはまだ包帯がぐるぐる巻きになっていたが、膝から上は包帯がはずされていた。はずされたから、屈伸のリハビリができるようになったのだ。足の表面が見える部分は、全体として黒ずんだ紫色になっていて、表面は表皮が再生しているものの、傷や化膿の跡が生なましく残っていて、いかにも無残だった。

亮輔は右手を伸ばして、そっと足の皮膚に触ってみた。ところが、右手には感触があるのに、足のほうには触られた感覚が全くない。

《やっぱり足の感覚はなくなってしまったのか》

それはショックではあったが、両足が切断されずに残され、目の前にしっかりと伸びているのを確認できた安堵感が支えになった。

《今はひどい状態になっていても、いずれ組織の再生力でもっときれいになるだろう。現実を受け容れるしかないな》

リハビリのために初めて起き上がってみると、急に部屋の中がどうなっているか気になり、周囲を見回した。メガネはベッドに伏していると、点滴バッグと管など目の前にある見たくもないものがはっきり見え過ぎてしんどいので、普段は部屋に備えつけのテレビを見る時とかMDの曲名を確認する時にかけるだけだった。この時もメガネをかけていなかったが、ぼやけていても、部屋の形、窓からの景色、母の座るソファ、冷蔵庫、洗面台などを眺めることができた。

《これが、今の自分の世界なんだ》

たとえ小さな病室の空間であっても、自分の居場所を立体空間の中で確認できたことは、あらためて生きているという実感と元気につながった。

リハビリがもたらすものは、身体機能の回復だけではない。リハビリは身体状況と不可分の心の再生にもかかわる営みなのだ。

亮輔は、感覚のない足で歩けるようになるのか、不安はぬぐい切れなかったが、不安を乗り越えるには、リハビリによって目の前の壁を一つひとつクリアしていくしかないと、自分に言い聞かせた。前向きに考えられるようになっていたのだ。

六月も半ばになった頃、ある日、亮輔は母親に車椅子を押してもらい、院内にある喫茶店でティータイムを過ごしていた。店内はガヤガヤと客たちの話し声でうるさかった。

亮輔は母親に聞こえるように、声を大きくして話した。その時、ハッと気づいた。

《自分は声に出して話しているではないか！》

それまでは、言葉を発するのがしんどくて、きちんと文脈のある会話をしたことがなかった。息苦しさや人工呼吸器の挿着などで、確かに生理的に声を出しにくいという事情はあったが、リハビリを始める段階になっても、まるで内緒話をするように、ボソボソと断片的な言葉しかしゃべらないというのは、心理的な要因もからんでいた。はじめて人工呼吸器をはずした直後は、まだまだ体調も悪く、力が出なかったので、しわがれた声で、やっと、「お母さん、生きとったで」と発語するのが精一杯だった。しかも自分にも不快に響く声だった。こんな声、恥ずかしくて人前で出せるものではない。そう自己規制をかけると、意地でも声を出すまいと思うようになった。

ところが今、母親と一緒に騒がしい喫茶店でお茶を飲むうちに、相手に聞こえるように話をしていたら、恥ずかしいという自己規制の意識を忘れて、懸命に声を大きくしてしゃべっている。母親は、おそらく気づかないふりをしていたのだろう、声を大きくして、亮輔と言葉のやり取りをしている。

亮輔は、自己規制をしていたのが馬鹿馬鹿しく思えてきた。

二、三日後、初夏を思わせるような青空が広がった日の午後、高松医師が一緒に散歩に出ようかと誘ってくれた。車椅子に乗り母親に押してもらい、高松医師と担当看護師の内倉宏美が付き添って、病院の庭に出た。

太陽の光がまばゆいばかりに降りそそいでいた。

「気持ちいいなあ」

車椅子とはいえ、こんなふうに思いっきり外気を吸い、心を開いて陽光をあびるのは、あの事故以来、はじめてだった。

高松医師は、亮輔の晴れ晴れとした表情を見て、にこやかに言った。

「退院したら、何が食べたい？」

「焼肉が食べたいです」

声は小さかったが、ごく自然な言葉づかいだった。

「よし、わかった」

気がつけば、主治医であるにもかかわらずこのようにさりげなく会話を交わすのははじめてだった。

一生分の涙

何のためのリハビリなのか。

目的ははっきりしていた。

——自分で歩くこと。

七月半ばから、リハビリ室での本格的なリハビリが始まった。

横になった状態から機械を使って起き上がる。平行棒につかまって立つ。両足に装具をつけ、平行棒の間に入り、平行棒を両手でつかんで歩く。

一つひとつの練習が身体の筋肉にビリビリと響いて痛い。いきなりやり過ぎると、身体に無理な負荷がかかって、筋肉炎や関節炎を起こすので、適宜休憩を入れて、一日に2時間から3時間くらい訓練する。それでもリハビリは固まっていた筋肉や関節を伸縮させたり、曲げたりする訓練だから、ビリビリと痛みが生じる。しかし、痛みが激しくても、痛みに耐えて何度も繰り返さなければ効果が上がらない。

しかも苦労の成果はすぐに出てくるものではない。ただひたすら訓練を続けることによって、ようやく少しずつ少しずつ成果が見えてくる。逆に休むと、たちまち筋肉は元のように硬くなって、振り出しに戻ってしまう。

亮輔は何度も泣いた。屈伸などで、筋肉や関節に猛烈な痛みが走ると、抑えようとしても涙があふれてしまう。だが、痛みそのものよりも辛かったのは、なかなか思うように身体が動くようにならないことだった。《なんでこんなことができないんだ》と悔しくてならない。その悔しさから涙がぼろぼろあふれてきてしまう。

亮輔は、後に手記の中で、

「ぼくは、この病院で一生分の涙を流した」

と書いたが、それは決してオーバーな表現ではなかった。

それでも亮輔の苛酷な試練に立ち向かおうとする意思を挫《くじ》けさせなかったのは、目の前のリハビリのメニューをこなさなければ、人生の道は拓《ひら》けない、逃げ場はどこにもない、という自覚だった。

そういう強い自覚を持つことができる亮輔の性格そのものも大事な要素だったろう。少年時代に消防士の父親の躾《しつけ》は厳しかったが、父親は殴ったりしないで自覚を促す接し方をしてくれた。母親は勉強などに介入しないで自主性を大事にしてくれる。何よりも夫婦仲のよい両親の下で、屈託のない日々を過ごした。そういった成育歴の中で形成された、何事があっても自分の力で「前向き」に考える性格が苦難を乗り越える力の基盤を形成していたことは確かだ。

さらに高校時代にラグビー部に入り、きつい練習を乗り越えた経験をしていたことが、リハビリの苛酷さに耐える力につながったと言えるだろう。

そして、もう一つ重要だったのは、スタッフの温かい支えだった。理学療法士の内山は、筋肉を鍛え再生させるために、耐え得る限界ギリギリの訓練量を亮輔に課した。しかし、その厳しさの裏には、亮輔の大変な闘病を乗り越えてきた経過への理解と配慮があった。亮輔のプライドを傷つけるようなことは言わなかったし、肉体的に無理と見える時には、休ませてくれた。一日の訓練が終わると、一緒にくつろいで、楽しい話題で気持ちをほぐしてくれる。

《メリハリのある人だな》と、亮輔は信頼感を抱いた。

だが、暑い盛りの七月下旬になって、足に悪い水が溜まり、腫れて痛むようになった。足の水を管を入れて抜いても、再び高熱が出るようになった。高松医師からリハビリにストップがかけられた。熱は少し下がったかと思うと、再び高くなった。一進一退の状態が続いた。

リハビリの訓練ができない日が、どんどん過ぎて行き、いつしか九月になっていた。せっかくリハビリが松葉杖をついて歩く訓練の段階にまで辿り着いたところだったのに、長期間高熱で安静にしていたために、筋肉も関節も硬くなってしまったに違いない。亮輔は悔しくてならなかった。何度となく悔し涙を流した。

そんな時には、担当看護師の内倉や精神専門看護師の早川が、ベッドサイドに座って、亮輔の涙をふいてくれたり、悔しがる亮輔のつぶやきに耳を傾けてくれたりした。

高松医師も、「絶対、歩けるようになろう」と言って、挫けそうになる気持ちをしっかりと支えてくれた。

亮輔は、毎日自分の足を見つめ、足を切断しないという道を自分で選んだ以上は、この新たな試練も乗り越えなくてはと、自分に言い聞かせた。

事故体験を語り切った後で

そんな日々の中で、亮輔は突然、何の脈絡もなく、事故のことを話したいという気持ちが湧き上がってくるのを感じた。精神専門看護師の早川に聞いてもらうのが一番いいだろうと思った。事故以来、誰にも話したことがなかった。ＩＣＵに入っていた危機的だった時も、一般病棟に移ってからも、独りきりの時に、何のきっかけもなく、事故の時のことがフラッシュバックという言葉そのままに、脳内にドーッと甦ってくる。暗い闇の中に閉じ込められていた時の言いようのない隔絶感。苦痛を訴える声。助けを求める叫び。そんな時には、そのおぞましさに巻き込まれまいと、白い天井を見つめて、何も考えないように努めたのだった。その後、ＭＤプレイヤーで好きな音楽を聴くようになってからは、フラッシュバックの頻度は少なくなったとはいえ、時々甦っていた。

事故のことを話したいと、ふっと気持ちが動いたのは、その時フラッシュバックが起こったとか、事故に関するテレビ番組を見たといった事情がからんだわけではない。ふとそういう気になったとしか言いようがない。亮輔は、早川に事故のことを話していいかどうかを尋ねた。早川は、即座に答えた。

「安心して話していいですよ。でも、言いたくないことは、言わなくていいのよ。事故当時のことを話し出して、気持ちが悪くなったら、途中でやめてね」

亮輔は、破壊された車両の中で18時間も動けずに救出を待った時の周囲の状況や自分の気持ち、救出された瞬間などを、思い出すままに話していった。事故のことを他者に話したのははじめてのことだったが、話し出すと止まらなくなり、溜めこんでいたものを、一気に吐き出した感じになった。亮輔は、いまなおフラッシュバックで生じる苦しさについて、率直に話した。

「日に何度も事故の場面が浮かんでくることがあるんです。思い出したくないのに、繰り返しあの時の場面が浮かんでくるので、すごく辛いんです。特に、電車が倒れ自分が投げ飛ばされる場面と、その後、めちゃめちゃに壊れた電車の中に閉じこめられて動けなくなっている場面ばかりが浮かんでくるんです」

話している途中で、まるでその瞬間に揺り戻されたような恐怖感が甦ってきて、心臓がドクッドクッと速打ちしてきた。それでも話を続けて、一通り経過や悩みについて話し終えると、肩の荷が軽くなったような気持ちになっているのを感じた。

早川は、時折頷きながら、じいっと耳を傾けていた。早川はICUに入っていた頃から、寄り添ってくれて、口数は少なく、亮輔が話すのを待ち、いつも亮輔のつぶやく苦悩に、「そうですよね」「辛いのは当然ですよ」と、まるごと受け容れてくれた。亮輔が言葉を発しない時には、しばらくベッドサイドにいて、一緒にテレビを見ていてくれるなど、ひとりぼっちにしないよという思いやりが伝わってくるケアスタッフだった。亮輔は、この人なら何でも話せる。わかってもらえるという信頼感を抱いていた。だから、事故の時の経験を聴いてもらうなら、早川が一番いいと思ったのだ。

早川は、亮輔の話が一通り済んだところで、口を開いた。

「よく話してくださったわね。辛い経験というのは、なかなか話せないものですよ。でも、亮輔さんは思いきって話してくださった。まだ五カ月しか経っていないのに、普通なら触れたくない、忘れてしまいたい、と思って、話す気にならないものです。話したことは、亮輔さんが精神的に立ち直っていくうえで、きっとプラスになると思いますよ」

亮輔は、その時、全部話し切ったつもりだったが、一日経ってみると、まだまだ話したいことが思い起こされてきた。そこで、三日、四日と早川にあの事故にかかわる記憶を徹底的に語った。

こうして語り終えた時、亮輔の心の中は、解放感と言ってもよいような拘束感の全くない穏やかな気分に満ちていた。不思議な感じがした。

最近、病院や老人ホームやホスピスや在宅などで、がんや難病が進行してしまった人などから、人生の来し方をしっかりと聴いてあげる傾聴ボランティアの活動が、各地に広がりつつある。

人は孤独に引きこもってしまうと、辛いこと、悲しいことが、心全体に浸透して、周囲のことも自分自身のことも見えなくなっていき、出口の見えない暗闇の中に沈んでいくばかりになりがちだ。だが、内面に沈澱しているヘドロのような辛い経験、悲しい経験の記憶を何らかの形で表現すると、空気が澱《よど》んで息苦しくなっていた部屋に小窓を開けて爽やかな外気をさーっと招き入れたような、いのちの甦り感、あるいは今自分は生きているという実感が全身に染み渡るのを感じることが多い。死を怖れていた末期がんの患者の場合にも、傾聴ボランティアの人などに自分の生涯を語り切ると、つまらない一生だと思っていた自分の人生を、いやそうでもない、いろいろ頑張ってやってきたんだと肯定的に見ることができるようにさえなるのだ。

亮輔が事故の経験を話せたのは、自分から言い出したことではあったけれど、精神看護のベテランならではの早川の傾聴の姿勢がプラスに作用して、早川と亮輔の間に実にタイミングのよい傾聴関係が生まれたからだと言えるだろう。

通常は、苛酷な体験から半年ほどで、経験をじっくりと話すという心境にはなりにくいのだが、早川の早くからの寄り添う姿勢が、亮輔が自然に語り始める誘因になったのだろう。

いったん早川に事故の辛い体験を話してしまうと、高松医師やほかの看護師たちに対しても、あまり構えないで事故のことを話せるようになっていた。そして、両親に対しても、早川に同席してもらって、はじめて事故の時の状況を話したのだった。亮輔は、あまりしんみりと話すと、親を泣かせてしまうのではないかとまで気を遣って、淡々と日常のことのように話した。

すると、両親も事故の直後、どのような思いをし、どのように対処したかを話してくれた。親子が自然体で事故の話ができるようになったことは、親子の絆を強くするとともに、亮輔にとっては、事故としっかりと向き合って生きていくには、どのような生き方をすべきかを考える出発点になった。

恋人との別れ

九月も半ばを過ぎて、秋の気配が漂い始めた頃、ようやく熱も下がり、車椅子を誰かに押してもらって病院の内外を散歩できるようになった。美咲も時々見舞いに来ると、車椅子を押して庭に散歩に連れ出してくれた。

美咲は、努めて明るく振る舞っているように見えた。しかし、亮輔は沈んだ表情を変えず、会話も表面的に受け答えをするだけだった。言葉を発することができるようになってからも、亮輔は美咲に対して、自分の状況を自分がどう考えているかとか、リハビリのきつさやリハビリを休んでいる悔しさなどを本音で語ろうとしなかった。美咲に対し心を閉ざした状態は、車椅子で散歩できるようになってからも変わらなかった。

美咲にしてみれば、打ち解けようとしない亮輔に対し、どう対応したらよいのか、ずっと戸惑っていただろう。自分は少しでも回復の役に立ちたい、亮輔の気持ちを持ち上げてあげたいと思っていたのだろうが、亮輔は一向に何の反応も示さない。もう自分は必要とされていないのではないかと思い詰めていたのだろう。

九月二十日過ぎのある日、美咲は亮輔を車椅子に乗せて庭に出て、しばらくした時、ストレートに言った。

「わたし、亮輔さんと別れたい」

それ以上のことは、何も言わなかった。沈黙の時間が流れた。

亮輔の頭の中に、《ついに来たか》という思いと、《しょうがないかな》という思いが同時に込み上げてきた。

亮輔が美咲に対して本音で語ろうとしなかったのは、自分の身体の大変さと向き合い、何としてでも自分の足で歩けるようになろうと、リハビリと格闘することで頭の中が精一杯で、恋愛感情などはまるで湧いてこなくなっていたからだった。「美咲とつき合っている」という感覚すら失っていた。だから、美咲が見舞いに来ても、自分の感情は全く動かないのだ。そういう亮輔の内面を十八歳の美咲が理解するのを期待するのは無理だろう。美咲は自分が役に立てないことで悩んでいたに違いない。自分は邪魔な存在になってしまったのだとまで思っていたかもしれない。

「わかった」

亮輔は、ポツリと言った。

二人の間に、再び沈黙が流れた。美咲は黙ったまま車椅子を押し、病院内に入った。

「ご両親には、まだ言わんといて。言うときは自分で伝えるから」

美咲の言葉に、亮輔は黙って頷いた。

年月がかなり経ってから、亮輔は闘病中の自分の精神状態について振り返り、分析的にとらえ直してみたことがある。自分の感情の世界をピラミッドで表すと、一番底辺に「食べたい」とか「水がほしい」「眠りたい」「苦しさから逃れたい」といった動物的な感情があり、恋愛感情や他者を愛する感情は、一番上の三角形の尖った階層のところに位置づけられる。つまり一番精神性の高度な感情というわけだ。

亮輔が事故後、身動きすらできずに両足が腫れ上がって痛みもひどい状態の時には、動物的な本能と言うべき「食べたい」「苦しさから逃れたい」という最下層の感情しか動かなくなり、交替で昼夜ケアをしてくれた両親に対する感謝の気持ちも湧いてこないし、崇高な恋愛の感情は全くはたらかない。だから、美咲が見舞いに来ても、「恋しい」とか「いとしい」といった感情はまるで湧いてこない。アカの他人に接するような会話しかできず、自分の苦しみを理解してもらうために、本音を打ちあけるという思いなどは生まれてこなかったという。

このような感情の極端な偏りは、亮輔が味わったほとんど生死の境を彷徨するような苛烈な病態に陥った者でなければ、実感的に理解することは難しいことなのかもしれない。

このように自己分析をしながらも、亮輔は、歳月を経た中では、「何で美咲に少しでも言葉をかけてあげられなかったのか」「何でもっとやさしくしてやれなかったのか」と、心が疼《うず》くのだった。

美咲と別れた日の夜、亮輔は両親も帰って独りになると、静かに目を閉じた。すると目蓋《まぶた》の裏に美咲との思い出の数々の情景が、次々に浮かんできた。二人が心を打ち明け合ったのは、高校二年の3学期、忘れもしない二月十七日だった。

亮輔のマンションの階段に座り、街の夜景を見ながらおしゃべりをしていた時だった。それから二人は、一緒に登校するようになり、デートを重ねた。お互いの家を行き来し、互いの両親にあいさつをし合った。一年後、三年の2学期には、それぞれに志望の大学への進学も決まったので、夜行バスで東京ディズニーランドに出かけた。一泊二日のはじめての旅行だった。二人で手をつないで走り回った。

目をつむっていると、そうした楽しかった情景が次々に浮かんできた。その時、ふっと思った。

《僕はもう二度と、あの日のように誰かと手をつないで、無邪気に走り回ることはできないのではないか》――と。

もう一人の傾聴者

二〇〇五年九月二十五日、事故から半年が経ったこの日、尼崎市の事故現場のマンション手前広場で、ＪＲ西日本主催による犠牲者を追悼する遺霊式が行なわれた。

亮輔は体調の回復がいまひとつ思わしくなかったが、生存した一人として、犠牲になった人々の霊に手を合わせたいという思いから、無理を押して車椅子で出かけた。父親の運転する自動車に乗せてもらい、現場に着くと、大勢の報道陣がカメラを向ける中を通り、白いテントの張られた式場に入った。

事故以来はじめて訪れた現場は、きれいに整理されて事故の凄惨さの名残りはほとんどなくなっていて、自分が閉じ込められたマンションの中地階駐車場は、車両の残骸も潰された自動車もすべて取り除けられて、空洞になっていた。

亮輔は遺族らに続いて、車椅子で祭壇に近づき花束を供えた。多くの犠牲者の冥福を祈るとともに、特に中学時代に親しかった友のために祈った。その友人とは高校が違ったこともあって、中学校を卒業してからは、会っていなかったが、事故の後で自分と同じ1両目に乗っていて犠牲になったことを、かなり日が経ってから知り、ずっと気になっていたのだった。同じ車両に乗っていて生き残った者として、亡き友にどういう言葉を投げかけたらよいのか、悲しみばかりがこみ上げてきて、わからなかった。

献花が済むと体調が悪くなってきたので、式典は続いていたが、途中で帰路に就いた。

慰霊祭に出たことで、いかに多くの人々が犠牲になり、さらにそれ以上にいかに大勢の人々が負傷したかを、あらためて実感した。それはそれで衝撃だったが、親しかった友の死を心の中でどう受け止め、どのような意味づけをすればよいのか、気持ちを整理できない自分に戸惑っていた。

亮輔は、病棟の看護師で精神専門の早川とは別に、気になることを相談すると、必ず真剣に耳を傾けて一緒に考えてくれる中山美希（仮名）に、友の死をどう受け止めたらよいか尋ねてみた。勤続年数の長いベテランの中山なら、多くの患者の死に立ち会ってきただろうから、実体験に根差したしっかりとした考え方を持っているように思えたからだった。

やはり期待通りの話をしてくれた。中山は懸命に闘病していた患者が病に勝てずに臨終を迎えた時、見送る場面でいつも心の中で、こんなふうに思うのだと、亮輔に話してくれた。

「この人は、がんばって、がんばって、その結果亡くなったのだから、訪れた死は悲しいことじゃない。ほんまにがんばったんやということを思いながら、手を合わせて見送ろう」

身近な人の死を経験したことがなかった亮輔にとって、中山の、死というものに対する向き合い方は、しっとりと心に染みるものだった。

《そうなんだ。彼もがんばって、がんばって、ほんまにがんばったんや。彼の死に対して、いた

ずらにうろたえるより、よくがんばったんだねと、称えるつもりで祈りを捧げよう》
往年の友に対し、亮輔はそう考えるようになった。
亮輔は、中山に復学のこと、就職のこと、結婚のことなど、将来への不安について、遠慮なく相談した。相談と言っても、いまだ歩行さえおぼつかない段階で具体的に答を得ようとしたわけではない。ただこれから果たしてうまくいくかなといった不安が頭の中をかすめると、中山が傍にいる時に話題にするといった程度のことだった。それでも中山は、決して指示的にならずに、考えるヒントになるような話をして、「最終的に決めるのは自分だよ」と言ってくれた。
《大きく開かれた心で包んでくれる母親みたいな人だな》と、亮輔は感じていた。と同時に、
《僕もいつか、誰かのために中山さんのようなことができる人間になりたい》
と思うようになっていた。

再生へのギター

美咲と別れた日の三日後、リハビリの訓練を再開してよいという許可が、高松医師から下りた。

《いよいよこれからが本番だ》

亮輔は決意を新たにした。

リハビリの最終目標は、「自力で歩く」ことだが、あせらずに前進を確実なものにするための前段階として、当面の目標を心に決めた。

《杖をつきながらでもいいから、歩けるようにする》

幸いなことに、足に悪い水が溜まることはなくなった。短期的に考えると、果てしない砂漠をとぼとぼと歩いているような感がしたが、一日もたゆまずに設定された練習量をこなしていくと、一歩一歩、足の筋力が増していくのが実感できるようになっていった。

努力が報われると、気持ちが一層前向きになる。

秋が過ぎ、木枯らしが吹き始める頃には、両足に装具をつけて階段の上り下りができるようになり、松葉杖をついて歩くこともできるようになっていった。固定した自転車のペダルを漕ぐ訓練も毎日行った。

十二月になって間もなく、亮輔のリハビリの最終目標と退院計画を検討するためのカンファレンスが開かれた。高松医師を中心に、看護師長、内倉看護師、早川精神専門看護師、内山理学療法士らが集まった。亮輔も参加した。

発熱もほとんど起こらず、頭痛も軽くなってきた。全身状態も安定している。身体の運動機能も回復しつつある。これらの状況を評価すると、今後はリハビリの重点を屋外での訓練や試験外泊に移し、四月復学を実現するために、退院目標を二月下旬に設定しようということになった。

内山は、早速亮輔を院外の一般道路に連れ出した。車椅子を使わずに、松葉杖で歩行訓練をするのだ。万一転んで、足首や膝を傷《いた》めるといけないので、足首は装具で固定された。歩きにくいから、一歩一歩、ゆっくりと歩く。

はじめて病院の敷地から外に出て、一歩を踏みしめた時の大地の感触に、亮輔は叫びたいほどの感動を覚えた。

歩く速度が遅いから、道路の横断に時間がかかる。ドライバーはそうと知らずに、速度をゆるめないおそれがある。できるだけ横断歩道のあるところを着実に渡るようにする。道路は舗装されていても、意外にでこぼこが多い。砂利道もある。雨の日には、ぬかるみもある。坂道は結構きつく感じる。建物や歩道橋の階段の上り下りもこなさないといけない。

そうした歩行訓練は、はじめのうちは慎重に無理のない範囲にとどめたが、日が経つにつれて、行動範囲を広げていった。

その頃、亮輔は心のゆとりが出てきたこともあって、好きなギターを弾きたくなっていた。MDプレイヤーで聴いているだけではもの足りなくなっていた。

病室は個室なので、ギターを弾いていいかどうか、看護師の内倉を通して病院の判断を聞いてもらった。

「あまり大きな音を出さなければ、昼間なら病室で弾いてもいいそうです」

内倉は病院からの許可をそう言って伝えてくれた。早速、母親に頼んで、家からギターを持ってきてもらった。アコースティックギターなので、エレキギターのようにガンガン鳴らすこともなく、控えめの抑えた音で楽しめる。

ところが、ずっと弾いていなかったので、指が思うように動かない。歌を歌おうとしても、思うように声が出ない。でも、身体のリハビリで苦労してきた亮輔は、べつにショックを受けることもなく、毎日指を慣らしたり、発声の練習をしたりして、指や喉の筋肉を少しずつ回復させた。

山崎まさよしの『セロリ』やミスターチルドレンの『クロスロード』などを、ほかの病室に迷惑がかからないように、控えめにギターを弾きながら歌っていると、若い看護師たちが部屋に入ってきて、「まあ、上手ですね」と言って、1曲か2曲聴いていく。亮輔は看護師たちの人気者になった。

亮輔がギターを弾いていることを聞いた内山は、「なーんだ、亮輔くんはギターをやるのか。ぼくたちは病院の仲間とバンドを組んでやってるんだよ。そのうちに一緒にやろうよ」と、誘ってくれた。

それからというもの、亮輔と内山は、リハビリの時間が終わると、音楽の話で盛り上がった。

十カ月ぶりの電車

リハビリによる足の筋力の回復は順調で、一月の寒い日にも、街へ出ての歩行訓練は計画通りに進められた。そして、いよいよ二月になった。退院日は、予定していた通りに、二月二十二日と正式に決められた。

しかし、その前にもう一つ、越えなければならない難関があった。

電車に乗ることだ。

伊丹市に住む亮輔が大学に通うなど社会復帰をして日常生活をしていくうえで、電車を使わないわけにはいかない。

あの事故の時、快速電車に乗っていて負傷した乗客たちの多くは、恐怖体験がフラッシュバックして電車に乗ることができなくなっているという。亮輔は、報道でそのことを聞いていた。自分も怖くて乗れないかもしれないというおそれを抱いていた。

しかし、何事につけ「前向き」に考えようとする亮輔は、退院後は自分の力で生活していかなければならないのだから、できるだけ退院前に電車に乗れるようにしておきたいと思った。病院の関係精神専門看護師の早川や内山に、その思いを話し、どのようにすべきか相談した。病院の関係スタッフが同行して、ともかく一緒に乗ってみようということになった。

二月半ば近い平日の夕方、辺りは暮れかかっていた。亮輔とともに、同行する内山、早川、内倉、母親の計五人が、病院にタクシー2台を呼び、分乗してＪＲ伊丹駅に向かった。

駅に着き、切符を買って改札口から中に入ると、尼崎方向に向かう階下の上りホームに下りるエスカレーターは右側と左側の二つがある。あの日は右側のエスカレーターで下りたばっかりに、1両目の車両に乗ってしまったのだ。

だからこの日は、右側を避け左側のエスカレーターで下りた。事故に関係のない一般の利用者なら、左右どちらのエスカレーターでホームに下りようと、深刻に考えるような問題ではないだろうが、電車の進行方向の前寄り車両に乗ったか後ろ寄りの車両に乗ったかで運命が分かれるほどの経験をした者にとっては、そうはいかないのだ。

ホームの中ほどで待つうちに、上り快速電車が入ってきた。乗ったのは中ほどの車両だった。電車は比較的空いていたので、亮輔は内山にすすめられて母親と一緒に丁度空いていた二人分の座席に座った。しかし、亮輔はあの日と同じような乗り方をしたほうが、心理的な克服を早めるにはいいだろうと考え、

「立ちます」

と言って、一旦座った座席から立って、内山と並んでつり革につかまった。その代わりに、立

っていた内倉が母親の横に座った。早川はやや離れた位置に立って、亮輔の様子を見守った。亮輔がパニックになった時のために、精神安定剤や血圧計を持っていたのだ。

電車に乗ったのは、事故以来十カ月ぶりのことだった。電車が動き出すと、窓の外は日が暮れかかっていたが、見慣れた風景なので、どこを走っているかがわかった。内山ととりとめのないことを話しているうちに、いつの間にか外の景色から目を逸《そ》らしていた。そろそろ現場かなと思って窓の外に目を向けると、電車はすでに速度をゆるめて急なカーブに入っていた。事故現場の右カーブと違って、尼崎駅手前の神戸線などと立体交差をする左カーブになるところだ。

「あれ、現場を通り過ぎてしまったみたいだ」

亮輔がつぶやくと、内山も、

「そうみたいだね」

と言った。

亮輔は事故のことが甦って動転することもなく、心臓の鼓動が速まることも血圧が上がることもなかった。母親だけが緊張して亮輔の顔を凝視し続けた。

電車はあっという間にカーブ区間を通り過ぎていた。

《……いいことや》

亮輔は医療スタッフに支えられてのこととはいえ、電車に乗って現場を通り過ぎても、平気でいられたことで、もう一つ新たな自信を獲得できたことに満足した。

二月二十二日、亮輔は朝、最後のリハビリとして街を少し歩いて帰院すると、シャワーをあびて、普段着に着替えた。病棟のナースステーションをはじめ病院内の世話になったあちこちに退院のあいさつをして回った。

看護師たちと記念写真を撮り、高松医師とは二人だけの写真を撮った。両足を切らずに、いのちの危機の限界をさ迷った亮輔を十カ月にわたって治療を続けた高松医師にとっても、亮輔が装具をつけながらも歩ける姿で退院できるところまで辿り着いたことは感無量だったのだろう、笑顔を見せながらも、目には涙をにじませていた。

亮輔は両親と一緒に玄関から出ると、大勢の医療スタッフが見送る中をタクシーに乗って家路に就いた。

翌二月二十三日の夕、亮輔は伊丹市内のライブハウスで内山と一緒に、退院記念のライブを開催した。春の新学期から大学に一年遅れで復学して、新しい人生を前向きに生きていくために、十カ月に及んだ入院生活にきっかりと区切りをつけたい、そのけじめのためにライブをやりたいという亮輔の思いに、内山が、「それなら私も応援したいから、デュオでやりましょうよ」と言ってくれたのだ。

小さなライブハウスは、家族、友人、病院のスタッフや、会場が作ってくれたチラシで知ったライブファンたちでいっぱいになった。亮輔はまずソロで、好きなゆずの曲『からっぽ』や『青』など四曲をギターを奏でながら歌い、次に内山とのデュオでエリック・クラプトンの『ティアーズ・イン・ヘブン』（天国の涙）など三曲を演奏した。亮輔も内山も、この日のためにデュオでの演奏を早くから練習していたので、音が溶け合い、思いがひとつになったみごとなアンサンブルになっていた。

入院の初期の頃、生死の境をさ迷っていた亮輔の大変な状況を知る病院のスタッフたちは、亮輔のあまりに爽やかな弾き語りに感動し、目に涙を浮かべる人が少なくなかった。とりわけ両親と妹は、感動のあまり涙が止まらなくなっていた。

演奏を終えた時、亮輔の胸の中に、充足感がこみあげてきた。

《これで入院生活に区切りをつけることができた》と。

2

「目が開いた！」

救出された時、虫の息だった鈴木順子は、大阪市立総合医療センターの医師たちの救命治療によって、「三日間のヤマ」を越えることができた。

医師たちは、さらに病態の安定化と意識の回復を目指して懸命に対処してはいたが、内実は、《この患者が助かるのは難しいだろう》という思いを抱いていた。それは多くの脳障害の患者を診てきた経験とCT検査の画像データからの医学的見地によるものだった。CT画像を見ると、順子の脳内は、「弁当箱に豆腐を入れてシェイクしたような状態」になっていたのだ。

だが、その診立《みた》ては、母・もも子には話さなかった。《徒《いたずら》に家族を絶望させてはいけない。家族はたとえ病態が思わしくなくても、可能性を信じて全身全霊で介護とケアに当たってこそ、最悪の結果になった時でも、納得感のかけらを探し出すことが出来るからだ》という考えを持っていたからだ。ただ、植物状態になる可能性については、断定的にならないように注意して話した。

もも子は、順子の脳が豆腐をシェイクしたような状態になったとは想像だに出来なかったから、不安を抱きながらも、回復を信じて、闘病が長期戦になることを覚悟した。夫の正志は技術職で会社を休めないので、順子には付き添えない。大阪に住む長女の川畑敦子は幼い子を連れて、毎日手助けに来てくれる。四国で会社勤務をしていた息子の政紘《まさひろ》も直後には来てくれたが、仕事があるので間もなく帰った。

敦子は、五つも年下だった順子を幼少期からずっと可愛がっていただけに、毎日、大阪市内の自宅に帰ると、必死になって夫と一緒に千羽鶴を折っては、順子の回復を祈った。

十日経った時、担当医はもも子たちに言った。

「できるだけのことはしましたから、あとはご本人の生命力しだいです」

本人の生命力が足りなければ、死あるいは植物状態ということなのか。もも子はそう推測した時、決意した。

《私が奇跡を起こすのだ》

最初の救命治療が山を越した時、《こんなことで終わりにはさせない》と思い始めたもも子の、どんな時でも投げ出さないという性格が、果敢な決意を引き出したのだろう。

そう心を決めると、時折ふっと頭に浮かんできていた「死」という文字を完全に払拭することができた。そして、

《この子は死なない。この子は必ず生き返る》

という思いが、もも子の迷いのない信念になっていたのだ。もも子は順子に何かをする時、脳を刺激するようにできるだけ声をかけるように心掛けた。

事故から三週間と二日経った五月十八日、順子のお腹がしゃっくりをしたような動きを見せた。はじめてのことだった。

「あっ、動いた」

もも子は思わず口走った。

すると、今度はあくびを嚙み殺すような口元のゆがみを見せた。もも子は頭の中で叫んだ。

《順子が生きている。この子は生きようとしているんや》

順子と一緒に頑張るんだと、あらためて決意すると、もも子は救命治療室の外にずっと待機していたJR西日本の担当者を、はじめてベッドサイドに招き入れた。担当者は沢山の管に繫がれた順子を見ると、「申しわけございません……では済みません」と言って俯いたまま顔を上げない。

「あなたの気持ちはわかりました。でも、ほんとうなら会社の最高責任者があなたのようでなければならないのではないですか?」

もも子のその言葉に、担当者は「はい」と畏《かしこ》まるばかりで帰って行った。

翌日、担当者は垣内剛社長が明日お見舞いに来てもよろしいかという会社からのメッセージを伝えに来た。もも子は「いいですよ」と答えた。その夜、もも子は垣内社長宛の手紙を精魂を傾けて書いた。

五月二十日、垣内社長は救急治療室に白衣を着て入ってきた。挨拶をされたもも子は、心の中

に累積していた山ほどある思いをぶちまけたい気持ちもあったが、それを言い出したら止まらなくなりそうだったので、

「これを読んでいただけますか？」

とだけ言って、手紙を手渡した。その手紙の中で、もも子は順子がやっと「少しだけ生への光を見つけることができ」た段階になれたという状況を述べた後で、次のように訴えたのだ。

〈残念ですが、私たち一個人がどんなに頑張ってみてもＪＲ西日本の社風を変えることができません。でも社長でいらっしゃる垣内様は、先頭に立って会社を改善する力を持ち、またその立場にいらっしゃるお人だと思います。社長様が会社をお辞めになることは簡単にできると思いますが、私たち親は、娘がもし死んだとしても、親であることをやめるわけにはいかないのです。

　ゆっくり脳が目覚めても、今後どのような障害が残るかも全くわかりません。今、娘の順子が必死に生きつづけようとしている姿を社長様の脳裏にしっかり焼きつけていただき、垣内様の人間としての情に訴えることとしかできません。どうか垣内剛社長様ご自身、一人の生身の人間としての、心からなるお声を発してくださいますよう切に切にお願い申し上げます。〉

この手紙の執筆者として、もも子は、最後に鈴木順子、父・正志、母・もも子の三人の名前を記していた。もも子が、この手紙の中で一番訴えたかったのは、社長であっても「人間としての情」はあるでしょう、会社の面子《めんつ》や自己防衛を考えての言葉でなく、「一人の生身の人間として」の言葉を聞きたいということだった。

垣内社長は手紙を読み終えると、医療スタッフが見守る中、もも子に、お気持ちは察するに余

りありますといったような言葉を言って、順子のベッドサイドに近づき、黙って頭を下げた。その瞬間だった。

順子が目を大きく開けたのだ。

目はすぐに閉じられたが、ベッドを取り巻くようにして立っていたもも子や医療スタッフの間には、一瞬、息を呑むような空気が張り詰めた。信じ難い奇跡が起きたような出来事だったので、もも子も咄嗟には言葉が出なかった。だが、

「目が開いた！」

もも子がそう叫ぶと、看護師たちも異口同音に「目を開けましたよ！」と歓喜の声をあげた。もも子は看護師に抱きついて涙を流した。傍に垣内社長がいるのも忘れていた。

愛は脳を活性化する

事故から一カ月間は、もも子にとって一番苦しい期間だった。不眠不休に近い日の連続で、疲労も限界に達していた。ついにもも子は一人でいる時も、敦子が一緒にいる時も、順子のいびきや仕草、医療スタッフの行為の一つ一つに現実感がなく、滑稽にさえ感じられる瞬間さえしばしばあった。もも子は後で振り返って、「悲劇の究極は喜劇だ」とよく言われる言葉を思い浮かべ、「その通りに悲嘆と疲労がその極に達していたからでしょう、不思議なことに笑いがこみ上げてきて、ほんとに笑い出したことがしばしばあったのです」と語っている。そして、はじめのうち泣いてばかりいた敦子も、落ち着きを取り戻していった。

もも子と敦子は、昏睡状態の順子を何とか笑わそうとして、足の裏や腋の下をくすぐっては笑い、そうしている自分たちのことが可笑しくなってさらに笑ったり、ある時は、順子のバストに横にあった白い薬でブラジャーを描いて、「早くこんな物を着けな」と言って笑ったり、そんなことまでしていた。

疲労の極にそういう破天荒なことをして笑うというのは、おそらくもも子一家が普段の生活の中で、一方ではよく親子喧嘩やきょうだい喧嘩もするが、時間が経つとそんなことはケロッと忘れたかのように、〝天然ボケ〟のようなずっこけた話や言葉を発して爆笑するという傾向があったからだろう。

事故より前のこと、息子の政紘が、「この人と結婚したいんや」と言って、間もなく結婚することになるひとみを連れて来た時の笑いは尋常なものではなかった。ひとみは自己紹介をする中で、中学時代は国語が苦手だったのですと話し、その例を挙げた。先生が「割合」という言葉を使って文章を作れという問題を出した。みんなは常識的に、「分け合った割合がどうだった」とか「何と何の割合は云々」といった文を書いた。これに対し、ひとみはこんな文章を書いたというのだ。

「弟と喧嘩をして皿を投げ合い、割合いました」

しかも本人は笑うこともなく真面目な顔で話すのだから、もも子も同席していた敦子も思わず爆笑した。

さらにひとみは、家族についての話の中で、祖父と祖母が相次いで亡くなったことを、

「トントン拍子におじいちゃんとおばあちゃんが死んだんです」と言ったものだから、もも子と

敦子は笑いが止まらなくなった。もも子は、《わが家に笑いの天使がやって来た》と感じて、息子の嫁になるひとみに二重マルをつけた。

事故からはじめの一ヵ月の半ばを過ぎた頃から、順子の病状が安定してきたので。もも子は夜は六甲山裏の名塩の自宅に帰って休むようにした。それでも病院に順子を残して帰宅すると、不安な思いが湧いてきて、なかなか寝つけない。

初夏のある夜、寝つけないのでラジオのスイッチを入れた。誰か学者らしい人が話をしている。途中からなのに、話す内容がわかりやすく面白い。話題は脳の活性化の研究のことなのだが、学術的なことでも難しくないし、順子の脳障害をどう見るかについて、大きなヒントをつかむことができた。

番組の終わりの紹介で、出演者は、遺伝子学者で筑波大学名誉教授の村上和雄と脳科学者の松本元の二人で、「愛は脳を活性化する」というテーマによる対談だったことがわかった。もも子が吸い寄せられるように耳を欹《そばだ》てたのは、村上名誉教授の言葉だった。

「脳を活性化するのは遺伝子しだい。よい遺伝子をスイッチONにしよう。悪の遺伝子はスイッチOFFにしよう。笑いはよい遺伝子をスイッチONにする」というのだ。

もも子は村上名誉教授からもっと話を聞きたいと思い、新聞記者に紹介してもらった。早速電話をかけて、娘・順子の病状について話すとともに、ラジオ番組の話を聞いて励まされ、娘の看護・介護をする元気が出てきたことについて感謝していると伝えた。すると何と数日後に、村上名誉教授から一冊の本が送られてきたのだ。それは、ラジオ番組で話したことをより丁寧に書いた『生命のバカ力』（講談社）というタイトルの本だった。

もも子はその本をすぐに明け方までかかって読んだ。読み終えた時、もも子は窓の外の明けゆく空を見上げながら、とても爽快な気持ちになっていることに気付いた。

《自分は間違っていなかった。大いに笑って、自分と順子のよい遺伝子をスイッチＯＮにして、順子の脳を活性化してあげよう》

奇跡的な脳の再生

順子はその後高次脳機能障害と診断され、医師からは知的レベルは幼児期止まりで、独りで生活できるようになるのは無理と言われる。しかし、もも子はその言葉を信じなかった。

脳は生きるいのち、生命活動の中枢だ。それゆえに脳の研究は、世界中で行われ、新しい発見が次々になされている。しかし、いまだ脳の全容が解明されたわけではなく、脳の再生については、まだまだ不思議な現象が少なくない。事故や病気によって脳に重大な障害が生じた人が、奇跡としか言いようのない知的再生を見せることがあるのだ。

筆者の取材でも、そういう人物に出逢っている。

その一人、十四歳で医療ミスによって一時脳死と判断された状態から蘇生した天畠大輔さんのことを記す。

大輔は、中学三年になったばかりの一九九六年四月、重い若年性急性糖尿病で倒れ昏睡状態に陥った。家族は救急車を呼び、かかりつけの前田診療所で紹介状をもらっていたことも病院に大輔を救急入院させた。ところが、医師は病状を軽く見たのか、ＣＴ検査やインシュリン投与をしただけで、心機能や血中酸素濃度などのバイタルサインを刻々表示するモニター機器を何ひとつ取り付けずに、大輔を処置室に放置していた。

待機していた父親が気になって、二時間ほどしてから処置室に入って、大輔の様子を見ると、目を開けたまま呼吸が止まっているではないか。手首をつかんで脈を測ろうとすると、脈も止まっている。すぐにナースコールのボタンを押すと、医師と看護師が駆けつけて来て、心マッサージや電気ショックなどによる蘇生術が施された。大輔の心臓は鼓動を始めたが、意識は戻らなかった。心肺停止による脳の虚血状態は、二十分以上あったものと見られた。重篤な状態にある患者のバイタルサインのチェックもせず、看護師を付き添わせることもしなかった医療ミスだった。

大輔は、すぐに人工呼吸器を付けられ、ＩＣＵ（集中治療室）に移された。危篤状態が続き、翌日の脳波検査では、脳波がフラットになっていた。医師は脳死状態にあると判断したのだろう、母親の万貴子に尋ねた。

「深い深い昏睡状態に陥っていて、苦痛は感じていません。これ以上の延命治療を希望されますか」

万貴子は、事態をよく理解できなかったが、ただ大輔をこれ以上苦しめたくないという思いから、「延命治療はしなくていいです」と答えた。

大輔の危篤状態は一週間近く続いた。その時、それが何日目だったかはわからないが、大輔には臨死体験をした記憶が残っている。

〈汚い川の中を流されていくと、川の水はクリームシチューのようになり、ふと川下を見ると、七年前に他界した祖母が洗濯物を干している光景が見えた。背泳ぎしながら、さらに下って行くと、ふと気を許した時に、鼻に水が入ってきて、苦しくなり、もがいていたら、父がやって来て、私の頬を平手で打った。父はそういうことをしたことがないので驚き、はっとなったら目が覚めた。〉

大輔の容態はわずかずつながら、回復の兆しを見せ始め、一週間が過ぎた頃、心拍、血圧、脳波が何とか生命を維持している状態になった。そして、約一ヵ月後、言葉は発しないものの、意識が不完全ながら戻っていることが医師の診断でわかった。

しかし、二十分以上もの脳虚血状態による後遺症は深刻なものだった。月日が経つうちに、四肢麻痺、言語障害、視覚障害（形、色、人の顔は識別できるが、文字や平面的な数表などは認識できない）、咀嚼《そしやく》・嚥下《えんげ》障害（固形物を噛めない、誤嚥しやすい）などの障害を背負ってしまったことがわかってきたのだ。

将来どうなるのか、大輔の状態が落ち着いてからでも、医師の説明は暗いものだった。

「この先ずっと植物状態が続き、知的レベルも幼児のレベルで、それ以上の回復は期待できないでしょう」というのだった。

しかし、万貴子は、医師のその言葉を信じなかった。大輔が人工呼吸器をつけていながらも、表情を見ていると、ただ苦しそうに顔をゆがめているだけでなく、万貴子の語りかけを理解しているように感じられたり、かすかに微笑むような表情になったりと、微妙な変化を見せている。

目も何かを訴えているように見える。自分のお腹から産んだ子に対する母親ならではの直観なのだろう。

《大輔はコミュニケーションを絶対に取れるはずだ》

そう確信した万貴子は、意思の疎通をはかる方法はないものかと、毎日ひたすら考え続けた。

しかし、妙案はたやすくは見つからなかった。とにかく万貴子は大輔の脳を刺激するために、頻繁に言葉かけをするようにした。

夏が過ぎ、秋風が立っても、大輔の状態に大きな変化は見られなかった。

《やはり植物状態になってしまったのだろうか》と、万貴子は悲観的になることもあったが、それでも大輔の回復を信じて、言葉かけを続けた。

六カ月経った十月を迎えて間もないある日、大輔が涙を流しているのを見た万貴子がつい「どうしたの」と返事を期待して聞いたが、大輔は発語できない。《何か悲しいことがあるに違いない》と、万貴子は必死になって、大輔とのコミュニケーションの方法を探した。その時、後でわかったことだが、大輔は看護師が空になった経管栄養の点滴バッグの交換を半日も忘れていたため、空腹感に襲われていたのだ。相次ぐ医療ミスだった。なんとレベルの低い病院だったことか。大輔は、そのことをスタッフに訴えることができないのが情なくて泣いていたのだった。

万貴子の脳裏にひらめきが走った。大輔の枕にかけてあったタオルに、「い　ろ　は　に　ほへ　と」と文字が刺繡してあるのを見て、「あいうえお」の五十音表を思い描かせて、大輔が話したい言葉を一文字ずつ拾わせていけば、思いを捉えることができるはずだと思ったのだ。

「大輔、聞こえていたら、あいうえおの五十音表を頭の中で思い浮かべてね。今から母さんが

『あいうえお』を順に言っていくから、自分の言いたい言葉の最初の文字に当たったら、何でもいいからサインを出してね」

万貴子は、大輔が何か反応するに違いないと確信して、大輔の動きを注意深く見つめながら、ゆっくりと「あ・い・う・え・お……」と五十音を順に発音していった。一度最後まで発音したが、どうも反応がはっきりしない。万貴子は、それでもあきらめないで、もう一度、「あ」からやり直した。か行、さ行……と進めていく。「は・ひ・ふ・へ」まで来た時、大輔の口が少し開いたように見えた。《サインかな？》と思った万貴子が、「もう一度言うね。は・ひ・ふ・へ」と言うと、やはり「へ」のところで、大輔が唇の間からわずかに舌先を出した。

「舌を出したの、サインなのね。そうならもう一度舌を出してみて」

すると、また舌の先を出したではないか。

「やっぱりわかっているのね。じゃあ『へ』の次の言葉を教えてね。またあ行から始めるね」

今度は「た・ち・つ」の「つ」のところで大輔は舌を出した。次は「た」のところだった。

「へつた――もしかして『減った』、少なくなったとかなくなったとか、そういうこと？」

万貴子が聞くと、大輔は舌を出した。大輔は「お腹がへった」と言おうとしていたのだが、万貴子は点滴を受けている大輔に空腹感があるなどとは想像もしていなかったので、《何が減ったのだろう》と首をかしげた。ふと点滴バッグを見ると、空になってぺしゃんこになっている。《もしかして点滴バッグの中身が減ったということなの？》と聞くと、大輔は当たらずとも遠からずだと思って、舌を出した。万貴子はすぐに看護師を呼んだ。

大輔が意思を他者に伝えることができた最初の出来事だった。大輔は嬉しさのあまり子どものように泣きじゃくった。

こうして大輔と母親との独特のコミュニケーションのドアが開かれると、大輔は意識が回復してからずっと、家族が語りかけてきた言葉や医療スタッフの会話のほとんどを聞いてわかっていたと語った。植物状態などではなかったのだ。

万貴子は早速、「あかさたな」会話法を夫や医療スタッフに教えた。

その後、大輔の車椅子生活のためのリハビリも開始された。一ヵ月余り経った十二月はじめに退院。退院して車椅子生活に慣れてきたので、その頃住んでいた千葉市にある養護学校中等部三年に中途入学した。視覚障害のため、教科書や黒板の字が読めないので、両親のどちらかが付き添って一緒に授業を受けるという条件での入学だった。テークノートは親がして、帰宅してから復習するのだ。

大輔は発言が聞き取り困難なほどの言語障害があり、視覚障害もあったが、脳の知的理解力は高く、生死の境から生還したという経験も加わって、学習意欲が旺盛だった。養護学校では中等部三年の三学期だけで十分に学力を取り戻し、高等部へ進学。高等部を卒業すると、大学での授業についていけるように自宅での学習を四年間続けながら、重度の障害があっても受け入れてくれる大学探しを続けた。

二〇〇四年四月、東京郊外の三鷹市にあるルーテル学院大学文学部神学科への入学を認められた。親や高校時代の仲間が交代で付き添って授業を受けるという大学としては異例の条件付きだった。大学に入ると、大輔を支援する学生たちのボランティアグループが生まれ、授業の支援だけでなく、通学、食事、排泄、入院、買い物などの生活支援を二十四時間交代で行う態勢が組まれた。それは神学大学としては革命的な変化だった。大輔は通学に便利な三鷹市のマンションに引越して独り住まいを始めた。行動範囲が広まったことで、大学二年になると、実習のある本来望んでいた福祉学部への転科が認められた。

大学四年になって取り組んだ卒論のテーマは、障害者が大学への進学を可能にする条件と高校での進路指導のあり方についてだった。四万語に及ぶその論文は完成が一般学生より半年遅れたが、内容が実に斬新で具体的な提言まで論じていたので、大学は受理し、二〇〇八年九月、大輔は晴れて大学を卒業した。二十六歳になっていた。

大輔はその後、立命館大学大学院で「障害とコミュニケーション」の研究に取り組みながら、自分の経験から必要性を痛感した重度障害者の居宅介護を提供する事業所として、㈱スカイファームを設立（二〇一一年）、さらに障害児・障害学生の就学を進めるための支援組織「Dai-Job＋(プラス)」を立ち上げた（二〇一二年）。

大輔が十四歳で意思表示ができないがゆえに、医師から「この先ずっと植物状態が続き、知的レベルも幼児レベルのまま」と言われたことを、家族が受け入れて、意識とコミュニケーションの再生のための努力を何もしなかったなら、大輔のその後はどうなっていただろうか。その結果は悲惨なものになっただろう。大輔のいのちと人生を再生させたのは、母親の愛とたゆみのない努力だった。

真《まこと》に「愛は脳を活性化する」というのは、真実だ。

もちろん、愛を注いだ結果がどうなるかは、脳の損傷の状態によって違ったものになるだろう。大輔の場合は、高次脳機能障害とは違っていた。脳の知的機能は温存されていた。言語障害などによって、外部からその温存機能が見えにくくなっていたがゆえに、医師の誤診が生じたのだ。（それにしてもその病院の医療水準は、緊急入院直後の病態モニターの欠如や点滴バッグの交換忘れなど、あまりに低過ぎたと言えるだろう。）

大事なことは、現代医療の中で、家族の愛が患者の脳の機能に与える影響力について、医師がほとんど視野に入れていないという点にある。そのことは、全国蔓延性意識障害者・家族の会に寄せられている、医師から意思表示は不可能と診断されていた患者の劇的回復の数々の事例が示している。

家族の崩壊と再生

鈴木順子の場合は、医師が病状の経過を診ていく中で、高次脳機能障害と診断される。

交通事故や転落事故、あるいは脳卒中、医療ミスなどによる脳外傷が生じた場合、その病態は様々で、かなり幅がある。身体障害、知的障害の出方が様々なのだ。その中で一九九〇年代頃から社会的に注目されるようになったのが、高次脳機能障害だ。交通事故の増加に伴い、四肢麻痺や片麻痺などの身体的な重い障害の有無にかかわらず、今したことを忘れてしまうとか、相手が誰か識別できないとか、自分の家に帰る道がわからなくなるなど知的機能に障害が生じる患者が多くなったのだ。治療法が確立されていないため、特に働き盛りの一家の大黒柱の人や若者がこの障害を負うと、家族の負担は大変だ。

もちろん一口に高次脳機能障害と言っても、重症度に差がある。高次脳機能障害は、医学的に次のように説明される。

〈脳血管疾患や頭部外傷などで脳の一部が損傷を受けると、身体の麻痺や言語の障害とは別に、記憶、注意、遂行機能、社会的行動などの脳機能に障害が起きることがある。これを、高次脳機能障害と言う。

外見からはわかりにくいため、周りの人から充分な理解を得るのが難しく、誤解されてしまうことがある。〉

JR西日本の垣内社長の見舞いを受けた順子のその後の進展には、驚嘆すべきものがあった。

五月二十一日、はじめて目を開けた日の翌日、生理があった。もも子は、「三十歳の女性として生の復帰を遂げた」と喜び、赤飯を炊きたい気分になった。

五月二十四日、自発呼吸がしっかりしてきたのが確認され、人工呼吸器がはずされた。

六月三日、医師が「目と耳は反応しているようなので、できるだけ声かけなどの刺激を与えてください」と言う。この頃から目を開けることが多くなったので、もも子と敦子は、「順ちゃん、順ちゃん」などと、一段と頻繁に声をかけるようにした。さらにCDプレイヤーを持ち込んで、順子にイヤホンをつけ、モーツァルトやポップ系BEGINの「愛を捨てないで」などを聴かせた。さらに順子が子どもの頃に好きだった岩崎ちひろの絵本『ひさの星』を読んで聞かせるなど、思いつくことは何でもやった。

六月二十四日、ICUの中でも感染症予防の手袋をはめなくてよいと言われる。もも子は手で順子の頬に触れ、自分の頬をくっつけ、右手を背中に回して抱きしめた。事故後二カ月にして、ようやく順子の肌の温もりを感じることができたのだ。

六月二十九日、順子につけられていたチューブやカテーテルが、すべて外された。

七月一日、屋外に出てもよいことになる。仕事で忙しい夫の正志が久しぶりに見舞いに来てくれたので、順子をストレッチャーに移して、親子三人で屋上に出る。雲ひとつない夏の青空が広がり、暑い日射しが降り注いでいたが、順子はまぶしそうにしながらも、心地よさそうな表情を見せた。

《順子が事故でこんな状態にならなければ、夫と二人で順子と散歩するなどということはなかっただろうな》――もも子はそう思うと、自分は妻として母として、やるべきことをやってきただろうかと、ふとそれまでの自分を見つめ直す気持ちが湧いてきて、ちょっぴり胸が痛くなった。

というのは、二十年以上前のこと、二人の娘に加えて政紘が生まれ、子育てが大変になった頃から、夫がほとんど手伝ってくれないことや無口で何を考えているのかわからないことから、気持ちのずれが大きくなり、心の葛藤が耐え難いほどになったため、離婚してしまった。夫が家庭内暴力を振るったり、女ができたりといった明確な負の条件があったわけではない。電気会社の技術職として真面目に働き、きちんと月給を家計に入れていた。夫には離婚する意思はまるでなかった。それでももも子は、家事や子育てに配慮してくれない夫に対する「もう一緒にやっていけない」という思いが限界まで来ての離婚だった。この時、もも子三十四歳。

夫が出て行った後、小学生の敦子、幼稚園児の順子、一歳の政紘の三人を抱えて、もも子は生活保護を受けたり、魚の行商をしたりと、生計を立てるために必死になって働いたが、いつまでもそんなその日暮らしでは、子どもたちの将来展望が開けない。弁当屋でパートで働きながら、調理師免許を取って障害者施設の食堂に働き口を見つけ、次には介護ヘルパーの資格も取った。

そのような生活が続くと、家族それぞれにストレスをかかえ、親子関係がぎくしゃくしてくることが多い。順子は、生まれて間もなく腸閉塞の一種である腸重積というひどい腹痛を伴う病気になり、それをようやく克服すると、小児ぜんそくを発症し、その後ずっと小児ぜんそくに苦しんだ。政紘も順子ほどの重症ではなかったが、ぜんそく持ちになった。長女の敦子を放ったらかしにしがちなうえに、妹と弟の世話までやらせてしまう。

そのつけを子どもから返され始めたのは、敦子が高校生になった頃からだった。母親に反抗し、「こんな家にはおらん。学校を出たら家を出る」と言う。順子も同調し、母親と口もきかなくなる。もも子も仕事と子育てで疲れ切っているので、つい感情的になる。

そんなぎすぎすした日々が続くうちに、もも子の頭の中に、離婚した時に実父から言われた言葉が、ふと甦った。

「お前ら、思春期の子どもをちゃんと育ててはじめて一人前の親と言えるんや」

もも子はあれこれ悩んだ末に、別れた正志に会う決心をした。娘たちと息子をしっかりと育てるためには、やはり父親の存在が必要だということに気づいたと率直に話し、復縁できないかと相談しようと思ったのだ。離婚を切り出したのはもも子からだったが、復縁の相談ももも子からだった。だが、子どもたちのためには、そんな面子なんかにこだわってはいられないと、自分を殺しての告白だった。

正志は、順子のそれまでの苦労と、「やり直そう」とする意思を知ると、以前にはなかったような真摯さで、自分の心情や生まれ育ちの話までした。気がつけば、もも子は結婚して以来、正志の不幸だった幼い頃の話を一度も聞かされたことがなかったのだ。おそらく正志自身が自分の生育歴については無意識のうちに封印していたのだろう。そして、正志は子どもたちを可愛く思っていたこと、離婚してからたまに子どもたちが会いに来ると、《自分にも子どもがいるんだ》と実感し嬉しくなるのだと心のうちを吐露したのだ。

ふたりはここまで心の深いところにあるものをさらけ出して話し合ったことがなかったので、もも子は正志への信頼感を取り戻して、今後のことを提案した。

「思春期の女の子は普通の家庭でも悩みや不安をかかえがちなのに、敦子は両親の不仲ゆえに自分では処理し切れないような葛藤に苦しんでいる。私たちがよりを戻して、二人でなんとか二十歳まで育ててやらないと申しわけない。そのために、復縁して一緒に暮らしてほしい」

正志もその提案を真直ぐに受け止めた。二人の間に約束が成立した。離婚から七年が経っていた。JR福知山線事故の十三年前のことだ。

もも子はやがて事故の後に、正志のことをさらに深く理解することになる深い気付きの体験をすることになるが、そのことと、家族史が事故後の一家にどんな意味を持つことになるかについては、後述することにする。

「ありがとう」

七月二十二日、順子の外傷に対する外科的治療が終わったので、西宮市の六甲山裏手にある西宮協立リハビリテーション病院に転院した。名塩山荘の住宅からは、それまでの大阪市内の病院より車で十分余りの距離になるので、もも子らが介護に通うのがずいぶん楽になった。嬉しいことに、敦子の夫・毅が、「いずれ順ちゃんが退院した時のために、母さんの家の近くに引越そうよ」と言ってくれて、八月には大阪からすぐ隣りに空き家を見つけて引越してくれたのだ。敦子には、三人の女の子が生まれていて、もも子の家に気軽に出入りするので、急に大家族のような賑やかな家になった。

リハビリテーション病院に移ってからの順子の脳の機能の回復は、言葉の表現力を中心に顕著になってきた。

九月十七日、順子が「あ〜っ」という声をはじめて発したので、付き添っていたもも子がびっくりして、「あ〜って言ったね。もう一回あ〜っと言って」と言うと、すぐに「あ〜っ」という声が返ってきた。もう一度、同じことを繰り返す。もも子は嬉しくなって、「ねえ、おかあさんと言ってよ」と言うと、順子は一音ずつゆっくりと発音した。

「お・か・あ・さ・ん」

「もう一度言って」と言うと、今度はほぼ通常の滑らかさに近い発音で答えた。

「おかあさん」

事故から百四十六日目だった。

この発語があってから、順子の顔に喜怒哀楽の表情がはっきり見られるようになった。身体を動かす筋肉の働きを回復させるためのベッド上でのリハビリも、理学療法士によって積極的に毎日少しずつ行われるようになった。ところが、半年も筋肉を使っていなかったので、ちょっとした手足の屈伸でも、姿勢の変更でも、強い痛みを伴う。辛いだけに、悲痛な声を出す。

「なんでや……」「いたい、やめて！」「どうでもいいんだよ」「そんなん、ええわ」

強い痛みが言葉の表出をどんどん増やしていくという皮肉な経過を辿った。

それでも、リハビリが済んで落ち着きを取り戻すと、会話の中に笑いを誘うユーモラスな表現が飛び出すようになった。順子の子どもの頃からの本性が復活してきたのだ。

父親が来ると、

「おっさん」「おっさん」

と呼んで、にこっと笑う。もも子が、「おっさんばかり言わんと、おばはんって言うてよ」と言うと、大きな声で歌謡曲を歌うような調子をつけて、応える。

「おばは〜ん」

もも子が「どんぐりころころ」と歌いかけると、「どんぐりこ」とつなげる。「うさぎ追いし彼の山」と歌い始めると、「ゆめはいまもめぐりて　わすれがたきふるさと」と、しっかりと歌う。ある時は、ひとりでサザエさんの歌の歌詞を変えて歌った。

「お魚くわえたシロネコ♪追っかけて……陽気な♪おまつさん」

なぜシロネコやおまつさんが登場するのかわからなかったが、歌い終えると、本人がニタッと笑っただけでなく、ほかの患者や看護師たちまで大笑いした。

秋が過ぎる頃、鈴木家は家の一階を大改装した。順子の退院に備えて、完全なバリアフリーにし、寝室に大きなベッドと簡易トイレを設《しつら》え、浴室を介助用に改造し、トイレは車椅子のまま入れるようにした。二十四時間付き添えるように、二つ目のベッドも備えた。

暮れの週末、はじめて仮退院。

二〇〇六年の正月は、仮退院した順子を囲んで、正志、もも子、敦子一家全員が揃って、新年を迎えることができたことを祝った。

そして、仮退院を何度か繰り返したうえで、三月十六日、正式に退院したのだ。事故から三百二十五日経っていた。


退院して一週間もしないうちに、順子は自分でスプーンを使ってかなりのものを食べられるようになっていた。利き手の右手は自由にならないので、左手でスプーンを持った。

三月二十四日夜、順子は食事も済んで、車椅子のままテーブルでくつろいでいた。順子は絵を描くのが好きなので、絵を描けるかもしれないと思い、もも子はスケッチブックをテーブルに置き、ボールペンを左手に持たせた。すると順子はスケッチブックの白い紙に、ゆっくりと何やらくねくねくねと書いた。絵ではなく文字だった。ミミズが這うような書き方だが、よく見ると、

「ありがとう」

と読めた。

「順子、書けるんだ！」

「凄い！」

もも子や敦子たちは、感動の言葉を発した。もも子が「はじめて書いた文字だから、記念に取っておこう」と言って、その頁を切り取ると、順子はもう一度、「ありがとう」と書いた。この頃になると、順子は何かしてもらうと、必ず「ありがとう」と言うようになっていた。

生きてるだけで芸術

四月十二日、順子は三十一歳の誕生日を迎えた。もも子は、当面の回復の目標としたいのは、やはり歩くことだと思い、

「順ちゃん、歩くもんな」

と話しかけた。すると順子は力強い語調で、

「そうや、あるくねん」

と言った。それはリハビリへの決意だった。

順子は、誕生日を祝福される中で、事故前に興味をもってやりかけていたパソコンでイラストを描くことや陶芸の作品を作ることなどをあれこれ話していたが、何はさておいても、目標とすべきものは、歩けるようになることだと自覚したのだった。

二日後、順子は、スケッチブックに再び皆を驚かせるような言葉を書いた。

「take off」

という、再出発への決意を表す英語の言葉だった。

四月二十五日午前、事故から一周年を迎えて、ＪＲ西日本主催の追悼慰霊式が尼崎総合文化センターで営まれた。その式典の中で、もも子は遺族代表の次に負傷者家族の代表として慰霊の言葉を述べた。

〈私が考える脱線事故の原因は、あの日に日本スピンドル製造の社員や近隣で働いておられる方が命をなげうって現場に足を踏み入れ一生懸命に救助してくださったのに、そこから逃げていったＪＲの社員との違いにあります。人間としてあたりまえのことができる会社と、できない会社との差です。

娘は三月に退院してきまして、利き腕ではない左腕で「ありがとう」と書いてくれました。(これは)ひょっとして娘の下敷きになっていて亡くなった方や、遠い所から駆けつけて必死に救助してくださった医療チームの先生方、また各病院で命の可能性に賭けて助けてくださった大勢の方々に、娘なりに「ありがとう」と捧げたのだと私は信じています。

この四月十四日、スケッチブックに娘が「take off」と書きました。その意味を聞くと、「生きているのよ」とも「実現するのよ」とも説明してくれました。この言葉に、彼女の生きていこうとする力強いエネルギーを感じています。

いま彼女は、一生懸命に生に向かって生きています。これから彼女は心のリハビリをして、きっと立てる日が来ると信じて、この「taka off」を皆さんにお見せしたいと思います。見てやってください――〉

言葉を話せるようになったこと、文字を書けるようになったこと――それは順子の心身の再生への長い長い道程の始まりであり、まさに「離陸」の瞬間と言えるものだった。

実際、順子が自分の足で歩けるようになったのは、この日から実に九年一ヵ月後、陶芸の作品制作に集中できるようになったのは、十年後の夏からのことになる。

順子は、自宅での生活に慣れ、通院でのリハビリが進むにつれて、話す言葉が日常の会話だけでなく、人間観、人生論、生命論、世界観などについて、もも子に語ったり、大学ノートに乱れた文字ながら書いたりするようになった。時には、深夜眠っているかと思って寝室に入ると、独り言のようにつぶやいていることもある。もも子は、順子の言葉が事故に遭う前には全く話したことがないような哲学的な意味を持つものが多いので、聞き流してしまってはもったいないと思い、懸命にノートや紙にメモった。

その順子語録の傑作選と言えるものを記しておきたい。事故一年から五年迄の時期の言葉だ。

（傍点は筆者）

【人生観、人間観】

「人間として生まれたことが誇りやわ。一人では生きられない。みんなに支えられている。自分の存在を（みんなが）認めてくれるから、うれしい」

「思ったとおりに生きたらいいよ。やりたいことがあれば、やればいいよ。あとで後悔したって遅いやん。一回しか生きられない」

「生きてることは素晴らしいってことを伝えられる人になりたいな」

「みんなが元気でそばにいてくれるから、うれしいの。みんなのおかげで生きていけるの。自分ひとりだけ運命が強かったわけやないから」

「足が少し不自由でも、いまのほうがラクやわ。うれしい。幸せやと思う。（以前は）アトピーだらけで気持ちに余裕がなかった。考えかたを少し変えて、生きてるんじゃなく、生かされていると思うと、自分よりもっとつらい人がいるとわかる。自分のほうがましや。ぜんそくでよかったんかも。いまは人の気持ちがわかる」

「生きかたとか、その人の性格とかは、関係ないねん。そばで一緒に歩いてくれる人がどれだけいるかが大切やねん。その人がどれだけガンバっているか、それを証明して話してくれる人がどれだけたくさんいるか、その人の価値はそこで決まる」

「そのままでいいよと言う人と、それはちょっと変えたほうがいいよという人がいるかもしれん。いろんな人の意見を聞いたほうがええよ。自分にプラスになることばっかり言ってくれるばかりが友だちやないし、今は自分にとってマイナスのようで聞きたくないかもしれんけど、ショックかもしれんけど、それがきっといつかプラスになるはずや。

人はみんな同じじゃないから、生きてるだけで芸術なんや」

文脈が少しぎくしゃくしているところがあっても、言おうとしていることは、しっかりと伝わってくる。特に傍点をつけた言葉は、宗教者や人生哲学の識者の講話で語られる名言名句のような響きがある。と言っても、観念的なきれいごとではなく、事故で生死の境をさ迷い重い障害を背負った順子ならではの心情が吐露された言葉だ。

「ぜんそくでよかった」「人の気持ちがわかる（ようになった）」「生かされている」という言葉は、まさにそうだ。

「みんなのおかげで生きていける」「一緒に歩いてくれる人がどれだけいるかが大切」という言葉には、ケアされることで生きていることへの感謝の気持ちが投影されているし、「生かされている」という言葉に至っては、仏教においてもキリスト教においても共通の人間のいのちのとらえ方だ。

そして、「生きてるだけで芸術」という言葉は、究極の生命観と言えるだろう。

おそらく不自由な身体ゆえに、頭の中を駆けめぐる思索の電子がフル回転しているのだろう。事故前には、人生や生きることについて、家庭の中でそのような会話は一度もしなかったということから考えると、身体的束縛が脳の知的機能をフルパワーのレベルで活性化したと言えるのかもしれない。そうであるなら、順子における高次脳機能障害とは何なのかという、医学的診断の根源への問いも生まれてくる。

【生命観、今生きていることの意味】

「生きてることが芸術」という言葉は、他の日にさらに丁寧に語られている。

「生きてることが芸術やわ。命あることが芸術。生きて何かをすることが芸術なんやなくて、生きたくても生きられない人がいるんやから、生きてるだけで芸術や」と。

生きていること、いのち（生命）については、さらに次のような言葉で表現している。

「人間は命をいただいて生きているのに、そのことを忘れている。命を大事にせなあかん。食べて生きてるんやから、死んだらあかん」

「人間は、体重の重さとか贅肉の多さとかでは決められない。どれだけ許せるか、気持ちの大きさで決まるんやね」

「個性を大事にしないのが差別やいじめなんや」

「鼻で息ができる。目で見ることができる。あたりまえやと思うとるけど、あたりまえやないんや。すばらしいことや」

「わたしは、どこに障害があるの？　障害を持ってない人が、ほんとうは問題があり、問題を抱えているのではないかと思える」

身体が自由にならず、寝てばかりいるからこそ、「鼻で息ができる」ことひとつでも、「すばらしいこと」と言えるのだろうし、「障害を持っていない人が、ほんとうは問題がある」という逆説的発想が生まれてくるのだろう。

順子はさらに、持ち前のユーモア精神を発揮して、次のような言葉を発している。

「お金を出せば顔は変えられるが、性格は変えられへん。ブランド物の服を着るのもいいが、自分自身がブランドになればいい」

「性格は整形できないのかなぁ？　外見を変えられる手術はいっぱいあるけど、性格を変えるのは自分しかできん」

何事につけ、自分はどうなのかと、自分に目を向け、自分が変わらないといけないのだという決着のつけ方をする。高次脳機能障害とされていようと、順子に内省的思考力が働いているのは驚くべきことだろう。


【世界観、環境観】


「世界中の人々と仲良くできたらいいな。人間同士が仲良くなれたらいいな」（これは口絵頁に載せているように、事故から二年近く経った二〇〇七年一月十一日の日記で、この言葉に続いて、「ドラ焼食べる　順子　敦子」と記されているところに奇妙なリアリティがある。）

「自分の努力で生きてるんやなくて、緑によって生かされている。便利になってるかもしれんけど、環境によくない。わたしも人間やからなんにも言えないけど、みんな何で生きていけるか考えなあかん。草木を滅ぼしたら自分の首を絞める。人間はアホやねん。人間だけで生きているんやない。ほかの命のことも考えんと……」

人は大切なものを失ってはじめて何が大切なことなのかを理解するようになると、よく言われる。順子は、まさにそういう状況にあるのかもしれない。それにしても視野の広さに驚かされる。

供養と家族の変化

順子が医師も驚くほどの思考力、言語力の回復を見せることで、家族関係にも安定感がもたらされつつあったが、そんな中でもも子の夫に対する理解の仕方に大きな変化をもたらす出来事があった。

事故から二年経とうとしていた二〇〇七年一月、息子の政紘の妻ひとみが双子の赤ちゃんを出産したのだが、一人が重度の障害があって生まれてすぐ息を引き取るという悲運に襲われた。悲嘆に暮れるひとみを政紘がやさしくいたわり、夫婦とも立ち直ることができたが、亡き赤ちゃんを埋葬する墓がない。

もも子一家が集まって、家族会議を開いた。新しい墓地を探して、鈴木家の墓とし、そこに正志ともも子の孫である亡き赤ちゃんを埋葬してあげようということになった。その時、敦子がふと思いついたように言った。

「おじいちゃんの墓も一緒にしたらどうかしら」

おじいちゃんとは、正志の実父のことだ。早くに亡くなっていたので、もも子は会ったこともなかったし、結婚した時も正志は詳しいことを全く話してくれなかった。しかし、以前に離婚して七年経ち、もも子が正志に復縁の話を持ち出した時、はじめて正志が自分の生まれ育ちの話をし、父・西川菊一のことを教えてくれたのだ。

正志の話によると、戦時中徴兵されていた菊一は終戦によって帰国し、大阪市内の工場で働き始めたが、間もなく事故で死亡した。その時、正志は二歳になるかならぬかの幼子だった。菊一はせっかく生きて帰れたのに、可愛いわが子をじゅうぶんに慈しむこともできずにあの世に逝ってしまったのだ。正志にしてみれば、父の愛情を受けた記憶もなければ、顔さえ覚えていない。心の中に父親像がないのだ。

残された母は、実家に帰り、しばらく経ってから中島家に嫁いだ。しかし、正志は父の遺族年金を受け取るために、西川姓のままにされた。母は再婚後、正志の弟や妹になる子を産んだ。正志は弟たちが中島姓なのに、自分だけが西川姓であることに違和感のある辛い日々を過ごしたという。中島姓にしてもらえたのは、中学校を卒業する年になってからだった。戦後の混乱期だったこともあってだろう、長男ではなかったのか故・菊一は西川家の墓地に埋葬されずに無縁仏の墓地に埋葬された。

もも子は復縁する時、正志の不幸な生い立ちを聞かされて、涙するとともに、正志が父親になり切れず、自分の身の上や心情についてずっと他者に語ることもなく、平凡な家族の会話すらできなかったのは、複雑な成育歴による心の闇があったからなのだと理解することができたのだった。

正志の実母は長生きしたので、正志は実母の孫にあたる敦子たちを母の家に連れて行ったことがある。敦子は中学生になっていて、家族関係について理解できるようになっていたので、祖母から打ち明けられた話が記憶に刻まれていた。

「あんたは、お父さんがまだ幼かった時に亡くなったお父さんの父親、あんたにとってはおじいちゃんに生き写しや」

祖母はそう言って、祖父の不幸な話をしてくれたのだ。敦子は自分の子を抱きしめてやることもできずに亡くなった祖父はさぞ無念だったろうなと、少女なりに想像して胸に痛みを感じたのだった。その記憶から、「おじいちゃんの墓も……」という言葉が出てきたのだ。

正志ともも子は、その年の夏、墓地を購入し、「鈴木家之墓」と刻んだ墓石を建立した。そして、正志ともも子と敦子の三人で、大阪の無縁仏の墓にお参りをして、墓地の少量の土を遺骨代わりに頂いて帰った。次には政紘夫婦を伴って、新しい鈴木家の墓に、骨壺に入れた正志の父の土と政紘の亡き子の遺骨を一緒に埋葬し、供養した。

大切な人の生涯をしっかりと受け止め、然るべく供養するという法事を営むことは、一人の人間としても家族にとっても、その後の心の持ち方や生き方や人間関係に清新な影響を与えることが少なくない。

もも子は、その後の心境の変化について、手記にこう書いた。

〈このころからでしょうか。夫とケンカするようなことがなくなりました。夫の優しさが、素直に感じられるようになりました。遅まきながら、私の心情に、真に人を愛する素地が育まれたのかもしれません。〉

もも子の心境の変化は、家族の雰囲気を穏やかで温もりのある方向へ変えたに違いない。その家庭の雰囲気の変化は、順子の脳の機能の再生にプラスの働きをするだろう。「愛は脳を活性化する」という命題が、いよいよ第二段階に入ることになったと言えるかもしれない。

事故被害者と家族の再生への道程は、様々な要素のからみ合いを背負いながら、ゆるやかな螺旋階段をゆっくりと登っていくような営みなのではなかろうか。

3

シーシュポスの苦役

事故の瞬間、前後の向きが逆になるほど水平に回転した3両目の最前部に立っていた五十五歳の玉置富美子は、破壊されて鋭い刃物状になった車体の窓枠や砕けたガラスなどに体をぶつけたうえに、社外に投げ出されたため、右頭部から右顔面、右顎までがざっくりと口を開けたような裂傷を受けたばかりか、両足とも踵《かかと》から土踏まずの上までが裂傷を負い、特に左足の踵付近は深く抉《えぐ》られるほどの重傷を負った。全身打撲もある。一命を取り止めたのは、奇跡と言ってよかった。

尼崎市内の近藤病院での救急治療によって命拾いをしたものの、重い後遺症を背負うことになった。

一つは、左足の踵から足首にかけての痛みだった。右足の踵の怪我は手術で何とか治癒し、痛みを引きずることはなかったのだが、左足はやっかいだった。左足の踵から足首にかけては傷口がザクロの実のようにパックリと口を開けて、内部はぐちゃぐちゃになっていたため、緊急手術で傷口を一旦塞いだものの、皮膚の再生力が弱く、すぐに開いてしまうので、医師は縫合のタイミングを見るのに苦労した。皮膚が再生して傷口が塞がるまでに三カ月半もかかったのだ。

しかも、傷口は塞がっても、それで完快ということにはならなかった。内部の筋肉が切れているのか、常に痛みがあり、特に左足に体重をかけると、ズンズンと痛みが走るのだ。

靴を履《は》いて外出をすると、圧迫感が加わり腫《は》れてくる。だから外出時には、杖か買い物用のカート(キャリーバッグ)の取っ手を支えにして歩かなければならない。そんな歩き方をしていると、無意識のうちに左足をかばうので、体が左に傾いた姿勢になってしまう。このため腰痛を起こすことが多く、股関節炎を起こすこともある。夜中に痛みで目が覚めることも少なくない。寒い日や雨の日には、左足の踵、右肩、腰が痛む。

この左足の踵の痛みは、いつまでも和《やわ》らぐことがないため、普通のテンポで歩くことができない。そのことが、社会復帰を妨げる最大の要因になっていた。何とか踵の痛みを取れる治療はないものかと、初診以来ずっと診てくれている大阪大学医学部形成外科の細川教授や整形外科の医師に診てもらったが、踵の痛みはこれ以上の治療は難しいでしょう、痛みは一生続く覚悟をしていたほうがいいでしょうと言われた。

もう一つの後遺症は、顔面裂傷の後遺症だ。額の右寄りの髪の生え際から右目のすぐ横を通り頬にかけて、まるで太刀を浴びたような長さ十五センチにおよぶ傷跡が残ってしまったのだ。手術後、顔面の縫合した裂傷跡の周辺の皮膚を活性化するために細かい形成テープを丁寧に貼らないといけない。入院時は看護師が貼ってくれたが、退院してからは自分で貼らないといけない。それまでは怖くて鏡を見ないようにしていたけれど、形成テープを貼るには、否応なしに鏡で自分の顔を見ないといけない。はじめて自分でその貼付作業をするために、自分の顔の右側をまじまじと見た時のショックは大きかった。全身が凍りついた。

《これでは人前に出られない》

管理栄養士、衛生管理者として、NTTの食堂、寮、集会所の衛生管理、その教育・指導、栄養指導などをバリバリとやっていた職業人生を引き裂かれたのだという冷酷な現実を、顔の傷跡が突きつけてくる。五十歳代はまだ現役だ。女性としてかけがえのない容貌に、真一文字に切り傷が付けられてしまった。

《自分はどうして生きているのだろう。こんなに辛く苦しい思いをして生きて行かなければならないなら、死んだ方がよかったのではないか》

しかも、右顔面は傷が残っただけではなかった。退院後、二カ月、三カ月と経つうちに、右目の目蓋が少しずつ垂れ下がってきて、視界が狭くなってくるとともに、睫毛《まつげ》が眼球に当たって痛いのだ。右目の涙腺の調節機能が損傷しているため、いつも涙が流れている。右顔面に鉄片が入っているような重たい感覚と痛みがいつもあって、痛み止めの眼薬と眼軟膏を欠かすことができない。

さらに右顔面神経が切断されてしまったため、右目蓋だけでなく右顔面が上の方から徐々に垂れ下がってくるのを自力では修復できない。口を大きく開けることもできなくなっている。放っておけないので、退院から半年ほど経った時、再び大阪大学付属病院形成外科の細川教授による再手術を受けた。右顔面のたるんだ皮膚の額のところを切除して、皮膚全体を引っ張り上げたのだ。

それでも右顔面の皮膚は、月日が経つと再びだんだん垂れ下がってくる。再手術が必要になる。

この手術の繰り返しは、ほぼ九カ月に一度という周期になっていった。

この終わりなき顔面手術の闘いは、あたかもギリシャ神話のシーシュポスに科された苦役にも似ていた。シーシュポスは、大きな岩をかついで汗を流して高い山の上まで運ぶと、またその大岩をかついで麓まで下りてくる。麓で一旦大岩を下ろすと、再び大岩をかついで山頂まで運ぶ。何かを造る目的があるわけではない、無意味な苦役をエンドレスに繰り返すという、よく知られた神話だ。富美子には、顔面手術の繰り返しは、まさに不条理な苦役そのものだった。

自分を見つめるもう一人の自分

人前に出ることについては、最初の救急入院中に次々に見舞いに来る友人や会社関係の人たちに会わないわけにはいかないので、応対しているうちに、形成テープを貼った顔の説明に話が及び、現実をありのままに受け入れないわけにはいかないのだという気持ちになっていった。それも後ろ向きのあきらめでなく、むしろ積極的な意思が芽生えてのことだった。

《これまでどれだけ多くの人々に支えられてきたことか。事故現場で救助隊が来るまで励まし続けてくれた見知らぬ乗客たち。タオルや氷を差し入れてくれた近くの青果市場の人たち。いのちを救ってくれた救急医たちやその後の治療をしてくれた医師たち。長い闘病生活を精神的に支えてくれたリハビリの理学療法士たち、等々。――こんなにも自分は沢山の人たちとの出会いと繋がりに恵まれたのだ。人の思いやりのありがたさを思うと、人に会うのはいやだとか、社会に出るのはみじめでいやだなどと言っているほうがみじめになる》

そんな思いが沸々と湧いてきたのだ。

エンドレスの苦痛に嘖《さいな》まれる自分をしっかりと見つめるもう一人の理性的な自分の眼が生まれたと言おうか。そして富美子は、ふと思うのだった。

《やっぱり神様はおられるのだ。そして、自分のことを見守っていてくださる》

富美子の心にこのように神の恩寵に感謝する気持ちが生まれてくる原点は、幼児期に受けたカトリック系の幼稚園での教えにあった。

富美子は、大阪の泉南にある岸和田市の医者の長女として、戦後間もない一九五〇年に生まれた。団塊の世代だ。人間形成と知性の発達を重視した父の考えで、富美子はカトリック系の幼稚園に入園した。担任のシスターは、よく聖書の話を幼児にもわかるようにやさしい言葉で話した。

富美子はその後、クリスチャンになったわけではなく、仏教の教えにも親近感を持つようになり、日本の知識層に多いキリスト教と仏教の双方の教えを自分の価値観や人生観に染み込ませた教養の持ち主になったのだ。

ともあれ幼稚園でのシスターの話は、心に染み渡って、大人になってからも、何かにつけて脳裏に浮かんでくるのだ。特に記憶に刻まれた聖書の教えは、次のようなものだった。

〈神様は耐えられない苦しみは与えない〉

〈すべての試練は、当座は喜ばしいものとは思わず、むしろ悲しいものと思われる。しかし後になれば、それによって鍛えられる者に、平安な義を結ばせるようになる。〔ヘブル人への手紙12―11〕〉

もちろん幼稚園でこのような難しい聖書の言葉をそのまま覚えさせられたわけではない。シスターがやさしい言葉で話してくれたことを、やがて学生時代になって聖書を読むようになり、《ああ、この言葉だ》と気づいたのだ。富美子は同志社女子大学で学んだので、聖書をよく読むようになったのだ。

富美子は、事故後、後遺症に悩まされるようになってから、何度となく右の聖句を頭の中で復唱したものだった。

苦役の繰り返しが続いていた二〇一一年一月二十一日のこと。事故から六年近く経っていた。富美子はJR西日本から社員の安全意識の教育のために、被害者体験と思いを講演で語ってほしいと頼まれた。

富美子は数百人の社員を前に、事故時の大変な経験を詳しく語った上で、自分が六年も経った今でも、苛酷な後遺症と闘っていることを次のように具体的に話した。

〈昨年（二〇一〇年）十二月に十五回目の顔の手術をしました。顔面神経が切断され、顔面が下がり、常に眼の角膜を損傷していますので、損傷を無くす手術です。

昨年六月には、左足から筋膜を約五センチ切り取り、眼頭下の筋膜に縫い付け、右目下の皮膚内にトンネルを掘り、筋膜を通し、目尻の筋膜に縫い付ける手術をしました。

この手術で、角膜の損傷は三ヵ月生じなくてすみました（それまでは一ヵ月しか損傷なしの期間がなかった）が、また痛み出し目を開けていられなくなりました。そこで十二月になって、麻酔をし、睫毛の毛根に電気針を二・五ミリ突き刺し、（睫毛を）五本焼却しましたが、再び、損傷跡と白目と黒目の境界に浮腫が起き、痛みで目が開けられないことがよくあります。

現在も、火・水・金曜日は、顔面に電流を流し、筋肉を強制的に動かし、顔面筋のマッサージをする。肩、腰にはマイクロ波で筋肉の内部、ホットパックで筋肉の表面を温め、肩は後ろに行かないのでマッサージと運動をする。また、足の筋力を強くするため、負荷をかけて、自転車漕ぎのリハビリをしています。

火曜日は、眼科。水曜日は月一回、ペインクリニック。金曜日は形成外科。

……〉

このような現況を話したうえで、富美子はＪＲに望むこととして、四項目を挙げた。

⑴保健師・介護福祉士を配置した被害者の窓口を設ける。

⑵示談後も、事故の因果関係が新たに認められる疾患や後遺症については、追加補償の門戸を開く。

⑶社員は事故時の対応と社員の保健衛生のために医学知識や公衆衛生を学んでほしい。

⑷乗客を安全に、責任をもって目的地に運ぶ。このことこそが、ＪＲが担う社会的使命であり、責任だ。

富美子の右顔面と左足踵の治療の闘いは、さらに二年、三年と続くのだが、事故から十年が経とうとしていた時、先進医療との出会いにより、新たな展開が生じるが、そのことは第六章で記すことにする。

4

DJの声の力

3両目で全身打撲、いたるところに擦過症を受けたが、骨折がないということで、応急手当てだけで帰宅をした若いOLの若林恵子（仮名）は、全身に痛みを感じながら、連日事故現場からの中継が続くテレビを見ては、《何で私は生き残ったの。多くの人たちが私のクッションになってくれたから、私は助かったんだ》という思いにとらわれ、《亡くなった方々には、死んでお詫びをするしかない》と、自分を責め続けた。

《死にたい》

その思いばかりが、頭の中を駆けめぐる。

恵子の心に苛烈な罪責感が重苦しくのしかかってきた背景には、六年前、高校二年生だった時の母の事故死という辛い体験が甦り重なり合うという特別の事情があった。

それは十月末の夜のことだった。恵子は母と一緒にちょっとした買い物をするために、自宅近くのコンビニに出かけた。あまり広くない道で、通る車も少なかった。恵子は歩道の白線より車道側に出て、母と並んで歩いていた。その時、後方から車が近づいて来るのがライトと音でわかったので、恵子は母の後ろに回るようにして白線の内側に入り、車を避けた。その瞬間だった。白線ぎりぎりのところを歩いていた母を車が跳ね飛ばしたのだ。

救急車を呼んだが、母は帰らぬ人となってしまった。運転していた男の脇見運転による事故だったが、そんなことよりも、恵子が悔いたのは、自分だけが車を避けて、母を守ろうとしなかったことだった。自分が避けなければ、自分は跳ねられて死んだろうが、母は死なないですんだはずだ。《なんで私は生き残って、お母さんが死ななければならなかったの》と、ただただ母に申しわけないと思い、自分を責めた。

いくら自分を責めても、時間は逆戻しすることができない。母の死を現実として受け容れることができなかった。恵子は何をする気もなくなって、引きこもってしまった。学校に行く力が出なかった。親しいクラスメートが誘いに来てくれても、外に出る力がでなかった。母はいつも笑顔を絶やすことがなく、家族みんなに愛されていた。恵子は母に反抗して口喧嘩をしても、母の笑顔がすぐに戻るので、その夜には仲直りしていた。母を嫌いにはならなかった。

母の死は、家族の関係を変えた。恵子は毛嫌いしていた父と仲良くなり、父を支えていろいろ家事をするようになった。よく喧嘩をしていた二つ年上の兄とも、あまり喧嘩をしなくなった。

恵子以上にショックを受けたのは、父だったかもしれない。父はある会社の測量技師をしていたが、ショックと喪失感が大きく、会社に行くことができなくなって、結局、退職して鶏肉料理店を開いたが、長続きせず、二年ほどで店を閉じてタクシーの運転手になった。

恵子が学校に戻れたのは、年が変わって春の気配が漂うようになってからだった。嬉しいことに、休んでいた約三ヵ月の間、親しいクラスメートが授業のノートをしっかりと取って、折々に届けてくれていたので、授業についていくことができたのだ。母の死は悲しいことだったが、友達のありがたさ、心を病んだ時に優しく慰めてくれる人がいることのありがたさを知ったことは、恵子のその後の生き方に影響を与えた大事な経験となった。

そして六年後、今度は自分が巨大な事故に巻き込まれ、いのちは奪われなかったものの、大勢の犠牲者が出ている光景を目撃してしまったのだ。母の事故死のトラウマ――《何で私は生き残ったの》という未解決の罪責感のトラウマが、記憶のそれほど奥でないところから再び頭を擡《もた》げてきて、恵子を倍加する罪責感で苦しめることになったのであろう。

家に引きこもった恵子は、狭い自分の部屋に独りでいるのが怖くて、特に夜、眠るために部屋を暗くすると不気味な怖さに襲われるので、毎日リビング・ルームで明るくしたまま寝起きしていた。事故時の情景が浮かんでくるのが怖いので、テレビかラジオをつけっ放しにしていた。テレビは見るつもりがないので、背中を向けて音楽番組の音楽や対談に耳を傾けているだけだった。

時折、親しい友人が訪ねて来て、「外の空気を吸おうよ」と言って、外出に誘ってくれる時は、車椅子か杖をついて出かけた。親友となら外出するのは楽しいし、ありがたいことだと思えるようになった。

そんな日々が続いていたある日の深夜、テレビに背を向けて、毎日放送のテレビ音楽番組を聴き始めた。流し聴きのつもりだったのだが、音楽の合間に話を挟むＤＪ（ディスク・ジョッキー）

の声が、なぜか恵子の心にずんずんと入ってきて、恵子の感性の波動を突如大きく振動させたのだ。何か名言名句を語ったというのではない。声の質、話し方、話す言葉一つ一つのニュアンス――それらが一体となって恵子の心を暖かく包んでくれる。不思議な感覚だった。

恵子は思わず振り向いた。

テレビの画面には、U.K.《ユーケー》と呼ばれるDJを務める人が出ていた。はじめて見る人だった。

《この人、数多くいるテレビやラジオのキャスターやパーソナリティと違う。引きこもっているこんな私の心にまで響くように、語りかけてくれる感じがする。話を聴いているだけで、生きている一瞬一瞬を楽しくしてくれる。DJって、こんな力を持っているんだ》

夢を見つけた

後になって振り返ると、「死にたい、死にたい」と思っていた自分が、この時はじめて、しかも突然に、「生きたい」と思うようになったのだ。何かが心の中に湧き上がってきたので、その湧き上がってきた不思議なものを「何だろう」と見つめると、それは「生きる希望」だったと言えようか。

恵子は、テレビ局に電話をかけ、U.K.という人がいつも出ている番組はないかと尋ねると、毎日放送のラジオでいつもU.K.がDJをやっている番組があると教えてもらえた。それから恵子はU.K.のDJ番組を必ず聴くファンになった。関西人受けのするおちゃらけたところがあり、無理のない普段着の感じ。U.K.の声を聴いていると、どんどん気持ちが明るくなり、楽しんでいる自分がいる。恵子は、前向きに生きられそうな気がしてきた。

そのうちに、いつもは大阪のスタジオから生放送しているそのＤＪ番組が、特別版として東京の繁華街のガラス越しに中が見えるオープンスタジオから生中継する日があることを、番組予告で知った恵子は、Ｕ.Ｋ.の生の姿を見たくなり、東京に出かけることにした。幸いにも杖なしでも歩けるようになっていた。

その頃、川西市のＮＰＯ法人「市民事務局かわにし」の三井ハルコらが中心になって、ＪＲ事故の被害者サポート活動の一つとして、月一回の「語りあい、分かちあいのつどい」を始めていた。そのことを知った恵子は、引きこもってばかりいたのでは何も始まらないと思い、つどいに参加したことがきっかけで、ハルコとメール交換を始めていた。恵子がハルコに、Ｕ.Ｋ.の生放送があるので、新幹線で行ってみようかと思っているとメールで伝えると、恵子がまだＪＲ福知山線にも乗れないでいるのを知っていたハルコは、新幹線なんかとても無理だと反対した。しかし、恵子の返事は、傑作だった。

「新幹線は真直ぐ走るから大丈夫」

恵子は、Ｕ.Ｋ.の生放送を見たいばかりに、慣れない東京に独りで出かけるのを決意した。自分でしたいと思ったことは、誰かに反対されても必ず実行するという恵子の父親譲りの頑固な性格まで甦ったのだ。

オープンスタジオは、小さなスペースだった。ガラス越しに見えるスタジオは、夜遅いので際立って明るく、Ｕ.Ｋ.が放送時間になると気楽な雰囲気で現れた。外からはスタジオの中が見えるだけで、放送の音声は聴こえない。しかし恵子は、携帯ラジオとイヤホンを用意していたので、生放送を現場で見ながら聴くことができた。事故からまだ数カ月しか経っていなかったし、単独での上京だったので、昂奮もひとしおだった。
《ラジオって、こういう風に話すんだ。やっぱりU.K.さんのしゃべりは凄いな。聴いていると、どんどん元気をもらえる》
翌日、帰りの新幹線の中で、恵子は前夜の生放送の情景とU.K.の語り口を思い返しながら、自分の将来への夢を見つけたような気持ちになっていた。
《人のしゃべりって、あんな風に多くの人に元気を与えることができるんだ。自分も同じようにしゃべることで、人に元気を与えることをやってみたいな》
恵子は、その前から毎日放送のDJ番組宛に、U.K.へのファンレターやリクエストを出していた。そして、東京でのオープンスタジオを見た後、ブログにその感動を書き込んだところ、DJ番組のスタッフが度々のリクエストで名前を覚えていたことから、ブログのメッセージを読んでくれた。それがきっかけで、電話インタビューでラジオに出演してほしいと依頼された。
U.K.による直接のインタビューなので、恵子は緊張したが、事故の体験とその後の辛かった日々のことを、問われるままに語った。そして、「U.K.さんの声に勇気づけられました」と、礼を言うと、U.K.はやさしく元気づけてくれた。
「これからも辛いことがあるでしょうが、前を向いて、一生懸命歩いてください」

この言葉は、恵子にとって心を支える宝物になるとともに、自分も苦しんでいる人に元気や希望を与えられるようなラジオのDJになりたいという思いを一段と強くする励ましとなった。

偶然――という現象には、「こうしたから、ああなった」という因果律は全く介在しない。不思議としか言いようがない。

だが、偶然によって、人が助けられたり、人生や仕事の破綻が避けられたりといった例がどれだけあるかわからないほどだ。

既述の川西市の行政と市民活動の調整役を担う中間支援組織「市民事務局かわにし」が、JR福知山線事故の三日前にNPO法人として発足し、活動を始めていたことは、事故の発生とは全く関係のない動きだった。だが、その偶然の発足がなかったなら、事故の被害者の支援活動は、立ち上がりがずっと遅くなり、その組織化も違ったものになっていただろう。

川西市は、大阪から尼崎を経て、伊丹、川西、宝塚、三田へと向かうJR福知山線沿いの人口急増地のいわば中間点に位置している。JRの利用者が多いから、事故の被害者も多い。あまりの大惨事ゆえに、関係支援機関の支援体制も十分に整わず、被害者たちはどうしてよいか混乱している。その状況を惻々《そくそく》と感じていたNPO法人「市民事務局かわにし」事務局長三井ハルコらのスタッフたちは、そういう事故の被害者たちの支援活動は組織の業務の対象外であっても、優先的に取り組むべきではないかと考えるようになった。

具体的には、事故の翌月の五月十七日から、NPO事務局のある「パレットかわにし」（川西市男女共同参画・市民活動センターの通称）を拠点に、相談業務を始めたのだった。支援の中身は、次の三つだった。

⑴必要とされる情報提供や、医療、保健、メンタルヘルス、法律などの専門家とのコーディネイト。

⑵孤立しがちな被害者同士が繋がり合ったり、集いを開いたりする場を提供する。

⑶被害者が自ら何かに取り組む活動に対するバックアップ。

大事故発生から間もない時期に、民間団体がこのように組織的な支援活動を始めるのは、前例のないことだった。「パレットかわにし」に被害者の相談窓口ができたことが、メディアで伝えられると、電話で相談する人、直接来訪する人など、利用する被害者や家族が予想以上に多かった。そのことは、これまでの事故ではそういう被害者の切実なニーズに対し、関係機関や社会の人々の認識が低かったことを示していたと言えるだろう。

一九九五年の阪神・淡路大震災の時は、大規模避難所の傍に青テントを張ったり、仮設住宅ができてからは、敷地内に小屋を建てたり仮設棟の一室を使ったりして、いくつものボランティアグループが、独居老人の孤立化・孤独死を防ぐ活動や被災者たちの心の解放と繋がり合うためのイベントを催したりして、ボランティア元年と言われた。そうしたボランティアグループによる被災者支援活動は、二〇〇四年の新潟県中越地震などで積極的に展開されたが、大規模事故の被害者の場合は、住む家を失ったわけではないが、身体の重大な負傷とその苦しい治療、その後遺症、ＰＴＳＤをはじめとする心の問題、障害を負った場合のその後の就学・就業の問題、補償問題など、引きずる問題は多岐にわたる。

「市民事務局かわにし」は、事故から一ヵ月後には、はやくもこうした問題に直面した事故被害者たちのための相談活動にはじめて取り組んだのだ。しかも利用者は、川西市の住民だけに限定することなく、被害者であればどこに住んでいようと支援の対象にしたという点で、行政と違う柔軟性を示した。

震災にしろ事故にしろ、被災者・被害者が孤立してしまうと、苦しみや悲しみや怒りを吐き出す場がないため、独りで耐えなければならなくなる。その苦悩や悲嘆が高じると、こんな苦しみを背負うのは、世界で自分だけだと思うようになり、心を病んでくる。

これはがんや難病などで愛する人を亡くした人の場合にも共通する〝心の難問〟だ。こうしたがんなどによって愛する人を失った人に対するグリーフケア（悲しみを癒すための心のケア）にはじめて積極的に取り組んだのは、一九六七年にイギリスのロンドンに開設された世界で最初のホスピスであるセントクリストファーホスピスだった。

日本でグリーフケアに対して医療界や広く社会の人が関心を持つようになったきっかけをつくったのは、日本に新しい死生学を持ち込んだ上智大学のアルフォンス・デーケン教授（当時）が、一九八二年にがんなどで愛する人を亡くした人やがん患者などに呼びかけて創設した「生と死を考える会」の活動だった。

「生と死を考える会」は、二つの活動に取り組んだ。一つは、死をどう受け止めて生きるかといった問題についての講演会などによる啓発と学びの活動であり、もう一つは、十人前後の死別体験者が集まって開く「悲しみを分かち合う会」だ。

「悲しみを分かち合う会」は、クローズドな会で、参加者がそれぞれにかかえている辛さや悲しみについて、泣きたければ泣きながらでも、思いの丈を語り合い、抑圧された葛藤の荷を軽くするのがねらいだ。家族にも語れない悲しみや辛さを、同じような経験者に聴いてもらうことや、あの人もこんなことで悩んでいたのかと知ることは、どれだけ本人の心を安定させるかわからない。グループによるグリーフワーク（悲しみを癒す作業）と言える。

「市民事務局かわにし」は、事故被害者が多く、それぞれに引きこもらないようにするには、こうしたグループによるグリーフワークをすることが、被害者たちの心を支援するうえで大きな意味を持つだろうと考え、六月十二日には、その「つどい」の一回目を開いた。主催者は被害者のうち負傷者を中心に呼びかけたが、門戸を狭くしたわけではない。この「つどい」は、二回目からは名称を「語りあい、分かちあいのつどい」と呼ぶことにして、はじめのうちは一ヵ月半に一回、その後は被害者たちの要望が多いので、一ヵ月に一回の割合で続けることになった。その回数は、事故から十年になろうとする二〇一五年三月までで百十三回に達し、その後も続けている。

ただこの「つどい」は、必ずしも話題をグリーフワークに絞った堅苦しいものではなく、参加者の折々の関心事や発言に応じて、柔軟に運営されている。グリーフワークの新しい形と言えるだろう。

LEAN on ME

「市民事務局かわにし」の主催する「語りあいわかちあいのつどい」には、その開かれた活動を知った負傷者やその家族を始め、臨床心理士や弁護士など専門家の支援者たちも、当初から参加していた。学生など若者の積極的な参加が多いのが、通学の途上で犠牲になったり負傷したりした人が多いこの事故の特質を反映していた。

被害者や支援者にとっては、自分たちが置かれている状況や今後の活動の参考になる地域の情報などの必要性が高い。「かわにし」は、支援活動の一つにそういう情報提供を掲げていた。はじめのうちは、そういう情報をイベントごとのチラシやホームページなどで提供していたが、月日が経つうちに、定期的に情報をまとめて掲示するメールマガジンをつくろうということになった。

その発案をし実行の中心になったのは、あのぺしゃんこになった1両目から奇跡的に骨折もしないで自力で脱出した女子学生の木村仁美だった。どのような情報提供のマガジンにするのが、被害者や支援者に役に立つものになるかを、スタッフで議論した結果、被害の程度やJR西日本との関係や思いや感情などを並べて人々に訴えるような編集では、読む人が限られるし、賛否の議論も出てくるだろうし、長続きしないだろう。それよりも、今日・明日の行動や活動の役に立つような情報——いつ、どこで、どういう行事があるとか、どこでどういうサービスがあるとか、どういう相談の窓口が開かれるといったデータベース的な情報を収集して、論評や色付けをしないでクールに提供するほうが、マガジンの読み手にとっては、利用しやすい役に立つものになるだろうということになった。そのメールマガジンは、「市民事務局かわにし」の応援を受けつつも、仁美を代表者にして負傷者の有志による自主的なネットメディアとして編集・発行されることになった。

仁美は、そのねらいについて、人にこう説明している。

「私たちのメールマガジンは、私たちの思いを受け止めてくれとか、頑張れとプレッシャーをかけるためのものではありません。それでは、辛くてただぼけっとしていたいとか、普通でいたいという人には辛いじゃないですか。いろいろ情報が欲しいけど、どこに行けば得られるのかわからなくて困っている人たちの助けになる情報提供が必要ですよね。そのためには、できるだけプレーンな情報を集めたものにしたほうがいいだろうと考えたのです。

いろいろと思いや意味づけを載せようとすると、月日が経つうちに発行を続けるのが負担になってくる。あげくにメールマガジンの発行を止めてしまったら、世の中の人たちに『もう事故は終わったんだ』と思われるかもしれないじゃないですか。それよりも、何年経っても、こういう行事があるよとかこういうサービスが始まったといった基本的な情報提供を続けることのほうが大事でしょう」

メールマガジンのタイトルは、仁美の提案で、

“LEAN《リーン》 on《オン》 ME《ミー》”（「私を頼りにして」）

とすることになった。若者たちならではの命名だった。

これは、かなり前にアメリカのミュージシャンのビル・ウィザーズが歌ったヒット曲のタイトルで、日本でもヒットした曲だ。仁美は事故から半年ほど経った秋に飲み会をした居酒屋で流れているのをはじめて聴いて、《おお、めっちゃええ曲やん》とすっかり惚れ込み、歌詞を調べた。それからというもの、ユーチューブで何度も聴いてきたのだ。

歌詞は、疲れた時は、僕のところにおいでよ、寄り掛かっていいんだよということを語っている。まさに大事故の被害者に情報を伝えるメールマガジンのタイトルにぴったりだ。

その発行団体名は、“LEAN on ME”の頭文字をとって、“LOM”（ロム）とした。メールマガ

ジンは、事故の翌年一月から〝月報〟で始められ、五年、十年と続けられている。

杖をついて歌う

「かわにし」は、事故の風化を防ごうと、学生など若い世代の被害者や仲間たちが企画する個別のイベントに対しても、主催を引き受けたり、経費面での支援をしたり、スタッフがイベント当日の裏方をしたりと、積極的に活動した。若者たちが集まると、暗い話ばかりでなく、「あれしようか」とか、「こういうの、どうかな」と、話が盛り上がることが少なくない。そういう前向きの話題を実現する方向にリードするキーパーソン役を務めたのは、三井ハルコだった。

ギターで弾き語りをすることで生き直す意欲を取り戻した山下亮輔と、ラジオのＤＪの生放送や音楽ライブの力強さに揺さぶられて引きこもりから脱け出すことができた恵子が出会ったのも、「かわにし」の「つどい」でだった。

事故の年が暮れて、新しい年二〇〇六年の春先、「かわにし」のハルコらのスタッフや被害者たちは退院して間もない亮輔も交えて、事故から一年を迎える四月二十五日にどのようなイベントをしたらよいか話し合った。かけがえのないいのちを奪われた犠牲者たちの死を無駄にしないために、安全な社会を創ろうというメッセージを伝えるには、やはり音楽イベントの力が大きい。人通りの多いどこかの駅前の広場でやろうということになった。

亮輔は、演奏は何組かのバンドに出演を頼み、自分は歌を歌いたいと、かねて抱いていた構想を語った。恵子も自分の夢を実現する道を拓く第一歩として、こんないい機会はないと思い、勇気を出して、「私に司会・進行役をやらせていただけないかしら」と言った。会議に参加していたスタッフや被害者・家族たちは、大変な怪我から立ち直ろうとしている若い被害者が積極的にマイクを持って語るのって、すごくいいねと、全員一致でイベントに取り組むことになった。

その準備に取りかかるにあたって、「かわにし」の三井ハルコたちは、「かわにし」や「つどい」のような恒常的な機能を果している組織が主催するのは無理があると考え、折々のメモリアルイベントなどを企画し実施する実行委員会の組織として、「思いをつなぐ連絡会」を設けることにした。といっても、その連絡会は、特に代表を設けるわけでもなく、イベントごとにかかわれる人が集まって運営していくという柔軟性のある組織だった。「かわにし」を母体にして生まれた組織の活動が長期にわたって続けられることになる理由の一つは、そうした組織の柔軟さにあったと見られる。それはまた、大災害や大事故後の被害者活動や支援活動の新しいあり方として、今後に影響を与えていく可能性がある。

このような経過を経て、恵子が司会し、亮輔がトークと歌を担う「思いをつなぐコンサート」は、「思いをつなぐ連絡会」の主催で、事故から一周年の四月二十五日夕刻に、阪急宝塚駅構内のコンコースで開催された。簡単なステージが設けられ、数十脚の折りたたみ椅子が並べられたが、集まった人たちは約三百人に上り、椅子に座れない人たちの人垣が広がった。

司会役の恵子は、マイクの前に立つと、はじめての大役のため緊張を隠せなかった。まず自己紹介とイベントの趣旨についての説明から始め、自分は負傷をしながらも生き残ったけれど、犠牲になった人たちに申しわけない気持ちがいっぱいで、外出することもできなくなったこと、しかしテレビで聴いたＤＪの明るい語り口に元気を取り戻し、自分も苦しんでいる人たちに元気をあげられるようなＤＪになりたいという夢を抱くようになったことなどを話すうちに、声が震えて涙をこらえ切れなくなる場面もあった。

続いてステージ中央に立った亮輔は、右手に杖を持って身体を支え、左手にマイクを持って、自分が十八時間後に救出されて以後の辛かった治療経過と今なお両足麻痺の後遺症があるが、四月六日から近畿大学一年に復学できたことなどを語り、「事故であきらめないことの大切さを知った」と感慨を語った。そして、若者三人によるサックス、ドラム、ベースのバンド演奏をバックに、『星に願いを』と『カントリーロード』の二曲を熱唱した。

この後、若者たちのバンド七組が次々に熱っぽく演奏し、最後はステージと観客による『翼をください』の大合唱で終わった。

恵子は終了後に神戸新聞記者のインタビューに対し、こう答えた。

「一年間、苦しかったけれど、いろんな人に出会うことができました。生きていてよかったと思えるようになりました。事故のことは、まだ整理がつかないでいますが、ステージに立てたことは自信になりました。これからは、ＤＪになるための本格的なレッスンを受けようと思います」

母と娘たちと

この「思いをつなぐコンサート」の会場には、ハルコの長女・聡子《さとこ》と事故で重傷を負った次女の花奈子も観客として来ていた。

コンサートが終わると、後片づけなどで忙しくしているハルコのところへ二人がやって来た。

聡子が思いがけないことを言った。

「ママ、ごめんね。こんな大事なことをやっていたんだね。よくわかった」

ハルコは、胸が熱くなった。

実は、ハルコと娘たちの間には、事故後しばらく経ってから、何となくしっくりしない感情のずれが生じていたのだ。

花奈子は、左鎖骨骨折、肺挫傷などの重傷を負ったが、一ヵ月で退院することができた。しかし、転覆の衝撃で投げ出され全身を痛めつけられたに等しい重傷を負った身体だ。精神的なショックも大きい。外科的な治療が済んで退院したからと言って、すぐに日常生活に戻れるものではない。電車に乗るのが怖い。せっかく同志社大学に入学できた喜びも束の間、大変な事故に巻き込まれ、退院しても何とも言いようのない全身の不調感から、外出する力が出ない。京都の同志社大学に通うには、JRを使わなければならない。とても乗る気になれない。花奈子は、ずっと引きこもり状態になっていた。

母親のハルコは、このまま放っておいては長期の引きこもりになってしまうのではないかと心配して、ひと月、ふた月と経つ中で、外出に慣れさせようと、時折、買い物などに誘い出したりした。花奈子が大学に通えるようになったのは、半年ほど経った秋になってからだった。それもJRを使わないで通うために、阪急などの私鉄の路線を乗り継いで、片道三時間半もかかる通学だった。一日大学へ行くだけでくたくたになった。

復学して間もなく、花奈子がハルコに相談した。こんなに大変な通学では、とても無理だから、大学に近いところに下宿させてほしいというのだ。ハルコは、体調が心配だし、下宿代もかかるので、独り暮らしはまだ無理だと、ためらいを率直に言った。すると花奈子は涙を流して訴えた。

「こんなに時間をかけて体力を消耗する通学では、勉強が身につかないよ。私は大学の勉強をしっかりとやりたいの。私はわたしの生活をしたいのよ。どうしてわかってくれないの」

通学に時間がかかっても、授業には欠かさず出て、復習もするし必要な本も読む性格の娘だった。ハルコは、花奈子の心の内を曝《さら》け出しての言葉に、《母親として理解が足りなかったな》と反省し、花奈子の独り暮らしを応援することにした。

親と子のそれぞれの思いのずれというのは、どこの家庭でもあることだが、三井親子の場合、重傷を克服しなければならない子の側からの親への期待とケアをする親の側の気遣いとのずれから生じていた。特にハルコは、NPO法人として立ち上げたばかりの「市民事務局かわにし」の事務局長として、福祉・保育などの市民活動の調整役という「中間支援組織」としての仕事だけでも大変なのに、想定外だったJR事故の被害者支援活動に本格的に取り組むことになったものだから、身体がいくつあっても足りない状況になっていた。

それでも、事故直後は、花奈子が入院した病院に泊まり込みで付き添い、昼間は看護師らによるケアで安心できるので、タイミングを見ながら「かわにし」に〝出勤〟するという日々を過ごした。そして、花奈子の症状が落ち着いてくると、ハルコは《もう十九歳の娘《こ》なのだから、過保護にならずに、自分の力で再生の道を探すのを大事にしてやったほうがいいだろう》との考えもあって、付き添う時間を少なくしていった。退院してからは、特にその意識が強くなっていた。

「かわにし」に応援に来てくれている臨床心理士に相談すると、過保護にならないようにするのも、大事な配慮だと言ってくれた。忙しさが度を越してくると、長女の聡子にも応援を頼むことも少なくなかった。

ハルコとしては、花奈子のことを放置しているつもりはなかったが、事故直後に病院で見た様々な負傷者たちの苦痛に喘《あえ》ぐ姿を見て、《これは被害者一人だけや一家族だけでは対処できない問題になる》と直感して以来、社会的な支援活動は不可欠になるだろうという思いを強く抱くようになっていた。特に自分も家族に被害者をかかえる身になったからには、被害者の心情を少しでも理解できる者として、その活動にかかわらなければと、当初から心に誓っていた。

しかし、子の側の心情となると、母親のそうした他者に対する社会的な意識と行動をきめ細かく見ているわけではないので、意識のずれが生じるのは、当然のことであったろう。ある日、聡子がハルコに、ややきつい口調で言った。

「ママは、人の面倒ばかりみて、自分の子どもは放っておくの？」

ハルコは《そんなつもりはないよ。足りない時間を何とかやりくりしながら花奈子のケアをしてきたし、花奈子が自分の力で立ち上がってくるのを妨げないようにすることも大事にしてきたんだよ》と、心の中で呟いたが、同時に、そんなことで言い争うべきではない、娘たちの気持ちも汲んでやらなければという思いから、「そんなつもりはないよ。ごめんね」と謝るだけに止めた。

そんなことがあった母と娘たちだった。その娘たちが、事故から一周年をしっかりと見つめようという「思いをつなぐコンサート」に来てくれたのだ。そして、聡子からの「ママ、ごめんね。よくわかった」という言葉——その言葉を聞いただけで、ハルコの心には一年間の緊張続きの労苦が報われたという思いが込み上げて来て、目頭が熱くなった。

君と歩く道

大学や職場や家庭に復帰できた負傷者たちは、すんなりと以前の日常を取り戻せたかというと、必ずしもそうではない人たちが少なくなかった。外科的治療では修復できなかった身体的な後遺症、感覚機能の後遺症、あるいはＰＴＳＤによる過敏な恐怖反応や幻覚や抑うつなど、被害者一人ひとりが問題をかかえ、その克服に取り組まなければならなかったのだ。

大学に復学できた学生たちは、背負ってしまったそういう問題をどう克服したのだろうか。

山下亮輔は、あの車内に閉じこめられて、いつまでも発見されないでいた時でさえ、電車が倒れたら誰も来ないはずがないから、絶対にあきらめないぞと思っていたことに見られるように、物事を論理的に考える性格だったので、復学後の四年間の生き方についても、学年ごとのステップを予《あらかじ》め決めて実行するという臨み方をした。そういう備え方は、父親の助言を素直に受け止めたものでもあった。両足の麻痺が残っているため、伊丹市の自宅から東大阪市の近畿大学まで電車で通学するのは無理だ。大学の近くに下宿せざるを得ない。独り暮らしをするには、自炊できないといけない。

「独り暮らしをするうちに、リハビリがいい加減になってはいけない。友達を作り、友達と同じ行動をして、身体障害者手帳を返せるようになるくらいの気持ちでいてほしい」

というのが、父親の助言だった。

だから、退院して自宅での生活に慣れてくると、台所で飯を炊き、おかずを用意して食事をするという練習をした。自転車に乗れるように訓練した。そして、一年次からの大学生活について、次のような目標を立てたのだ。

一年　疲れて授業に出られないということのないように、科目の取り方を工夫して、例えば、朝早い1時限の授業に出たら、2時限の科目は取らないで休養し、次は3時限の授業に出るようにする。こうして選択した科目の授業はすべて出て、確実に単位を取得する。

二年　いい友達作りをして、交友関係の輪を広げ、学生生活を楽しいものにする。

三年　専門課程に入るので、将来の自分が選ぶ職業に繋がる専攻科目を、よく考えて決める。四年次には卒論だけに集中できるように、卒業に必要な単位を三年次のうちに取ってしまう。就職して働く職場が見知らぬ町であっても戸惑わないように、友達と旅をする。

（三年になって選んだ専攻科目は社会保障法だった。やはり障害者が生きやすい社会作りにかかわるような職業に就きたいという思いによるものだった。）

四年　卒論。

大学一年のはじめに、大学での四年間についてこのように早々と一年ごとの目標を決める学生は、あまりいないだろう。

大学生活が始まると、活気のある学生たちが動き回るキャンパスの中で、杖をついて歩く自分の姿を、みんながどのような目で見ているのか、いつも気にしている自分に気がついた。友達作りは二年になってからでもいいと考えていたものの、クラス別に分かれる語学の授業などでも、つい気後れがして、隣席のクラスメートに話しかけることもなく過ごしてしまう。

これではいけないと、亮輔は自分を見つめ直した。障害者は他者から見られるだけで辛いと、よく言われるが、今の大学生にはそのような差別意識を持つ人はいないだろう。たとえキャンパスの中で自分に目線を向ける学生がいても、たまたま足の不自由な学生がいるんだと気づいただけで、差別の目を向けたのではないだろう。むしろ手助けする必要はないかと思ってくれたのかもしれない。――そう考えられるようになると、杖をついて歩くことに引け目を感じることはなくなった。何としっかりとした自己コントロール力を持つ若者であることか。

問題は、どうすれば友達を作れるかだ。答えは簡単だ。自分から声をかけないと、友達は作れないということだ。亮輔は、授業で隣りの席に座った学生に気軽に声をかけるようにした。最初に友達になったのは、一浪して入学した気さくな男子学生だった。一年遅れで復学した亮輔と年齢が同じだったし、亮輔が音楽の話をすると、その学生も亮輔と同じようにポップス系の歌が好きで、話が合った。二人はその後、時にカラオケに行って歌いまくるなど、よく一緒に遊んだ。学生時代を通じて親しくつき合うようになる友達を、はやくも見つけられたのだ。

大学一年から二年にかけて、亮輔は歌詞にすることを念頭に置いた詩を熱心に書くようになった。自分の思いを伝えたいという気持ちを歌で表現すると、多くの人々に共感をもって受け止められることは、事故から一周年の「思いをつなぐコンサート」で歌った時にも十分に実感できた。しかし、歌った曲は、自分の心情に合うと言っても、自分の言葉によるものではない。他人の言葉による歌だった。事故による苛酷な体験から自分はどう生き直そうとしたのか、そのことを他人の言葉ではなく自分の言葉で伝えたい、歌いたい、という思いが、コンサートの後、強くなっていたのだ。

ノートに書きためた詩は、二年目の4・25を過ぎた頃には、大学ノート二冊分にもなっていた。時には、アドリブ的に詩にメロディをつけて歌ったりしていたが、いつかプロの作曲家に曲をつけてほしいと思っていた。

そんな亮輔の思いを聞いた「かわにし」の三井ハルコは、「ぜひ曲をつけようよ。知り合いがミュージシャンを知っているから、作曲してもらえないか頼んでみるね」と言った。そのミュージシャンというのは、若者にファンの多いkantaだった。事故の後遺症を負いながらも大学に通い、音楽を生きる支えにしている亮輔のことを知ったkantaは喜んで作曲しましょうという返事をよこしてくれた。

亮輔もハルコも大喜びして、曲をつけてもらう詩を選んだ。その詩は、「君と歩く道」というタイトルで、前を向いて歩くように自分を支えてくれた家族や医師、看護師、理学療法士などを「君」という代名詞で表している。

君と歩く道　（作詞・山下亮輔　作曲&編曲・kanta）

今まで当たり前の日々の事が
なくなることで初めて分かる
誰しも知る事が出来るのに
誰も知らずに知ろうとしない

大きな闇に取り囲まれても
君がいてくれる事が光となり
一歩踏み出す勇気となる

＊向こうむいて一人で行かないで
すべてを背負い込めるほど器用じゃない
少しでいい　僕を信じて
この荷物を僕に渡してくれないかい？
時間はたっぷりあるから

頑張る事ばかりで焦る心
本当の自分が見つからない
友達　大切な言葉たちが
時には厳しく優しくもある

果てしない海　孤独あふれても
君といる事で二人ひとつになり
明日へとつながる道となる

向こうむいて一人で行かないで
すべてを背負い込めるほど器用じゃない
少しでいい　ここにいるから
安心して共に歩こうこの道を
時間はたっぷりあるから

＊REPEAT

「この曲のライブ・コンサートをしようよ。亮輔君が自分でギターを弾いて歌うのよ」
ハルコの提案を亮輔は喜んで引き受けた。この頃には、亮輔はハルコのことを「第二の母」のように思って尊敬していた。

二〇〇七年七月七日、「市民事務局かわにし」も応援して、山下亮輔ＣＤ制作記念のライブが伊丹市内のライブハウス「サロン・デ・サンスイ」で開かれた。亮輔は『言葉』というタイトルの自作のもう一つの詩に知り合いが曲をつけてくれたので、この日は『君と歩く道』と『言葉』の二曲を歌った。

亮輔が三年の専門課程に進むと、ゼミ仲間が「山下亮輔と講演会を支援する会」を作ってくれた。亮輔が全国各地の小中高などから、どんなに苦しい時でも生きようとする意思の大切さについて生徒たちに話してほしいと依頼されると、その裏方として働いてくれるのだ。亮輔は、そういう若い世代向けの講演では、事故後の体験に重点を置き過ぎると子どもたちが暗い表情になるので、「未来に希望を持つことや人と繋がることの大切さ」に重点を置くように心掛けた。

亮輔が三年から四年の卒業前までの二年間に引き受けた講演は三十回を超えた。

亮輔が学生時代の最後に取り組んだイベントは、学生の仲間八人で作った「灯人」というグループの主催で、卒業直前の二〇一〇年二月二十日の夕べに阪急伊丹駅東の三軒寺前広場を使って、千七百六十二本のローソクを灯して、黙禱を捧げる行事だった。ねらいは事故から五年が経つ4・25を前に、犠牲者の霊と負傷者の回復を祈るとともに、悲惨な事故から生まれた温かい人の繋がりの大切さを伝えようということにあった。

コンクリートブロックを敷き詰めた広場の一角に幅4メートル、長さ約50メートルのスペースを取り、「2005 4/25」という文字や暖かい繋がりを象徴するハートマークなどの形を、ローソクを並べて浮かび上がらせるもので、ローソクの本数は、事故からの日数を示す数字だ。

亮輔が大学を無事卒業できるところまで歩んでくることができた日々への感謝の気持ちがこめられていた。

卒業後は、亮輔の地元の伊丹市役所への就職ができた。

彼岸と此岸

1両目で旧友の木村仁美と共に重傷を負いながらも救助された大阪芸術大学三年の福田裕子は、折れた右鎖骨のところに金属のボルト状の棒を支えに埋め込むなど、外科的治療後の経過がよかったので、三週間で退院できた。

裕子は病院に運び込まれた時、先に搬送されていた仁美に、「もう右手は駄目かもしれん。もう絵を描けへんかもしれん」と言って涙を流したが、治療後、右手の感覚が戻ったので、ひとまず安心した。ただ、退院してからも、時々右肩にうずくような痛みを感じるのが気になっていた。

退院してしばらく休養した後、五月末には大学に復学して、授業に出るようになった。スケッチブックに人体にかかわらないものであれば、ちょっとしたスケッチを描くことは、以前と同じようにすっとできたので、描くことに支障は来たしていないなと自信を取り戻した。

ところが、夏休みに入る前、モデルの裸婦像を描く授業があった時、ショックを受けることが起こった。スケッチブックを開いて木炭や鉛筆を用意して、顔を上げ、じっと座っているモデルを見た途端に、手が震え出したのだ。気持ちが悪くなり、嘔吐感に襲われた。心理的にも動揺して、とても絵を描ける状態ではなくなってしまった。はじめは何がどうなっているかがわからない状態だったが、気持ちを落ちつかせてみると、あの事故で車内に閉じ込められていた時、目に焼き付いた、めちゃくちゃに破壊された車内で息絶えたのか動けなくなっている人、呻いている人の凄惨な光景が、やわらかい裸婦の感触ゆえにフラッシュバックしたのだ。

とても人物画を描くのは無理だと思った裕子は、先生に事情を話して退室した。この時から必修課題である裸婦のクロッキーの授業は特別に免除されることになったが、裕子にとっては、学ぼうとする意思に反する自分の体の反応が口惜《くや》しくてならなかった。

思い返すと、復学して久々にクラスメートに会い、「裕子、よかったね!」と言われて、抱きつかれると、女性のからだのやわらかい感触に、一瞬身を引きたくなるような違和感を感じることが何度かあった。それも隠れたフラッシュバックだったのだと思うと、違和感の理由が納得できた。それにしても、人間の心の深層に刻まれるトラウマというものの、何と深く見えにくいものであることか。そして、トラウマを表出する人間の身体反応の何と敏感で繊細であることか。

裕子は、事故後間もない入院中に、右手が使えるようになった時、事故時の状況を忘れないように記録しておこうと、スケッチブックに鉛筆で、車内で外れた座席の下敷きになっている自分の状態や周辺の状況について俯瞰図のような感じのスケッチ画を描いていたが、それは直後の昂奮状態がまだ続いていた時期だったから描くことができたのだろう。（福田裕子の一連の絵は口絵頁に掲載してある。）

年が変わり二〇〇六年を迎えて間もなく、裕子は駱馬《リャマ》をモチーフにした「想起」と題する大きな絵に挑戦した。事故後、しばらくしてから動物の絵の課題提出のために動物園にスケッチに出かけた時、駱馬の表情と佇まいに強く惹かれたことから、モチーフに選んだのだった。その絵は、全体に黄色を基調にした草地が広がる中に、中央に大きな白い駱馬がいて、首をもたげているが、目は閉じて、静かに瞑想しているような雰囲気を漂わせている。手前に無心に草を食《は》んでいる後ろ姿のもう一頭がいるが、こちらは対照的にくすんだ黄味を帯びていて、日陰にいるような感じだ。やや離れた右上方に、足だけが見えるもう一頭がいる。

絵画には、画家の内面が否応なしに投影される。裕子は、事故で犠牲になった人々を忘れることなく同じ地平に立ち続けなければと思う一方で、現実にはあの時自分が目撃したことが月日とともにぼやけていく。自分の傷が癒えさえすればいいのかと、自分を責める。そんな葛藤をかかえて、自分はどう生きていくのか。忘れてならないのは、あの時目撃したという原点に帰ることだろう。「想起」とは、まさにそのことを指す。駱馬は自分なのだ。

裕子は四年になってからも授業は受け続けたが、二〇〇七年になり、卒業が間近に迫っても、卒業制作課題二つのうちの「人物画」を、自分の思い描く〝人のカタチ〟として描ける自信をいまだ取り戻していなかった。そこでじっくりと考えた末に、一年間留年することにした。

その年も過ぎようとする頃、卒業制作の「自由制作」の分のテーマをようやく固めることができた。そして、辿り着いたモチーフは、やはり駱馬だった。しかし、新作の構図は、「想起」とはかなり違っていた。草地は平坦ではない。海岸線が複雑に凹凸を見せているかのような地形を空から俯瞰した図のようだ。リアルではない架空の複雑な大地に深いブルーの色合いの大柄な駱馬が首を下げて草を食んでいるが、背筋には黄色のひび割れのようなものが走り、首から胴にかけての表面に、真赤な花がちりばめられている。赤い花は、よく見ると彼岸花だ。全体に葛藤が広がっている雰囲気の中で、駱馬はそれでも草を食んで生きようとしている。だが、ただ生物的に生きているのではない。体内には彼岸に逝ってしまった人々の霊《みたま》が宿っている。忘れてはいけない霊が。

裕子は、1・8メートル×1・7メートルの大きなパネルに貼り付けた麻紙の前に立って、ゆっくりと時間をかけて、金箔を混ぜた黄色の岩絵の具で大地を描き、群青の岩絵の具で駱馬を描き、その上に真赤な彼岸花を細かく咲かせていくうちに、涙を止めることができなくなった。絵筆を持つ自分を突き動かして描く行為をさせている彼岸の人々への思いが、気持ちを昂らせていたのかもしれない。

タイトルは、「此の岸より」とした。（口絵参照）

裕子にとって、この作品は、あの事故の体験とその後の葛藤多き思いと祈りを凝縮して表現した作品となった。具象性を超えた抽象画的構成が、魂の世界の表現を可能にしたと言おうか。

卒業制作のもう一つの課題「人物画」（クロッキー）については、やはりモデルを前にすると手が震えたりするので、モデルを直視してしっかりと人物の輪郭を辿るのではなく、人物の周りの空間を木炭を横向きにして灰色に埋めていくという方法で次第に人の形を浮かび上がらせていくという描き方をしたところ、ようやく人物画ができ上がった。描かれた裸婦は、上半身を少し捩《ねじ》って顔を向こうに向け、背中を見せる姿勢をしている。

完成してみると、単なる裸身のデッサンではなく、どこか悲しみが漂っている。失われたいのちへの悲しみだ。

事故から三年が経とうとしていた。

その頃、「市民事務局かわにし」が主催する「語りあい分かちあいのつどい」に集まる負傷者や家族や支援者の中の有志が対外的な活動をする「空色の会　JR福知山線事故・負傷者と家族等の会」を発足させた。「等」という文字を入れたのは、支援の専門家も入っているからだった。二〇〇八年二月のことだ。

「空色の会」は、先に作られた「思いをつなぐ連絡会」と同じように、「代表」を置くような堅苦しい会ではなく、メンバーがそれぞれに無理のない範囲で役割を分担して活動する団体で、連絡調整役を三井ハルコが引き受けた。

被害者の要望などを行政や社会にアピールしたり、セルフケアの勉強会を開いたり、他の被害者団体と交流したりと、「空色の会」は多方面にわたって活動を進めていくことになる。その活動の一つとして、二〇〇九年四月二十五日から、事故の風化を防ぐために、JR尼崎駅頭で「空色のしおり」を通行人に配る活動を毎年事故発生の日に続けていくことになった。『空色のしおり』は、ただ「4・25を忘れない」という、いわばタイトルと簡単なメッセージを記してあるだけだが、二〇一一年からは、裕子がそこに刷り込む絵を描く役割を引き受けた。裕子の描く絵は、空を飛ぶ白いカモメの群れだったり、可愛い子が海辺にいる絵だったりと、広がりのある明るいタッチになっていた。

曝露療法の登場

重傷から回復した三井花奈子は、JRの電車に乗ることがつらいので、私鉄を利用して、何とか同志社大学に通っていたが、それでもやはり電車への恐怖心を克服できないということは、日常生活の中で心理的な重荷になっていた。

事故から半年余り経ち、花奈子が秋学期で再び大学に通い始めた頃、神戸市にある兵庫県こころのケアセンター長の精神科医・加藤寛《かとうひろし》が花奈子が在宅している日に合わせて、保健師とともに三井家を訪ねて来た。加藤は、事故の遺族と負傷者・家族がそれぞれに、心身にどのような健康上の問題をかかえているか、どのように生活や仕事に支障を来たしているかといった問題について、個別に被害者に会ってそれらを把握することに力を注いでいたのだ。そして、必要があれば関係医療機関での診療を受けるように勧めていた。

兵庫県こころのケアセンターは、阪神・淡路大震災（95年）や神戸市須磨区の少年A事件（97年）の後、災害・事故・事件の被害者がかかえるPTSDなど心の傷に対する専門的なケアの取り組みの重要性が専門家によって強調されるようになり、特に大災害や事件の相次いだ兵庫県が地域の心のケアの拠点として、精神医学会や臨床心理学会の積極的な協力を得て先駆的に設立したものだ。その地元の県内で電車の脱線・転覆という大事故が発生し、非常に多くの遺族や被害者・家族が心の傷を負うことになったのだから、何というめぐり合わせだろう。こころのケアセンターの積極的な取り組みが求められることになったのだ。

花奈子のJRの電車に対する恐怖心や通学の負担感などについて丁寧に聴いた加藤は、花奈子と同席したハルコに言った。

「ご希望があれば、こころのケアセンターにいらっしゃい。電車に乗るのが怖いという人のための新しい心理療法も始まっているのです。診療の費用はJR西日本から出してもらえますから、負担はかかりません」

花奈子は大学での勉強の忙しさや、神戸市の脇浜海岸通りにある兵庫県こころのケアセンターまで通うことの大変さを考えると、毎週通院することにためらいがあり、「しばらく考えてみます」と答えただけで、それ以上には心が動かなかった。

加藤医師が新しい心理療法として説明したのは、「曝露療法」（又は長時間曝露療法）と呼ばれる取り組みだった。

その療法は、専門的には、「PTSDの持続エクスポージャー療法（Prolonged Exposure Therapy for PTSD）」と呼ばれるものだ。

exposeは、①真実や隠された悪事などを暴露する、②人をタバコの煙や放射能にさらすなどの意味の言葉の動詞形。exposureはその名詞形だ。つまり「持続エクスポージャー療法」とは、トラウマに苦しむ人をトラウマの原因となった事件や場所から目を背《そむ》けさせるのでなく、逆に積極的に向き合わせることを、手順を踏んで繰り返すことによって、トラウマを克服させようとする療法のことだ。もちろん向き合わせるといっても、いきなり問題となった過去の事態にさらすのではない。徐々に手順を踏んでのことだ。

この療法を開発したのは、アメリカのペンシルバニア大学精神科のPTSD研究の専門家である臨床心理学者のエドナ・フォア教授らだが、この療法が日本に導入されたのは極めて新しく、二〇〇三年のことだ。国立精神・神経医療研究センター精神保健研究所成人精神保健研究部長兼災害時こころの情報支援センター長（当時）の金吉晴《きんよしはる》医師（精神科医）が、この療法に注目し、開発者で当時国際トラウマティック・ストレス学会治療ガイドライン特別委員会委員長を務めていたフォア教授を、二〇〇三年五月に日本に招いて専門家のためのセミナーを開いたのだ。

金医師と犯罪被害者のトラウマの研究とケアに関する日本の草分けである武蔵野大学人間学部の精神科医・小西聖子《こにしたかこ》教授の二人は、その後フォア教授の下で研修を受けて、持続エクスポージャー療法の指導者の認定を受けて、この療法の普及に努めた。金、小西の二人は、これより前、一九九七年に発生したペルーにおける日本大使館公邸人質占拠事件で長期にわたって監禁された大使館員らの心のケアなどの医療活動に精力を注ぎ、日本政府から表彰された専門家だ。そうした深い診療経験や犯罪被害の心の傷の治療の困難な側面の経験などから、より有効な心理療法への希求が、持続エクスポージャー療法へのチャレンジに繋がったのであろう。

二〇〇三年とは、JR福知山線脱線事故の大惨事が起こるわずか二年前のことだ。一方で、困難な問題に苦しむ人を何とか救済あるいは支えることはできないかとひたむきに探索の努力を続け、新たな治療法を見出す専門家の歩みがある。他方で、不条理な災厄によって背負わされた心や身体の障害を何とか克服できないかと解決のドアの鍵を探し求め続ける被害者あるいは病者の歩みがある。その二つの街道が交差したところで創造される医療という作品——それは、新しい人生の歩みだ。事故の後遺症で左足首と踵の痛みに十年も苦しみ続けた玉置富美子と最先端医療の前進によって実現した神経再生手術との出逢いは、まさにその典型例と言える（そのことについては後述する）が、三井花奈子と持続エクスポージャー療法との出逢いもまた、そうした現代ならではの人生再生の転機の物語と言えるだろう。

現実と記憶に向き合う

PTSDの原因となる事件は多様だ。犯罪の被害、性暴力、児童虐待、災害、事故（航空・鉄道・船舶の事故、産業事故など）、交通事故、拷問、戦争（戦場、空襲）など様々なものがある。JR福知山線脱線事故は、まさにそうした様々な事件の中の一つで、被害者が数百人規模の集団になっているという特質がある。

いずれにせよ、持続エクスポージャー療法の対象となるPTSDの原因は、右記のように多様なのだが、ＪＲ福知山線脱線事故の場合、多くの被害者が電車に怖くて乗れなくなっているという、日常生活に支障を来たす明確な心理的後遺症を発症していたので、まさに持続エクスポージャー療法は被害者たちのＰＴＳＤ治療の方法として適していると、加藤は判断したのだった。

花奈子が加藤にこの療法を勧められた頃は、持続エクスポージャー療法に取り組む専門家向けのガイドブックもないほど新しい療法だった。フォア教授らがはじめてのガイドブック『ＰＴＳＤの持続エクスポージャー療法　トラウマ体験の情動処理のために』を出版したのはＪＲ事故から二年後の二〇〇七年であり、その邦訳が金吉晴・小西聖子の監訳で出版されたのは二〇〇九年九月になってからだった（星和書店刊）。金医師らは拙速に日本語のガイドブックを刊行すると、しっかりと研修を受けていない専門職の人が安易に臨床で使い、失敗が生じると、この療法の真の普及の妨げになるとの配慮から、国内での自分たちによる実践例を積み上げるまでガイドブックの邦訳の刊行を遅らせたのだ。

ともあれ、右のガイドブックの頁を開いて、強烈な印象を受けるのは、序文の中でフォア教授自身が、持続エクスポージャー療法について、「効果的な治療法であり、ＰＴＳＤに対するあらゆる治療の中でもっとも科学的なエビデンスに支えられている」と書いているうえに、日本での先駆的実践者である金・小西両医師も翻訳書の「はじめに」の文の中で、「この治療法は、現在、エビデンスが出ているＰＴＳＤの治療法の中で、最良のものであることは疑いがなく」と記している点だ。様々な心理療法がある中で、ここまで明確に科学的根拠のある治療法であると専門家が強調する療法は珍しいのではなかろうか。

もちろんすべての心理療法がそうであるように、心の病気の原因には、患者一人ひとりの人格の違いや背景にある諸条件の違いがからむため、特定の療法で誰もが快方に向かうというわけにはいかない。

この点については、金・小西両医師は、「もちろん、全例に有効というわけではなく、フォア教授もそれは率直に公開している」と、謙虚に書いている。

ガイドブックによると、この療法の概要は、次のようなものだ。（本書筆者の理解する範囲での平易な説明であることをお許し頂きたい。）

まず、治療の手順は、次の四つのステップに分かれる。

(1)心理教育　トラウマの反応とはどういうものかについて、患者にもわかるように説明する。治療の理論と治療を進めるプログラムについて、大体のことを理解してもらい、ＰＴＳＤやトラウマによる苦痛が続くのはなぜかを説明する。

(2)呼吸調整法　持続エクスポージャー療法に直接役立つものではないが、日常において緊張や不安を軽減するために、〈吸って（普通の速度で）――吐いて（非常にゆっくりと長く）、「リラッ――――ックス」、息を止めて、1、2、3、4、吸って（普通に）、吐いて……〉という呼吸の仕方を、一回10分程度、一日に3回練習する。

(3)現実エクスポージャー　トラウマによる苦痛や不安のため、患者が避けている状況や対象（例えば駅や電車）に対して、本当は安全であるにもかかわらず、同じ恐怖の事態が再来するかのように想像してしまうだけであることを自覚してもらい、徐々に慣れる訓練をする。トラウマの原因となった出来事を思い出すのが怖いからと思って、いつまでも避けていると、その状況への恐怖心を克服するチャンスはいつまでもやって来ないことを認識してもらう。

⑷想像エクスポージャー　トラウマをもたらしていた出来事を心に思い描き、順に少しずつ文章に書き記し、その文章を声に出して読み、詳しく話す。現実エクスポージャーと想像エクスポージャーの反復によって、出来事の記憶やその記憶と関係する状況や行動は、トラウマそのものとは違うことがわかってくる。出来事を思い出すことがあっても、自分は安全であり、そういう刺激に向き合うことで、不安や苦痛は次第に減少し、やがて耐えられるようになる。

　これらの訓練は、標準的には十回のセッションで終了するのだが、この療法でもう一つ大事な事項は、週一回ずつのセッションごとに、学んだことを自宅で何度も繰り返すという宿題を出され、次のセッションの冒頭で、その繰り返しによって心にどんな変化が生じたかを報告することだ。心に深く刻まれたトラウマを、それは今の現実とは違うのだという認識を、トラウマの傷の深さに負けないくらいに心に染み込ませる訓練と言おうか。

全セッションをこなして

　持続エクスポージャー療法については、二〇〇三年のセミナー以後、専門家の関心が高まり、二〇〇六年頃には、兵庫県こころのケアセンターの加藤、国立精神・神経医療研究センターの中《なか》島《じま》聡美《さとみ》、東京女子医科大学の加茂登志子《かもとしこ》、東京都精神医学総合研究所の飛鳥井望《あすかいのぞむ》、さらに大阪大学医学部、神戸大学医学部の精神科医らが、この療法を身につけて、臨床で取り組み始めていた。

三井花奈子は、事故から一年経ち大学二年になった時、長時間通学の疲労に限界を感じて、大学に近い京田辺に下宿をして通学するようになっていた。しかし、JRの電車に乗ることへの恐怖心は一向に薄らぐ気配がないので、やはり曝露療法を受けてみようかと、夏休みに入る前に、あらためて母ハルコと一緒にこころのケアセンターの加藤医師を訪ねた。しかし、その場では、プログラムに従った診療をすぐ始めてもらう決心がつかなかった。

加藤医師も急かすことなく、「待ってますから、いつでもいらしてください」と言ってくれた。どんな心理療法でも、本人が本気で取り組む意思を持たないと、せっかく手順に沿って診療を始めても、十人中二人か三人は、途中で止めてしまうからだ。

花奈子がためらった理由の一つは、療法の是非はともかくとして、京田辺の下宿先から神戸まで隔週ごとに通院するには、どうしてもJR神戸線を使わなければならない。それに耐えられるかどうか、自信がなかったからだ。それでも花奈子の日常の世話をしてくれるJR西日本の男性担当者がとても親切で、もし通院するなら、京田辺から神戸までの往復や三宮から兵庫県こころのケアセンターまでのバスに付き添ってあげますと言ってくれた。

秋の学期が始まった時、花奈子は、《いつまでもJRの電車に乗れないままでは、これから大学を出てからの就職や生き方のことを考えると、展望が開けない。思い切って加藤先生の診療を受けよう》と、ようやく決心がついた。

花奈子は、何事につけ一旦始めたことに対しては、目標を達成するまではねばり強く続ける性格だった。花奈子は、大学の授業にぶつからないような日時と加藤医師の診療日とがうまく合うタイミングを探して、隔週一回のこころのケアセンターへの通所を始めた。

JR西日本の担当者は、花奈子が座った座席から少し離れたところに立って見守ってくれたし、こころのケアセンターで診療を受けている時も、花奈子にわずらわしく思われないようにする距離感の保ち方をしてくれた。心の治療というナーバスな場面だけに、花奈子はJR西日本の担当者のその間合いの取り方に、信頼感を抱いた。JR西日本は、事故原因や責任の取り方についての説明会では、経営陣が相変らず被害者の感情を逆なでするような自己防衛的な対応しかしていなかったが、個別の被害者のケアにあたる現場の社員たちの中には、懸命に被害者に寄り添おうと努めた人々も少なくなかったのだ。ささくれだちがちな企業社会の中で、わずかにでも人間が人間に対する信頼感を見失わずに生きられる時間を生み出すのは、そういう現場の人々の存在なのだと言えるだろう。

プログラムのセッションが四回、五回と進むと、いよいよJR福知山線の電車に乗る段階に来た。それまで神戸線に乗っても、パニック状態にならなかったのは、JR西日本の担当者の適切な付き添い方に支えられたことと、神戸線の大阪―神戸間は直線区間が長く、事故現場のような急カーブがほとんどなかったことによるものだった。しかし、福知山線は違う。何と言っても、急カーブの事故現場があるのだ。

花奈子は、電車に乗る段階に入る前に、宿題として出された「いつも使っていた川西池田駅の改札口まで行く」「切符を買ってホームに立つ」ということまでこなしていた。また、いよいよ電車に乗るといっても、いきなり事故現場に向かう上り電車に乗るのではなく、まずは反対方向の下り電車に乗るのだ。

母親のハルコはそれまで、「市民事務局かわにし」の仕事などで忙しく、花奈子の通院の付き添いは、JR西日本の担当者にまかせていた。しかし、いよいよ電車に乗るとなると、心配になってきたので、同行することにした。電車の空いている午後の時間を選んだ。川西池田駅のホームに立った時、ハルコは言った。

「安心して乗れるように、一緒に乗ろうね」

ハルコがホームに入ってきた下り電車に一緒に乗り、空いている座席に並んで座った。その時、ふと見た花奈子の表情に、ハルコは息を呑んだ。花奈子は、それまで見たことがないようなこわばった表情になり、目もどこに焦点を合わせているのかわからないような空《うつ》ろなものになっていたのだ。

《こんなにも事故のトラウマは深いものだったのか》

ハルコは今更ながら心に痛みを感じた。

それでも花奈子は、母親とJRの担当者に見守られて、ついに伊丹駅〜尼崎駅間の事故現場を「乗り切った」のだ。

その後、花奈子は、想像エクスポージャーの訓練として、診療中に加藤医師に対し、最も恐ろしかった事故発生時の状況について思い出して語り、その録音テープを持ち返って毎日聴くという宿題も、辛さに耐えて実践した。現実エクスポージャーでは、空いた時間に上り電車に乗って事故現場を通り、それができると、次は混雑する朝の時間帯に同じようなことをするということを、プログラム通りにこなしていった。

こうして約半年かけて十三回にわたるセッションを完全にこなし終えた時、福知山線の上り電車に、怖いけれど独りでも乗車できるようになったのだ。

加藤医師は言った。

「花奈子さん、あなたは私の持続エクスポージャー療法を完全にこなした最初の患者です」

花奈子は、その後、大学三年、四年と順調に過ごし、二〇〇九年三月、卒業を迎えた。入学時に選んだ学科は、文学部の美術芸術学科で、美学を専攻しようと思っていた。しかし、事故で休んでいた時期に、退屈しのぎにパソコンでホームページやブログや情報検索などで遊んでいるうちに、コンピュータのプログラムにまで興味を持つようになり、卒業までにシステムエンジニアの技術を身につけ、保険会社系列のシステムエンジニアとして採用された。西宮市内の会社までは、阪急電車でも通えるので、ＪＲ福知山線は使わなかった。

就職してからも、花奈子は年に一回は加藤医師を訪ねて、自分の心の状態を報告した。まだまだトラウマが完全に消えたわけではなかったからだ。就職して二年後、東京に転勤の辞令が出た時、加藤医師に長期にわたって支えてもらったことに対するお礼と転勤のあいさつをするために訪ねると、加藤医師は笑顔を浮かべて言った。

「そろそろ仮免を出してもいいかな」

花奈子は即座に答えた。

「まだ終了にはしないでください」

第四章

支援の新しいかたち

ＪＲ福知山線事故は、犠牲者・負傷者の規模が極めて大きかったがゆえに、広範囲にわたる医療機関が総動員と言えるほどの体制で救出と救命治療に全力を尽くしただけでなく、直後から長期にわたって、外科医を中心に各種専門医をはじめ、臨床心理士、精神科医、心療内科医、法律家など各種の専門家が、それぞれの専門性を活かす形で、被害者の支援にかかわった。大規模な事故で、このように多様な専門家が被害者の支援に、しかも一部ではボランティア活動として、かかわるというのは、はじめてのことだったと言えるだろう。

こうした専門家の支援活動が多様に展開された背景には、関係機関や個々の専門家が丁度十年前の阪神・淡路大震災の時の被災者に対する救済・支援の失敗や不十分さから学んだ教訓を活かすための体制作りや問題意識の浸透に力を入れていたという事情があった。具体的には、救急医療の分野では、災害時などに一刻を争う重傷患者を優先して搬送する徹底したトリアージがはじめて実践されたこと。兵庫県こころのケアセンターをはじめ、大学病院、総合病院、クリニックなどの精神科医や心療内科医、臨床心理士などが、積極的に遺族や負傷者・家族の心の相談や治療に取り組んだこと。民間の法律事務所の弁護士の中に、被害者の相談に乗ったり被害者団体の支援活動をしたりする人たちがいたこと、等々の新しい動きが見られたのだ。

そうした被害者支援の新しいスタイルを拓いた専門家たちの中の四人の活動について、記しておこう。

1

時代変化の中の臨床心理士

原点は、阪神・淡路大震災の被災者支援の活動だった。震災対策というと、それまでは建築物の被害対策や交通機関・道路などのインフラの被害対策、死者・負傷者の救援などが主要な課題であって、被災者の心のトラウマに対するケアの問題については、防災対策においても震災後の被災者救援策においても、活動の課題にされることはなかった。「心のケア」というキーワードが社会的に広まったのは、阪神・淡路大震災以降だが、それ以前に先駆的な二つの出来事があった。

一つは、災害や事故の被災者・被害者が受ける精神的な傷（トラウマ）の深さとその回復への支援のあり方について、世界の専門家の研究を集大成したオーストラリアの精神医学者ビヴァリー・ラファエルの専門書『災害の襲うとき　カタストロフィの精神医学』（石丸正訳、みすず書房）の邦訳が一九八九年に出版され、日本の精神科医や臨床心理士に強い影響を与えたことだ。

もう一つは、阪神・淡路大震災の二年前の一九九三年七月十二日に発生した北海道南西沖地震・津波によって死者・行方不明者二百五十九人などの被害を出した奥尻島の被災地に入り、被災者が受けた心のトラウマの調査とケアに当たった臨床心理学者の藤森和美・北海道教育大学教授（当時）の報告とはじめて作られた被災者の心のケアに関するパンフレット（兵庫県教育委員会に提供）の影響だ。

堀口節子は、一九九七年の神戸市須磨区における少年A事件（通称・酒鬼薔薇《さかきばら》事件）を契機に設立された「ひょうご被害者支援センター」での犯罪被害者の相談活動や所属する学園での学校カウンセラーの仕事をしていたが、JR福知山線事故の惨状をメディアを通じて知ると、自分も事故の被害者のために何かをしなければという思いを強くした。阪神・淡路大震災後の数年間、宝塚市の心のケアセンターで被災者の支援に当たった経験があり、突然身に降りかかった災害によって家族を亡くしたり自ら負傷したりした人たちが、孤立して引きこもったりPTSDに陥って苦しんでいるのにどこへ相談に行ったらよいかわからずに過ごしていたりする例が多いのを、つぶさに見てきたからだった。

しかし、心のケアというものは、災害や事故の直後の混乱しているさなかに、一方的に介入すべきものではないので、堀口はしばらくの間、被害の全般的な状況を把握することを優先し、行動するのを抑えていた。

五月半ばになって、NPO法人「市民事務局かわにし」が事故の負傷者と家族の支援活動に取り組み始めるという記事を新聞で知った堀口は、何か役に立てるのではないか、被害者支援の活動を始める時期ではないかと考えた。そこで震災後の被害者支援ボランティア活動のリーダーとなっていた人に相談すると、「市民事務局かわにし」の事務局長・三井ハルコを紹介してくれた。

堀口が早速ハルコに電話をかけると、ハルコは、これまでの災害や事故では、遺族の支援はいろいろな形で行われてきたが、負傷者については、ほとんど支援の対象にされなかったことと、JR福知山線事故では負傷者数が五百人を超えるほど多く、しかもその多くが福知山線沿線の住民であること、「市民事務局かわにし」では、対象地域を川西市に限らないで幅広く相談に応じるし集いにも参加できるようにしていきたいことなど、取り組みの姿勢をはっきりと話してくれた。堀口は、臨床心理士として役に立てる場だと受け止めた。

「阪神・淡路大震災の時は、心理カウンセリングというものは、誰もがクリニックを訪ねることに抵抗感を感じていて、一般的にはなっていなかったんです。ですから、私は仮設住宅などの被災者がPTSDなど心に問題をかかえていないかを捉えようと巡回する保健師やボランティア活動家の後ろに隠れるような恰好で活動をしていたのです。そして、この人は対応してあげないといけないなということがわかると、はじめて『実は私、臨床心理士なんです』と、自分の職業を明らかにして、相談に乗るという控えた姿勢で対応していました。臨床心理士として、もの足りない気持ちが強かったけれど、心のケアというものが、一般にはなかなか受け容れてもらえない時代でしたから、そうせざるを得なかったですね」

堀口の述懐だ。

しかし、それから十年が経ち、心のケアの問題についての啓発活動が社会に浸透して、カウンセリングやメンタルケアといったものを受けることを恥ずかしいことだとする意識は、ずいぶん薄らいできていた。堀口は、今度は臨床心理士であることを前面に出して活動をしようと心に決めて、活動の機会を待った。

集いと心の回復

五月十七日、「市民事務局かわにし」の呼びかけで、負傷者やその家族たちが川西市の市民活動センターにはじめて集まった時、堀口も参加した。

三井ハルコがまず集いを開いた趣旨について、被害者が一人ひとり孤立していたのでは、それぞれにかかえている問題をどう解決していけばよいのか迷うばかりで、将来の展望が開けない、みんながこうして集まり、困っている問題を出しあい、つながりあえば、生きる力にもなるし、問題解決の糸口をつかむこともできるだろう、といったことを語った。

堀口は、ハルコから参加者に紹介されると、自分が臨床心理士として、阪神・淡路大震災以来、被災者支援にかかわってきた経験を生かして、今回の事故の被害者や家族がかかえている苦しみや悩みに対して、できるだけ役に立ちたいと思い、ボランティアで力を尽くす意思で駆けつけたことをはっきりと表明した。

負傷者からは、JR西日本に対する怒りや事故の恐怖心が消えないとか電車に怖くて乗れないといった苦しみの声が語られ、家族からは負傷した身内の若者にどう接したらよいかわからなくて困っているといった声が、次々に出された。いずれもその場で解決するのは困難な深刻な問題ばかりだったし、専門家の助言をしっかりと聞きたいという要望も出されたので、堀口は、被害者や家族がどんなことでも自由に語りあえる集いを、継続的に開くことを提案し、そのアドバイザー役を務める用意があると発言した。参加者の希望は一致し、そういう集いを毎月開いていこうということになった。

六月十二日、同じ川西市の市民活動センターで第一回の「語りあい、分かちあいのつどい」が開かれた。プライベートなことでも話せるようにするために、メディアの取材者は入れないクローズドミーティングだった。

堀口は、参加者の要望に応えて、集いのはじめに、事故や災害によって心にもたらされるトラウマとその後に次第に表面化してくるPTSDについて、ミニ講演をした。人間の心理について、基本的な知識を持ってもらうことは、本人が立ち直っていくうえでも、ケアをしていくうえでも、大切なことだからだ。

こうして堀口は、負傷者や家族たちによる「語りあい、分かちあいのつどい」が一カ月から一カ月半の間隔で開かれる度に必ず参加して、心の問題やイベント企画などに対する助言者の役割を務め続けた。といっても、会をリードしたり、活動の前面に出て取り仕切ったりすることのないように心掛けた。あくまでも心のケアのアドバイザーとして、

「そこにいる」

「話を聴く」

「一人ひとりの経過を継続的に見続ける（＝何かがあった時、経過を知っている人として対応できるようにする）」

「安心して集まれる場の雰囲気づくり」

という姿勢を守った。

集いに参加する人たちは、悪夢に苦しんでいる人、部屋の端のほうに座って泣いている人、生

き残ったことへの罪責感で苦悩している人など、一人ひとりかかえている問題が違っている。その全体を見ながら、個別の人とどうかかわるかを考えないといけない。堀口は、そうした全体状況の中で、本人の希望があれば、個別のカウンセリングの対応をし、かなり深刻な状態にある人については、兵庫県こころのケアセンターを紹介するといった個別の対応もしていった。

負傷者の場合、骨折や裂傷などの身体的な治療が進み、何とか日常生活ができるようになると、心にトラウマをかかえて強いストレスを感じ苦しんでいても、我慢している人が少なくないことにも、堀口は気づき、そういう人は精神科医の診療を受けるように勧めた。精神科医による投薬と精神療法で快方に向かい、しばらく経って堀口のところに来て、「よかった」と報せてくれた負傷者もいた。

堀口は、こうした活動を、一年、二年と続ける中で、「語りあい、分かちあいのつどい」の場をベースにした、心のケアにかかわるサポートの活動を続けた意味を、しっかりと把えることができるようになった。それは、人間がショッキングな体験をした後、心のトラウマから回復する条件あるいは要因についての気づきでもあった。その条件とは、要約すると、次のようになる。

⑴同じ被害者同士が、同じ場所に何度も集まって、周辺などへの気遣いをすることなく、互いに何でも話し合えることは、心の回復を早めるということ。

その場に、心のケアの専門家がいて適切なアドバイスをすると、被害者は自分が話していることとは単なる愚痴でも嘆きでもないのだという自確につながる。

⑵負傷者の家族の場合も、孤立していると、負傷者本人の苦しみをわかってあげられない、どう対応したらよいのかわからないという悩みを解決できずに苦しみ続けることになりがちだが、

集いに参加することで、同じように苦しんでいる家族の交流ができて、孤立感から脱け出せるとともに、負傷者たちの語り合いから、負傷者の心情を具体的に理解することができるようになり、安心感、安定感を取り戻すことができるようになる。

(3)負傷者と家族が集いを重ねる中から、駅頭などでのメッセージボード設置、音楽と語りのコンサート、空色のリボン配布など、様々なイベントが企画され、協力しあって実践されていった。そのアイディアの豊富さと数の多さに、堀口は驚嘆したほどだった。それらの活動は、JR西日本や広く社会に対して、鉄道の安全といのちのかけがえのなさをアピールするうえで役に立っただけでなく、負傷者たちの心の回復に大きな意味を持ったことは確かだった。

心の歩みの二年間

堀口は、被害者と家族の集いなどを通して心のケア活動を続けて二年余り経った時、自分がかかわった負傷者や家族の心の回復過程や、そこで気づいた専門家がかかわる意味について、自分の勉強として大事にするだけでなく、今後も発生する可能性のある災害・事故の被災者や被害者自身や、ケアに携わる専門家に役立つ形で、一般性を持った論文にまとめる必要があると考えるようになった。そうすることが、負傷者が生き抜いた意味をより社会性のあるものにするだろうとも考えた。

たまたま堀口は、臨床心理士としての自分の内面を高めようという思いで、被害者支援活動と並行して、兵庫教育大学大学院の教育臨床心理コース（修士課程）に入学して、冨永良喜教授の下で学んでいた。そこで堀口は、冨永教授の指導を受けながら、右記のようなねらいに沿って、負傷者の心の回復過程を修士論文にまとめることにした。論文にまとめるといっても、学術研究の倫理として、たとえ被害者の氏名は伏せるにしても、被害者一人ひとりの同意が必要になる。ボランティアの活動として被害者のプライバシーにかかわることにまでかかわってきたのだから、そこで知り得たことを勝手に論文に使うわけにはいかない。

堀口は、それまでの心のケアの活動と論文のための調査をきちんと分けるために、論文のデータとして使う被害者一人ひとりの心理過程や証言（言葉）については、集いに集まる人から改めて協力者を募り、同意を得られた人についてだけ、平均二時間くらいの集中的なインタビューをして分析するという取り組みをすることにした。

協力を得られたのは、男性三人、女性五人、計八人だった。年齢は、十九歳から四十五歳までで、負傷の度合いは、長期入院二人も含めて、様々だった。負傷者の事故後の心理過程を明らかにしようとする母数としては、決して多いとは言えないが、八人それぞれの事情や苦しみについて、堀口がずっとサポートしてきた人たちなので、研究の質（クオリティ）は高いものになったと言えるだろう。

特に注目すべき点は、負傷者一人ひとりが体調や心の状態と変化を表現した言葉を丁寧に記録して、年月の経過とともに、各人がどのように回復への歩みを始めたかを、実感的に浮かび上がらせた点だ。

その記述を、「ストレス対処法（自分なりの工夫）」として分析した項と、「人生への影響」として分析した項の二カ所から引用させて頂く。〔読みやすくするため、本書の筆者・柳田が若干言葉を補っている。（　）内は筆者の解説だ。」

⑴ストレスの対処法

▽直後から一～二カ月

「考えること」――何回も考えて、逃げないで、「私の人生の一つや」と思うなど、前向きに考える。

「話すこと」――周りの人、友人、同じ体験者と話す。

「好きなことをする」――ブログに書く、ギター、バイオリンなどを弾いたり、仲間とバンドで演奏したりする。

「観光に行く」――海外旅行、お寺巡り、日常から離れられるところに旅行する。

「友人の援助（を素直に受ける）」――声かけ、心配して連絡をくれた、外に連れ出してくれた。

▽一年後

「動くこと」――（自分から何かをすることは、思いがけない出会いや気づきや新しい道の発見など、何もしなければ決して起こらない何か新しい物事をもたらしてくれるものだ。）大事な経験やエピソードを「記録する」。外出する。病院に通う。自然に触れる。空を見上げる。コンサートに行く。

「人とつながる」――負傷者と家族の集いに出かけて、同じ負傷者とつながる。会社の人とのつながりを深くする。

▽二年後

「動くこと」――ブログに書く。薬を飲む（精神科の薬で気持ちを安定させて何かをするという意味）。呼吸法を実践する。仕事を始めた。

「客観的に見る」――いい思い出みたいに、事故のことをちょっと離れたところにおいておく。

(2)人生への影響

▽直後から一～二ヵ月

「精神的な影響」――いろんな人に「ありがとう」、生きていることに「ありがとう」という気持ち。何が起こってもおかしくないと思った。震災直後に似たような脱力感を経験。

「社会的な影響」――視点が広がって、社会的にどういう意味があるのかと考え始めた。学生生活がつぶれた。

▽一年後

「精神的な影響」――いつ死ぬか分からんもんやと実感。家族とか周りの人とかに感謝している。

「生き方の変化」――何事も楽しんでやるべきだと思った。人とのつながりが増えたから、考え方が変わった。仕事に余裕を持っているほうがいいと思うようになった。生活にゆとりを持つようにしている。電車が遅れてもイライラしない。

「社会的な影響」――自分の役割を実感。活動しているボランティアに逢って、女性としての生き方が学べた。

▽二年後

「体験の受け止め方」――多くの人と出会い、人生の糧を得た。いろんな事に気づくきっかけとなった貴重な体験をした。命の大切さを感じるようになった。失ったものも多いが、得たものも多い。

「考え方、生き方の変化」――「失敗してもいいや」と思うように。生きていることに、ありがとうという気持ちがある。時間的に急がないようになった。焦らない気持ちを持つ。人のために何かをしたい。

「不安」――家庭生活が変わってしまったことへの不安。人が死ぬことを考えるのが怖い。

これらのまとめは、八人の負傷者が堀口の面接調査に対して語った、事故後の生活の歩みの中での考え方、価値観、生き方などの変化の二年間の変遷についての言葉をまとめたものであって、決して人間一般の心の経年変化の標準的な形を示したものではない。人によって、歩みはまちまちであって、例えば心の安定感を取り戻すまでの月日だけを見ても、早い人と長くかかる人の差は大きい。

にもかかわらず、八人がそれぞれに自分の内面を見つめて、心理の専門家への信頼感の中で語った言葉を探索的に読むと、災害が人間の精神にもたらす深い影響について、その内実がどのようなものであるかを、次のようにかなり明確に捉えることができる（このまとめ方は、柳田による）。

⑴事故を経験することは、深刻な喪失体験＝負の体験であるにもかかわらず、人間はその負の体験をプラスに転じて、精神性を高める可能性を秘めている。

(2)負の体験をプラスに転じることによって気づいたり獲得したりする精神性とは、いのちのかけがえのなさや今生きていること自体の大切さへの深い自覚、他者に感謝する気持ち、人が繋り合って生きることの大切さ、心にゆとりを持って暮らすことを大事にする人生観、等々だ。

(3)精神性が高まっても、愛する人を喪失したことの悲嘆は消えるわけではない。しかし、悲嘆をかかえつつも、精神性高くポジティブ（前向き）に生きることができるようになるという心の成熟のかたちが、二年の経過の中で少しずつ見え始めている。

すぐに涙が

ここで、もう一つ留意しておかなければならない問題がある。それは、堀口が明らかにした被害者の事故後二年間の心の変化は、あくまでも負傷者（言い換えるなら生存者）のそれであって、いのちを奪われた犠牲者の遺族の心の遍歴は、かなり違った経過を辿っているということだ。その個別の歩みについては、本書の後半でじっくりと辿ることにする。

ちなみに、神戸新聞が事故から三年近く経った時点で行った、遺族と負傷者に対する心の状態や生活・人生の変化に関するアンケート調査の結果が、同紙二〇〇八年四月二十日朝刊に特集記事として報じられている。アンケートに回答を寄せたのは、遺族が五十二組七十六人、負傷者が百五人だ。同紙は事故の一年後、二年後にも同じ調査を行っているが、三年経った時点で、遺族がなおもいかに苛酷な状況に置かれているかが、データではっきりと示されている。その「精神心理」のデータに焦点を当てて、特集記事を見ると、次のような実態になっている。（回答の多

い症状の順）

①すぐに涙が出る　61％
②事故に関係する映像や情報に動揺する　57％
③突然落ち込んだり、怒りを感じたりする　45％
④眠れない　36％
⑤人と会うのが億劫だ　36％
⑥突然、事故の場面が頭に浮かぶ　32％
⑦幸せそうな人を見ると気持ちが乱れる　28％
⑧ぼーっとしている時間が多い　26％
⑨食欲がない　17％
⑩死にたいと思うことがある　17％
⑪お酒の量が増えている　15％
⑫事故後、一定期間の記憶がない　13％
⑬頻繁に故人の夢を見る　11％

回答者は、一項目だけを選ぶのではなく、該当する項目はいくつ選んでもよいことにしてある。いくつもの症状を持っている人は、そのすべてに〇印《じるし》を付けてもらう回答形式になっているのだ。遺族が選んだ項目数の一人当たりの平均値は、三・九項目になっていたというから、人によると、右の十三項目の症状のうちの五つも六つもの問題をかかえている遺族もいたのだ。
「すぐに涙が出る」「突然落ち込んだり、怒りを感じたりする」という症状は、感情が鋭敏になっていることを示すものだし、ほぼ三人に一人が「突然、事故の場面が頭に浮かぶ（＝フラッシュバック）」というのは、事故直後に現場に駆けつけた時に目撃した惨状の衝撃がいかに強烈に記憶に刻まれたかを示すものだ。

また、「眠れない」「食欲がない」「死にたいと思うことがある」というのは、かなりリスクの高い精神状態に陥っていると見ることができるだろう。

アンケート調査によると、右記のようなトラウマをかかえているがゆえに、医師やカウンセラーの治療を受けている遺族は、前年の調査よりわずかに減ったとはいえ、なおも24％に上っている。

やはり家族を喪った遺族と生き残った負傷者の事故後の心の歩みには、かなり違いがあることがうかがえる。

2

心療内科医の眼、黒タグの盲点

大事故にしろ災害にしろ、発生直後における現場からの犠牲者や負傷者の救出、搬送、治療、安置などに携わる警察、消防、医療機関の職員たちが傾注する心身両面の労力は並大抵なものではない。そうした防災関係機関は、それぞれに非常災害時の対応マニュアルを持っていても、多くの被害者が出た現場は混乱を極めるから、救助作業は、なかなかマニュアル通りにはいかない。

救助に当たる人々は、心身両面で限界まで働くから、いろいろ問題はあったにしても、「やれるだけのことはやった」という思いを抱く。それはそれで自然な感情だろう。そういう中にあって、何か抜けていたものはなかったか、何か見落としていたものはなかったか、という視点から検証作業をすることは、意外に難しい。そういう検証作業は、被害者・被災者の視点に立って、作業の経過や結果の細部を分析してみることが重要なのだが、専門職の人々はそれぞれ超多忙なこともあって、なかなか検証作業に目を向ける時間を作れない。

それでも被害者や被災者の心の傷にまで目を向けるのを心掛けている感性の豊かな専門家であれば、何気ないちょっとした言葉やエピソードに潜む重要な問題を鋭く察知して、その問題の検証の必要性を自覚するものだ。

心療内科医の村上典子は、まさにそういう感性の持ち主と言えるだろう。神戸赤十字病院心療内科の医師だ。

事故発生から半年ほど経ち、秋を迎えた神戸市内の街路樹が黄みを帯びてきた頃だった。村上はいつものように病院の心療内科外来で通院患者の診療に当たっていた。

心療内科の患者は、内面にかかえる葛藤やストレスが心の苦しみだけでなく、胃腸障害や頭痛、高血圧など様々な身体症状となって表れているので、医師は面接に当たっては、精神科医あるいは臨床心理士のような視点から患者の心身の状態をとらえることが求められる。

その日、外来患者の中に、毎月定期的に診察を受けに来る四十代の主婦・小山恵美（仮名）がいた。ＪＲ福知山線事故で、大学に入ったばかりの息子を亡くし、ショックからなかなか立ち直ることができず、あまりの喪失感と悲しみの深さゆえに、心身症の様々な身体症状に苦しんでいた。事故の翌月に来院して以来、通院で、心理面でのカウンセリングや身体症状に対する投薬を受けていたのだが、なかなか症状は改善されなかった。

村上は、一通りの診察を終えても、単に「お薬を出しておきますね」と言って終わりにはしないで、面接の度に、悲嘆や苦悩の状態や変化を少しでも深く把握するために、日常生活の様子や人間関係の状況や心の中に引きずっている事柄などについて、あれこれ会話をするのを大切にしていた。

大事に育ててきた息子を通学途上の電車事故で突然亡くしたのだから、いまだ人生半ばの四十代の母親の悲嘆の深さは、想像にあまりある。だが、ショックや悲嘆のどん底から立ち直るのを阻害するものは、ただ息子のいのちを奪われたということだけではなく、駆けつけて目撃した現場の凄惨な情景のことや、遺体と対面した時のショック、ＪＲ西日本の対応の仕方など様々な事柄がからんでいるはずだ。患者がそれらの一つ一つをきちんと捉えて、納得できる形で理解することができるように、医師は手助けをすべく努める。その端緒をつかむように模索するのが、面接における会話なのだと言うこともできるだろう。

村上は、恵美との会話の中で、念のためと思いつつ、事故当時を振り返るような質問をした。

「事故のことで今でもいろいろ気にかかっていることがあると思いますが、何かこれまで人に話さないでいたことって、おありですか」

　恵美は、ちょっと迷ったような表情を見せた。何かあるのだろうと思った村上は、黙って待った。こういう時には、急いではいけない。

「あの……こんなことを口に出してはいけないのかもしれませんが……」恵美がなおも迷っている様子なので、村上は安心させるように言った。

「ここでは何を話してもいいんですよ。大丈夫です」

「あの事故の時、現場に駆けつけたら、息子は黒いタグを付けられて、病院に運んでもらえないで、体育館に運ばれたんです。現場で息子が見つかった時、どんな状態だったのか、どんな救命処置がなされたのか、知りたくても体育館には医者は誰もいませんでした。警察官から、遺体の確認をするように言われただけだったのです。

　あの時、息子が病院に運ばれて救命医療を受けていたら助かっていたのではないかと……」

　恵美は涙で声を詰まらせた。その涙は、単に悲しいというのでなく、助かったかもしれない可能性を断ち切られたことへの口惜しさと無念の思いから湧き出してきたのだろう。村上には、そう思えた。

　一般内科の医師だったら、恵美の涙に対して、通り一遍の慰めの言葉をかけるか、トリアージの事情を説明する程度で、面接を終了してしまっただろう。だが、村上は違っていた。

　村上は、阪神・淡路大震災の犠牲者の遺族やがんなどで亡くなった人の遺族のグリーフケアにも携わっていた。喪失体験者の深い悲しみは、うつなどの精神症状や内科的な身体症状になって表れることが少なくないので、心療内科の診療をしていると、どうしてもそういう患者に出逢う機会が多くなるからだ。また、個人的にも終末期医療に関心を持っていたので、グリーフケアについては、積極的に学んでいた。

そういう問題意識があったから、JR事故の後も、あれだけの惨事の中で大切な家族を亡くした人たちのグリーフワークは、それぞれに大変だろうなと、気にかかっていた。

だから、恵美が、愛する息子に黒タグがつけられ、病院に運ばれることもなく、〝放置〟されたに等しい扱いを受けたことへの無念の思いを語った時、村上は胸にずきりと痛みを感じたのだ。

《トリアージには、こんな問題が隠れていたのか。遺族の身になれば、黒タグに割り切れない気持ちを抱くのは当然だろう。これはしっかりと見直さないといけないな》

閉ざされた最期の情報

非常災害時におけるトリアージ（被害者・被災者の搬送優先順を決める治療緊急度の選別）は、既述のように、阪神・淡路大震災時の教訓から、救急医学会が既にアメリカなどで実践されていた取り組みを参考にして導入を決めたものだ。JR福知山線事故の救急医療活動は、その最初の大規模な実践となったものだ。

阪神・淡路大震災の時は、救急救命活動においていまだトリアージの問題意識が関係機関の中になかった。このため救助隊は、死者であれ軽症者であれ、目の前の被害者を優先順位などつけずに、医療機関に搬送した。このため、一分一秒を争って救命治療を行わなければならない重傷者が、結果的に後回しにされて、救命に失敗したり、回復治療も困難にしたりした例が少なからず生じた。

そこで導入されたトリアージの方法は、現場に駆けつけた救急医が、マニュアルに従って病態を診断し、すでに心肺停止で蘇生の可能性がない人は「死亡」あるいは「救命不可能」と判断して「黒タグ」をつける。一分一秒を争って救命治療を施さないと、生命の維持が困難と判断された重傷者は、最優先で搬送すべく「赤タグ」がつけられる。

しばらく待たせても生命の危機にはならない中程度の負傷者には「黄色のタグ」。歩行可能な軽傷者には「緑のタグ」。

このトリアージの方法は、事故現場が阪神・淡路大震災を経験した地域だったという偶然の条件もあって、救助関係者の間での認識が浸透していて、JR事故では「ほぼ完璧に実践された」というのが、集団災害医学会の事後の評価となった。しかし、それは遺族の心情から見れば、外科的な評価、あえて言うなら外形的な評価と言うべきものであろう。

村上は、そうしたトリアージの基本的なあり方について、それまでに接した遺族たちの反応を整理する作業に取りかかると同時に、恵美が息子の死亡診断時の状況について医師から何の説明も受けられなかったことに、何とか対応してあげなければ、恵美のグリーフワークは進まないだろうと考えた。

そこで、現場でトリアージの選別にかかわった救命医を探した。事故であれ病気であれ、もし病院での死亡であれば、遺族は医師から死亡の経過と最終的な死因について、詳しく説明を受けることができる。しかし、大事故や災害の場合、現場でトリアージが行われると、黒タグをつけられた遺族は、遺体安置所で本人確認を迫られるだけで、死亡診断時の状態について何一つ説明を受けることができない。トリアージを担当した救命医は、現場で次々に死亡者や負傷者の診断と選別を行うだけで、それが終われば自分の病院に帰ってしまい、遺体に付き添うことまではしないからだ。

これは遺族にとっては、大切な家族が発見時にどんな状態であったのか、助かる可能性は本当になかったのかといった、人間の最期を確認する決定的な情報を奪われたに等しい問題だ。人生の「最期」に関する情報が欠落したままでは、遺族のグリーフワークが進むわけがない。かと言って、遺族が死亡診断をした救命医を探し出して面談を求めるには時間がかかるし、担当した医師を見つけ出しても、修羅場での診断だから、遺族の納得のいくような説明を受けられるケースは少ない。

《黒タグの犠牲者の遺族は、病院死であれば当然のことである死を看取った医師からの病状説明を受ける機会が閉ざされている。これでいいのか》

村上は、そう考えたのだ。

恵美の息子の死亡診断をした医師を探し出して、直接遺族に説明をしてもらうというのは、難しいので、村上は、交流のある兵庫県災害医療センターの救急医で、事故現場で救助作業にかかわった指導的立場のN医師に事情を話すと、説明役を引き受けてくれることになった。

恵美が黒タグへのこだわりを語ってから一ヵ月余り経った十一月末に、恵美は村上医師に付き添われて災害医療センターのN医師を訪ねた。N医師は、事故当時の犠牲者や負傷者の全般的な救出状況やトリアージがなぜ必要とされたか、赤タグで優先的に搬送されて一命を取り止めた重傷者が実際いたこと、恵美の息子の「脳挫滅」という死因はほぼ即死であって苦しまなかったであろうことなどを丁寧に説明した。恵美からの細かい質問にもN医師はきちんと答えた。

大学に入るまで何の問題もなく育ってきた息子を喪った恵美の悲嘆は、こうした説明で癒されるものではなかったが、村上の配慮によってN医師の誠実な説明を聞けたことは、恵美にとって、息子の最期の状況を全く見えなくしていた濃い霧をかなり吹き払ってくれたような役割を果たす意味を持った。それは、赤タグの重傷者が優先され、息子が病院に運ばれなかったのはやむを得ないことだったという「納得感」にある程度はつながったように見えたし、そういう真実を遮断する要素の一つ一つをクリアしていくことが、グリーフワークを進めるうえで大事なことだと、村上は認識を深めたのだった。もちろん息子の不条理な死そのものに対して「納得感」を抱くなどということは、全く次元を異にする話だが。

DMORTの立ち上げ

村上は、恵美のグリーフケアに取り組む中で気づかされた「黒タグ」の盲点について、交流のある医療関係者に語ると、かなり多くの遺族たちが恵美と同じような問題をかかえていることが関係者の話から伝わってきた。そうした遺族たちの中には、死体検案を行った監察医を訪ねて死亡確認作業の詳しい説明を求めたり、消防署の救急隊や救急救命センターの救急医を訪ねて死亡者の発見と救出の状況について説明を求めたりする人たちがかなりいることもわかった。

多くの遺族たちが、犠牲になった大切な人の死亡時の情報を求めているということは、事故や災害における死亡確認に関する情報を、遺族に説明するシステムができていないということであり、遺族に対する専門職によるグリーフケアの取り組みが全くなされていないということを示すものだ。

村上は、事故や災害の犠牲者の遺族に対するグリーフケアを現場あるいは遺体安置所から始める必要性を痛感し、学会で訴えることにした。

年が明けて、二〇〇六年二月、仙台で開催された第11回日本集団災害医学会で、村上はその問題意識を「尼崎列車事故との関わりを通しての、心療内科医から災害救急医への提言」と題して発表した。

「亡くなると遺体はものになってしまうのかもしれないが、家族（遺族）の存在を忘れないでほしい」

「負傷者は回復していくが、遺族はそのまま、むしろ悪くなっていく」

「初期対応によって。少しでも遺族は救われる」

「現場に遺族の心のケアに配慮してくれる人もいてほしい」

村上は、自らケアに当たった遺族たちの言葉を、「遺族からのメッセージ」として、発表論文の中に織り混ぜて紹介した。ねらいは、突然の喪失で打ちひしがれた遺族の悲しみを少しでも和らげたいという思いを伝え、そのために救急医たちにも遺族へのグリーフケアの意識を持ってもらおうということにあった。

村上の発表は、JR事故に関するセッションの一般演題の一つではあったが、そのセッションが終わると、何人もの医療関係者から声をかけられた。

「私たち（救急医）は、現場で被害者にタグをつけたら、それで任務は終わったと思っていたが、そうではないんだ。ご遺族にしてみれば、黒タグはショックであり、それからが大変なんだというのは衝撃的でした」

「自分たちは救命だけに気持ちを取られていて、トリアージがうまくいけばそれですべてよしとしていた。遺族のことを考えるという視点が抜けていました」

そういった反応は、医療者の専門性が高くなればなるほど、医療者の意識が医学的・技術的な問題に集中して、医療行為の一つ一つが患者・家族にとってどんな意味を持つのかというところにまで向けられなくなってしまう傾向が生じるということを吐露したものと言えるだろう。

村上が自分の問題意識を学会で思い切って発表したことは、その後の災害救急医療に新しい局面を拓くことにつながる二つの出会いを生じさせた。

その一つは、海外事情に詳しいある医師が、アメリカではすでにDMORT《ディーモルト》（Disaster Mortuary Operational Response Team＝災害時遺族・遺体対応派遣チーム）と呼ばれる取り組みがあると教えてくれたことだった。アメリカでは、一九九〇年代半ば過ぎから、交通機関の事故調査を行うNTSB（国家運輸安全委員会）に設置された家族支援局が調整役になって、赤十字社や消防、警察、医療、軍などが役割を分担して、大事故直後の混乱する家族に対する情報提供や様々な支援やその後のフォローなどをするシステムが作られたが、DMORTは、そういう時代の潮流の中で、独自のボランタリーな活動として生まれたものだった。

もう一つは、兵庫医科大学地域医療学（当時）の吉永和正教授（後に協和マリナホスピタル院長）に声をかけられたことだった。兵庫医大は西宮西部の武庫川沿いにあって、事故現場に比較的近かったことから、救急医療班を現場に派遣したし、多くの負傷者の受け入れもした。そういう中で吉永は、事故の遺族や負傷者たちに接することが多かったことから、遺族が引きずっている黒タグから受けた衝撃について、何とかしなければという思いを抱いていたという。

「発表、とてもよかった。大事な問題だから、しっかり取り組みましょう」

吉永は、できるだけ多くの関係職種の人たちに呼びかけて、研究会を立ち上げようと提案してくれた。

学会後、神戸に帰った村上は、早速アメリカにおけるＤＭＯＲＴの組織と活動について、詳しく調べている知人の医師に教えてもらった。それによると、アメリカにおけるＤＭＯＲＴは、医師、看護師、検視官、法医歯学者、ＤＮＡ分析技術者、放射線技師、葬祭ディレクター、遺体防腐処理専門家、心のケア専門家（精神科医、心理カウンセラー）、広報担当者など、実に広範な職種の人たちが参加しているボランティア組織で、大事故や災害が発生すると、直後から活動を開始し、遺体の身元確認、遺体の修復・保存、家族への連絡と説明・相談対応、グリーフケアなどに当たるのだ。

アメリカでは、事故・災害の犠牲者とその家族に対し、心理面にまでわたる丁寧な対応をしているのを知って、村上は《これは日本でも本気で取り組まないといけないな》と、身が引き締まる思いがした。そこで、吉永と連絡を取りながら、どれだけの専門職種の参加が必要か、その組織の窓口はどこかなどを調べることや、どのような活動をすべきかといったことを検討する作業に取り組んだ。

二〇〇六年十月、ＤＭＯＲＴ研究会の第一回研究会が神戸市で開催され、代表に吉永和正、事務局長に村上典子が選ばれた。研究会を立ち上げるに当たっての発起人に、全国各地の災害医療機関や救急救命センターの医師や監察医など十二人が名を連ねたことは、関係専門職の間でDMORTの取り組みの必要性について、潜在的に問題意識があったことを示していた。

と言っても、研究会が具体的にどう活動を進めていったらよいのか、その実効性はどうかとなると、はじめのうちは手探り状態だった。それでも、当面の活動として、三つの目標を立てた。

(1)事故・災害の現場で、茫然自失の状態になっている遺族に寄り添い、必要な情報を提供する「現場DMORTのチーム」を作る。

(2)長期に向けての遺族支援を視野に入れて、直後の支援から切れ目なく（シームレスに）活動を続けるためのネットワークづくり。

(3)黒タグや急性期のグリーフケアに関しての啓発・研修活動。

こうした活動は地味なものだったが、二年、三年と研究会を続けるうちに、会員は全国的に増えていった。そして、二〇一〇年にはDMORTの研修会を開始するとともに、実践のための「家族（遺族）支援マニュアル」とともに、DMORTに携わる専門職がバーンアウトしないための「災害支援者メンタルヘルス・マニュアル」も作成した。

そして、同年から専門職のための「DMORT養成研修会」を開始した。その受講者は二〇一六年三月までに六百人を超えた。そして、その年四月、熊本地震が起きると、遺体安置所で日本ではじめてのDMORTの活動が実践されたのだ。

若いわが子を亡くした母親の悲嘆の深さへの気づきに端を発した村上の活動は、事故・災害の犠牲者支援に、新しい取り組みを生み出したのだ。

3 クリティカルケア専門看護師

一挙に数百人に上る死傷者が出る大事故が発生したことは、周辺の医療機関にとっては、その対応の一つ一つが被害者一人ひとりの生命にかかわる問題だったから、組織的な取り組みの点でも医療スタッフ個人個人の対応能力の点でも、まさに想定外の事態にどこまで対処できるのか、そこが問われることになった。

電車の破壊状況からも推測できるように、その中に巻き込まれた乗客たちの負傷の状態は、震災による負傷者と比べると、はるかに複雑で深刻な様相を呈する人たちが少なくなかった。当然、直後における救急医たちによる緊急手術などの外科的治療が、被害者のその後の経過に決定的に影響を与えることになるのは言うまでもない。しかし、この事故の負傷者への対応は、そうした外科的な治療だけでは済まない問題を、多くの負傷者たちがかかえることになった。それは、既述の負傷者たちの個々の経過がはっきりと示しているが、多くの負傷者の治療に当たった災害拠点病院で、入院した全負傷者を専門的な眼で見つめ、負傷者たちの全般的な特質を把握して、心のケアに生かした看護師がいた。

兵庫医科大学附属病院看護部のクリティカルケア専門看護師・宇都宮明美（後に他の病院に異動）だ。

クリティカルケア専門看護師（正式名称は「急性・重傷患者看護専門看護師」）とは、患者が身体的あるいは精神的に非常に厳しい状況に陥っていて高度な看護の対応が求められる時に対応できる能力を持つ専門看護師のことで、日本看護系大学協議会が定めるカリキュラムをコースとして持つ大学院を修了し、その後日本看護協会が実施する認定試験に合格しなければならない。当時、この資格を取得した専門看護師は、全国で十三人しかいなかった。新しい専門看護師であるため、病院の中でどのような地位を与えられ、どのような任務を担うかということについては、制度化されてはおらず、各病院の看護部の判断にまかされていた。

宇都宮は短大で看護師の資格を取得した後、大阪にある国立循環器病センターで十五年間勤務したが、より知識を深めるとともに、看護の意味と役割をしっかりと考え直そうと、一旦退職して大阪府立看護大学大学院で二年間学び、事故の前年、二〇〇四年三月に修士課程を修了した。修了後、同年四月から兵庫医大病院に勤務するとともに、クリティカルケア専門看護師（急性・重症患者看護専門看護師）の資格取得にチャレンジして、一年ほどで認定を受けた。

一人の職業人にできることは、そう多くはない。しかし、看護師として現場で十五年間も仕事をし、中堅のベテランと言われる領域に入っているにもかかわらず、三十代半ばになってそれだけでは飽き足らずに、業務の専門性を高め、自分自身の仕事との向き合い方（内面的なもの）を深めようと、特定の専門領域の学びと資格に挑戦する。そうした一人の職業人のひたむきさは、社会的に注目されるわけではない。個人レベルの、ある意味で密かな生き方でしかない。

しかし、世の中には「意味のある偶然」と言うべき現象がある。社会的に困難な問題とか、あるいは事故や災害の悲惨な被害が発生し、新たな高度なレベルの対応が求められる状況が生じた時、その問題に関する新たな専門的知識を身につけ、先駆的に取り組もうとしている人物がいると、途端にその人物の身につけた専門性のある学びと問題意識が、大きな役割を果たすことになる。表現を変えるなら、一方に問題意識の高い専門家の人生街道がある。もう一方に事件や災害に巻きこまれて混乱している人物の人生街道がある。それら二つの人生街道の交わる交差点で再生への新たな街道が拓《ひら》かれる。それは単なる偶然であるように見えるけれど、それだけではない意味が秘められている。そうした不思議な交差現象を、「意味のある偶然」というキーワードでとらえようとしたのは、臨床心理学者だった故・河合隼雄先生だ。

単なる偶然ではないということは、宇都宮がこれからの時代状況の中では、専門性の高いクリティカルケアのニーズが絶対に必要になるという問題意識を持って、その学びと資格にチャレンジしたことからもうかがえる。

大学院を出て兵庫医大病院に再就職した宇都宮は、特定の病棟に配属されないで、看護部のいわばフリーのポジションで専門性を活かすように要請されていたので、ICUや病棟の看護師たちが高度な専門性のある看護対応の必要が生じた時に、適切なアドバイスをしたり検討の議論をしたりするという役割を日常的に果たしていた。そのために、ICUの看護師たちが勤務交代時に申し送りをするミーティングには、必ず参加して、一人ひとりの患者が直面する重要な課題について、担当看護師と確認し合うようにしていた。

このような日常的な看護の中で、クリティカルケアの視点を活かそうとする取り組みが、電車の脱線転覆事故という非常事態に直面した時の速やかな対応に繋がったと言えるだろう。

訓練の教訓を活かす

その日、四月二十五日午前九時半頃、兵庫医大病院の救命センターに尼崎消防署から緊急連絡が入った。

「JR福知山線の尼崎市内で踏み切り事故が発生。これから負傷者五名を搬送しますのでよろしくお願いします」

救命センターからすぐに看護部にも連絡が入った。電車事故となれば、救命センターのスタッフだけでは人手が足りなくなるおそれがあるからだ。重傷の患者の発生もあり得るから、まさに宇都宮の出番だった。

ところが、現場から救急車で十分ほどの距離なのに、一向に救急車のピーポーピーポーの音も聞こえてこない。

「大変だ！　えらいことになってる！」

病院ロビーのテレビを見た職員が関係部に伝えてきた。

その時、やっと救急車が一台、救命センターに着いた。運ばれてきたのは、小指を骨折した患者だった。自分で歩くこともできる。救命センターに駆けつけた宇都宮は、直感的に、現場は相当に混乱しているに違いないと感じた。テレビの中継映像に映し出された現場の電車の脱線状況を見ると、よくある踏み切り事故ではない。大勢の負傷者が出ていることが容易に想像できた。

ところが、真先に搬送されてきたのが、指の骨折だけの患者だというのは、あまりにちぐはぐな感じだ。重傷者の救出に手間取っているのかもしれない。

宇都宮は看護部長室に戻ると、集まってきた各病棟の婦長たちに言った。

「事故現場はかなり混乱していて、負傷者の搬送が遅れていると思われます。あとからどっと多数の負傷者が運ばれてくる可能性があります。輸液・洗浄の生理食塩水・消毒液、ガーゼ、縫合セットなど、応急処置に必要なものを大量に準備してください。緊急度の高い患者と軽傷者の選別を、到着時にしっかりとやらないと混乱しますから、玄関ホールにトリアージポストを設ける必要があります。私が責任をもって混乱のないようにしたいと思います。現場でもトリアージはしていると思いますが、トリアージタグをしっかりと確認して、治療の順位に誤りが生じないようにしなければなりません」

このトリアージのダブルチェックは、三カ月前に行った災害訓練の際に気づいた教訓を活かそうとするものだった。その訓練は地震によって多数の負傷者が出たという想定で行われたものだが、搬送されてきた仮の負傷者数を多くしていたため、担当の医師が、「赤」「黄」「緑」と判定すると、看護師たちは負傷者一人ひとりに判定された色のタグをつけるのに追われて混乱し、タグがよく見えないところにつけられて放置されていたり、急いで手術室に移送すべき赤タグの重傷者がいつまでも残されていたりして、トリアージポストが患者を乗せたストレッチャーやへたりこんだ負傷者やスタッフたちでごった返す状態になってしまったのだ。トリアージのための判定と判定の済んだ負傷者の治療室への移送は、もっとシステマティックに整然と行われるようにしないといけないというのが、訓練の教訓だった。

災害訓練は、往々にして避難訓練などの形式的な行事だけでやったことにしてしまう例が多い。しかし、事故や災害というものは、組織や関係者が見落としていたり、そんなことはないだろうと甘く見たりしているところを、意地悪く突いてくるかたちで、破局をもたらすことが多い。訓練とは、そういう落とし穴を発見するために、できるだけ起こり得る最悪の事態を想定して実施して、見落としや盲点を露呈させてこそ意味のあるものとなるのだ。

その点、兵庫医大病院で事故の三カ月前に行った地震災害訓練は、被害規模を大きく見積もったことによって、多数の負傷者を受け入れた時の院内トリアージの予想もしていなかった問題点を浮き彫りにしたという点で、意味のある訓練だった。

そして、もう一つ大事なのは、教訓を現実感をもって受け止め、勇気をもってそれを実践で活かす対策を立てる判断力を持つキーパーソンの存在だ。

重傷者たちの状態

午前十時を過ぎる頃から、状況が一変した。救急車が二台、三台と、次々に到達し始めた。パトカーや一般車までが、負傷者を運んでくる。意識ははっきりしているが、骨盤骨折で動けなくなっている人、クラッシュ症候群で苦しんでいる人、足の皮膚がめくれて肉がむき出しになっている人、心肺停止状態で直ちに蘇生術の必要な人など、玄関ホールに設けたトリアージポストは、たちまち現場の惨状をそのまま持ち込まれたかのような騒然とした状況になった。

宇都宮は、病院のストレッチャーに移された負傷者一人ひとりに現場でつけられたトリアージのタグの色と負傷の状態の照合と名前の確認をすると、傍で待機している看護師たちに、「赤！」「黄！」と叫んで、それぞれの治療室に運ばせた。赤は救命センター、黄は時間外外来、緑はロビーと廊下だった。

事故現場での赤・黄・緑の振り分けに間違いがなかったのは、混乱防止にはよかった。ただ、意識や発語のはっきりしない重傷者は名前が確認されないまま搬送されてきたので、その確認をしなければならなかった。男性の場合は、ポケットに入っている財布や名刺入れから、運転免許証や学生証、名刺などで住所・氏名を確認することができた人が多かったが、女性の場合は、ハンドバッグを飛ばされて失くなっているので、衣類のクリーニングタグで姓を確認するのが精一杯だった。

そのうちに、警察の護送車で歩行可能な負傷者がどっと運ばれてきた。一車両が到着する度に、二十人から三十人の負傷者たちが一度にトリアージスポットに入ってくる。トリアージタグはほとんど「緑」の比較的軽傷の人たちばかりだったが、中には「黄」の人もいるので、治療の振り分けを間違いないようにしないといけない。十人以上の看護師たちが、手分して一人ひとりの住所・氏名・年齢などを確認してカルテに記入し、行くべき治療室を指示する。しばらく待機しても待てる軽傷者たちは、廊下に臨時に長椅子を並べて設けられた待機場所に座らされた。治療の済んだ重傷者たちは、救命センターのＩＣＵ内で空いているスペースにベッドを並べたり、小部屋に衝立の仕切りも設けずに五台のベッドを並べたり、十八ある病棟の空きベッドに分散したりと、まるで野戦病院のような状態になった。

午後になると、搬送されてくる負傷者が急に少なくなった。受け入れが終わったのは、午後四時だった。現場ではまだ閉じ込められている負傷者がいて、懸命の救出作業が続けられていると、テレビは報じていたが、兵庫医大病院では負傷者の収容能力を超えていたので、午後四時で緊急受け入れ態勢を解いた。

この日、兵庫医大病院に搬送された負傷者は百十三人に達し、そのうち入院による治療継続の必要があったのは、三十七人だった。

他に、赤タグで運ばれてきた男性一人は、懸命の蘇生術を施したものの、脳損傷がひどく、まもなく死亡が確認された。

もう一人、やはり赤タグで運ばれてきた女性の患者は、全身に複雑骨折などの負傷をしていて、重篤な状態にあった。人工呼吸器で生命の維持がなされたが、特に両下肢がクラッシュ症候群で脹《ふく》れ上がっていて、早急に切断しないと、両下肢に生じる毒が全身に回って命取りになる。意識はまだあったので、医師は患者に症状を説明した上で、両足切断への同意を求めた。インフォームド・コンセントの厳しい局面だ。

彼女は苦痛に耐えながら、両足切断に同意した。医療スタッフにとっても辛い瞬間だった。しかし、両足切断同意後、容態が急速に悪化していった。患者には、もはや両足切断に耐えられるだけの心機能も全般的な体力も残されていなかった。医師たちは、救命の最後の手段としての両足切断を断念せざるを得なくなった。

患者は、数日後に亡くなった。担当の医師にとっても看護師たちにとっても、痛恨の看取りになった。スタッフは皆一様に無力感に襲われ、深いトラウマをかかえることになった。

宇都宮は、院内がかなり落ち着きを取り戻した午後五時過ぎから、ＩＣＵや病棟に分散して入院した重傷者一人ひとりを訪問して、手術後の状態の確認や不安そうにしている家族への説明をして回った。

三十七人もの重傷者全員を訪問するのは大変だったが、あえて時間をかけて巡回したのは、今後の継続的なケアに取り組むには、事故当日の、特に治療を受けた直後の様子を把握しておくことが重要だと考えたからだった。また、医療者が最初から顔を合わせておくことは、患者の側からは、大変な負傷を受けたことを、はじめの段階からわかってくれているスタッフだという信頼感に繋がる。こうして入院患者全員の状態を確認し終えた宇都宮は、重傷者たちの反応がはっきりと二つに分かれていることに気づいた。

一つの反応傾向は、殆んど言葉を発することはなく、宇都宮の自己紹介や質問に対し、ただ頷くだけの患者たちだ。事故のショックや重傷を負ったことで、放心状態に近い状態にあるのだろうと思われた。

もう一つの反応傾向は、事故時の状況や重傷を負った理由などについて質問すると、やや興奮気味に、その瞬間のことなどを詳しく話す患者たちだ。

なぜ二つの対照的な反応に分かれるのか、その理由はわからなくても、そうした一人ひとりの反応を、宇都宮は丁寧に記録した。

心のケアへの連携

翌二十六日、朝八時に出勤した宇都宮は、再び入院患者一人ひとりを訪問して歩いた。患者たちは大変な経験をしたのだから、通常の声かけのように、「大丈夫ですか」などと安易な言葉でやり過ごすのでなく、負傷の部位や重症度などに応じて、患者の心理状態に寄り添う会話になるように心掛けた。

すぐに気づいたのは、昨夜自分が訪問し、かなり会話を交わしたにもかかわらず、自分と会ったことを記憶している患者が一人もいないということだった。重傷を負った患者たちは、そのショックで脳の記憶装置が全く働かないほど、頭の中が真っ白になっていたのだ。

ただほっとしたのは、手術した身体の各部が、どの患者も小康状態にあり、患者一人ひとりがかなり落ち着きを取り戻していることだった。

二日経った二十七日になると、患者たちに特異な感情が見られるようになった。医療者側にしてみれば、懸命に重傷者たちに救命のための治療を行い、命を救うことができたのだから、患者たちの口から、「助かってよかった」という安堵の声が当然出てくるものと、暗黙のうちに期待していた。ところが、誰一人として、「助かってよかった」とは言わないのだ。

みな沈鬱な表情をしている。宇都宮がやわらかな口調で、「今、辛いのはどんなことでしょうか」と聞くと、多くの患者の言うことがほぼ同じだった。

「私は沢山の人たちが事故の衝撃で折り重なった上にいたんです。下にいて亡くなった人々を苦しめたに違いないと思うんです。でも、自分も身体が動かなくて、下の人たちを救うことができなかった。こうやって生き残ったことが申しわけなくて……」

その苦しい気持ちを、家族にも言えずに、独りで自分を責め続けているという人が、何人もいた。

こういう場合に、「そんなふうに思わないで。多くの人たちが亡くなったのは、あなたのせいではないのよ」などと、苦悩する人の言葉を全面的に否定するような対応をすると、苦しみを聞いてほしいと思っている患者の心を閉じさせてしまう。心理カウンセリングにおいても、対応の難しい問題だ。宇都宮は、そういう場合の対応の仕方について、しっかりと学んでいた。

「そう思ってしまうのは辛いですね」

患者の言葉を否定しないで、患者の心情に寄り添い理解することが、苦悶する患者を孤立させないで、心の中を整理する方向に向かわせるために、とても大切なことなのだ。

三日経つと、患者たちつまり重傷を負った被害者たちが、新たな感情を表面に出すようになった。怒りの感情を爆発させるようになったのだ。

「なんでこんな目に遭わないといかんのだ」

「JR西日本は、何をやってたんだ」

その感情表出が頂点に達したと言えるのは、事故から一週間以上経ってから、JR西日本の垣内剛社長が兵庫医大病院に入院中の被害者の見舞いに訪れた時だった。患者である被害者たちの中には、各室を回る垣内社長に対し、病床から声を荒らげて怒りをぶつける人が少なくなかった一方で、面会すること自体を拒否する人もいた。

宇都宮は入院患者一人ひとりの話にじっくりと耳を傾けることを心掛け、そこから重傷を負った被害者の心理状態をとらえることに努めた。そうした心理面でのサポートをするために行った活動は、次のようなものだった。

(1)患者の急性のストレス反応に対し、メンタルサポートをする。

⑵重症患者のケアに困惑感を持つ看護師を支援する。

⑶患者に対する円滑なチーム医療が行われるように関係者の調整をする。

⑷患者の人権を守るための倫理的な調整に責任をもって当たる。

日が経ち、身体的な怪我が回復へと向かい始めると、被害者たちに感情や心理面での揺れ動きがはっきりと見られるようになってきた。まさにクリティカルケアの重要な課題が表面に出てきたのだ。

負傷者全員の心身両面の状態の変化を、宇都宮は毎日、看護部長の山田繁代に報告していた。山田は負傷者たちが心に刻まれたショック体験や様々なトラウマによって、精神的な病に陥らないようにするには、関係専門職が連携して心のケアに当たる必要があると判断した。そして、病院長ら幹部の賛同を得て、事故から十日目の五月四日、関係専門職を集めて、「回復支援サポートチーム」を発足させた。集まったのは、救命センターの医師、整形外科医、精神科医、臨床心理士、ソーシャルワーカー、看護部長、同次長、宇都宮というメンバーだった。

この初会合で、まず宇都宮が重傷を負った被害者たちの心理面の状態について、十日間の変化を説明した。各職種ごとに、問題点や注意すべき点などについて、意見交換をした後で、入院患者三十七人の心身両面でのよりよい回復を目指して、どのような連携が必要かという点に問題を絞り込んだ。

結論は、宇都宮が三十七人一人ひとりについて、心身両面の変化をフォローし、気になる問題が生じたら、関係する専門職のチームメンバーに報告をして、対応策を考え、必要に応じて専門職が診療に当たる連携システムを作るというものだった。

大学病院は診療科が多いため、他科の医師などに診てもらうには、文書による紹介が必要とされたが、回復支援サポートチームの場合は、口頭による連絡だけですぐに診療の連携ができるようにした。

こうした重傷者の心のケアを重視した専門職種の連携システム作りは、非常災害時の医療機関の取り組みのモデルとなるものと言えるだろう。

人生観の転換へ

事故から三週間ほど経つと、患者たちの心模様に新たな変化が生じた。

負傷した部位がかなり回復してきたので、付き添う家族や見舞いの友人などから、励ましのつもりからであろう、

「がんばろうね」

と言われることが多くなる。

負傷者にしてみれば、懸命にがんばってきたし、早く元気になるようにがんばらないといけないと自らに言い聞かせている。しかし、重傷を負った身体がどこまで回復できるか、果たして事故前と同じような身体に戻って社会復帰できるかどうか、まだ不透明だ。その葛藤の中で他者から「がんばれ」と言われると、《そんなことを言われなくても、自分は必死にがんばってるんだ。これ以上、どうしろと言うんだ》という反発したくなる感情が湧いてくる。

特にリハビリが始まった患者は、重傷で身体を固定されていたに等しい日々が二週間、三週間

と続いていたため、筋肉が固まっていて、腕も腰も足も動かすだけで痛い。理学療法士がいろいろと説明してくれたうえで、屈伸の指導をしてくれるのだが、思うように身体が動かないと、泣きたくなるほどきつい。それでも懸命に、《がんばらないと》と自分に言い聞かせる。《こんな状態で社会復帰ができるのだろうか》という不安も脳裏をよぎる。そこに他者から「がんばろうね」と言われると、鉛の重しをさらに背負わされた感じにさえなる。

宇都宮は、回復期に入った負傷者の、家族にも言えないそうした心理的な葛藤の言葉に、しっかりと耳を傾けた。

「あなたは、もう十分にがんばっていますよ。毎日見ているから、一生懸命なのはよくわかる。ゆっくりでいいの」

そうした言葉で、負傷者のストレスを少しでも和らげるように気配りをした。

宇都宮は後に振り返ってみると、多くの負傷者たちにとって、三週間目から一ヵ月過ぎにかけての時期が一番しんどかったのではないかと思えるという。

そして、一ヵ月半から二ヵ月目になると、負傷者たちは自分の負傷部位の回復見通しについて、かなり具体的に関心を集中させるようになった。

「本当に身体は元のようになるのですか」

「この足でも歩けるようになるのですか」

「手は動かせるようになるのですか」

そういった質問をされることが多くなったのだ。宇都宮は、そうした問いかけを、必ずそれぞれの患者の担当医や療法士に伝え、心理的に強い不安に苛《さいな》まれている患者については、臨床心理士に伝えて、それぞれの専門職に対応してもらうようにした。

さらに三カ月、四カ月が経過すると、ぼつぼつ退院者が去っていくようになったが、入院の続く患者との会話を通じて見えてきたのは、人によって早い遅いの違いはあったが、それぞれに自分が事故に遭った意味は何なのかという意味付けを考え始めたことだった。

はじめのうちは、自分が生き残ったことについて、亡くなった人に申しわけないという罪悪感のみが強かったのに対し、月日の流れの中で、その意識が消えたわけではないが、「亡くなった人の分まで悔いのない生き方をしなければいけない」という前向きの考え方が芽生えてきたのだ。それは、長い人生の中で遭遇した〝負の体験〟を未来に向けてプラスの方向に生かそうという、人生観、死生観の大転換と言えるだろう。

退院が可能となった患者は、退院の一週間くらい前に、試験外泊をする。入院中のリハビリだけの生活と違って、自宅に戻ると、身体の動かし方が違ってくるし、家族とともに街に出かけることもある。身体に思いがけない負担がかかって、手術したところに予想外の力が加わって、痛みが生じるとか、傷口が開くことがないとは言い切れない。事故の恐怖体験のトラウマがどんな形で表面化するか、それは家庭での生活をしてみないとわからない。

宇都宮は、それはとても重要なことだと考えていたので、患者が試験退院から帰ると、退院中に心理的に生じた問題がなかったかどうかを、しっかりと質《たず》ねた。患者たちが話す内容からひしひしと感じられたのは、心理的なトラウマの深さだった。それは通常の外科の患者とは違う、大惨事の被害者なのだということをまざまざと示すものだった。

「スーパーで買い物のかごが何かに当たって出す金属音を聞いただけで、怖かった」

「家族の運転するクルマに乗って、カーブを曲がる時、電車がカーブで傾き始めた時のことが甦って怖かった」

「電車やエレベーターなど密閉空間がすごく怖い」

患者がそう語る時、恐怖の体験を甦らせているような表情になっている。

宇都宮は、ひたすら傾聴に徹するようにしつつ、語る人の心情に寄り添うように言葉をかけた。

「そのように恐怖心が甦るのは、決して精神的におかしいということではないのですよ。誰だってあのような事故に巻きこまれたら、怖かった感情というものは、すぐには消えないものです。でも、忘れられなくても、乗り越えて生きられるようになると思います」

看護師も心に傷を

兵庫医大病院に入院した重傷者三十七人は、長い人で数ヵ月後にはほとんど退院することができ、最後の一人が退院したのは七ヵ月後だった。その最後の一人は、一緒に乗っていた母と叔母を亡くした浅野奈穂だった。

医療スタッフに強い印象を残した患者だった。救急車で運ばれてきて意識がしっかりしてくると、母と叔母の手をしっかりと握って助けてあげられなかったことを、繰り返し繰り返し悔やみ、「お母さんにあんな辛い思いをさせてしまった。私が死ねばよかった」と言って、自分を責めた。

母の葬儀の日には、「お母さんに会って見送りたい」と言った。だが、奈穂は両手両足とも長時間圧迫によるクラッシュ症候群などで、とても外出できそうになかった。腎不全を起こしていないことが生命維持上の救いになっていた。奈穂の姉から相談を受けた宇都宮は、直接奈穂のベッドサイドに行き、奈穂の心境を確かめた。

「お母さんにどうしても会いたい？」

「会いたい」

そう言い切る奈穂の表情は真剣そのものだった。

《自分を責め続ける彼女にとって、母親との最期の別れをできるかできないかは、その後の彼女が心の整理をするうえで極めて重要な意味がある。その別れの機会を失わせないために、医療者は努力すべきだ》

そう考えた宇都宮は、自分が責任をもって付き添う決心をするとともに、救命センターの主任教授に事情を説明した。医師たちは奈穂を外出させるのは極めてリスクが高いと懸念していたが、「奈穂さんの人生の中で大きな岐路になるほど重要な意味のある見送りになる」という宇都宮の判断に、教授も同じ考えだと答え、外出を許可した。

奈穂は点滴など万全の態勢を施してもらい、宇都宮の付き添いで介護タクシーに乗って、葬儀場に向かった。式場にはリクライニング付きの車椅子で入り、葬儀が始まる前に十分間だけだったが、母親に別れの言葉をかけることもできた。

「会えてよかった」

奈穂はぽつりと宇都宮に言った。

「そうね」

宇都宮は安堵して答えた。

入院後しばらくの間、「お母さんの代わりに自分が死ねばよかった」と繰り返し言う奈穂に、ある時、宇都宮はいつもと違って傾聴するのでなく、真正面から向き合うような気持ちで言った。

「それは違うんじゃないかな。もし逆に、奈穂さんが亡くなっていたら、お母さんはもっと辛い思いをすると思うの」

その時、奈穂は何も返事をしなかったが、その後宇都宮の言葉をずっと考えて、そこから「お母さんのぶんまで生きなければ」と言うようになっていった。


重傷者のすべてが退院した後、宇都宮は言いようのない疲労感を感じるようになっていた。しかし、その疲れをあえて意識から遠ざけるような毎日を過ごしていた。

事故から一年半ほど経った二〇〇六年秋、災害看護学会の中心人物の一人、広島赤十字病院看護部の渡辺智恵が、災害・大事故時の看護経験者が何を感じたか、辛かったのは何か、ケアが困難だったのはどういう場面でか、という項目について、インタビュー調査を行っているので協力してほしいと言ってきた。そのことに答えながら、宇都宮ははじめて自分の心の中を分析的に振り返ることができた。そして気づいたのは、自分はあの時期しんどかったのだということだった。

他者のケアに携わる専門家であっても、自分のことになると意外にわからないものだ。大規模な事故・災害時の被害者・被災者の救護となると、医療者も苛酷な状態に身を曝《さら》すことになり、心に傷を負うことが少なくない。いわゆる「惨事ストレス」だ。そういう場面では、使命感だけで仕事をしていると、自分を見失い挫折することもある。宇都宮は、その後、若い看護師たちに、折々に次のように伝えることを心掛けるようになった。

〈看護師も苛酷な状況下では、被害者と同様な状態に曝されることが少なくない。そういう時には、使命感だけで「自分は大丈夫」と強がらないで、自分の心を見つめ、辛ければ誰かに相談すること。

自分の弱さを認めることで、本当の意味で被害者・被災者の患者に寄り添えるのだ。〉

人間の弱さを知ることこそ、看護師の最大の強さだ——と、宇都宮は信じるようになっていた。

4

ボランティア志向の弁護士

NPO法人「市民事務局かわにし」の呼びかけで、事故の翌々月六月十二日に負傷者たちが集まって「語りあい、分かちあいのつどい」の初会合が開かれた時、参加者の中に、被害者ではないが、西宮市から駆けつけた比較的若手の弁護士・津久井進《つくいすすむ》がいた。

津久井が災害・事故・事件の被害者支援に強い関心を抱くようになったのは、その十年前、一九九五年一月十七日の阪神・淡路大震災がきっかけだった。その頃、津久井は弁護士の資格を得る直前で、まだ埼玉県内の司法修習生の寮にいた。地震発生の朝、何気なくテレビをつけると、神戸市内で高速道路が倒壊し、長田区などでは地震火災が広がっている。《大変なことになってる》と衝撃を受けたが、自分は何をすべきかと考えても、どうしてよいかわからない。日が経つにつれて、遠く離れた埼玉の地でテレビを見ているだけの自分に、罪悪感さえ感じるようになった。

現地では、全国各地から医療・保健・福祉などの専門職の人々や、一般の人々、学生などのボランティアの人々など数十万人が復旧作業や被災者支援の活動に取り組んでいる。その様子がテレビで報道されているのを見て、津久井は居たたまれない気持ちになり、神戸に出かけボランティア活動に参加した。そして、四月に弁護士の資格を得ると、相談活動をしていたグループの一員となり、先輩の弁護士たちとともに、法律的な側面から被災者の支援活動にかかわったのだ。

ところが、二年、三年、五年と歳月が流れていくうちに、一緒にボランティア活動をしていた弁護士たちは、次々に離れていき、気がつけば津久井ら少数の者たちが残された恰好になった。

しかし、震災被災者の支援に携わったことは、津久井にとって貴重な体験となった。次々に起こる地震災害、火山噴火災害などの報道に接する度に、どの災害も他人事《ひとごと》として見ることができず、被災者の身になって考え、法律の専門家として何ができるかを考えるという思考回路が身についたのだ。

そして、二〇〇五年四月二十五日のＪＲ福知山線事故が起きたのだ。その頃、津久井は妻の出身地である尼崎市に居を定めて、芦屋西宮市民法律事務所を立ち上げて仕事をしていた。尼崎市の事故現場はまさに地元だ。何か自分にもできる被害者支援活動はないかと、自然に考えるようになった。そこで鉄道事故に詳しい明石市に法律事務所を置く佐藤健宗弁護士に電話をかけた。

佐藤は、一九九一年に起きた信楽高原鉄道での正面衝突事故（死者四十二人、重軽傷者百十四人）の後、遺族たちとともに結成した鉄道の安全の確立を求める市民団体「鉄道安全会議（TASK、代表・安部誠治関西大学教授）」の中心メンバーとして活動を続けていた。

「大変な数の被害者が出ている。ただテレビを見ているだけでは情けない。被害者支援のために、何をしたらいいか教えてほしい」

津久井が率直に気持ちを話すと、佐藤は諭すように言った。

「ご遺族は今は大変です。特に事故直後は、ショックや怒りの感情が強いので、今はまだ、そっとしておいてあげることが大事です。無理に接触しようとすると、ご遺族を傷つけることもあるんです。遺族の心情を十分に理解したうえで、必要なタイミングで支援するのです」

確かにその通りだと、津久井は佐藤の助言を理解することができた。無理に接触しようとすると、補償金交渉の代理人になりたくて近づいてきているのだと誤解されかねない。

そこで津久井は、遺族や負傷者が専門家の支援を必要とする時期まで、状況を見つめることにし、その間に、事故の被害者が事故によって受けたトラウマによって生活や生き方や人間関係にどのような影響を受けるのか、さらに立ち直るのに必要な条件は何なのか、といったことをしっかりと学んでおこうと、二十年前の日本航空ジャンボ機墜落事故の遺族たちの歩みを記録した本を探して、読んだ。

事故から三週間余り経った五月十八日、津久井はその日の新聞に掲載されているＪＲ福知山線事故関係の記事に目を通しているうちに、一つの記事の内容に心を動かされた。

「市民事務局かわにし」が、事故で生き残った負傷者たちがそれぞれに背負い込んだ心の傷（トラウマ）や亡くなった乗客と遺族に対して抱きがちな罪悪感（サバイバーズ・ギルト）、あるいは生活・人生をやり直すうえでの困難などの問題について、孤立していたのでは苦しくなるばかりだから、集いあって語りあい、専門家の助言も得て、解決の糸口を見つけようと、集いの場を設けることにしたというのだ。六月十七日に開くことになる負傷者と家族を中心に臨床心理の専門家なども参加する「語りあい、わかちあいのつどい」の企画と参加呼びかけに関する記事だった。

《そういう集いなら、自分も法律の専門家として何か手助けできることがあるに違いない》と思った津久井は、その日のうちに市民事務局かわにしの三井ハルコに電話をかけた。

「すぐに損害賠償の代理人になるといった話でなく、皆さんの話しあいの中で、法律の専門家の立場からお役に立てるような助言をできることもあるのではないかと思うのです。集いに参加させて頂いてもよいでしょうか」

「ああ、そうですか。それじゃあぜひいろいろお話を聞かせてください」

とやわらかい口調で歓迎してくれた。

その頃、津久井は兵庫県弁護士会の有志が立ち上げようとしていたＪＲ福知山線事故被害者の相談体制作りにもかかわっていた。弁護士会の中からは、相談を受け付けるとなると、有償なのか無償なのか、賠償交渉を依頼された時の着手金はどうするのか、心のケアの問題がからんだ場合、心の専門家との繋がりをどうするか、弁護士の対応によって心が傷ついたといったいわば二次被害が生じたらどうするのかなど、様々な意見が出された。そして、これは弁護士会がやる仕事ではないと主張する人や、まず規則を作り、そこから始めるべきだといういかにも法律家らしい慎重論の人もいて、被害者のために急ごうとする津久井らの気持ちにブレーキがかけられた。

それでも津久井ら有志は、「これは法律家として当然やらないといけない活動だ」という意志を固めた。それにしても無手勝流で相談に当たるというわけにはいかない。やはり異常な事件・事故の被害者やその支援に当たった専門家に会って、被害者がかかえこむ問題はどのようなもので、その支援に当たる法律の専門家や心の専門家はどう対処したかといったことを、まずは学んでおこうということになった。

そこで、佐藤弁護士や精神科医、そして多くの被害者を出した四年前の凶悪事件・大阪教育大学附属池田小学校事件の被害児童と家族の支援に当たった専門家などにどのような支援が必要かといった問題について話を聞く勉強会を開いたりした。二〇〇一年六月に異常人格の宅間守（三十七歳、後に死刑となる）が学校に押し入って、一、二年生の児童八人を殺害、教員を含む十五人に怪我を負わせた事件だ。

その学びをベースにして、津久井らは、五月末に法律家として被害者が直面する問題に対する「相談マニュアル」を作り上げた。そこには、被害者の心を傷つけないようにする注意点まで書かれていた。そして、二〇〇五年六月一日から兵庫県弁護士会の会館で、ＪＲ福知山線事故被害者のための無償の相談窓口を開いたのだった。

「語りあい」からの出発

「市民事務局かわにし」の呼びかけで、六月十七日に川西市の市民活動センターで開かれた「語りあい、分かちあいのつどい」の初会合では、参加した負傷者や家族ら十六人が、それぞれにかかえている問題を語りあった。事故を思い出す度に襲ってくる恐怖感や、社会から取り残されていくように感じる不安感、JR西日本から持ちかけられている補償問題への対処の仕方がわからなくて悩んでいるという困惑など、率直に語られる問題は多様だった。そうした問顕は、独りだけで悩んでいると、ストレスが蓄積されて気分が暗くなるばかりだが、プライバシーが守られる非公開の場で、被害者同士が率直に語りあえると、それだけでも気持ちがずいぶん楽になるものだ。

しかも集いには、臨床心理士の堀口節子と弁護士の津久井進が専門的な問題についての助言者として参加しているので、負傷者たちにとっては、問題を整理して考えるよい機会になった。

例えば、補償問題については、津久井が「時効までに時間が十分ありますから、あせらないで納得のいくまで交渉を続けることをお勧めします」と、基本的な対処の仕方を説明すると、当事者は気持ちが楽になる。あるいは事故に対する恐怖感が消えないという人に対しては、堀口が、「トラウマはすぐにではないが、時間とともに薄らいでいきます」と助言すると、当事者は当分はあせらないでいこうと思うようになる。

同じ辛い経験をした者同士が集まって語りあうことの意義が大きいことがわかったので、三井ハルコは、この集いをできるだけ頻繁に開催していくことにした。はじめのうちは、ほぼ一ヵ月半に一回だったが、二年目からは負傷者たちの要望に応えて一ヵ月に一回の割合で開催していった。そのことは、前章に書いたとおりだ。

ちなみに、二年後の二〇〇七年六月二日の第二十回の集いまでの参加者は、のべ四百五十人を越えた。ほぼ継続的に参加する人や時々参加する人、一回だけの人など、参加の仕方は様々だが、集いへの参加を重ねることによって、事故以前には見ず知らずの他人だった負傷者たちの中のかなりの人々が親交を深め、事故の風化を防ぎ、鉄道の安全を訴える活動に一緒になって取り組むようになった。

事故の被害者が集まって、被害者同士だから共感し合える話し合いの場の重要性を、「語りあい、分かちあいのつどい」の第一回会合に参加して理解した津久井は、自分は法律の専門家という狭い領域で支援するだけでなく、集いを継続していくために必要な裏方の仕事も積極的に引き受けていこうと考えるようになった。

それは、会合の司会進行役をはじめ、会計の手伝いや被害者手記集を作る時の下書きの手伝い、損害賠償交渉への助言、個別の各種相談への対応など様々な〝雑用〟と言ってもいいようなものが過半を占めた。それでも津久井は、そういう一見小さな行為の一つ一つに対応していくことが、ボランティア活動では大事なことなのだと受け止めた。

津久井は、三井を中心とする重傷者たちとかかわるだけでなく、事故の翌月に遺族の有志が集まって立ち上げた「4・25ネットワーク」のメンバーとも交流するようになった。

そうした負傷者の会や「4・25ネットワーク」への支援活動の中で、自分の役割は何かについて、津久井は右記のいわば〝雑用〟的な仕事とは別に、より専門性を活かす活動として、次の点に力を入れるように心掛けた。

⑴会合の準備、司会・進行、取りまとめなどの中心になるファシリテーターの役。

⑵JR西日本に対する損害賠償交渉に関して、一般的なルールと手順について、手引き書（冊子）を作り、希望者に配布するとともに、必要に応じてレクチャーする。示談する場合の書類のモデルを示して説明する。後遺症がある場合には、事故との因果関係を明らかにするため、時には医師の協力を求めて、じっくりと検討する。その上で、JR西日本に補償の対象となる後遺症として認めるよう交渉する。

⑶事故原因と企業（JR西日本）の責任について、被害者と一緒になって考え、運輸安全委員会の調査や刑事裁判に要望を出していく。

⑷活動組織の文書作成、活動記録の作成などに積極的に関わる。

⑸負傷者の急性期治療終了後の代替医療などについて、可能な限りJR西日本に医療費の支給を認めてもらうように、医師の協力も得て因果関係を明らかにし、会社側と交渉する。

⑹負傷者たちや「4・25ネットワーク」の遺族たちが、時折それぞれに集まって会合する交流会に出て、本音で話し合えるような人間関係を築いていく。

津久井は、このような意識で負傷者たちと遺族たちそれぞれに対する支援活動を続けていったのだが、二年、三年と経つうちに、負傷者たちの「語りあい、分かちあうつどい」や二〇〇八年二月に発足した「負傷者と家族等の会」をボランタリーに支援する専門家は、弁護士の自分自身と臨床心理士の堀口節子、コミュニケーションとヒューマンファクターの研究者・八木絵香（大阪大学コミュニケーションデザインセンター特任講師・当時）の三人だけになっていた。八木は事故後早い時点から、負傷者たちのつどいに参加して、被害者や一般乗客が安心して利用できるような交通機関の事業者の安全への取り組みのあり方などについて、助言やレクチャーをしていた研究者だ。電車に恐怖心を抱くようになった負傷者にとっては、心のケアの専門家とは違う視点からのレクチャーなので、参考になる助言者だった。

支援の専門家が三人だけになっても、三人の専門分野は違っていたし、それぞれに被害者のニーズに対応できる分野だったので、支援する側も被害者の側も、いつまでもよき信頼関係を持続することができた。これは事故や災害の後の専門家による新しいボランティア活動の形と言えるだろう。

津久井はこうした活動を通して、法律の条文と慣例に則《のっと》って杓子定規な考え方しかしない法律家ではなく、事故や事件の捉え方や被害者の心情や求めるものについて柔軟な理解力を身につけ、独自の事故・災害論と被害者支援の思想を構築するまでに成熟していった。

そして、その延長線上で、日本法律家の世界ではほとんどの人が否定的な事故の責任を明確にするための「組織罰法」（第六章で詳述）の制定を求める活動にかかわっていく。

第五章　企業の価値観の転機に

1

怒りのマグマ

事故直後に戻る。

JR福知山線の伊丹、川西池田、宝塚、新三田《しんさんだ》などの駅や周辺の道路には、事故から一週間ほどの間、黒い衣装を身に纏《まと》った人々が、視野の中で一人、二人、あるいは数人の塊になって行き来する光景が絶えることなく見られた。街が突然色を失ったような沈鬱な空気に包まれていた。普段着の人々も、その沈鬱の原因が何であるのかを知っているので、抱く感情をあえて口にすることはなく、黙々と歩いていた。

黒い衣装の人たちは、ただ悲しみの喪に服しているだけではなかった。深い悲嘆の奥底には必死に抑えている感情が蠢《うごめ》いていた。怒りのマグマだった。

妻と妹のいのちを奪われ、若い次女にも重傷を負わされた淺野《あさの》弥三一《やさかず》が、事故後間もなく、妻・陽子の葬儀の日の前夜、通夜の会場の遺族席に座っていると、JR西日本の前社長・南谷《なんや》昌二郎会長が数人の社員とともに弔問にやって来て参列した。事前には連絡がなかったので、淺野は南谷の来訪に気づかなかった。

僧侶による読経に続いて、親族と参列者の焼香が済むと、帰らずに待っていた南谷が、淺野のところに来て、自己紹介と型通りの挨拶をした。淺野にとって、南谷とは初対面だった。どのような人柄かは、全く知らなかった。

「この度は、大変な事故を起こして、奥様や妹様のいのちを奪ってしまいましたこと、真に申しわけなく……」

南谷は、判で押したような謝罪の言葉を一通り述べると、言葉もなくじっと見つめ返すのが精一杯の淺野に対し、ほとんど間を置かずに言葉を続けた。

「今後、示談の話もありますので、何とぞよろしくお願いします」

その瞬間、淺野の頭の中は混乱した。まだ事故から数日しか経っていない。葬儀も済んでいない。それなのに通夜の席で、いきなり示談の話を持ちかけるとは。示談とは、補償金をいくらにするかを話しあうということだ。人生を共に歩んできた妻との永遠の別れへの心の準備のための儀式とも言うべき場で、いきなりゼニカネの話を持ち出す経営トップの無神経さに、淺野の怒りのマグマは爆発した。

「今日という日に、あなたは何をしに来たのか。帰ってください。帰れ！」

その声は会場に響くほどだった。

後に淺野は、「あの時のことを振り返ると、私は冷静さを失った、もはや人間としての五感までも失った動物的な対応に終始していたように思います」と語る。だが、淺野の対応は、決して人間らしさを失ったものでも、動物的なものでもなく、むしろ極めて人間的なもののそのものだったと言うべきであろう。かけがえのない愛する妻と妹のいのちを奪われた人間が、通夜の席でゼニカネのからむ話を持ち掛けられて、冷静に応じられようか。

それから一カ月余り経った六月初めに、淺野の自宅に、今度はJR西日本の垣内剛《かきうちたけし》社長が訪ねて来た。来訪は、予め淺野の世話係の社員から連絡があり、応諾していた。

自宅のインターホンが鳴ったので、淺野は玄関に出てドアを開けた。垣内が社員を後ろに控えさせて立っていた。

「何をしに来たのですか」

淺野は「どうぞお入りください」とは言わずに、そう尋ねた。垣内は、

「お詫びに参りました」

と言って、頭を下げた。

「うちの被害状況をどこまで知っているのかね」

淺野の問いに、垣内は淺野家がどのような被害を受けたかについて、一通りの理解をしていることを示す返答をした。形ばかりの弔問だったら帰ってもらおうと思っていた淺野は、《一応のことは把握しているか》と思えたので、弔問を受けることにした。

「では、何をどう詫びたいのか、聞きたいから入ってもいいことにするわ。どうぞ。ただし、仏の前には座らないでほしい」

淺野は、JR西日本が事故を引き起こしたことに対する組織の責任を、どのように考えているのか、そのことについて納得のいく説明がない限り、たとえ社長が妻の遺影の前で手を合わせても、形だけで終わってしまう。社長は、公には「100パーセント責任がある」と表明しているが、具体的な責任の取り方については説明がない。そこを明確に示すことこそが、被害者と向き

合う大前提となるはずだ。淺野は、そう考えていた。

その突っ込んだ質問に対し、垣内は信頼するに足りるだけの説明ができなかった。JR西日本が国交省の求めに応じて、五月末に提出した「安全性向上計画」の字面《じづら》を繰り返すだけだった。それは安全性を高めることについて理念を述べているだけであって、理念をどう現実のものにするか、具体的な説明はないに等しかった。

淺野の予想していた通りだった。妻の遺影の前に立ったからには、垣内が社長という鎧兜《よろいかぶと》を脱いで、一人の人間として自分の言葉で信頼できることを多少なりとも話してくれるかと、淺野は期待していたが、その期待は空しく潰《つい》えた。垣内には、帰ってもらうしかなかった。

経営トップの姿勢

淺野はもともと、災害の被災地復興に都市工学の専門的視点から参加し、その実務をこなしてきた。長崎の雲仙普賢岳噴火災害（大規模な火砕流とその後の大雨による土石流が麓の島原市や深江町に甚大な被害をもたらした）や阪神・淡路大震災の復興事業には、淺野の経営する地域環境計画研究所が全力を挙げて参加した。街の復興事業を進めるにあたっては、復興すべき街のあり方にかかわる地域の特質や、被災した住民の生業の成り立ちと要望などを現地に入って調査した。さらに自動車の排気ガスによる大気汚染被害の公害訴訟では、ぜんそく発症の患者たちを支援する活動の中心的役割を務めた。

このような仕事の積み重ねによって、淺野の思考スタイルには、都市工学・環境工学の専門家としての論理的思考とともに、被災者・被害者の置かれた状況や心情をしっかりととらえて寄り添おうとする支援者の意識が染み付いたものになっていた。

だからこそ、JR西日本が一〇六人もの乗客のいのちを奪い、その家族を悲嘆と混乱の坩堝《るつぼ》に陥れ、さらに五六二人の乗客に重軽傷を負わせるという大事故の責任を背負う加害企業として、一体どのようにして事故を再発させない安全性の高い鉄道会社に変革しようとしているのか、信頼するに足る具体的な計画の提示を求めようとしていた。

五月末の「安全性向上計画」発表の時、副社長（当時）の山崎正夫は、「（JR西日本にとって）これは憲法のようなもの」という表現を使った。様々な事業を推進し展開するにあたって、安全最優先を企業の理念の最上位にするのだという意味だ。それはそれで重要なことだが、恰好のいい理念を掲げれば、事故は防げるのか。

淺野は疑問を抱いた。実効性を担保する具体的な取り組みの提示がないからだ。巨大な組織のJR西日本の体質なり精神風土なりを変えるには、並大抵の取り組みでは無理だ。

そこで淺野は、運転再開を目前に控えた被害者に対する説明会で、垣内社長に改めてその点を問うた。

「安全性向上計画をまとめるにあたって、今回の事故をどのように検証し、どこにどのような問題があったからこうするという作業をしたのか」と。

しかし、垣内からは、事故の調査分析は、国の航空・鉄道事故調査委員会がやっているので、JR西日本としては、独自の調査はやっていない、事故調の調査結果を待っている、という形式的な説明がなされただけだった。

事故調による事故原因究明の調査は始まったばかりだったから、加害企業が事故原因について先走ってコメントするのは避けたいという姿勢には、それなりの理由はあった。

事故調査と加害企業

往年の事故調は、調査の客観性を確保するため、加害企業が事故原因にかかわる問題を独自に発表するのを規制していた。そのことを象徴的に示した事例があった。

一九八二年二月九日朝、日本航空の福岡発羽田行きのＤＣ８型機が羽田空港に着陸する寸前、突然失速して、滑走路の端から三百数十メートル手前の海上に墜落するという事故が発生した。機体は着陸進入灯の支柱への激突により、機首部分が折れて首を下げたような状態になり、裂けたところから海中に投げ出された乗客など二十四人が死亡した他、乗客と乗員合わせて百四十九人が重軽傷を負った。

この日航機は、木更津上空から羽田空港に真っ直ぐに向かう着陸進入コースを降下中は、何の異常発生の報告もなかった。にもかかわらず、滑走路を目前にして、突然鳥が舞い降りるかのように失速し墜落したのは、なぜなのか。原因は謎めいていた。

しかし、日本航空は運航本部が中心になって墜落した機体やエンジン、操縦装置を調査するとともに、重傷を負った副操縦士から話を聴くことによって、事故原因の核心部分を、事故から二日後までに把握することができた。

決定的な事実は、操縦室（コックピット）の左側の機長席と右側の副操縦士席の間にあるエンジン操作レバー四本のうち、№2と№3のレバーが、本来なら着陸後に減速のために操作すべき逆噴射の位置（前方）に倒され、№1と№4のレバーは最弱のアイドルの位置にされていたことだった。一方、エンジンの状態を調べると、確かに№2と№3の二つのエンジンそれぞれの後部にある、噴出ガスを止めてしまう逆噴射ブレードが立った位置になっていた。

滑走路に向かって進入降下中の航空機は、エンジンをある程度絞って速度を落とすが、アイドルにすることはないし、まして逆噴射にするということはあり得ない。そうすれば、失速して墜落するのは必至だからだ。着陸時に生じる操縦ミス（ヒューマンエラー）としては、自動操縦システム（オートパイロット）が発達していなかった時代には、視界不良の中で進入コースを低くし過ぎて、滑走路の手前に墜落してしまうという事故がしばしば起きていた。だが、この日航機の場合は、うっかり操縦を間違えるといった通常のヒューマンエラーとは、到底考えられない、着陸前にエンジンレバーを逆噴射の位置にまで倒すというとんでもない操作をしていた。パイロットが何らかの理由で意図的に行った行為だとしか考えられない。では、どんな理由なのか。

この不可解な謎を解明する糸口をつかむことができたのは、副操縦士の証言によってだった。その証言によると、日航機は房総半島の東京湾沿岸にある木更津無線標識上空を規定通り高度一五〇〇メートルで通過すると、羽田空港に向かって何の異常もなく徐々に高度を下げていった。ところが、滑走路の手前の海上に連なる進入灯の列の一番手前上空に差しかかる頃、機長が突然異常な行為をし始めた。自動操縦のスイッチを切るや、エンジンの出力を調整するエンジンレバー四本すべてに右手をかけて前方に押して出力をアイドルにしたのだ。副操縦士が機長の異常操作に気づいて、とにかく出力を戻そうと、左手を伸ばしてエンジンレバーをつかもうとしたが、機長はさらに四本のレバーのうちの中央の№2と№3の二本を逆噴射の位置にまで倒してしまった。

副操縦士は機長の手の上に左手をあてて、二本のレバーを逆噴射の位置から正常な出力の位置に引き戻そうとしたが、機長は手に力を入れてレバーを押さえている。レバーを戻すことはできなかった。エンジン二基が逆噴射に切り換えられるや否や、機は逆噴射の轟音とともに急減速（失速）して、ほぼ水平飛行に近い姿勢のまま急な放物線を描いて海上に墜落した。

かつて一九六六年三月四日夜、カナダ太平洋航空のDC8型機が視界不良の中を羽田空港に着陸進入中、高度を低く下げ過ぎたため、滑走路手前に並ぶ進入灯を車輪や胴体下面で次々に十四基も破壊して防波堤に激突し、機体は滑走路上にバラバラになって炎上するという惨事があった。その時は、機長が進入コースを低くし過ぎた誤りが、そもそも事故原因だったから、速度は時速300キロ近く出ていて、進入灯を次々に破壊した。これに対し、日航機は失速による墜落だったから、大鳥が舞い降りるような落ち方になり、破壊した進入灯はわずか二基だけだった。その墜落の形態自体が、何かを物語る異常なものだった。

なぜ機長は、エンジンを逆噴射させて、機を墜落させるような行為をしたのか。日本航空の運航本部は機長の近況について、すぐに最近一緒に乗務したパイロットたちから話を収集するとともに、健康管理のデータを調べた。すると、驚くべき事態がいくつも起きていたことが明らかになった。フライト先の宿泊ホテルで、床が血の海になっていると副操縦士に訴えるなど、異常な言動が何度も起きていたのだった。

また会社の産業医による診療記録には、「心身症」と記されていた。この診断病名は誤診で、後に専門の精神科医による数ヵ月をかけての診断により、妄想型分裂病（筆者注・後年、日本精神神経学会による病名変更で分裂病は廃止され統合失調症となる）とされた。ともあれ、事故前後の機長の精神状態は不安定で、事故後の警察による取り調べに対し、羽田空港はソ連（当時）と通じ合っている共産主義革命の軍隊に占拠されていて、天皇家に近い自分は、着陸すると逮捕され処刑されるおそれがあるので、空港の手前に着水して逃げようとした、といった内容の供述をしていた。

警察の取り調べ内容は、捜査が始まったばかりで、日本航空に知らされたわけではなかったが、日本航空の運航本部は、副操縦士から直接聴いた証言によって、機長の精神状態が異常だったことを把握することができていた。

日本航空の高木養根《やすもと》社長は、事故の概要を運航本部からの報告で理解すると、事の重大性から、三日後には、記者会見を開いて、会社として知り得た事実をすべて公表しようと決意した。そして、関係幹部に命じて、事故調に把握した事実を公表することについて、諒解を求めさせた。

しかし、事故調からの回答は、事故調査は始まったばかりであり、会社が事故原因を特定するような事柄について先走って発表することは認められないというものだった。調査権は事故調にあり、加害企業が独自に事故原因のイメージを社会に与えてしまうのは、事故調査の客観性を損なうおそれがあるという考えが、その根底にあった。

それはそれで、公的な組織である事故調査委員会として、筋の通らない考え方でもなかった。というのは、過去に起きた重大な事故や工場火災や公害事件などをめぐって、原因企業の中には、事故原因を現場の作業員のミスなどに限定して、組織や経営判断には問題はなかったといった見解を、経営のトップや担当幹部が記者会見などで公言する例が少なくなかったからだ。

事故調査の公開性への転換の中で

しかし、JR福知山線事故が起きた二〇〇五年ごろには、事故調は往年のように加害企業が主体的に事故原因の調査をすることまで規制する姿勢を示すことはしなくなっていた。企業が事故の教訓を自ら探して、安全性の向上に努めようとすることまで抑えかねないと考えるようになったことも、事故調の姿勢が変わった一つの要因だった。

しかし、事故調の姿勢をこのように変えたより重要な契機は、事故調査の途中であっても、安全にかかわる重要な事実を把握した時には、調査官が速やかに公表するという、事故調査の公開性・透明性をすすめる方針を決めたことだった。その方針の中で、加害企業が独自に社内で事故原因の調査をすることまで規制しないという姿勢への転換が行われたのだ。

このように見てくると、JR西日本の垣内社長が、事故から二カ月ほど経った時点で、事故原因の調査は事故調がやっているので、会社独自にはやっていないと表明したことは、一つの点で虚構の言い逃れであることは明らかだった。

一つは、事故調はJR西日本に対し、調査への協力を求めてはいたが、独自に社内で調査をするのを禁じることはしていなかった点だ。事故調が大事故の原因調査をして、何らかの結論を出し、そこで示された勧告に従って、企業が対策を実行するというのは、当然のことだ。しかし、事故調が調査結果をまとめるまでには、多くの場合、二年はかかる。企業は、その二年間、何もしないで待っているだけでいいのか。

大変な事故を再び繰り返さないためには、組織的にも技術的にも事情をよく知る企業が、主体的に社内調査を行って、事故を防げなかった様々なリスク要因を明らかにして、一日でも早く対策を立てるべきであろう。それは、加害企業の責務であろう。事故調が結論を出すまで何もしないというのは、利用客の生命を預かる公共交通機関としての責務を放棄することになりかねない。

もう一つは、犠牲者の遺族や負傷者に対する配慮が欠けている点だ。被害者や家族が事故後にまず求めるのは、事故状況の正確な情報であり、なぜこんな事故が起きてしまったのかという事故原因の説明だ。詳細な事実はまだわからないにしても、加害企業であれば、運航していた航空機なり電車なりの運航（運転）の実際や問題点を技術的に知っているのだから、事故原因になりそうな問題については、ある程度推測ができる場合が少なくない。安易な推測は避けるべきだが、被害者の切実な求めに対しては、「事故原因の調査は事故調が調べているので」といった突き放すような答え方ではなく、会社としてもどのような範囲で問題点の絞り込みをしているのかといったことを説明するのが、被害者の心情に寄り添う姿勢ではないか。

運転再開の説明会

事故から二カ月近く経ち、運休しているＪＲ福知山線の運転を再開するという六月十九日の前日、JR西日本は、遺族や負傷者の納得を得ようと、宝塚市の宝塚ホテルで説明会を開いた。

壇上には会長の南谷、社長の垣内をはじめとする幹部が並び、普段は宴会に使われる会場は大勢の遺族や負傷者でいっぱいになった。社長自らが説明役に立ち、現場復旧工事の経過や再発防止のために取り組んだ安全対策などについて説明し、運転を再開しても安全であると判断したと語った。しかし、なぜ事故が起きたのか、事故原因は何であり、背景にどのような問題があったのかという核心の問題については何も語らなかった。

それは遺族の感情を逆撫でするような説明だった。淺野は、加害企業としての責任の取り方や事故の原因のとらえ方について、十日余り前に自宅に垣内の弔問を受けた時には、納得できる説明をまったく聞けなかったけれど、今日は被害者全員に通知をして開いた説明会なのだから、少しはまともな説明を聞けるかと思って参加していた。しかし、垣内の説明は、弔問に来た時と同じように「安全性向上計画」が謳っている一般的方針をなぞるだけと言ってよいもので、具体的に踏み込んだものではなかった。しかも、運転再開については、「遺族の大方の了解を得たので了解して頂きたい」と言ったのだ。

《え？　何、それ？》

淺野は一瞬、頭の中が混乱した。「大方の」とは、「半数以上の」と言うに等しい。いったいどのような調査をしたのか。自分は、一度も運転再開の是非について、質ねられたことがない。どのようなデータを根拠に「大方の」と判断したのか。——自分は運転再開に反対しようと思っているわけではない。だが、垣内の説明を聞いていると、どこかに嘘があるように思えてきた。遺族の中には担当社員から、安全対策を十分に取ったから運転再開の準備は整ってきました、沿線の利用客からは私鉄利用で遠回りの通勤や通学をしているので困っているという声が沢山寄せられているのです、といった話を聞かされて、運転を再開してもいいですよと答えた人もいるかもしれない。しかし、「大方の」という言い方をするには、遺族全員を対象にしたアンケート調査をすべきだ。だが、自分の知る限り、そういう調査を受けたという遺族はいない。変だ。

垣内の説明が終わると、《変だ》と思った淺野はすぐに手を挙げて立ち、質問した。

「遺族の大方の了解を得たと言ったが、どういうことなのか。私は運転再開について、会社の誰からも説明を聞いていないし、了解を求められたこともない。大方のとは、何を根拠にしているのか、説明してほしい」

垣内の答は、ぬらりくらりとしていて、答になっていなかった。淺野が再度質《ただ》すと、垣内の説明は、ますます曖昧模糊としたものになるばかりだった。会場には、ざわめきが広がった。

淺野は怒りを覚えた。運転を再開して安全に運転をできるというなら、その根拠を具体的に誰にでもわかるような言葉で説明すればいいではないか。なぜ根拠もなく「遺族の大方の了解を得たので」という嘘をつくのか。おそらく会社側は、〈遺族の了解を免罪符にすれば、運転再開について、説明会を乗り切れるだろうし、世の中も納得してくれるだろう〉というシナリオを描いていたのだろう。だが、それでは遺族の心情を軽視していたことになる。淺野は、頭の中が怒りで煮えくり返っていた。

見下げられた女子大生

説明会に参加した被害者たちの中に、車体がぐしゃぐしゃに潰れた1両目の中で重傷を負いながらも、奇跡的に脱出することができた大学生の木村仁美もいた。この日、怪我は何とか一人で外出できるところまで回復していたので、説明会に参加したのだ。

仁美は、子どもに早くから自立心を持つように促す母親の厳しい躾の影響もあって、現実主義的な人生観が身についていたので、淺野の厳しい意見に対し、《正論だ》と理解しつつも、垣内の説明に対しても、《大企業という組織の経営者として、そう言わざるを得ないだろうな》と、いわば是是非非の受け止め方をして聞いていた。しかし、仁美は説明会の場では発言しなかったものの、JR西日本に対して許し難い怒りの感情を抱いていたので、垣内の説明に納得するほどの信頼感を持ったわけではなかった。怒りの原因は、JR西日本が被害者一人ひとりにつけた世話係の対応のひどさにあった。

仁美は、語る。

「はじめに私のところに来たJR西日本の担当者は、『あんた、本当に乗っていたんですか』と言うんですよ。私は学生やし女やし、社会的地位もないし、会社がなめてかかるのはわかるけど、でも担当者は会社から月給をもらって来てるんでしょう、私に対して謝るのが仕事や。自分の家に帰って私の悪口言うてもええから、私に対しては給料もらってる分、働けって。たとえ私がいくら冗談を言おうと、すみませんでしたって言わなあかん立場やのに、私に対する対応は、

〝そんなことではあかん〟という感じで、私を怒らせるばかりでした」

その社員は、仁美が退院してから、加害企業の一社員が勝手に判定すべきでない怪我の症状についてまで医師を誘導しようとしたのだ。

「負傷した被害者の私に対して、担当者が『この怪我は〝症状固定〟ですよね』と言うんですよ。そんなことは医者が決めることじゃないのと私が言うと、その社員は『もうかなり経っているし、私が担当の医師のところに行って確かめますから』なんて言う。これはあかんと思いましたけれど、むきになって争うと、こっちはすり減ってしまうから、無視していました ね。メールが来ても、返事をしない。筋《すじ》を通そうとするのはしんどいですけど、そいつと付き合うほうがもっとしんどいから、私は筋を折ってスルー(=やり過ごすこと)してるんです」

症状固定というのは、怪我の跡が全く消えたわけではなく、どこかに凝《こ》り、しびれ、痛みなどは残っていても、症状が悪化するおそれはなく、積極的な治療をする必要もなくなった状態になったことを言う。加害企業側は、被害者がいつまでもあそこが痛い、ここが痛いと言って、医療費などを請求するのを、どこかで打ち切ろうとする。その線引きの目途として症状固定を持ち出すのだ。それにしても、被害者が慢性的な痛みや身体のどこかの違和感に悩まされているのに、加害企業側の世話係が医者でもないのに、症状固定だとそっけなく言って平然としていられるのは、被害者を要求ばかりするやっかいな連中と蔑《さげす》んだ目で見ているからであり、会社に対し自分のポイントを稼ごうとするまさに「会社人間」になり切っているからだとしか言いようがない。

仁美は負傷者と家族の会の中心になっている川西市の三井ハルコに、いかにJR西日本の社員にひどい扱いをされているか、その辛さを話すと、ハルコは、「そういう社員には、いくら言っても駄目だから、上司に来てもらって、社長に伝えてもらうように訴えましょうよ。私も付き添って行ってあげるから」と言ってくれた。

ハルコはつけ加えた。

「私が交渉役をするから、あなたは傍で泣いていればいいよ。ハンカチを持ってきてね」

数日後、求めに応じた担当の社員が上司と一緒に、ハルコの「NPO市民事務局かわにし」にやってきた。仁美は、ハルコの傍で黙ってなんかいなかった。ハルコが説明の口を開くより先に、自分から世話役の上司に向かって、いかに担当の社員に屈辱的なことを言われ辛い思いをしているかを、具体的に語った。まさに「がんがん」言うという感じだった。一通り話し終えると、ハルコがやや昂って言葉を投げつけた。

「可哀そうじゃないですか。木村さんはあんなに壊れた一両目の中に閉じ込められて、それでも奇跡的に助かり、独りで脱出することができたんですよ。しかも病院から退院できてからは、独り住まいで懸命に生きているんです。一年や二年で、身体や心の傷が消えるものではないです。こんな若いのに、親にも頼らずに、独りで頑張っているんですよ」

いつの間にか、ハルコのほうが泣いていた。涙が止まらない。自分も娘を持つ母親として、しかも重傷を負った娘をかかえている母親として、仁美のことをわが娘のように思えてならなったのだ。ハンカチーフで涙をぬぐうハルコを見て、仁美は、《私にハンカチを用意してと言っていたのに、三井さんのほうが……》と思っているうちに、自分も泣き出していた。

「何であなたたちは、この娘《こ》の言うことに耳を傾けないの」

ハルコの言葉に、JRの上司は「申しわけありませんでした。わかりました」と頭を下げるばかりだった。

このことがあってから、仁美の世話係は別の社員に替わった。新しい担当者は、仁美の状態と日常生活の苦労に理解を示し、様々な要望に耳を傾けてくれた。仁美はようやく納得することができたのだった。

他者の痛みには何年でも

仁美の世話係の社員だけが、特別に被害者の心情を理解しようともしない人間だったわけではない。被害者たちの声を聞くと、大勢を占めるほどではなかったが、仁美に対するのと同じような態度を示した社員が何人もいた。その背景には、JR西日本の被害者対応に関する組織的な問題と歴代企業トップの経営思想の歪みという問題があったと言うべきだろう。

大事故を起こした企業が、遺族や負傷者の全員に対し、一世帯ごとに社員一人を世話係にあてるという対応をするようになったのは、一九八五年の日本航空ジャンボ機事故の時が初めてだった。JR西日本も、その先例に倣《なら》ったのだ。被害者の世話係として動員された社員は約二百人に上った。それだけの人員を揃えるには、本社だけではとても足りないため、JR西日本管内の各地の駅などからも、人員を集めた。

これだけの人数の社員を、喪失体験者の心のケアについての研修を受けさせることもなく、悲嘆と怒りの中にある被害者の世話係にしたのだから、被害者への対応に個人差が生じるのは当然のことだろう。仁美を担当した社員は、被害の心の痛みについて、感知することも配慮することもできない、つまりそういう資質のない人物だったと言えるだろう。

仁美は、その担当者に対して、他の人に替わってほしい、私の要望を上司に伝えてほしいと何度も言ったが、その担当者は自己保身のためか、いつになっても上司に伝えてくれなかった。

こういう事態になるのを防ぎ、被害者と会社の間の溝を少しでも埋めようとするなら、世話係をさせる社員全員に対して、加害企業の社員であることを自覚させ、かけがえのない家族を不条理な事故で失った遺族や、恐怖の体験をして身体的・心理的な後遺症を背負った負傷者がどのように日常生活に支障を来たしどのような心理的危機にあるかを推察し理解しようとする心掛けを持って、かける言葉一つひとつの重要性を意識し、相互理解の基盤となる信頼関係を築くための心得を身につけさせるように、少なくとも一日、できるなら二～三日をかけて、実践的な研修を受けさせることが必要だ。そうした研修を実のあるものにするには、過去の事故の遺族や重傷者を招いて生々しい経験を直接聴くという機会を設けるのも必要だ。

しかし、JR西日本は、関係社員たちに世話係を発令するにあたり、そういう事前研修の取り組みをしなかった。経営層の中に、被害者の心情に寄り添うことの重要性と難しさについて、しっかりとした考えを持つ人物がいなかったからだ。

そのような経営体質が形成された背景には、一九九〇年代から二〇〇五年の尼崎脱線事故発生に至る長期にわたって、「JR西日本の天皇」とまで呼ばれ君臨した井手《いで》正敬《まさたか》の存在があった。旧国鉄の分割民営化（一九八七年）によって発足したJR西日本は、経営基盤が弱かったが、副社長・社長・会長を十数年にわたって務め、その間、事業の多角化などによって経営規模を拡大し、関西財界の〝一流企業〟に成長させた功績は大きかったが、井手の経営思想はまさに事業拡大、地域財界における有力企業化・知名度向上に重点を置くものであって、全社的な安全管理体制の確立といった問題については、経営トップとして指揮するという発想はなかった。技術畑の担当部門にまかせておけばよいという思想だった。

そういう経営思想は、3・11東日本大震災による原発事故を起こした東京電力の勝俣恒久元会長が刑事訴追の法廷で行った、《原発の安全問題は技術的な専門性が高く理解し切れないので、担当技術部門にまかせていた》という趣旨の発言（まさに言い逃れの弁明）に見られた歪んだ経営思想と瓜二つだ。このような経営思想の歪みは、この国の企業の経営陣に共通している問題だと言えよう。

一般に人は、他者の誰かが痛み、悲しみ、辛さをかかえていても、それを他人事《ひとごと》でなくわが身の問題として感じ、何とかしてあげられないかと親身になって考えようとはしない傾向がある。（もっとも一九九五年の阪神・淡路大震災後、一般人の間には、どこかで災害が発生すると、全国各地からボランティア活動家が支援に駆け付けるという文化が根付くようになったが）。

かつて鋭い評論家だった故・山本七平氏が、進行した膵臓がんで都内の病院に入院した時、激しい痛みを訴えても、担当医は進行がんの疼痛治療法を知らず、痛みを抑えてくれなかった。周囲のはからいで、山本氏は国立がんセンター病院に転院したところ、麻酔科医が導入されて間もないMSコンチンを投与してくれたので、その日の夜には痛みは完全になくなった。山本氏はその日の日記に、こう書いた。

「人は他者の痛みには、何年でも耐えられる」

患者の苦痛を抑えることを任務とする医療の世界でも、こうなのだ。まして利益をあげることを目的とする企業社会においては、社員や役員が他者の心の痛みなどに対し、配慮し、寄り添うことは無理なのだろうか。既述の木村仁美に対する最初の世話係のように、末端の一社員であれば、担当者を交替させるとか、研修を受けさせるといった方法があるが、巨大な組織体に問題があるとなると、問われるのは、組織のトップの意識の転換だ。それは可能なのか。

真の事故原因とは

運転再開の説明会に戻る。

淺野は、垣内社長の言う「遺族の大方の了解を得た」という問題だけにいつまでもこだわり、質問を繰り返していたのでは、事故の真相究明の議論に発展しないと考え、質問を打ち切った。（後に淺野は、この日の垣内の説明と答弁は、予め会社として作っていたシナリオに従ったものであることを突き止めた。）

ほかの遺族たちからの質問が終わり、司会進行役が説明会を終了させそうになった時、淺野は、事故の真相究明につながる重要な事項について、納得できる説明がなされないまま幕引きされてはならないと、予め書いておいた回答要求書を鞄から取り出し、再び手を挙げて立ち、発言した。

「しっかりと説明して頂きたいことが多々あるのですが、特に重要な四項目に絞って文書にまとめてきました。これを社長にお渡ししたい。これら説明要求項目について、機会をあらためて設け、社長から回答をして頂きたい。よろしくお願いします」

淺野は、前へ進むと、壇上に上がって、垣内に文書を手渡した。
説明を求めた問題とは、

(1)日勤教育問題
(2)新型ATS－Pの未設置問題
(3)電車運行の過密化・高速化の問題
(4)経営における安全管理（リスク・マネジメント）問題

の四点だ。

事故後、淺野は、「なぜこんな事故が起きたのか」「なぜ妻や妹はいのちを奪われ、なぜ娘は重傷を負わされたのか」という疑問に対して会社側が真の回答を示さなければ、妻や妹の供養はできないし、娘の心を癒やすこともできないという切羽詰《せっぱつ》まった思いのなかにいた。メディアの事故原因に関する記事を読むだけでは納得できず、事故と安全に関する専門的な本を探して読んだ。特に専門書からわかってきたのは、事故の原因がたとえ直接的には運転士の判断や操作のミスであっても、本質的にはそれは〝結果〟でしかないということだった。

なぜ〝結果〟なのか。それは、事故の原因とは何かという、事故の捉え方の根本にかかわる問題だ。事故の捉え方には、大別すると二通りある。

一つは、脱線、衝突、墜落、出火、爆発などを直接引き起こした（いわば引き金を引いた）現場の作業者（運転士、パイロット、作業員、保安点検担当者、装置産業の制御室コントローラー等々）の判断や操作のミスに焦点を合わせて、それをもって事故の原因とする考え方だ。視野の狭いこの考え方は、どこの国でも伝統的に採用されてきたもので、日本でもそうだった。刑事罰を科す責任追及における事故の捜査のねらいは、この原因の捉え方と同じだと言える。

もう一つは、事故の原因をそういう現場の作業者のミスだけに絞り込んだのでは、事故の真実あるいは全体像を解き明かしたことにならない、現場の作業者がミスを起こす背景にあった諸々の要因やミスが事故につながるのを防ぐ対策の不備こそが、事故の真の原因だとする考え方だ。背景要因となるのは、例えば、装置や計器などの人間工学的な欠陥、作業環境や労働条件の悪さ、作業マニュアルの不適切さ、教育・訓練の不十分さなどがある。さらに、作業者がミスをしても事故になるのを防ぐバックアップシステムやフェールセーフのシステムの不備。そうした様々な背景要因の重要性に気づかずに、対策の手を打っていなかった管理層、経営層のリスク・マネジメントの失敗という問題もある。

これらの背景要因を洗い出していくと、現場の作業者のミスというものは、原因と言うよりはむしろ〝結果〟という位置づけをすべきであることがわかってくる。

特に重要なのは、経営層におけるリスク・マネジメントの意識と意思決定の問題だ。

このような事故原因の捉え方を示すキーワードとして「組織事故」という用語が国際的に使われるようになっていた。事故の原因究明を背景要因にまで視野を広げて徹底的に解明していくと、事故の真因は、企業という組織の中にあった様々なリスク要因（安全阻害要因）が重なり合って（あるいはつながり合って）破局をもたらしたものだということが明らかになる。そういう様々なリスク要因を洗い出すことによって、新たな事故が起きるのを防ぐ対策を具体的に引き出すことができるようになるのだ。

四つの課題

浅野は、このような事故論を学ぶことによって、JR福知山線事故を引き起こした原因は、運転士のミスといった、一運転士の次元だけで捉えるべきものでなく、根本的にはJR西日本という組織にこそ問題があったに違いないと思うようになっていた。問題点を頭の中で整理して考えられるようになってきたと言えようか。そして、新聞やテレビで報道されてきた様々な事実や議論を整理してみると、特に問題があったのは、垣内社長に提示した四つの課題に絞ることができると考えたのだ。

(1)かねて労働組合から批判されていた「日勤教育」の問題

「日勤教育」は、会社側の表向きの説明では、ミスをした運転士に対しては、ヒューマンエラーの繰り返しを防ぎ、技量の質を高めるために必要だということなのだが、再教育の実際の内容については現場の管理職にまかせていたため、管理職によってかなりの違いがあった。ひどい例では、運転ミスをした運転士を短くて一週間、長いと一ヵ月にわたり乗務からはずして、連日、指導に当たる助役や区長が人格を否定するような説教を、ほかの職員が見えるような場で延々とやったり、自分の失敗について反省し自分の未熟さを告白する反省文を書かせたり、構内の草むしりや車両の清掃作業をやらせたりするなど、しごきに等しい〝特訓〟をするケースもあった。

このような再教育のやり方では、ミスをした運転士の技量の向上に繋がらないどころか、運転士に《次にミスをしたらもっと厳しくしごかれる》という不安や恐怖のトラウマを残し、その緊張感からかえってミスを起こすおそれがある。また、一部の職場では、日勤教育の対象になった運転士が会社側と対決姿勢を強く打ち出している旧国労系、旧動労系の労組（JR西日本には四つの労組がある）の組合員だった場合、管理職の再教育指導者がその運転士に対し特に厳しくしごいたという報告もあり、運転士のストレスを強くしている一因となっていた。

こうした「日勤教育」の制度は、ヒューマンエラー防止の視点から評価すると、安全阻害要因になっていることは確かだ。淺野は、この問題について、労組側の主張を無条件に支持していたわけではないが、客観的な視点から、再教育のあり方を再検討すべきだと考えたのだ。

⑵新型ATS‐Pの未設置問題

従来のATSは、駅の手前や構内の信号機のあるところで、運転士が赤信号を見落として電車を走行させた場合に、線路内の装置と電車側の装置が呼応し合って電車のブレーキを作動させる装置であって、それ以外の区間（特に直線区間）においては、電車の速度を制御する機能を持っていなかった。そもそもATSが開発されたのは、百六十人の死者を出した一九六二年の国鉄常磐線三河島駅近くで起きた列車二重衝突事故がきっかけだった。その後、六〇年代にダイヤの過密化を背景に、各地で駅構内における停車中の電車に次の電車が運転士の赤信号の見落としや誤認などで追突する事故が続発したことから、ATSの設置が全国に広められた。

その後、信号機がない直線区間やカーブの区間でも、暴走を防ぎ、適切な速度での走行をコントロールするねらいで開発されたのが、ATS‐Pだった。ATS‐Pは、九〇年代にJR東日本が首都圏の大半の路線に導入するなど、鉄道各社で設置が進められた。JR西日本でも、九〇年代に大阪環状線をはじめとして、神戸線や東西線など各路線に順次設置する計画を立て、その実施に取り組んできたが、福知山線は計画の最後の路線になっていた。それでも計画通りに設置が進めば、事故の直前、〇五年三月末迄には、福知山線全線にわたりATS-Pの設置は完了するはずだった。しかし、工期の遅れから、完工は三ヵ月遅れの〇五年六月にずれこんでいたのだ。

事故とは非情なものだ。経営判断のレベルで、安全対策の年次計画を立て、列車本数の多い路線から順に対策を実施していくという考えは、会社全体の予算の組み方としてやむを得ない面があるにせよ、事故の魔神は容赦なくそういう後回しにされたところを狙い撃ちしてくる。アフリカのサバンナで、ライオンがシマウマを狙う時、群れから遅れた子どものシマウマや傷ついたシマウマを襲うのと似ている。しかも福知山線では、工期の遅れというもう一つの悪条件が加わっていたのだ。

このような場合、安全優先の考えに従うなら、福知山線のATS-Pの設置がほかの路線より後になるなら、環状線や神戸線を追いかけるようにして列車の高速化とダイヤの過密化を進めていた福知山線については、万一の場合も含めて、安全性に支障を来たしていないかという観点から、潜在的なリスクを掘り出して対策に取り組むべきであっただろう。しかし、JR西日本には、そういう発想も検討の動きも見られなかった。

過密ダイヤのリスク

(3)列車ダイヤの問題

これは、「日勤教育」やATS-P未設置問題とともに、メディアでしばしば問題視されていた問題だ。福知山線沿線の人口増加に伴い、八〇年代頃から福知山線の利用客が急速に増えてきたことに対応して、JR西日本は、列車のスピードアップ化と運行本数の増加に力を入れてきた。特に朝夕のラッシュ時に、運行ダイヤが過密になり、列車の間隔が短くなると同時に、速度も速くなると、何らかの事情で事故が発生するリスクが高くなるのは、自明の理だ。

そのリスクを軽減するには、どうすればよいのか。そのあたりの事情について、JR西日本は具体的な取り組みを公にしていなかった。しっかりと取り組んでいるのかどうかも不明だった。浅野は、そこにも解明すべき重要な問題があると捉えたのだ。

(4)全般にわたる安全管理体制

ヒューマンエラーなど現場で起こるミスや装置の故障などの背景にある組織的な問題について、JR西日本はどのように捉え、どのような位置づけをしていたのか。「日勤教育」など運転士の技術向上のための取り組みや労組対策などは、安全性確保の視点から妥当なものであったのか。日常的に起こる小さなエラーを隠さずに報告し、そこからリスク要因を見出して、事故防止に役立てるような取り組みはなされていなかったのか。

経営のトップをはじめとする経営層の安全性確保に関する理念は、具体的な安全対策に直結するような現実性のある本物であったのかどうか。事業拡大・利益増に全力を挙げていた経営層・管理層の意識と比べて、安全性確保に対する意識は低かったのではないか、等々——。

こうしたリスク・マネジメントなりリスク・アセスメントと言われる、経営層から管理層にわたる安全管理体制（SMS＝セイフティ・マネジメント・システム）が形を整えるだけで、肝腎なところで節穴だらけだったのではないか。「日勤教育」問題にしても、ATS－P設置遅れの問題にしても、ダイヤの問題にしても、それぞれの深層にあったリスク要因は相互に繋がり合っていて、その全体を見渡すと、安全管理体制をバベルの塔のように危ういものにしていたのではないか。

安全管理体制とは、企業の経営理念として確立しているか形骸化しているかというレベルから、現場の作業者の小さなミスを処罰の対象にしているのか、処置ではなくそこから教訓を読み取る事例として位置づけているのかといったレベルに至るまで、極めて広範にわたる取り組みのあり方の全体を問うものだ。

安全を経営の目標として高く掲げ、その問題意識がトップをはじめとする役員から現場の職員に至るまで浸透しているかが、最も重要な課題だが、それだけで終わるのでなく、現場の職員がミスを隠蔽する傾向がないかという末端の問題も重視される。

浅野がJR西日本に対する質問項目として絞り込んだ四つの課題を、以上のように俯瞰してみると、浅野が事故と安全について専門家に負けないくらい深く学んだことがわかる。

そして、四つの課題から浮かび上がってくるのは、大惨事の根源は、安全性確立の基盤となる企業の体質あるいは組織の安全文化にとって決定的に重要な、経営者の安全性確保の意識の低さにあったことが見えてくる。

浅野は、なぜここまで事故の真の原因究明にこだわったのか。表面的に見れば、浅野が環境保護まで視野に入れた地域開発や都市設計を専門とする設計事務所を経営していたことから、システム全体にとって何が重要かということをしっかりと捉える頭脳構造の持ち主だったことに、その理由を見出すことができるだろう。

しかし、浅野を一歩も後に退かないぞとの思いで強く突き動かしたのは、亡き妻があの世から送ってきた魂の声であり魂のメッセージだった。

妻からのメッセージは、事故後しばらく経ってから、魂のうめきのような声で浅野の脳内に響いてくるようになっていた。浅野はその声をはじめのうちは言葉として捉えることができなかったが、そのうちに叫ぶようなトーンになり、言葉をはっきりと理解できるようになった。設計事務所の経理事務などをしっかりと担い、人生を共に歩んできた妻だ。たとえこの世でのいのちは奪われても、魂は消えることなくつながっている。

何のいわれもなく人生を途中で断ち切られた妻は、どれほど無念であったか。浅野自身も、これから何を支えにして、何を目標にして、これからの人生を歩んでいけばいいのか、苦悩の中から光を見出せないでいた。そんな心のカオス状態の中で聞こえてきたのが、妻の魂のメッセージだったのだ。

《なぜ多くの乗客のいのちを奪ったのか。JR西日本の組織に潜んでいた事故の真因を解明することこそ、かけがえのない愛する人を失った遺族の社会的な責務でしょう。これからはそうした社会的な責務を背負って生きてほしい》

亡き妻は、そう語りかけてくれたのだ。浅野は、たとえ妻なき悲しみは消えずとも、妻のこの魂のメッセージをこれからを生きるための信条にしなければと決意し、その第一歩としてJR西日本への質問状を書いたのだった。

なぜ応えないのか

だが、淺野が垣内に手渡した質問状に対し、その後、JR西日本からは何の回答もなかった。淺野は、あらためて質問状を送ったり、本社の「福知山線列車事故ご被害者対応本部」を訪ねて幹部に回答を求めたりした。それでもJR側は、質問の中核である四項目について説明をする姿勢を見せなかった。淺野が私個人に対して説明できないなら、被害者への公開説明会を開いてほしいと頼んでも、応じてもらえなかった。

事故によって大事な肉親の生死を危惧する家族が切実に求めるものは多岐にわたるが、主なものだけでも、次のようになろう。

①事故直後の混乱状況の中での正確な情報提供。特にわかる範囲での事故状態、乗客の生死状態。
②動転し混乱する家族を支える支援態勢。
③責任の明示。発生直後には、法的な責任の所在について論じるのは無理にしても、事故が起きたこと自体に対する倫理的・社会的な責任については、原因企業など該当組織のトップが率先して表明すべきだろう。
④事故原因に関しては、科学的・客観的な調査を待たなければならないが、当面確認できた重

要事項については、逐次公表すべきであろう。（運輸安全委員会はその方針を採っている。）

⑤様々な生活支援。

⑥長期にわたる後遺症や心のケアの支援。

⑦損害賠償（補償）。

これらの中で、被害者と加害企業の間で、厳しい対立が生じ、被害者の不信感と怒りをもたらすのは、③の責任問題と④の事故原因の捉え方だ。それはＪＲ西日本の事故に限らず、様々の事故が起きる度に問題になってきたことだ。

事故が起きて、死傷者が発生すると、加害企業のトップが被害者の前で深々と頭を下げて謝罪する。しかし、多くの場合、それは儀礼的なものでしかない。被害者が求めるのは、企業がなぜ事故を防止することができなかったのか、その失敗の理由はどこにあったのか、そういう事態に対し組織のトップや幹部はどのようなかかわりを持ち、どういう責任を取るべきなのか、たとえ法的な責任はなくても事業者としての社会的責任と道義的責任を取るということなのか、責任を償うためにどのようなことをするのか、といったことを納得のいく形で明示することなのだ。しかし、加害企業のトップが、被害者が最も要求している事故直後の時期に、そのような対応をした例はいまだかつてない。そのことが、被害者の心を深く傷つけることになる。

もう一つの事故原因に関する企業の姿勢については、すでに書いた通りだが、基本的には、自ら「組織事故」という視点で分析した結果を事故調査機関や行政機関とは別に、堂々と公表した例はない。つまり自らの組織的な取り組みの失敗を自ら公表するという姿勢を見せた企業はなかったということだ。これもまた、責任問題とともに被害者の感情を苛立たせ、心を傷つけることになっていた。

企業は、なぜかくも自らの失敗に対する責任を認めようとしないのか。企業は、なぜ自らの組織的な失敗を自ら調査分析して、公表しようとしないのか。企業のトップは、なぜ堂々と真実を語ろうとしないのか。

容易に想像できるのは、営利を追求する企業の組織防衛と企業トップの自己防衛（保身、自己防衛）のためという理由だ。

企業には、事故や事業の失敗などが生じた時、背負う損害を最小限にする方法を探るために、経営陣の判断を支える法務対策の部門がある。法務対策部（名称は企業によって違う）は、企業が過失を認め組織の問題点を公表すると、損害賠償請求の裁判で不利になるから、組織防衛のために、法的に許される限りの対応策をトップや役員に提示する。トップも役員も、従順にその対応策に従うから、被害者への説明は、予め作成された文書を読み上げるだけという、形式的で感情のこもらないものになる。被害者が怒ろうが、心に傷を負おうが、ともかく企業にとって不利になるようなことは、口が裂けても喋らないのだ。

企業のトップや役員は、なぜそういう姿勢を貫けるのか。なぜそこまで会社人間になり切れるのか。それは保身のためであろう。企業の利益が法的にも守られる以上に、個人の人権は法律で守られている。被害者や社会からいかに非難されようと、企業の組織防衛、利益防衛のために法的に許される範囲内で立居振舞をしている限り、企業内での地位は守られ、自分の居場所を失うことはない。（その構図は、高級官僚が政権＝権力を持つ政治家に阿《おもね》るために、究極には保身のために、国会審議などで、「記憶にない」「資料は廃棄した」などと答弁する構図と相似形をなしていると言えるだろう。)

すべての人は法の下に平等だというのが、近現代における法制度の建て前になっている。しかし、重要な資料を持ち、重要な事実を知るという点で、圧倒的に有利な立場にある企業のトップや役員と何も知らされていない被害者が対峙《たいじ》した時、それぞれの権利の主張は平等の関係ではあり得ない。

企業人として長年にわたり会社のために働き、出世街道を登り詰めると、悲惨な境遇に陥った被害者に対する思いやりや同情心といった倫理観の根底にある感情を枯れさせてしまうのだろうか。

トップの内面の述懐

事故から四年後のことになるが、航空・鉄道事故調査委員会の委員によるJR西日本への調査情報漏洩事件が発覚した後、事故調査の安全性を検証する第三者委員会が設けられた(詳しくは後述)。その検証会議による関係者に対するヒアリングが進む中で、事故発生時に社長だった垣内に対してもヒアリングが行われた。事実関係を確認する質疑応答が二時間近く行われ、ヒアリングがほぼ終わりかかった時、委員側から垣内の事故と被害者に対する考え方や心情についての質問が投げかけられた。

——事故後に、被害者への対応を通して、(ご自身の)経営観とか人生観で変わられたことはあるでしょうか。

垣内「(JR西日本は)鉄道中心の会社ですが、社長には政治(がらみのことや)、財界など自らやるべき仕事がたくさんあり、安全面については、全てスタッフ(=鉄道本部長他)にお任せでした。事故が起こり、数ある事業の中でも中心である鉄道事業が、経営にとって非常に重要であることを認識しました。経営のことは会長にお任せし、社長は鉄道事業に専念すべきであったと思いました。

被害者、ご遺族は遠いものだという思いが、今では身近なものだと感じています。飛行機に比べて鉄道は安全な乗りものだと思っていましたが、それは間違っていました。鉄道は安全だと思った隙に事故は起き、死というものは身近なものと感じるようになりました」

(検証会議のメンバーの中には遺族も加わっており、遺族の中には、このような元社長の述懐についても不信感を拭い切れない声もあったが、この発言は、大企業トップの通常時における利用者のいのちにかかわる安全問題に対する関心の持ち方の度合いを率直に示したものとして貴重な証言と言えるだろう。)

——事故後にJR西日本の助成で始められた、グリーフケアの専門家・高木慶子教授(当時聖トマス大学、後に上智大学)をコーディネーターとする「悲嘆について学ぶ」という公開連続講座(毎年春期と秋期の二回、各期とも終末期医療や喪失体験者の心のケアの専門家、死生学の専門家、各種事故の遺族などを講師に招いて8~10コマの講話)に(垣内さんも)参加されていましたが、参加の動機とどんなことを学ばれたかについてお聞かせください。

垣内「被害者、ご遺族は、時間が経つとともに立ち直れると思っていましたが、だんだんよくなる人もおられますが、悪くなる人もおられました。はじめは、わがままを言っているような気がしましたので、そういう思いからの返答ばかりしていました。（会社の説明会などでの）ご遺族の怒りをこめての発言に対しては、労組との団体交渉と同じだと思って、（負けないように）対処していました。しかし、時が過ぎる中で、（自分は間違っていたかもしれないという思いも生じてきて、ご遺族の事情について）勉強したいという気持ちから、講座に出させて頂いております。セミナーに参加して、被害者、ご遺族は、グリーフ状態になると、立ち直ろうとすればするほど、心身に支障を来たしてしまう方がいることもわかりました。また、わがままを言っているのではなく、悲痛な叫びであるということを理解しました。そういった方々にどう向き合うべきかについて勉強させて頂き、今までの対応が、大変なことをしてしまったのだと感じるようになりました」

こう語る垣内の表情は強張り、目に涙を浮かべていた。この時、垣内はすでに社長の座を退いていたが、大企業のトップが、たとえ現役から離れた立場になっていたとはいえ、公的なヒアリングに対し、このように自らの内面的な問題を感情を隠すことなく吐露するという例け、ほとんどなかったのではなかろうか。

その最悪な事例は、一九五〇年代に顕在化した水俣病の加害企業・チッソだった。有機水銀中毒による劇症患者の悲惨な死が増発していたにもかかわらず、チッソは水銀化合物を含む工場排液の放流を止めなかったばかりか、熊本大学の研究班による工場内の調査を拒み、政治・行政もチッソを擁護するという姿勢を貫いた。チッソのトップが自ら真実を明かすことも、被害者に謝罪することもなかった。（後年になって、当時の通産省の担当局長が国会で証言したところによると、急成長を始めた経済成長にブレーキをかけないために、化学産業の中で重要な役割を果たしていたチッソの操業を止めるわけにはいかなかったという。)

ただ、こうした企業の非倫理的な姿勢の流れの中で、異例とも言える企業のトップがいなかったわけではない。JR福知山線事故の二十年前、一九八五年八月に五百二十人の死者を出した日本航空機墜落事故の後、経営陣は様々な企業の事故の場合と同じように、経営レベルでの法的過失はなかったとの主張を貫いた。しかし、社長だった高木養根は、個人として責任を一身に背負う気持ちから、「全遺族家庭への弔問の旅」を決意し、関東や関西などに散らばる遺族弔問の旅を続けるとともに、毎年夏には、墜落現場の御巣鷹の尾根への慰霊登山を欠かさず続けた。加害企業トップのそうした行為は、前例のないことだった。また、七回忌が過ぎた年の暮れには、上野村に設立された公益法人「慰霊の園」に個人として二千万円を寄付した。

もちろん、高木のそうした行為だけで遺族の日本航空に対する感情が氷解したわけではない。「トップの地位にあった人物の誠実な贖罪の思いを表したもの」と受け止めた遺族が少なくなかった一方で、「経営の責任を持っていた人としての責任は消えることはない」と距離を置く遺族もいた。また、弔問を拒否した遺族も数家族あった。

こうした前例があってのことでもあろう、JR西日本の社長・垣内や会長・南谷は事故直後から遺族の家族への弔問に努めた。だが、弔問の場で補償の話を持ち出すといった行為があったため、遺族は悲しみの感情を逆撫でされた気持ちになり、むしろJR西日本への不信感をつのらせることになった。

垣内の歳月を経てからのヒアリングに対する述懐で語られた事故後の遺族観の言葉――「わがまま」「労組との団体交渉と同じだと思って」といった言葉から、すぐに連想されるのは、

「他者の痛みには何年でも耐えられる」という言葉だ。

なぜ、「何年でも耐えられる」のか。人間の感情の根底にあるこの不条理は、どこから由来するのか。

「いのちの人称性」の視点

なぜ「他者の痛みには何年でも耐えられる」のかという問題を解く決定的な鍵は、「いのち（生と死）の人称性」という視点だ。その視点から人間の意識を捉えると見えてくるものがある。その視点こそ、最も納得感のある解答を導き出してくれることは確かだ。

「いのち」というものを、あえて「生と死」という言葉で補足したのは、「死」こそ日常において意識することの希薄な「いのち」というものを、強烈に意識させるものだからだ。

「いのち（生と死）の人称性」とは、次のようなものだ。

「一人称の生と死」とは、「私の全人生を含む生きているいのち」であり、「私がそのいのちを失うこと」は、「死ぬこと」である。「生きているいのち」には、これまでの人生の大切な記憶も含まれているし、支え合う具体的な人間関係もある。自分の将来への夢や計画もある。「私が死ぬこと」とは、自分の人生への夢や計画が中途において失われることである。突然襲いかかる「死」の場合は、その途絶感は激烈で無慈悲だ。だが、重い病気などで徐々にその時がやって来る場合には、最後の日が来るまでに、これだけはやっておきたいとか、思い出の地への旅をし、大切な人に会っておきたいといった思いを実現して運命を受容できるようになる可能性がある。

「二人称の生と死」とは、愛する大切な家族、恋人、特別な親友など、存在のかけがえのない人々の「いのち」であり「死」である。その喪失が生じた時の衝撃と心の虚脱感、空白は深刻だ。一家を支えていた父の死、やさしく家族を包んでくれていた母の死、愛する伴侶を亡くした妻あるいは夫、子を亡くした親など、残された者は喪失の悲しみをかかえてどうやってこれからの人生を生きていくのか、悲しく辛い日々を過ごすことになる。「二人称の生と死」には、そういう特別の局面がある。

「三人称の生と死」は、親戚、友人・知人から他人まで幅が広い人々の「いのち」であり「死」である。つきあいがあるという程度の関係の人がどんな苦悩をかかえて生きているかといったことは、時折気になることはあっても、自分の生き方や人生に影響を受けるほどのことにはならないだろう。また、親戚、友人、知人の死に対して、悲しみの感情を抱いたにしても、よほど親密な関係であったり恩義を受けた関係であったりしない限り、その日食事がのどを通らないほどのショックを受けることはまずないだろう。

これが遠方の全くの他人となると、メディアでその事故死、災害死などが伝えられても、単なる事件の「情報」として「そんなことがあったのか」と、その時思うだけで、関心はすぐに別のことに移ってしまう。だから、中東などで内戦やテロで市民百人が死亡といったニュースに接しても、あるいはアフリカで何十万人が餓死というニュースに接しても、多くの人は、「またか」といった程度の受け止め方しかしない。人間には、そういう非情さがある。(もっとも、そうしたニュースに接する度に、食事がのどを通らなくなるほどのショックを受けたり悲しみに暮れていたら、たちまち生きられなくなってしまうだろう。それは人間の自己防衛のための本能的な機能なのだと言えるかもしれない。）

では、事故の被害者に対して、加害企業の経営トップが示す無感情ともいえる態度は、どう解釈すればよいのか。

経営トップの被害者の「生と死」に対する関係は、まぎれもなく「三人称の生と死」である。「三人称」の関係では、他者に対する感情が素っ気ないものであることは、前述の通りだ。経営トップは被害者一人ひとりが、それぞれに個性を持った生き方や人生や人間関係を有しているといったことまで綿密に調べて、親身になって寄り添わなければといった思いを抱くことよりも、死者は何人出ているのか、遺族たちは全体としてどんな状況になっているのか、今後生じてくる補償支払い金は全体でどれくらいの金額になりそうかといった次元のことに関心を向ける。

そこで企業内で重要な役割を担うのは、法務対策の部門だ。もちろんその分野に通じた役員がいる場合も少なくないが、法務部は必要に応じて顧問弁護士の助言も受けながら、企業及び役員の刑事・民事両面の責任追及を逃れ、被る損害を可能な限り小さくするための法的な対応策などを、企業のトップや役員会に提案あるいは助言をする。完全に「三人称の視点」の世界だ。

これは何ら違法な行為ではない。だが法律の枠組みだけが、人間社会の規範ではなかろう。

事故（あるいは公害）という事件においては、一方に、かけがえのない「いのち」を奪われたり、負傷による大変な苦痛を背負わされたりしている被害者がいる。そのような仕打ちを加害企業から受けるような行為は何もしていないのに。

そして、もう一方の加害企業は、仮に責任を取って、被害者に対する損害賠償や被害者支援の経費負担などで財政的に赤字に陥ろうと、経営のトップや役員が鞭打ちの刑を受けるわけでもなければ、個人的に罰金刑を受けるわけでもない。また、企業という組織が解体させられるわけでもない。

一九八二年の東京・赤坂のホテル・ニュージャパン火災（死者三十三人、負傷者三十四人）の場合は、経営トップが経費節約のために、意図的に防火設備の手抜きや防災担当要員の削減などを命じていたことが明らかになって刑事訴追され、業務上過失致死傷や消防法違反などの罪で有罪となった。だが、この事件は経営トップ自身があまりにも悪質な違法行為の指示をしていたことが明らかになったがゆえに、刑事責任まで問われたのであって、ほとんど例外的と言ってよい。

また、水俣病事件では、水銀化合物を含む工場排水をそれと知りつつ川や海に流し続けたチッソ水俣工場の工場長が、刑事裁判で有罪判決を受けたが、チッソの経営トップは訴追されることはなかった。

このように、法律上の社会規範の中では、事故や公害事件の被害者は、あまりにも人権無視の立場に追いやられている。企業社会の中に、人間の「いのち」を企業の倫理規範の最上位に置く理念を持ち込むことはできないのだろうか。利益追求を至上価値とする、資本の論理を超えた人間味のある規範を、企業は持つことはできないのだろうか。言い換えるなら、「冷たい三人称の視点」に止まらずに、「一人称、二人称の視点」を配慮した対応をすることはできないのか、という問いになる。

いのちと企業の価値観変革

重要な事例がある。日本航空の二〇〇五年以降の組織と意識の画期的な変革なのだが、それは人命にかかわる業務を担う企業の安全への取り組みが、理論的にも実践の面でも時代を分かつといえるほど先駆的なものになっている。そういう時代の潮流をしっかりと視野に入れておくことは、ＪＲ西日本の事故対応を評価するうえで不可欠の問題なので、日本航空の変革の態様を以下にやや詳しく見ておくことにする。

ＪＲ福知山線事故が起きた二〇〇五年、偶然だが航空業界で経営危機に陥っていた航空会社があった。日本を代表するナショナルフラッグ・キャリアの日本航空だ。前年の〇四年から安全性に疑問を抱かせるトラブル続きで、乗客が激減し、当然収益が激減する結果となっていた。〇五年四月には、国交省から厳しい事業改善命令が出され、日本航空は必死になって安全対策に取り組んだが、それでもトラブルは発生し続けた。

その時の社長・新町敏行《しんまちとしゆき》は、七月に決断した。この危機を乗り越えるには、安全な会社への根本からの組織と意識の改革を断行して社会の信頼性を回復することが不可欠であり、そのためには、組織論や安全論に詳しい外部の専門家による第三者委員会を設けて、全く新しい風を吹き込む以外に道はない、と。

具体的には、様々な企業がよくやるように、財界や学会の大御所的な人物に相談役になってもらうやり方では、体面を繕《つくろ》うだけで終わってしまう可能性が高いと考え、事故や安全や組織の問題について、積極的に現場を歩いて調査・分析し、問題点を洗い出す活動的な専門家数人に委嘱して、第三者機関の「安全アドバイザリーグループ」を発足させ、その提言を速やかに実践するという取り組みを決断したのだ。

八月に発足した「安全アドバイザリーグループ」（以下、「安全AG」と略記）は、直ちに作業を開始した。各委員とも大学や個人の仕事で多忙だったが、可能な限り時間を割いて、次のように多岐にわたる作業を行った。

(1)日本航空の最近におけるインシデント、トラブルの当事者・関係者の徹底的なヒアリングとその分析。
(2)過去の事故の教訓の総覧と再評価。
(3)八五年の御巣鷹山墜落事故の遺族「8・12連絡会」の代表五人へのヒアリング。
(4)日本航空と日本エアシステムの企業合併以後における全社的な安全への取り組みの問題点に関する関係者のヒアリング。
(5)業種別セグメントの業務と安全への取り組みについて、セグメント別のヒアリング。
(6)主要現場（羽田、成田の整備工場、委託整備会社）、オペレーション・コントロール・センター、主要地方空港の視察と現場責任者のヒアリング。
(7)フライトの実際についての同乗視察。
(8)御巣鷹の尾根への慰霊登山、及び機体残骸の保存状態の確認とその活用の検討。
(9)羽田空港の管制官ヒアリングと業務状況の視察。
(10)各種業界の事故の分析事例の研究。

⑾その他。

この作業は、九月から十一月までの三ヵ月間に、のべ二百時間以上をかけて行われた。十二月に総括と提言書の執筆を集中的に行い、十二月二十六日に提言書を新町社長に手渡した。

提言書は、戦後日本航空が設立されてから五十三年を経て累積された疲弊と言うべき組織や意識の問題点を徹底的に変革することを目指すものだけに、主要な問題点ごとの改革のキャッチフレーズと論述の文章は、役所の官僚の文章とはまるで違う破格のものだった。

それらの主要な項目と象徴的な記述を記すと、次のようなものだった。

1．意識改革は、「乗客が自分の家族だったら」の意識で、受動から主導へ。「真面目プラスα《アルファ》」の発想を。

特にこの章では、「『和解と共生』による未来志向を」という項で、次のような論述を展開していた。

〈日本航空の御巣鷹山事故の犠牲者の遺族の中には、日本航空に対して強い不満を持っている方々が少なくない。会社は法律や社会的な規約などを盾に、遺族の思いに対して必ずしも柔軟な対応をしてこなかった。このことが、利用客はもちろん社会全体からの会社に対する不信感を強めていることを、会社の経営層も一般社員も認識しなければならない。異なる立場の人々に対しても敬意を払いそういう人々の意見に含まれる貴重な問題意識や提言を真摯に受け止めて生かしていこうとする「心の持ち方」と対応が、「安全文化」の定着につながるのである。それは、「2・5人称の視点」そのものである。そのような「和解と共生」の意識と姿勢を企業の文化的

風土として確立するなら、必ずや会社は「変わった」との印象を与え、信頼感を取り戻すであろう。〉

（筆者注・ここに登場する「二・五人称の視点」の意味は後述する。）

2. 組織改革は、タテ割り組織の閉鎖性を打ち破り、会社全体を開かれたものにしようとするもので、セグメント間の「孤立文化、閉鎖文化は認めない」と強調。安全は運航、整備だけで頑張ればよいという問題でなく、空港業務や営業などすべてのセグメントの一体感ある意識を生み出すことによって安全文化が本物になる。

3. 安全問題について、全セグメントを全社的に統括する「参謀本部とプロ・スタッフ」を設けよ（それまではなかった）。本部長は、社長のいわば分身として強い権限を持たせるべく、上級役員を任命すべきだ。

4. 事故の教訓を風化させずに、全社的に共有するためには、事故の現場（御巣鷹の尾根）と現物（残骸、遺品等）は、重要な〝教科書〟だ。残骸や遺品を展示して学ぶ「安全資料センター（仮称）」を設置して、御巣鷹の尾根への慰霊登山とともに、全役員・社員が安全意識を全身に浸透させるための場とする。年々社員が事故後に入社した若い世代になっていくだけに、あの大惨事を知らない世代が、事故を身に染みて感じ、事故は絶対に起こしてはならないという意識を深く心に刻む場として、慰霊登山と残骸・遺品を目のあたりに見ることは、絶対的に必要だ。

5. ヒューマンエラー対策。「エラーをするのは人の常」を前提に、エラーが生じても事故にならないようにするフールプルーフ、フェールセーフなどの対策、「確認会話」の文化の全社的確立、「危ない」ことを「危ない」と言える風土作り、マニュアル主義の落とし穴に気づけ、等々。

6. 現場と安全中枢組織が発生した事故・トラブル等のリスク情報をダイレクトに共有できるシステム作り。事故・トラブルの教訓を職種の違う職場でもわが身の問題として活かす、リスク情報の「水平展開」をできる風土作り。

7. 経営トップと社員が一体感を持ち、上下左右の壁がないコミュニケーション文化を築け。

8. 重要な失敗事例を部内で公開・共有する取り組み。エラーを処罰の対象にするのでなく、自らのエラーに自ら気づき、原因や背景を分析して、同じエラーを防ぐ対策を皆で共有できるようにした人は、表彰すべきである。

9. 社員が誇りと意欲を持って毎日の仕事に臨めるような社風作りは、安全確保の源流だ。

10. 「安全文化」とは、利用客を配慮した視点、「二・五人称の視点」から生まれる。「二・五人称の視点」とは、日本航空の改革の方向性にもかかわる新しいキーワードで、その意味はこうだ。

決められた通り、マニュアル通りに仕事をすれば問題なしというのでは、現実に生じる様々な事態により良い対応をすることはできないどころか、予想外のトラブルを生じさせかねない。そこで、ネジ一つ止める作業であれ、空港カウンターの業務であれ、「相手が自分（一人称の視点）や家族（二人称の視点）だったら、どうしてほしいかと考える「心の習慣」を身につける必要がある。

それは、「自分がこの機の乗客であるなら」「自分の家族がこの機に乗るとしたら」――《こんなマンネリズムな仕事の仕方はしてほしくないだろう》《ちょっと待てよと思うだろう》《もっと丁寧に点検してほしい》といった思いをめぐらすに違いない、そのことを忘れないようにしようと、いつも配慮することだ。

つまり、業務を手順書や上司の指示に従ってこなすだけでは、利用客がそれぞれに違った事情や思いを抱いて空の旅に出かけるのだといったことまで考えることもなく、次々に作業を進めるだけになる。それは、「冷たい三人称の視点」による業務のこなし方と言える。これに対し、「自分あるいは自分の家族がこの機に乗るとしたら」ということを頭に浮かべて、作業に向き合うのは、「一人称、二人称の視点」に近づく姿勢になる。ただ、「一人称、二人称」の立場にはなり得ないし、感情の同一化までしてしまうと、自分が果たすべき業務の専門性や客観性を見失うおそれがあるし、精神的に疲れてしまうこともあり得る。やはり専門性、客観性を維持するという点では、「三人称の視点」は必要だし、「一人称、二人称の視点」との程よい距離感が求められる。

そこで「一人称、二人称の視点」と「三人称の視点」の両方を視野に入れ、柔軟に仕事をこなしていく姿勢を、「潤いのある二・五人称の視点」というキーワードで表しているのだ。

この思想は、安全AGの提言書の1章で強調している事故の遺族との「和解と共生」への方針転換や、4章における事故機の残骸や遺品などを展示する「安全資料センター」の設立提案につながるものだ。(機体残骸については、日本航空は犯罪捜査も事故調による事故調査も終わっているので廃棄しようとしていたが、遺族の反対が強かったため、最終決定を留保していた。)

たとえ小さな破片でも

安全AGの提言に対し、日本航空の社長・新町の決断と実行はスピーディだった。トラブル続きによる信頼感の急激な低下は、フライトの客席がガラ空きになる便が続出する事態をもたらしていた。全日空と競合する路線でその傾向が強かった。日本航空の利用を止めて全日空機に変えたと言う利用客が極めて多く、そのことによる日本航空の損失は、二百億円に上ったと推計された。日本航空の改革による安全性の向上と信頼感の回復は、焦眉の急の課題だったのだ。

新町は、安全AGが提言書のまとめに入った頃には、事故の残骸などを展示する「安全資料センター」の設置の重要性にいち早く気づいて、側近に設置の計画をまとめさせ、そのデザインを外部企業に発注するように指示していた。必要な経費は、予備費から出すことも決めていた。そして、十二月末に提言書を受け取ると、年明けの一月には、業者に建設工事の発注をさせた。

安全AGは、事故から二十一年目になる〇六年八月十二日迄に開館すべきとの希望を伝えていたが、それより四ヵ月近くも早く、年度はじまりから間もない四月二十六日にオープンとなった。

場所は、羽田空港西端の整備場駅からすぐの日本航空の業務用ビルを利用して、二階のワンフロアのほとんどをあてた（後に新整備場地区に移す）。面積は六百平方メートル。名称は、提言書で示した仮名の「安全資料センター」から、社内の安全意識の徹底と社会貢献への積極的役割を強調するために、「日本航空安全啓発センター」とすることになった。

展示物は、機体残骸については、全長・全幅共に約50メートルもあるボーイング747型機の全体では、あまりに巨大過ぎるため、空中分解の直接の原因となった胴体後部の圧力隔壁や、最初に破壊の進んだ尾部胴体付近など、象徴的な部分に限定せざるを得なかったが、それでも展示場がビル内であるため、見学者を圧倒するような巨大感があった。

他に、無残に潰れた乗客の椅子、眼鏡や腕時計など持ち主不明の遺品、乗客が必死で手帳などに書き記した遺書などが展示された。

そんな中で、巨大な残骸とは対象的に展示場内の一角に高さ一メートルほどのあまり大きくないガラスケースが設置された。中には機体残骸の一部である小さな破片が敷き詰められたように陳列されていた。説明を聞かなければ、なぜ小さな破片が展示されているのか、見学者にはわからないような展示物だった。この小さな展示への経緯は、次のようなものだった。

この破片を集めたのは、愛知県刈谷市の武田峅《たかし》だった。日航機墜落事故で四十一歳だった妹・澄子を亡くした武田は、毎年御巣鷹山の尾根に慰霊登山をする度に、道端や斜面の林間などで残骸のかけらを見つけると、放置できずに持ち帰り、水できれいに洗っては、大切に保管していた。そうした破片は、もはや事故調査や捜査には必要がなくなったとはいえ、万に一つでも事故原因の再調査が行われる事情が生じたときに参考資料として役立つかもしれないという思いもあった。

だが、それ以上に、かけがえのない家族の一人であった妹がいのちを託していた旅客機の一部なのだと思うと、泥にまみれたまま放置しておいたのでは、愛する妹の死を軽視することになってしまうという感情が込み上げてきて、大事にして持ち帰ったのだ。武田の脳裏には、事故直後、遺体安置所で遺体確認を待つ間に浮かんできた幻影――山中を傷を負いながら歩いている妹の痛々しい姿が、何年経っても甦ってくる人生を歩み、とりわけ御巣鷹の尾根を訪れると、その姿がくっきりと立ち上がってくるので、散在する破片は妹の姿と重なり合って見えてくるのだった。長兄だった武田にとって、いくつになっても澄子は愛しい妹なのだった。澄子の遺体が見つかったのは、機体が激突した尾根から急斜面を百メートルほど下がった小さな渓流スゲノ沢の水源付近近くだった。そこは奇跡的に生き残った四人が見つかった場所だったこともあって、武田の心の中では、澄子はどこかで生きているに違いないという思いが終生消えなかった。

このような武田の機体残骸に対する思いは、まさに「生と死」に対する「一人称、二人称の視点」であって、それまで残骸を調査済みだから廃棄するという方向で考えていた日本航空初期の「三人称の視点」と正反対のものであったと言える。しかし、安全ＡＧの提言書に、機体残骸など大惨事の状況を生々しく伝えるものは、堂々と展示して、事故再発防止のために役立てるべきだと記されたことから、日本航空は方針を一八〇度変えて、主要な残骸とともに、武田が収集してきた数十個の破片についても、社長の即決で特別に展示することになった。まさに「二・五人称の視点」への転換だった。

二〇〇六年の早春、社長・新町の特命を受けた整備畑出身の執行役員・小林忍《しのぶ》は、刈谷市の武田の自宅を訪ね、山中に放置されていた破片の数々を集め、保管していたことへの謝罪と謝意を率直に語るとともに、開設を間近にした「安全啓発センター」に展示させてほしいと依頼した。

武田は、８・12連絡会の中でも、日本航空に対し毎年残骸の保管を強く訴えるなど反日航の遺族の急先鋒の一人だった。しかし、小林の技術屋らしい飾り気のない率直な態度に、武田の心にははじめて雪解けの南風が吹いたのだろう。破片を保存していたダンボール箱を持ち出してくると、

「私にとっても、空の安全のためにこれが役立てるというのであれば、嬉しいです。喜んで提供します。手に下げて持ち帰るには重すぎますから、明日、宅配便でお送りします」

「ありがとうございます。お手数ですが、送料はわが社のほうで負担しますので、どうか着払いでお送りください」

厳しく非難されて当然と思って緊張していた小林は、武田に対し、《この人は人間として出来た人だ》と尊敬の念を抱いた。

こうして「安全啓発センター」の開館前日の四月二十五日午後、日本航空は遺族のために「安全啓発センター」の内覧会を開いた。8・12連絡会事務局長の美谷島邦子ら遺族たち十数人がセンターを訪れた。その中に武田の姿もあった。長男が同行していた。

武田は小林の案内で、自分が収集してきた残骸破片の数々がガラスケースの中にしっかりと並べられ、しかもその展示の趣旨を記した掲示板まで掲げられているのを見て、しばらく無言のまま立っていた。

「ありがとうございます」

武田はポツリと呟《つぶや》いた。感無量だったのだろう。

内観会が終わると、小林は東京駅まで武田父子に付き添った。すぐに切符を買って帰途に就くのかと小林は思っていた。ところが、東京駅に着くと、武田が言った。

「よくぞ残骸展示をいい形で作ってくれましたね。今日は、あの事故から間もなく二十一年になりますが、こんなに気持ちがすっきりとしたのは、はじめてです。安全啓発センターオープンを祝って、ビールで乾杯しませんか」

小林は、どう返事してよいか、一瞬とまどいを感じた。加害企業の一員として、しかも機体修理ミスをチェックできなかった整備畑の技術者として、たとえ自分は直接の担当でなかったにせよ、とてもお祝いなどという気持ちにはなれない。謝っても謝り切れないという思いのほうが、圧倒的に強かったのだ。だが、武田の次の言葉が、小林の肩の重荷を降ろしてくれた。

「これまでいろいろありましたが、これからは安全のことを一緒に考えていきましょうよ」

小林は武田父子と一緒に東京駅八重洲口近くの地下商店街に手頃なレストランを探して入った。同席した長男は、日本航空に対し厳しく批判していた父親が日本航空の幹部に対し、まるで旧友と語り合うような親近感をもって笑顔で語り合うということは想像もしていなかったので、本当に驚いたという

これは、加害企業である日本航空が被害者の心情に寄り添う「二・五人称の視点」を組織内に浸透させようと企業の価値観を変える歩みを踏み出したことと、被害者との和解の窓を開いたことを象徴的に示した瞬間だと言えるだろう。（武田労氏は二〇一七年七月逝去された。）

〝和解〟の第二幕

新町社長体制下における社内改革のテンポは速かった。〇六年四月には、安全問題に関して全社的に統括して取り組む、社長直属の参謀本部的な役割を果たす安全推進本部が新たに設置された。

「二・五人称の視点」とは、実務的にどういう対応が該当するのか、その啓発ＤＶＤが作られ、全職場でそのＤＶＤを使っての学びが行われた。

被害者の心情に寄り添うには、どうすればよいのか。この重要な課題に対する答を、心に深く

刻むには、本社と関連企業合わせて約四万人の役員・社員が、それぞれの業務の多忙さを超えて取り組むべき三つの行動が全社内に示された。三つの行動とは、こうだ。

(1)墜落現場の御巣鷹の尾根に慰霊登山をして、林立する墓標の前に立ち、手を合わせること。

(2)「安全啓発センター」を訪れ、機体残骸や無残に壊れた椅子や遺品・遺書をしっかり見つめ、事故を起こすとそこに何が生じるかを、「一人称、二人称の視点」で想像し、考えたことをノートに書くこと。

(3)遺族が体験を語る場に参加して、耳を傾け、特に心に響いた言葉やエピソードについては、メモをすること。

これらの行動は、強制するのでなく、役員・社員の一人ひとりの自主性・主体性を重んじることが知らされた。ただ、役員については義務づけられた。（その後、二〇一八年一月迄の十二年間の「安全啓発センター」の入館者は、十八万人に達し、その内の半数約九万人が日本航空と関連企業の役員・社員だった。役員・社員の総数が約四万人であるにもかかわらず。その入館者数が約九万人に上るのは、一人で二回も三回も訪れる社員が少なくないことと、毎年入社してくる若い世代の入館者が加わることによるものだ。残りの約九万人は、外部企業の役員・社員や大学・研究機関の研究者などで、国内で広く関心を向けられていることがわかる。）

(3)については、毎年一回か二回、遺族や事故当時、墜落現場で遺族の慰霊登山支援に当たった社員などの証言を聴く講演会を開催すると、毎回、約三百席の大会議室がいつもぎっしりと役員・社員で埋め尽くされるほどだった。

日本航空は、こうした講演会だけでなく、新入社員の研修会にも遺族を招いて講話をしてもらったり、「安全啓発センター」で遺族と安全推進本部のスタッフによる意見交換会を開くようになった。

「安全啓発センター」オープン前日の、あの武田労の日本航空との雪解けのシーンが、遺族と日本航空の〝和解〟の舞台の第一幕とするなら、日本航空における遺族による講話や意見交換会のシーンは、〝和解〟の第二幕と言えるだろう。

＊

ＪＲ福知山線脱線事故後の遺族とＪＲ西日本の関係に戻る。

事故から五カ月後の〇五年九月にＪＲ西日本が開いた説明会の最後に、淺野弥三一が社長・垣内に手渡した抗議文に対し、ＪＲ西日本は何の反応も示さなかったところまで書いた。

2

4・25ネットワーク

ＪＲ福知山線事故の運転再開前日の二〇〇五年六月十八日に開かれた会社側の説明会は、事故原因にかかわる問題にしても、今後の安全対策にしても、遺族たちにとっては、全く納得できるものではなかった。

日が経つうちに、遺族たちの中に、遺族がバラバラでは、会社側の強力な組織防衛の姿勢を崩すことはできないし、会社側が事故の真実を自ら明らかにすることは期待できないから、連帯して会社側に要求していこうという動きが出てきた。

その最初のきっかけをつくったのは、一人娘の中村道子を二両目で亡くした藤崎光子だった。道子はすでに結婚して嫁ぎ先の姓になり、年齢も四十歳になっていたが、母親にしてみれば、いくつになろうと娘は娘であって、愛しく思う情に変わりはない。

光子が事故現場を訪れる遺族にチラシを渡したりネットで呼びかけを発信したりして、連携を呼びかけ始めたのは、事故から一週間余りしか経っていない五月はじめの連休中のことだった。すぐに少しずつながら遺族から参加したいとの連絡が入り始めたのを受けて、五月十二日には、個人発信のニュースレター第1号を発行した。六月一日にその第2号を発行した時には、連絡会に賛同する遺族が四十五家族、負傷者が五家族になっていた。

連絡会を継続的なしっかりとした組織にしようと考えた光子は、連絡し合えるようになった遺族や負傷者らに呼びかけて、事故から二カ月後の六月二十五日にはじめての会合を開いた。会合に集まったのは、遺族二十四家族、負傷者一家族だったが、それ以外にも、多くの遺族が新しく発足する会への参加を表明していた。

参加者の中には、浅野弥三一や大学へ入学したばかりの長男・昌毅を亡くした父・上田弘志の姿もあった。

光子は、参加者たちに会をつくる趣旨を語った。遺族の様々な要求に全く耳を貸さないJR西日本を少しでも動かすには、遺族がバラバラでは無視されてしまう。やはり遺族が一体となって訴えていかないと、注目されない。親を亡くした児童・生徒や学生の支援問題や事故を起こした原因について会社だからこそ解明できることなど、遺族として知りたいことはいろいろある。そうした問題を会社側に示していきたいし、会社側には大変な数の死傷者を出した加害企業として説明責任がある。さらに鉄道の安全はもとより、安全な社会を築くための活動もしていきたい——と。

こうした光子の考えに対し、参加者たちは賛同するとともに、活動項目の追加提案もあった。意見交換の中で、淺野は一週間前の福知山線運転再開に関するJR西日本による説明会で、社長・垣内に手渡した要望書について、内容の説明をした。

「原因調査は政府の事故調がやるにしても、運転士の日勤教育などの労務管理や過密ダイヤの運行管理など、細かいところはJR西日本にしかわからない問題があるはずだ。そうした問題について、JR西日本には説明責任がある。そこで私は、四つの問題に絞って、説明を求める質問状を出したのです。四つの問題とは、日勤教育、ATS‐P設置の遅れ、過密高速ダイヤ、組織全体の安全管理です」

参加者たちは、それぞれの辛さや怒りを語り合ったが、誰もが共通に漏らした言葉は、大切な家族を亡くした遺族同士だからこそ、胸の内を語り合える会ができて、ほんとうによかったということだった。そこで今後の会の運営については、堅苦しい規約などは作らず、まして規約で個人的な活動を縛ったりすることなく、ゆるやかなつながりを大事にしていこうということになった。このため、会長とか代表といった役職は設けないで、まとめ役の世話人を数名選ぶことにした。

会の名称は、「4・25ネットワーク」という簡単なものにして、世話人は、光子や淺野ら数人が引き受けることにした。

4・25ネットワークは、積極的にJR西日本に要望書を出したが、回答を示さないJR西日本の姿勢は一向に変わらなかった。

それでも淺野は、

《怯《ひる》んではいけない》

と、自分に言い聞かせた。

行き詰まりを感じたり、抑え難いほどの感情の昂りを感じたりすると、自分の携帯電話をそっと取り出して、留守電の録音再生ボタンを押した。そこには、事故の数日前に、今は亡き妻が吹き込んでいた言葉が残っていたのだ。それは、淺野が経営していた地域環境計画研究所の事務的な仕事を受け持っていた妻からの単なる仕事上の伝言に過ぎない短い言葉に過ぎなかった。要点を無駄なく簡潔に話す声のトーンには、夫婦の日常会話の曖昧なやり取りの雰囲気は全くない。「これは仕事の話」とはっきりと区分けをした、気取ったような感じさえする話し方だ。凜とした妻の生き方を彷彿とさせる。

《ここで臆していてはいかん。妻のように背筋を伸ばして生きよう。そうしない限り、何の過失もない人々のいのちを奪い、残された家族を悲嘆のどん底に陥れる事故は必ず繰り返される。それでは、妻の供養にならない》

浅野は、絶対に退《ひ》かないぞと、妻に誓った。

説明拒否

九月に入って、4・25ネットワークは、改めてJR西日本に対し、事故調とは別に、独自に原因究明を行い公表するように、文書で求めた。これに対し、一週間後には、説明拒否の回答を受け取った。

国の制度上は、公共交通機関の事故原因調査は、既述のように事故調が権限をもって行うことになっている。しかし、4・25ネットワークの遺族の立場からは、企業は事故原因まで絞り込むことはしなくても、事故を引き起こすことに関係したと思われる組織内の問題点を把握して、それらを公開するとともに、対応策を速やかに取るべきであり、そうした行為なら事故調による調査に支障を来たすことはないはずだと考えていた。にもかかわらず、事故原因にからむ問題となると、JR西日本が一切口を閉ざすというのは、責任追及につながるような情報はすべて伏せるという組織防衛、自己保身のためだと、浅野たちは解釈した。

4・25ネットワークは、退くことなく、逆により強い調子で、社長・役員と直接向き合って意見を交わしたいと申し入れた。するとJR西日本の「福知山線列車事故ご被害者対応本部」から、ネットワーク側の代表を絞ってくれるなら、社長が会談に応じる用意があるとの回答があった。

会談は、事故から半年を迎えようとする十月六日に大阪市北区にあるJR西日本の本社で開かれた。4・25側からは、淺野、藤崎、上田ら八人が長テーブルに並んで座り、会社側からは社長の垣内ら関係役員六人が、遺族らのテーブルと一メートル半ほど間を空けた長テーブルに席を取り、互いに向き合う形になった。事故以来、JR西日本の垣内らが、こうして遺族代表と直接会って意見交換をするのははじめてのことだった。半年も経ってようやくそういう場が実現したのだ。

遺族らは、冒頭に一人ずつそれぞれに、自己紹介として身内の者を亡くした辛い体験を語ってから、意見交換に入った。

淺野は、「当事者であるJR西日本だからこそわかる組織上の様々な問題点について明らかにしてほしい、それは被害者に衝撃を与えた企業の説明責任ではないか」という主張を述べ、「JR側が自主的に原因調査をして公表すべきだ」と、かねてからの主張を縷々論じて、垣内に迫った。

長男を亡くした上田は、「完璧な原因究明でなくてもいい。そういうことを私は求めているのではないのです。これこれの問題があったことがわかった、だから今こういう取り組みをしていると、なぜ説明してくれないのか。私の長男は、大学に入り、将来への希望に胸を膨らませていた矢先に、いのちを奪われたのです。なぜ人生の夢を無残に絶たれたのか、私たちには知る権利があります。なぜJRは説明責任を果たしてくれないのですか」と、涙ながらに訴えた。

藤崎ら他の遺族も、みな顔をこわばらせ、垣内を睨むようにして、思いをぶつけた。

淺野らは、いわば妥協策として、「社長がこの場で説明できないなら、日を改めて私たちの主催で遺族に集まってもらうから、その会に社長が来てきちんと説明してほしい」と要望した。

だが、垣内の答は、一貫して「事故原因に関することは、政府の事故調が進めているので、今は話すことができない。それ以外のことであれば、必要に応じて会社の主催で会合を開き説明することとしたい」ということを繰り返すばかりだった。

議論は二時間半に及んだが、いくらやり合っても、意見はかみ合わないまま、時間が過ぎゆくだけだった。その雰囲気は、まるで険しい労使交渉のようだった。

この日の会合は、結局物別れに終わったが、淺野らがわずかに期待感を抱いたのは、垣内が五日後の十月十一日に、再度会ってもよい、それまでに社内で要望事項を再検討しておくと約束してくれたことだった。

しかし、十月十一日に4・25ネットワークの代表がJR西日本の本社を訪ね、垣内と向き合った場で、垣内が示した社内での検討結果は、「事故原因にからむ問題については説明することができない」という拒否回答だった。

この国の悲しきパターン

このようなJR西日本の頑《かたく》なな姿勢に関連して、この五年前の二〇〇〇年六月に発生した雪印乳業の製品による大量食中毒事件で、被害者側の弁護団長を務めた田中厚弁護士が、企業の責任回避の方策が歴史的に全く同じパターンで繰り返されていることに危機感を抱き、当時の神戸新聞に論考を寄せ、その一文を4・25ネットワークにも伝えてきた。それを読んだ遺族たちは、「なぜこの国の企業は変わらないのだ」と、怒りを募らせた。

この事件は、雪印乳業製の低脂肪乳を飲んだ一万三千人以上の人々が食中毒の被害を受けた。その後、会社側は被害者たちに原因の説明をしないまま、安全宣言を出して、製品の製造・販売を再開した。被害者たちは、「なぜあのような苦痛を受けなければならなかったのか、きちんとした説明を受けたい」と、弁護団の支援を受けて、会社側に立ち向かった。以下に、田中弁護士のメディアへの寄稿文の一部を引用する。

〈事件当初こそ、社会的な非難を受けた雪印はマスコミに断片的な情報開示を行っていた。だが、その後は被害者の求めにも「大阪府警の捜査中」を理由に、原因説明には消極的だった。状況は、JR脱線事故と同じだった。事件の約五カ月後、私たちは被害者の代理人として、雪印に、慰謝料と合わせて、原因についての社内調査や改善策を明らかにするよう求める民事調停を申し立てた。調停で、私たちは①雪印は高度の安全性を要求されている乳製品業界のトップ企業で、事件は社会不安を招いている②被害者は加害者から説明を受けることで、事件の精神的ショックから立ち直りのきっかけを得る——などと訴えた。一カ月後、府警の調査は続いていたが、調停手続きの中で、雪印は社内調査結果を開示・公表した。

説明責任の根拠は、JR西にも全く当てはまる。運行を再開している以上、JR西自ら事故原因を明らかにしないことは許されない。雪印と同様に、JR西は目先の企業防衛に走らず、被害者や社会全体に対する説明責任を果たさなければならない。〉

また、JR福知山線脱線事故の翌年二〇〇六年のことだが、六月三日東京都港区の公営住宅で、下校してきた高校二年の市川大輔《ひろすけ》君が自宅のある十二階でエレベーターを降りようとしたところ、エレベーターが突然扉が開いたまま急上昇したため、エレベーターの床と外部枠上部に挟まれて死亡するという事故が発生した。ショックを受けた母親の正子さんは、安全であるべき日常生活の身近なところで、なぜこんな危険なことが起こるのか、なぜ息子はエレベーターにいのちを奪われるという夢にも思わなかった事故に巻き込まれることになったのか、その原因を知りたいと、エレベーターの製造元であるドイツ系シンドラー社と保守点検会社に問い質した。だが、シンドラー社も保守点検会社も、「警察による捜査中なので答えられない」という理由で、何一つ事実関係について説明しようとしなかった。その捜査も、一年経っても二年経っても、進展を見せなかった。

シンドラー社は、保守点検を請け負った日本の会社に責任をなすりつけ、自らのエレベーターに法律違反に当たるような問題はなかったと主張し続け、戸開走行の原因に関する説明は一切しないまま、日本から撤退してしまった。

問題のエレベーターは、人を乗せる籠を上下に動かす装置のブレーキに異常が生じても、コントロール不能にならないようにするバックアップシステムとして二重のブレーキが装備されていなかった。しかし、当時のエレベーター設置に関する法規では、ブレーキシステムを二重にするのを義務づけてはいなかった。後に二重のブレーキシステムが義務づけられるようになるが、事故当時はそうなっていなかったのだから、メーカーであるシンドラー社は、エレベーターの品質に関して違法性を問われる過失責任はなかった。（日本のメーカーが製造していたエレベーターは二重ブレーキのシステムになっていた。）

そうなると、エレベーターの安全を確保するには、単一であるブレーキの摩耗を早期に発見して取り換えるなどの保守点検が万全かどうかが問題になってくる。ところが、シンドラー社はブレーキシステムなどの細部にわたる技術情報も保守点検のマニュアルも、特許技術にかかわるものだとして、委託会社に渡しておらず、委託会社が持っている保守点検の技術で対応すれば十分だとの方針を貫いていた。そして、事故発生後も、すべての責任は委託会社側にあり、自社には何の責任もないという姿勢を貫いた。

この事例から見えてくるのは、加害企業が事故を起こしても、被害者に対し原因がいまだ特定できない時点においても、可能な限り事情を説明するという企業倫理よりも、組織防衛を優先するという傾向が、日本だけでなく欧州においても根強いということだ。ただ、電車、航空機、船舶といった公共交通機関の事故については、一九九〇年代頃から、過酷な状況に翻弄される被害者・家族を支援するうえで、情報提供の重要性が認識されるようになり、加害企業はもとより、事故調査機関や行政機関による速やかな情報提供が実践されるようになり始めていた。特にアメリカでは、事故調査機関であるNTSB（国家運輸安全委員会）が組織内に家族支援局を新たに設けて、加害企業、赤十字、行政機関、警察、軍などの活動を調整するコーディネーターの役割を果たすようになった。そのことを制度化する連邦法の改正が行われたのだ。

ともあれ、日本という国においては、二〇〇〇年代初期の時点では、公共交通機関で大事故が発生しても、加害企業も関係行政機関も捜査当局も、被害者・家族に対し、積極的に情報を提供して、少しでもショックや混乱を軽減していこうとする社会文化は成立していなかった。その変化が生じるのは、数年後のことになる。

変化のかすかな兆し

浅野が六月の会社側説明会で社長・垣内に要望書を手渡してから四ヵ月も経った十月に、会社側はようやく反応を示し、4・25ネットワークの代表と垣内社長ら幹部との会談が二回にわたって開かれた。しかし、会社側の最終回答は、原因にかかわる社内調査とその説明は拒否するというものだった。

それでも浅野ら4・25ネットワークの遺族たちは、どこかに突破口を見出そうと、忍の一字で、機会を見ては説明責任を迫っていこうということになった。

年が変わり、二〇〇六年一月の半ばを過ぎる頃から、垣内が社長の座を降りて、後任に技術畑出身の副社長・山崎正夫が就くらしいという情報がメディアから流れてきた。下旬になって、JR西日本は、二月一日付で、その通りの社長交代人事を発表した。

浅野は、山崎を知っていたわけではないが、技術畑の山崎なら、法律屋の思考の枠組みに縛られないで、被害者側の要望に対し、真摯に耳を傾けてくれるかもしれないと、かすかな期待を抱いた。

山崎は、一九九〇年代に発足間もないJR西日本の経営規模を大きく発展させ、「JR西のドン」とまで言われるようになった井手正敬（九二年〜社長、九七年〜〇三年会長）の時代に、技術畑の幹部を務めたが、運転本部長を最後に関連会社に出されていた。社内の技術畑では人望があったが、井出と反《そ》りが合わなかったからだと言われていた。ところが、〇四年に大事故が発生して経営陣の責任が社会から厳しく問われるようになり、特に安全の組織的風土を危うくした根源は、営業規模の拡大を最優先し、労組抑圧に力を入れてきた井手の経営方針にあると批判されるようになったことから、ＪＲ西日本の信頼感を取り戻すには、井手の息のかかった南谷、垣内の流れを断ち切った非井手系の人物をトップに据えなければ無理だろうという見方が、交通機関を監督する国交省内や政界においても広がっていた。

では、誰をトップに据えるかとなった時、一の矢を当てられたのが、井手色のない山崎だったのだ。特に電車の運行の安全の確立という最重要テーマに社長自らが取り組むには、技術畑の人物の方がよいと見られたのも、重要な条件だった。

浅野が山崎に対し、「この男ならまともな会話ができるかもしれない」という思いを強くした具体的なきっかけは、事故から二年三カ月経った二〇〇七年六月二十八日に、事故調（航空・鉄道事故調査委員会）が最終的な事故調査報告書を発表した直後に、ＪＲ西日本が開いた記者会見における山崎の話し方だった。

事故調査報告書の内容と問題点については後述するが、その概要は次のようなものだった。まず、事故調査とその解析に基いて導き出した事故原因について、こう絞り込んでいる（要約）。

・半径３０４メートルの急カーブに、ブレーキ操作の遅れによって、制限速度の時速70キロを大幅に超える時速１１６キロで進入したため、脱線転覆した。
・運転士によるブレーキ操作が遅れた理由としては、（直前の伊丹駅で停車位置を大幅にオーバーランした過失について）車掌が運転指令員にどのように報告しているかが気になって、その交信の傍受に特段の注意を払っていたことや、ミスを繰り返したため厳しい日勤教育を再度受けさせられる不安にかられていたことなどから、注意が運転からそれていたと考えられる。

・（伊丹駅でのオーバーランについて）車掌にオーバーランの距離を実際より小さく嘘の報告をしてもらうように頼む電話をかけたり、気持ちを集中すべき運転から注意がそれてしまったりした背景には、厳しい日勤教育あるいは懲戒処分を行うというJR西日本特有の運転士管理方法がからんでいた可能性がある。

この事故原因の捉え方を要約すると、原因は、運転士のミス（ヒューマンエラー）と、ミスを誘発しやすい厳しい日勤制度によるストレスにあったということになる。

このように、事故原因を、運転士のミスと日勤教育に象徴される厳罰主義の教育訓練制度に絞ったことに対しては、被害者や安全問題についての専門家から、「それだけか」「背景にあった組織の要因の指摘がない」という批判が巻き起こった。

報告書全文を丁寧に読むと、「ミスに対するペナルティ」と運転士の間で受け取られていた日勤教育に代表される処罰主義的な運転士管理方法の問題をはじめ、カーブでの速度制限の標識の目立たなさ、運転席における速度計表示の誤差やブレーキ装置の問題点、事故発生時に直ちに二重衝突を防ぐための対応方法の不備、日常的に起こるインシデントやヒヤリハット事例を申告しにくい職場環境とそうした事例を事故防止に役立てる取り組みの不完全さなど、様々な安全性にかかわるシステムや技術的な問題について、厳しく指摘していた。多くのメディアは、そうした指摘に注目して、記事に、「安全軽視のJR西批判」といった見出しをつけた。

しかし、4・25ネットワークの淺野たちは、記者会見をして、JR西日本の安全性確保に関する経営層の意識や判断、組織的な問題について、踏み込んでいないと批判した。特に強調したのは、「余裕のないダイヤやATS‐Pの設置遅れ、全社的な安全管理制度の未成熟などを、原因に絡む要因として取り上げていない」という点だった。

事故調が事故調査報告書を発表したのを受けて、JR西日本の社長・山崎は、大阪市北区の本社で記者会見を開いて、事故調から指摘された問題について、同社の受け止め方を語ったのだ。

「厳しく指摘された日勤教育は、事故以前には、現場任せになっていたので、一部で行き過ぎた面があったことは確かだ。しかし、事故後には、教育効果に疑義があった点などは、見直している。必要があれば、教育効果をさらに高められるように一層改善したい。

JR西は、旧国鉄の分割によって、非常に厳しい経営環境の中で発足した。その中でJR西は最善を尽くしたつもりだったが、いろいろな問題が出てしまった。事故調査報告書で指摘された様々な事柄については、素直に受け止めて改めるべきところは改めていかなければならないと考えている」

おそらく誰が社長であっても、多くの犠牲者・負傷者を出すほどの大事故を起こしてしまったことに対し、政府の事故調査機関から企業の欠陥部分や失敗行為を具体的に指摘されたら、経営責任者として公の場で述べる言葉は、似たようなものになっただろう。だが、言葉は生きものだ。言葉は活字になってしまうと同じようなものであっても、話す人物の口調や表情や身振りなどによって、自分の思いを率直に語ろうとしているのか、組織防衛のために事務方が用意した書面を能面のような表情で読み上げているだけなのかは、かけがえのないいのちを奪われ感覚が鋭敏になっていた遺族には容易にわかってしまう。

4・25ネットワークの遺族たちの多くは、社長・山崎の説明に納得感を抱かなかったが、淺野だけは、説明そのものには不十分さを感じつつも、《この男なら、本音の言葉で話し合えるかもしれない》と、かすかながら期待感を持った。その背景には、山崎が社長就任後に淺野の自宅に弔問に訪れた際に、会話が事故に直接関係のない雑談になった時、面子にこだわらないいかにも技術畑の人間らしい実直さを感じたという事情もあった。

原因究明か責任追及か

その後、淺野は、折々にJR西日本の本社に山崎を訪ね、なぜ事故が起きたのかを知りたい遺族の心情を訴えるとともに、かねての持論である過密ダイヤやATS-P未設置など四点を中心に、JR西日本自身が徹底的に調査をして、社内改革に取り組むべきだと説いた。山崎は真摯に向き合い、これからどういう取り組みをすべきか考えさせてほしいと言った。山崎以前の経営陣の冷たく拒否する対応の姿勢とは、違っていた。淺野は二〜三カ月に一度は、山崎を訪ねて、進行状況を尋ねた。

山崎に嘘は感じられなかったが、やはりJR西日本の組織は巨大であり、船に喩えるなら超大型戦艦に似て舵を切ってもすぐには方向転換をすることができないのだろう。一年経ち、気がつけば二年が経っていた。

淺野は、粘り強く待った。ただ待つだけでなく、毎年四月二十五日には、4・25ネットワーク主催の安全フォーラムを開催し、事故原因調査のあり方や安全性確立の取り組み方などについて、専門家の参加を求めて、学んだ。また、一九九一年に起きた信楽高原鉄道事故の遺族や弁護士、日本航空ジャンボ機墜落事故の遺族たちの8・12連絡会の代表などを交えて検討会を開いて、事故の根本原因とは何かといった問題について学んだ。

そうした取り組みの中で、淺野が学んだ特に重要なポイントは、次の二点だった。

(1)事故の真因を捉え、再発防止のための教訓を導き出すには、「組織事故」という視点からの解明が極めて重要だということ。事故原因の従来の捉え方は、現場で直接作業をしていた人物(運転士、パイロット、保守点検員、整備士など)のミスに焦点を絞り、それ以外では、せいぜい上司の指示ミスとか環境条件の悪さなどを背後要因として指摘するに止まるものだった。安全性を阻害する組織的な取り組みの欠陥にこそ事故の真因があり、現場の作業員のミスは、むしろ組織の欠陥の結果でしかないという場合の方が多いのに、そういう視点が欠けていたのだ。航空界では一九八〇年代頃から、事故調査に組織事故の視点が重視されるようになっていたが、鉄道界においては、事故原因の捉え方に関して、その視点に基づく取り組みへの転換が必ずしも進んでいなかった。事故調がまとめた報告書における事故原因の叙述の仕方は、まさにその遅れを反映したものといえる。

(2)事故原因調査と責任追及の捜査は、本質的に性格を異にするものであって、目的が違う。被害者が加害企業の経営層の責任を追及し、何らかの処罰を科すべきだと希求することと、事故原因を明らかにすることの両方を強く求めるのは、人間として自然な感情と言える。しかし、業務上過失致死傷といった刑事責任の追及は、経営層の誰かの意思決定か指示か行為が事故発生に結び付いたことを証拠をもって立証しなければ成立しない。事故発生時に社長なり担当本部長の地位に就いていたというだけでは、経営責任を問うことはできても、刑事責任を問うことには法的に無理がある。

これに対し、事故原因の究明には、企業が関係資料を隠蔽することなく提出するとともに関係者が嘘偽りなく証言することが不可欠だ。そこで事故調は調査対象者に対し、責任を問うための調査ではないことを、予め明言することにしている。（もっとも捜査当局は事故調による証言調書や関係資料を、後で捜査に利用することはあり得るが、その問題はしばらく措くことにする。）

以上のような、事故原因の究明のあり方と責任追及との関係に関して、淺野は事故後間もない時期から、シンポジウムなどでの専門家の指摘で理解することができていた。だからJR西日本の経営トップに対し、事故原因にかかわる組織的な問題として既述の四点を挙げて、会社自身の調査による説明を求めたのだった。まさに「組織事故」の視点から、重要なポイントはその四点に絞れると考えたのだ。

しかし、新たに社長になった山崎は、淺野らに対し、人間的に本気で向き合おうとはしていても、会社独自の原因調査をする具体的な行動を示せないでいた。

淺野は、どうすれば突破口を開けるのか、山崎が遺族に誠意を見せようとしても、会社として具体的に動き出せないでいる理由は何なのか、そのあたりの事情をしっかりと捉えないと、何年待っても埒《らち》が明かないだろうと考えた。山崎は社長として会社の基本方針を決定する権限を持っていても、経営のマネジメントの基本にかかわる問題となると、総務、法務、財務などの部門から組織防衛を重視する見解が出されてブレーキをかけられる。それはどんな企業にも共通する傾向だ。JR西日本の場合は、ドン・井手元社長以来の人脈とその思考パターンが山崎社長の時代になっても、なお生きていた。

その思考パターンとは、例えば、こういう発想だ。《被害者の要求は、過激な労働組合の賃上げや労働条件改善の要求と似たようなもので、一歩譲ると、さらに上積みした要求を出してくる。譲歩した前例を作ると、同じようにさらなる譲歩を求めてくる。次々に譲歩ばかりしていたら、会社が潰れてしまう》

あるいは、こうも考える。《うっかり過失を認めると、刑事訴追の証拠を提出するようなもので、自分で自分の首を絞めることになる。民事訴訟でも、高い損害賠償を請求されることになる。被害者全体の損害賠償額が巨大になると、会社の負担限度を超えてしまう》

こうした企業経営層の発想の中には、かけがえのない人を失って人生が狂ってしまった被害者一人ひとりが背負っている悲嘆の深さなどは念頭にない。

淺野は、自分も小規模ながら会社を経営している立場にあるので、巨大企業であるJR西日本経営層を支配しているそういった思考パターンについては、容易に想像できた。

苦渋の選択

既述のように、淺野は山崎がはじめて弔問にやってきた時が、《この男なら、本音の言葉で話し合えるかもしれない》を感じた最初だった。初対面だったので、遺族としての要望についてては、あまり突っ込んだことは話さなかったが、その時、思い切って新しく提案したことがあった。それは、なぜあのような事故が起きたのか、遺族はその真の原因をどうしても知りたいのだという、前社長に要求していたことだけでなく、原因の解明を会社側と遺族側の両者が向き合って「協同で検証」するという形でやってみようではないかという提案だった。それまではJR西日本が独自に調査したものを遺族に説明してほしいという、いわば「待ち」の姿勢での要求だったが、山崎に対しては、一歩踏み込んで、「協同で検証」という、日本では前例のない提案を持ち出したのだ。

ただこの時は、淺野は「協同」の具体的な形についてまでは、言及しなかった。自分でも、まだそこまで方法論を煮詰めていなかったからだ。

それでも山崎は、「持ち帰って検討させてほしい」と答えた。無碍《むげ》に、「それはできない」とは言わずに、寄り添って考えようとする姿勢がほの見えたように淺野は感じた。

その時から二年経っても、「協同で検証」について、山崎から具体的な対応策が示されないという膠着《こうちやく》状態の中で、淺野はJR西日本という巨大企業の経営層に疑心暗鬼の不安感を払拭させるには、自分としても何か思い切った決断をしないと、時間が無駄に過ぎていくばかりだと考えるようになった。

淺野は、自らに問いかけた。自分が求めているものは、何なのか。その一つは、なぜ妻や妹はいのちを奪われ、娘は重傷を負わなければならなかったのか、その原因を知りたいということだ。そして、もう一つは、これだけの事故を起こした責任をJR西日本にはっきりと取ってほしいということだ。

しかし、JR西日本側とのやり取りで痛感させられたのは、会社として、社長をはじめ関係幹部が責任を認めたら、刑事訴追や損害賠償を求める民事訴訟において不利になる可能性が高いので、何としても責任を自ら明示するのは避けたいという姿勢が、極めて堅固だということだった。

浅野にしてみれば、経営層のそういう姿勢は道義的に許せないし、そう安易には引き下がれない課題だった。大事な肉親のいのちを奪ったJR西日本とその経営陣に対して、激しい憎しみや恨みの感情を抱いていたからだ。

しかし、いわば犯人捜しをするような責任追及をとことんやろうとすると、最終的には法廷での代理人による被告への人格攻撃そのものと言ってよいようなバトルに原告として加わらなければならない。当然、加害企業側は経営陣や組織の防衛のために、不利になるような事故原因の解明を遺族にもわかるような形で進め、その中身をオープンにしていくというような対応はしなくなるだろう。仮に刑事責任追及に成功し、経営陣に対する有罪判決が下されたとしても、それで「勝った」などと言って喜べるのか。真の原因が納得できる内容で明らかにされないままであったら、何のための裁判だったのかという虚しさに陥ることになるだろう。

もちろん遺族の中には、考えを異にする人たちも少なくない。百人以上もの死者が出ているのに、経営陣が誰一人として処罰を受けずに、悠々と日常生活を満喫しているということに対しては、とても納得できないだろう。

それでも浅野は、法廷でのバトルをするよりは、事故の構造的な原因を明らかにして、事故の再発防止に役立てることのほうが、亡き妻の遺志を生かす最も大事なことではないかと考えるようになった。

「苦渋の選択」――

という言葉がある。マスコミなどでよく使われる手垢にまみれた言葉かもしれないが、淺野の決断は決して大袈裟でなくこの言葉そのものだった。

《ＪＲ西日本に対する責任追及は、一旦横に置こう。ＪＲ西日本に対して、そのことを条件にして、ＪＲ西日本と遺族が協同して事故の構造的な原因を解明し、安全を構築する具体的な方策を引き出す議論の場を設けることを提案する。》

淺野が辿り着いた考えであり提案だった。

事故からはや四年が過ぎようとしていた二〇〇九年の年明けだった。

淺野は、この年の四月二十五日に開く予定の4・25ネットワークなどの主催する「ＪＲ西日本尼崎脱線事故　追悼と安全のつどい２００９」で、責任問題を一旦横に置いて、事故の真相究明を優先するとの方針を公表するとともに、ＪＲ西日本に対し同意を求めようと考えた。そこで、自分の考えを、4・25ネットワークで積極的に活動してきた木下廣史ら主なメンバーに伝え、了承と協調を求めた。また、社長・山崎にも面会して、協同で真の原因解明をする場を設けるという、新たな提案への同意を求めた。

劇的な転換

淺野が考えた原因解明の場とは、4・25ネットワークの代表数人とＪＲ西日本の安全問題担当の副社長を筆頭に関係部長数人が、テーブルをはさんで向き合い、かねて山崎にも示していた四つのテーマごとに、遺族側が疑問点を出すと、ＪＲ側が解答と説明をしていくという形で、問題点を掘り下げていく会議を設けようというものだった。

鉄道分野に限らず、事故の真因を解明するために、国の事故調査機関とは別に、加害企業と被害者が向き合って議論を深めるという取り組みは前例がないことだった。それだけに山崎は、基本的には対応したいが、会社としてどんなメンバーを揃えるかなど、社内で協議する必要があるので、しばらく時間を頂きたいと言った。山崎にとって、「責任問題を一旦横に置く」という浅野の決意を聞いたことは、社内の特に法務部門の同意を得るための行動を容易にするだろうと、浅野は読んだ。

4・25ネットワークの遺族たちは、「追悼と安全のつどい」の準備会で浅野の提案を聞いて、責任問題を一旦横に置くという方針にためらいを示す人もいたが、やはり「あれもこれも同時に」ということでは、真因解明の機会さえ失われるという状況判断では一致した。

こうしてこの年四月二十五日に開かれた「追悼と安全のつどい」は、遺族たちが単にJR西日本を告発するだけでなく、JR側に真因解明のために協同作業を求めるという、発想の転換を示すフォーラムになった。

その後山崎は、社内の対応をまとめることに努めていたが、七月になって、状況の突然の変化が生じた。神戸地方検察庁が、山崎を事故防止対策を怠った責任者として、業務上過失致死傷罪の疑いで起訴に踏み切ったため、山崎が社長を辞任したのだ。容疑は、JR西日本の路線において、高速で走行する直線区間や急カーブに自動的に速度制限をかけるATS-Pの設置計画を決めた一九九〇年代に技術部門の責任者だった山崎は、事故現場の急カーブ区間の危険性を十分に予見できたにもかかわらず、対策を怠ったというのだった。（この予見可能性は、後に最高裁にまで持ち込まれたが、最終的な最高裁判決は、予見するのは無理だったということになった。）

山崎が辞任を発表した時、淺野はＪＲ西日本と遺族が協同で事故原因の検証をする計画は潰れるかと心配した。だが、山崎は辞任時に淺野らに会い、事故原因を遺族の方々と一緒になって検証することを、次の社長・佐々木隆之に引き継ぐと確約してくれた。

その年二〇〇九年八月三十一日に社長に就任した佐々木は、九月になって淺野らに会うと、副社長兼鉄道本部長の西川直輝を4・25ネットワークと協同で事故原因を検証する検討会の責任者にすることを明示した。西川は線路敷設など土木系の技術畑の出身で運行・車両などの分野を専門としていた山崎とは専門が違っていたが、広い意味で同じ技術系の人間であり、山崎が最も信頼をおける人物として安全問題を受け持つ副社長に任命していた。淺野もすでに何度も会い、ぶれのない姿勢に信頼感を抱いていたので、西川が会社側の責任者になってくれるなら、検証作業は案外うまくいきそうだと安堵した。

その矢先のことだった。とんでもない事件が発覚したのだ。

事故調が事故調査結果の報告書を発表する前の、そのまとめに入った段階で、事故調の複数の委員がＪＲ西日本の内々の働きかけに応じて、調査情報をＪＲ側に漏らしていたことがわかったと、前原誠司国交大臣（当時）が発表したのだ。九月二十五日のことだ。前原大臣は、事故調査の客観性、中立性、信頼性にかかわる重大な問題だと受け止め、事故調が組織改革された運輸安全委員会に対し、事実関係の徹底検証と必要な対策の検討及び取り組みを指示したという。

この指示を受けた運輸安全委員会は、信頼性の回復には、組織内での検証作業では限界があると判断し、外部の専門家だけでなく、福知山線事故の被害者にも参加を求めて第三者委員会を設け、検証作業を委ねることになった。運輸安全委員会は、それまでの航空と鉄道の分野だけでなく、従来海難審判庁（現・海難審判所）が所轄していた海難事故をも吸収して、陸海空の三つの領域で発生するすべての事故を調査対象にすることになり、前年二〇〇八年十月一日に発足して、一年しか経っていない時期に、自らの組織のあり方を検証しなければならないという事態に直面したのだ。

この情報漏洩事件は、政府機関の事故調にとって激震となっただけではない。情報漏洩を働きかけたJR西日本にとっても、事故によって失われた信頼性を、さらに低下させることになった大激震だった。率直にものを話す山崎社長の就任によって、遺族や負傷者の信頼感がかなり修復されつつあったさなかに、漏洩事件が発覚し、しかも事件当時社長だった山崎が情報入手を社内の幹部に唆《そその》かした責任者だった疑いが濃いというのだから、信頼感の失墜は深刻だった。

山崎の後を継いだ佐々木は、信頼性回復のために、何か新しい姿勢を見せなければならなくなった。目の前にあったのは、かねて4・25ネットワークから要請されていた事故原因検証を協同でやろうという案件だった。

この国は、行政も企業も、自らの体内に何らかの膿《うみ》を抱え、それを大胆に放出して自己変革をなし遂げなければならない状態になっていても、素速くその変革に自ら取り組むという主体性に欠けているという負の特質がある。その閉塞性を打ち破るのは、海外からのいわゆる外圧だったり、責任逃れの余地のない事故や不祥事の発生・発覚だったりするのが通例になっている。事故調を引き継いだ運輸安全委員会もJR西日本も、まさに漏洩事件という不祥事の発覚によって、自己変革を迫られたのだ。JR西日本の変革の経過を辿る。

会社側の協同検証の責任者となった西川は、佐々木から全権を委ねられ、十月から協同検証の進め方をどのような形にするか、淺野と協議を進め、十一月には合意に至った。

合意した枠組みは、次のようなものだった。

・協同検証のための協議の名称は「福知山線脱線事故の課題検討会」とする。

・検討会のメンバーは、4・25ネットワーク側が淺野弥三一、木下廣史、上田弘志ら七人、JR西日本側が副社長兼鉄道本部長・西川直輝を代表として、鉄道本部副本部長、被害者対応本部長と副本部長、運輸部長、人事部長、保安システム室長の計八人とする。

・取り上げる課題は、かねて4・25ネットワークが提案してきた四つのテーマに絞り、責任追及の議論はしない。

・検証の作業は、4・25側がテーマ別に順次疑問点を出し、会社側が可能な限り資料やデータを示して説明するという手順で進めていく。納得できない問題については、次の回に会社側が追加資料を用意するなどして議論を煮詰めていく。

・会議の開催は、毎月一回二時間とし、一年程度で終了し、報告書をまとめる。

このような枠組みで、第一回の課題検討会が開かれたのは、二〇〇九年十二月だった。事故発生から四年八ヵ月も過ぎていたが、事故の原因究明のために、加害企業と被害者が一つのテーブルをはさんで向き合い、徹底的に議論し、被害者が納得感を得られる道を探ろうとする取り組みは、国際的にも前例のない画期的なことだった。

それはまた、JR西日本という巨大企業が、利益追求や組織防衛ばかりを重視するのでなく自らが引き起こした事故の被害者ときちんと向き合う方向に、会社の姿勢を転換し始めたことを象徴的に示したものと言えるだろう。それは、企業の経営層の価値観の変化と言えるものでもあった。

3 向きあう場の始まり

二〇〇九年の暮れも押し迫った十二月二十五日夕刻、淺野はJR大阪駅の御堂筋北口を出ると、クリスマスセールで騒々しいヨドバシカメラビルの脇道を通り抜け、再開発のために空き地になった一帯の先にある雑然とした古いビルや家屋の並ぶ一方通行のやや狭い道路に入った。事故で妻を亡くした後のPTSDと見られる心臓血管系の障害が両下肢にまで出て痛むため、身体がやや揺れるような不自然な歩き方になっている。心の中に引き摺っている重たいストレスが、いろいろな形で身体に出てくるのだろう。だが、今日は気持ちがこれまでとは違う。事故から四年近く、JR西日本の本社などで社長や幹部などに遺族たちと一緒に会っては、一緒に事故の原因を考えようとひたすら要請を繰り返してきた行動が、やっと日の目を見るのだ。いや、日の目を見るかどうかは、まだわからない。それはこれからの議論の進み方によって決まることだ。それでも、重大な事故の原因をめぐって、被害者側と会社側がとことん突っ込んだ議論をして、どこに問題があったのかを掘り下げていくという場が設けられるのは、前例のない画期的なことだった。浅野は、その大きな意味を考えると、身が引き締まる思いがしたのだ。

《この検討会が事故を引き起こしたJR西日本の組織的・構造的な問題の一端でも明らかにできれば、悲しみと怒りの中にいる遺族たちの心の闇に一筋の光明をもたらし、亡き人を弔う道標《みちしるべ》を示すことができるだろう。それは、生き直すための足掛かりとなるはずだ。と同時に、JR西日本にもどこに組織的・構造的な問題があったのかをはっきりと自覚させ、今後の安全構築に貢献するはずだ。そのためには、議論の場では、感情に走り過ぎずに、できる限り論理的に問題点を絞り込んでいくように努めよう。》

この日、ずっと考えていたことだった。

やや狭い道路を50メートルほど入った左側に、会議室のある弥生会館があった。玄関ホールに待機していた大勢の報道陣に、「会議の後で」と断り、浅野は階段を二階へと上がり、JRの社員に案内されて控え室に入った。遺族代表の全員が揃ってから所定の会議室に移動すると、横に長く繋ぎ合わされ白いテーブルクロスをかけられた会議卓の片側には、JR西日本の副社長・西川を中央に幹部らが並んで座っていて、浅野らが入っていくと、全員が立ってあいさつをした。

会社側の八人と4・25ネットワーク側の七人がテーブルをはさんで向き合って座ると、一瞬、時間の流れが止まったかのような緊張感が室内に張り詰めた。だが、遺族たちには顔の知れたJR側の被害者対応本部長の常務・中村仁が立って、丁寧な言葉遣いで自分が司会・進行役を引き受けることに同意を求め、両者が同意すると、時計の針が再び動き出した感があった。続いて西川が会社としての謝罪の言葉とご遺族のご意見に率直に耳を傾け、今後の安全対策に活かすように努めたいと決意を述べた。

それを受けて、4・25を代表して淺野が、JR側の対応の遅さに対する批判を述べつつも、この会議では、遺族が共通に抱いている「なぜ」という問いに、納得のいく答えを出してほしい、そのために必要な資料やデータを隠さずに出して、嘘のない説明をし、これからの交通機関の安全性を高めるための前向きな議論に繋がるようにしてほしいと要望した。

この日の会議は、初めての顔合わせなので、4・25側は一人ひとりが、自己紹介を兼ねて、誰を亡くし、どのように生活や人生が破壊されたか、その実情を簡潔に話した。それは、事故原因の真実を究明するうえでも、今後の安全を考えるうえでも、根底に据えるべき人間一人ひとりのかけがえのなさについての深い配慮を共有するために不可欠のことだった。

この第一回の会議では、議論を実りのあるものにするには、どのように進めたらよいのか、テーマの絞り方や日程について摺り合わせることに時間を割き、事故の原因について掘り下げた議論をするのは、第二回以降の会議で長期的に取り組むことになった。

ともあれ、この日合意されたのは、次の諸点だった。
▽会の名称を「福知山線列車脱線事故の課題検討会」とする。
検証会議という案も出されたが、たまたま、福知山線事故の調査をしていた事故調の情報漏洩事件に関して、運輸安全委員会が真相究明と今後の事故調査のあり方を探る「検証メンバー・チーム」（通称「検証チーム」または「検証会議」）を、直前に発足させたことから、混同を避けるために、「課題検討会」とすることになった。
▽議論するテーマ（課題）は、淺野が早い時期から提案していた次の四つのテーマとする。

①運転士のヒューマンエラーの背景分析と日勤教育の問題、②過密化と高速化のダイヤ編成問題、③ATS－P未設置の問題、④安全管理体制と組織的・構造的な問題。
▽議論の進め方は、四つのテーマ別に、順に会社側が資料・情報を提供し、担当部長が説明する。これに対し、4・25側から質問や意見・反論が出されれば、担当部長が答え、4・25側が納得感を持てるまで議論を交わす。
▽会議では事故の責任問題については、一旦横に置き、議論の課題とはしない。議論は、あくまでもJR西日本の組織的・構造的な問題がどこにあったかを分析することに焦点を合わせる。
▽検討会は毎月一回のペースで開催し、時間は18時から20時とする。二年後（実質一年四ヵ月後）の二〇一一年四月二十五日迄には報告書をまとめて発表できるように進める。

日勤教育の苛酷

年が変わり、二〇一〇年一月の課題検討会は、会社側の各課題についての、資料に基づく全般的説明や専門的な用語の解説で、所定の二時間が過ぎたため、本格的な議論に入ったのは、二月二十五日の第三回の検討会からになった。（この第三回から筆者〔柳田〕が、浅野の提案をJR西日本側も同意して、中立の助言役を果たすオブザーバーとして検討会に同席することになった。役割は、数多くの事故や災害の原因分析をしてきた経験を活かして、課題検討会の議論が深められるように適宜助言することと、議論が噛み合わずに紛糾した時に、対立点を整理して、問題点を掘り下げる論理的な筋道を提案することだった。）

第三回の会議の冒頭に、淺野が発言した。

「問題点について実質的な議論に入るのは、今日からです。前回に要望していたように、まず日勤教育の問題を取り上げたい。事故調の報告書でも、事故を起こした高見運転士が急カーブに入る手前でブレーキ操作が遅れた背景には、伊丹駅で停車位置をオーバーランするというミスをしたことに対し、再び日勤教育を受けさせられるだろうという恐怖心があって、運転への注意力がそれた可能性があると指摘している。運転士のミスは事故の原因と言うより、むしろ結果であって、ミスを生じさせた組織的な問題こそ重要であるという見方をするなら、運転士に強いストレスをもたらした日勤教育の実態をとらえないといけない。今日は、日勤教育の実態はどうなっているのか、特に高見運転士の場合、一年ほど前に受けさせられた日勤教育の実態はどのようなものだったのか、その辺りから説明を聞かせてほしい」

これに対し、JR側から配布された資料には、運転士の再教育制度（日勤教育）の仕組みや、赤信号区間内への進入（暴進）や駅でのオーバーランなど、「運転事故」と言われるトラブルの年度別発生件数、それらによる再教育を受けさせられた運転士の年度別件数、再教育の日数（一件ごとに評価されるので日数は大きな幅がある）などの数表と図解が、いろいろと含まれていた。

日勤教育がいかに厳しいものであるか、その一端を示すのは、再教育の日数が最長で四十一日にも及んでいることだった。

そのような中で、高見運転士が日勤教育を受けさせられることになったトラブルは、福知山線事故の前年、二〇〇四年六月八日に起きた。それは高見運転士が二十二歳で運転士の資格を得て乗務に就いてから、わずか二週間後のことだった。JR片町線の下狛駅で、ホームの所定の停車位置から100メートルもオーバーしてしまったのだ。

その結果、命じられた日勤教育の日程は、十三日間だった。それほど長い期間ではなかったが、問題は中身だった。

浅野は質問した。

「高見運転士は、急カーブ区間に、時速100キロを超える速度で突っ込んでいった。これは異常な精神状態になっていたとしか思えない。理由があるはずだ。なぜそうなったのか、理由を聞きたい」

この問いに対する解答につながる重要な資料が、この日の配布資料の中に二つあった。

人格否定の事情聴取

一つは、高見運転士が前年六月に片町線下狛駅でホームの所定停車位置より100メートルもオーバーランして停車するミスをした時の事情聴取記録であり、もう一つはその直後における日勤教育関係資料だ。

そのオーバーラン発生は、片町線の京橋—木津間の往復運転二回目の午前9時台に下り快速を運転していた時だった。会社側の調べによると、下狛駅に近づいた時、他事に気を取られていたため、ブレーキ操作が遅れ、ホーム直前のATSの警報音でハッと気づいて非常ブレーキを操作したが、ホームの先まで頭を出してやっと停止したという。明らかにヒューマンエラーだが、この日の乗務終了後の事情聴取は、まさにしごきと言うべきものだった。事情聴取は日勤教育のプログラムではないが、日勤教育の日数や内容を決める前提となる事実確認のためのものであるにもかかわらず、その問い方は運転士の人格まで否定するような徹底的に絞り上げ追い込んでいくものだった。その延長線上で翌日から日勤教育が始まるのだ。

その事情聴取の聴取者は、高見運転士が配属されていた京橋電車区の助役と二人の係長の計三人だった。聴取記録はA４サイズの用紙にタイプされていて、八頁に及ぶが、問答は簡潔な文にまとめてあるので、聴取する側の感情的な声のトーンなどはまるめた感じになっている。それでも当時のミスをした運転士に対する管理職の威圧的な姿勢は十分に推測できる。その傾向が顕著に見られる部分を引用すると――。

――この区間は回復運転（＝遅れを取り戻す運転）するところなのか？　速度も高いし、少しも気を抜けない区間と違うのか？

「はい」

――自分の腕にそんなに自信があるのか？

「そういうことはありません」

――本当に止まる気はあったのか？

「はい、ありました」

――回復運転しようと必死になってるのに、ブレーキ中に他のことを考えるのか？

「……」

高見運転士は高卒で採用され、まだ二十二歳。運転士の資格を取り、乗務を始めてまだ二週間しか経っていなかった。ベテランの運転士とは違う。ずっと年上の管理職の眼からは、焼きを入れて鍛えなければというスパルタ的教育の考えがあったのだろう。それがヒューマンエラー防止にプラスになるのかマイナスになるのかといった安全心理学上の問題などは、まるで念頭になかったことは明らかだ。

――五月三十一日の無断退行（別の運転士が下狛駅のかなり手前で駅をうっかり通過したと錯覚して急停車し、指令に無断で電車をバックさせ、間違いに気付いて再び発車し、しかもはじめのうちは嘘の報告をしていたトラブル）のことをどう思ってた？

「まず、同じ事故は起こさないこと、自分はしっかりして事故を起こさないように、起きたことはキチンと報告するように、と考えていました」

――自分は基本動作やっている、事故は起こさない、と思っていたのと、違うか？

「少しはありました」

――でも、基本動作が出来ていなかった。形だけでやっていたということだろう、それは基本動作とは言わない。通停確認（＝次の駅の手前で通過駅か停車駅かを確認する動作）も形だけ、やっていただけだろう。

「……」

――そんな運転士が「回復運転」なんてチャンチャラおかしい。駅に止まろうともしない運転士が、まして運転士になって二週間ぐらいの運転士が、どうして回復運転なんてできるのか？

「……」

高見運転士は、責めまくられて畏縮し、答える言葉もなかったのだろう。

彼はオーバーランの報告をする時、はじめは嘘の理屈を言った。急ブレーキをかける時、ハンドル操作を誤り、ブレーキを緩める方向に操作し、それからあわてて急ブレーキをかけた、と。

これはすぐにバレてしまったが。

――このまま、停車駅通過にでもなったら、会社の信用問題になるんやぞ。またもや下狛駅を通過！　とマスコミにも報道されて。

「……」

――五月三十一日の事故と何ら変わらない。一週間しかたっていない。同じ駅で止まることを忘れた、止める行為を怠っていた。お前のほうが責任は重いぞ。

「はい」

――何で「ブレーキを緩めてしまった」と言ったんや？

「行き過ぎたことを報告することが怖かった」

――何でそんなこと言ったんや？

「どうしよう、どうしようと思ってちょっとくらいならいいかな？　と思って」

――何で嘘を言ったんだ？

「呼び込み指導では（あったことは厳正に報告しろと）言われたんですが、自分がやってしまって、どうしようが大きくなって……」

——指導助役の電話で改めたのか？

「はい」

——ブレーキノッチを緩めたとなったら精神鑑定されるぞ。もう乗りたくないのか!?

「すみませんでした」

——あれほど嘘をつくなと言っただろう、社会人としても失格だ。

「はい」

（筆者注・ミスの形態や嘘の報告の仕方などによっては、運転士の資格取り消しによる職種転換の処分もあり、運転士にとっては一番怖れている処分だ。）

中略。

——嘘はいけない事は知っていたのか？

「知っています。後ろめたい気持ちはありましたが、5・31の件があったから、この大切な時に同じようなことをしたから、行き過ぎたことに対して怖かったです」

——どういう怖さだ。

「お客様に迷惑をかけたから、それに対してどれ位怒られるか怖かったです」

このような事情聴取の後、直ちに翌日六月九日（水）から土・日を除く連日、二十五日（金）までの十三日間にわたる日勤教育の日程が決められた。内容は、初日の「反省文」と、こんこんと諭された後に「五月三十一日の事例に関する自分の受け止め方」のレポート提出に始まり、連日、「注意喚起を受けた後の捉え方」「一人前になったといううぬぼれについて」「停車駅通過事故（筆者注・JRでは運転ミスの多くが『事故』扱いされる）の防止対策」「自分自身の弱いところ、その克服」等のテーマによる一対一のお説教的な講義があって、必ずその場でその日の講義内容に即した自分の受け止め方をレポートに書いて提出させられる。しかも講義とレポート執筆の場は、駅舎内の一角で運転士仲間や保守・点検の要員、駅の職員などが出入りするところなので、まるで曝し者にされているような心境になる。

このような事情聴取と日勤教育のあり方を見ると、いかに運転士にとって、日勤教育を受けさせられることが、恐怖であったかが、わかる。そこには、ヒューマンエラーの原因と背景を科学的に明らかにして、どうすれば事故になるのを防げるか、その方策の手がかりを捉えようとする姿勢は全く見られない。その根底にあるのは、懲罰主義によって、運転士を脅せば、ヒューマンエラーを防げるという前近代的な発想だ。運転士に恐怖心を抱かせ、それが日常業務の中でのストレスになるのは、むしろヒューマンエラーの誘因になるという、一九八〇年代以降国際的に確立されたヒューマンファクターの理論を全く考慮せずに、日勤教育という再教育制度を作っていたJR西日本の経営層の認識のレベルこそ問われるべき問題だったと言えるだろう。

謎解きのドア

この日の会議では、まず人事部長が、日勤教育などの資料説明を終えると、淺野が質問の口火を切った。

「日勤教育のやり方を見ると、スキルは一生懸命教えるが、安全とは何かについて、会社ぐるみで考えていない。日勤教育は運転士にとっては恐怖だったのではないか。最も長期にわたった運転士の場合、四十一日にもなっている。これは一体何なのか」
副社長「いろんな要素がからんでいるんです」
淺野「日勤教育は平均何日といった数字には意味がない。極端に長期に及んだ例とか、極めて短期で終了したといった事例こそ、なぜそういうことになったのかという疑問を抱く」
常務「個別には、特に若い運転士の場合は、遅刻は絶対に駄目とか、しつけをしっかりと身につけさせないといけないのです」
木下廣史「資料の中に、京橋電車区の事故があった年の平成十七年度区長方針という社員に対する一枚の周知用メッセージがあるが、タイトルが『真のプロフェッショナルへの道を歩もう』となっていて、副題に『～学研線と２０７系を制覇する！～』とある。新しく導入した性能を向上させた２０７系車両を使いこなせと発破を掛けているのではないか。２０７系には何か問題があったのではないか。ダイヤの速達化、スピードアップ化に運転士を順応させようというねらいではないのか」
副社長「これはその年の新年に、運転士などに２０７系の車両に慣れさせるためのメッセージであって、毎日朗読させるという類のものではないから、『制覇する！』という言葉を使ったからと言って、そんな風に意味を考える言葉ではないです」
淺野「それはともかくとして、ＪＲ西は何を反省したのか。高見運転士はなんであのような精神状態になったのか。事故調の報告書でも指摘されているが、高見運転士は、当日朝から三回も、オーバーランをしている。異常な精神状態になっているのはあきらかですよ」
副社長「その件は、前回お配りした資料の中で説明した通りです」
浅野「なんで高見運転士を追い込んだのか。二十三歳になり、これからの自分の人生を考えている時です。まだ若かったのだから、月給が安かったのは、特にプレッシャーではなかったでしょう。高見運転士を追い込んだのは、オーバーランを繰り返したことに対する厳しいペナルティに対する恐怖心としか考えられない。前の年に日勤教育を受けた時のことが悪夢のように心に刻まれていたに違いないと思いますよ」
常務「ミスの背景になった心理的な要因については、われわれも整理して考えてみなければと思っています。事故調の報告書にも、ある程度書かれていますが、われわれはさらに他の要因も推定できるのではと、いくつか考えています。伊丹駅で停止位置を八〇メートルもオーバーしたのに、車掌が運転士にまけてくれと頼まれて、運転指令への電話で八メートルと虚偽の報告をしてくれた。その口裏合わせで安堵して気が緩んだのか、それともバレたらまずいと……。運転士から降ろされると、手当てもなくなるし……」
浅野「日勤教育のどこが悪かったと、会社は考えているのか」
常務「前回お渡しした資料に書かれている通りでして……」
木下「安全のマネジメントができていなかったと、前回の説明で話していたが、どこでそうなったのか、説明がない」
この問いに対し、会社側の人事部長と運輸部長がそれぞれの立場から資料に沿って説明したが、遺族側が最も知りたいと切望しているJR西日本の組織的問題に迫る説明にはなっていなかった。
会議でのやり取りは緊迫してはいるのだが、4・25の遺族たちは思いの昂ぶりが先行してしまうためか、質問が運転士のミスの背景にある組織や経営の問題点に焦点を絞って深く掘り下げる道筋を探しあぐねている恰好になっていた。質問があちらを突いたりこちらを突いたりという形になってしまうのだ。

そこでオブザーバーの柳田が割って入り、一つの提案をした。

「これまでの議論を聞いていますと、4・25側の質問が多岐にわたり、その一つ一つに会社側が解答するという進行になっているため、事故の根源はどこにあったのかという事故原因の本質を明らかにするための深掘りの議論に入れないでいると思うのです。

実りのある議論にするためには、事故分析の方法の一つである『なぜなぜ分析法』による論理的なフロー分析図や、運転士のミスにからむ様々な関係要因を明らかにするための『SHEL《シェル》分析図』を、会社側がつくってこの場に出し、遺族の方々と共有しないと、ヒューマンエラーを惹き起こした組織的な問題がどこにあったのかを論理的に解き明かすことはできないです。そこを明らかにしないことには、事故の再発防止のために組織や意識をどう変えなければいけないのかという肝心な課題に答を出すことはできないと思います。

西川さん、いかがでしょうか。会社側が被害者に対し、会社の組織的な取り組みの欠陥を被害者側に曝け出すということは、日本の社会の中では前例のないことですから、そういうデータを作って公表するということには、ためらいもあるかと思いますが、でも事故を起こした会社と被害者が向き合って、責任問題は横に置いてでも、事故の真の原因を一緒に考えようという画期的な場ができたのですから、この場を実のあるものにするには、あの運転士が時速一〇〇キロを超える速度で急カーブに突っ込んでいくという異常な心理になったのはなぜなのか、その心理的な背景要因をたとえ推測であってもまず列挙し、さらにその背景要因が生じたのはなぜなのかというように、『なぜ』『なぜ』と、背景のさらなる背景を遡って洗い出していく『なぜなぜ分析法』のフロー分析図を会社側が作ってこの場に出さないと、議論が表面的なところでぐるぐる回るだけで終わってしまう。この際、JR側にそこまで思い切った対応をして頂くよう提案させて頂きました」

遺族の一人が、この提案について発言した。

「なぜの背景を挙げたら、その背景の背景をなぜ、なぜ、と遡っていく。そういう分析図を出してくれないと、真の原因が見えてこないですよ。ぜひ、そういう図を示してほしい」

副社長の西川が、ほとんど間を置かずに答えた。

「結構です。そういう方向で次回は準備します。前回、皆さんから日勤教育が悪かったから、運転士がああなったという指摘があったので、今日はその関係の資料を用意したのです。次回は、背景要因の『なぜなぜ分析図』を作って示せるようにします」

西川があまりにも率直にそう言ったので、4・25側の遺族たちは、一瞬沈黙した。議論が深まっていかないことで、やや苛立ち気味になっていた雰囲気が、すーっと収まっていく感があった。浅野が口を開いた。

「これからが問題の核心に入るのだと思う。われわれとしても、分析的な考え方をして議論を進めていくが、会社側は当事者として、今提案された『なぜなぜ分析法』による分析をしっかりとやって、次の会に出してほしい。それによって運転士のヒューマンエラーの背景が納得できる形でわかったら、次はダイヤの問題に議題を進めたい」

西川「わかりました。フロー分析図は次の会議に出せるように努力します」

この第三回の課題検討会で、ようやく事故の真因を解明するには、どのようなドアを開ければよいのか、その行路に光が射した感があった。

なぜなぜ分析法の公表

一ヵ月後の三月二十三日、第四回の会議が定刻の午後6時に始まると、会社側から三種類の資料が配布された。

一つは、「当該運転士の『運転操縦ミス』（ブレーキ操作の遅れなど）に関する要因や背景等について」と題のつけられた一枚のプリントで、その因果関係を論理的な流れとして図で示した「『当該運転士のブレーキ使用が遅れたこと』についての分析」と題された「フロー分析図」が、二つ目の資料だ。「フロー分析図」は、まさに「なぜなぜ分析法」による分析結果を示すものだ。

さらにもう一つは、高見運転士の心理状態に影響を与えたと見られる、当日事故に先行して起こした四件のミスそれぞれの推定要因を列挙した文書だ。四件のミスとは、

①始発の宝塚駅に回送列車を入れる際の線路分岐点で速度超過違反をしたこと、

②その時、分岐点のATSの警報音が鳴り、狼狽するうちに非常ブレーキが自動作動したこと、

③輸送指令の指示を受けないで、ATSによる非常ブレーキを解除して列車を入駅させたこと、

④宝塚駅出発後、伊丹駅で停止位置を大きくオーバーランしたこと、以上の四つだ。

これらのミスは、運転士が破局に突入するに至る心理的な背景要因として極めて重要だ。事故を惹き起こした運転士の心理状態がどうなっていたかという問題は、本人が死亡しているため、客観的な証拠を示して「こうだった」と断定することはできない。推定する以外に方法はない。しかし、事故の再発を防ぐためには、「証拠がないから議論できない」ということにしたら、何の教訓も得られない。そこが刑事責任を追及する捜査と違うところだ。

刑事捜査においては、被疑者の人権を守るために、推測だけで犯人扱いすることは禁じられている。しかし、事故調査においては、責任追及は目的ではなく、次なる事故の発生を防ぐ手掛りを得るために、ミスや破損を惹き起こした要因（factor）になったと推定されるものを、「直接的要因」と「背景要因」に分けて列挙する。

第四回の会議で配布された三種類の資料の中で特に重要なのは、高見運転士のブレーキ操作遅れという致命的なミスの背景にあった本人の心理的な要因とそういう状態をもたらした会社の組織的な要因を、「なぜなぜ分析法」によって洗い出した「フロー分析図」とその要点を整理した文書（「当該運転士の『運転操作ミス』に関係する要因や背景等について」）だった。

その「フロー分析図」は、急カーブの手前で運転士のブレーキ操作が遅れたのは「なぜ」なのかを始めとして、そこで推定された背景要因のさらに背景にあったものを生じさせたのは「なぜ」なのかと、どんどん深掘りしていくと、最終的には経営判断にまで問題があったことが、一

望の下にわかるようになっていた。「フロー分析図」を、わかりやすくするために、筆者（柳田）が解説的に書き直すと別表のようになる。

【別表A】

脱線・転覆

《なぜ？》

ブレーキ操作の遅れ

《なぜ速度への注意がそれたのか》

推定される心理的な状態（＝背景要因）

（高見運転士は伊丹駅でのオーバーラン80メートルについて、車掌に少なく虚偽報告をするよう車内電話で依頼。車掌は処罰を免れる10メートル未満の「8メートル」と無線電話で輸送指令に報告。）

①車掌と輸送指令のやり取りに聞き耳を立てていた。
②車掌と輸送指令の内容をメモしようとしていた。
③車掌が極端に少ない「8メートル」と言ったので、かえって狼狽した。
④あるいは「8メートル」

（筆者注・①〜⑤と⑥、⑦は心理状態の内容が異なるので、別枠にした。ただそれらの背景は《なぜ——》を重ねていく左図のように同じになる。）

という報告に逆にほっとして気がゆるんだ。

⑤「8メートル」という嘘がバレないようにする言い訳を考えていた。

⑥今度は運転士を辞めさせられるかもしれないと思い呆然となっていた。

⑦どのようにしてダイヤの遅れを取り戻すかあれこれ考えていた。

《なぜそういう心理状態になったのか》

車掌に虚偽報告を頼んだこと自体が、かえって心理的混乱の原因になった。

《なぜ嘘をつこうとしたのか》

始発駅の宝塚駅入構の時からミスが続いたことを車掌にも輸送指令にも報告していなかったので、全体としてどういう報告をすべきか悩んでいた。

《なぜそこまで嘘をつこうとしたのか》別表Bへ

右の「フロー分析図」は、分析の前半であって、運転士はなぜブレーキ操作が遅れたのか、その背景にある心理的な要因を「なぜなぜ分析法」によって掘り下げた部分になっている。しかし、より重要なのは、運転士はなぜそういう心理状態に追い込まれたのか、更なる背景を明らかにすることだ。

経営層・管理層への遡及

高見運転士の心理状態を混乱させた背景要因を「フロー分析図」の後半によって辿ると、次のようにまず三つの要因が想定され、さらにその奥に潜んでいた要因を分析していくと別表Bの「なぜなぜ分析図」のようになる。

【別表B】

《なぜそこまで嘘をつこうとしたのか》

次の三つの要因が推定され、その中の一つまたは二つ以上が影響したと考えられる。

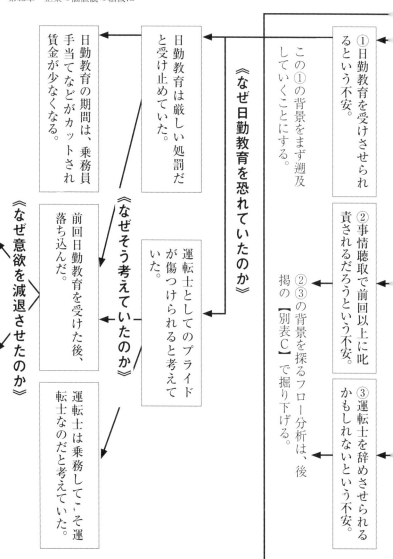

①日勤教育を受けさせられるという不安。

②事情聴取で前回以上に叱責されるだろうという不安。

③運転士を辞めさせられるかもしれないという不安。

この①の背景をまず遡及していくことにする。

②③の背景を探るフロー分析は、後掲の【別表C】で掘り下げる。

《なぜ日勤教育を恐れていたのか》

日勤教育は厳しい処罰だと受け止めていた。

運転士としてのプライドが傷つけられると考えていた。

《なぜそう考えていたのか》

日勤教育の期間は、乗務員手当てなどがカットされ賃金が少なくなる。

前回日勤教育を受けた後、落ち込んだ。

運転士は乗務してこそ運転士なのだと考えていた。

《なぜ意欲を減退させたのか》

《なぜ意欲を減退させたのか》

教育期間が13日という長期にわたり、精神的に疲れるものだった。

教育内容が技量向上の実践的なものでなく、机上の精神特訓的なものが中心だった。

《なぜそうなっていたのか》

再教育の進捗状況や本人の理解度を確認しながら柔軟に進めるという取り組みになっていなかった。

日勤教育の基本的な方針は会社として決められていたが、具体的な教育内容や期間は、現場長にまかせていた。

《なぜそうなっていたのか》

事故を防ぐには、本人の意識を向上させることが第一だというのが会社の考え方だった。（筆者注・精神を鍛えるという考え）

《なぜ会社はそういう精神主義にこだわっていたのか》

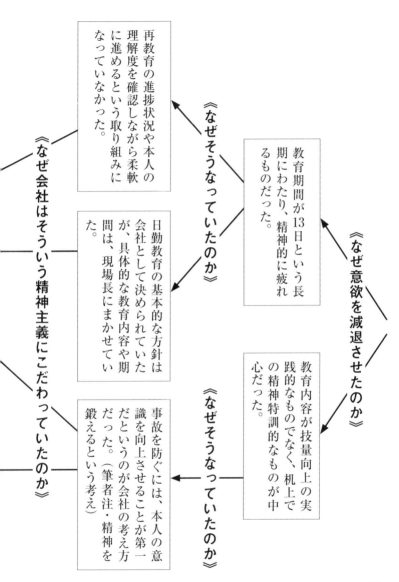

運転士などを最もよく知っている現場長に、再教育の内容や期間を決めさせるのが適切だと経営層も管理層も考えて、規則を作っていた。

事故の原因は運転士などがルールを守ったかどうかという点に絞って捉える古いヒューマンエラーの考え方を経営層も管理層も踏襲していた。

《なぜそういう考え方が支配的だったのか》

安全確保のためには再乗務させるかどうかを慎重に判断すべきと経営層・管理層は考えていた。

現場での再教育に対し、上層部から適切にサポートする体制が不十分だった。

安全確保のためには、現場の管理権を旧国鉄時代の流れである労組から奪還して職場の規律を確立することが重要だと経営層は考えていた。

事故の再発防止のためには、事故の直接的な原因だけでなく、背景にある組織的な原因を多角的に分析して広範な対策を立てるという取り組みの考えが経営層になかった。

ここまでは、高見運転士の心理状態に強く影響を与えた背景要因のうち、日勤教育の制度と実態に関する分野の問題を深く掘り下げたもので、これによってJR西日本が現場で発生するヒューマンエラーについて、旧態依然たる考えを踏襲して、運転士一人に責任を負わせ、厳しく精神を鍛えれば、ヒューマンエラーの再発を防げるという前時代的な再教育のシステムを設けていたことが歴然としてくる。運転士を精神的に追い込み、恐怖心を抱かせるような再教育の仕方では、運転士にとってはそのストレスゆえに、かえって心理的混乱に陥り、新たなミスの落とし穴にはまってしまうリスクが高くなる。つまり運転士のミスは、組織事故の視点から見ると、そうした再教育システムの欠陥がもたらした結果であって、事故の真因は、再教育制度を設けた経営判断（再教育制度のコンセプトに潜むリスクを検証しなかったこと、あるいは担当部門に制度設計をまる投げしていたことも含む）にあったということになる。

だが、運転士の心理状態に影響を与えた背景要因は、日勤教育のあり方だけでなく、別表Bのはじめのところで後述するとして保留した「②事情聴取での（人格否定的な）叱責」と「③運転士の資格剝奪」という二つの問題もあり、それらについても「なぜ」と問いを繰り返すことによる分析をしなければならない。その「フロー分析図」は、次のようになる。

【別表C】

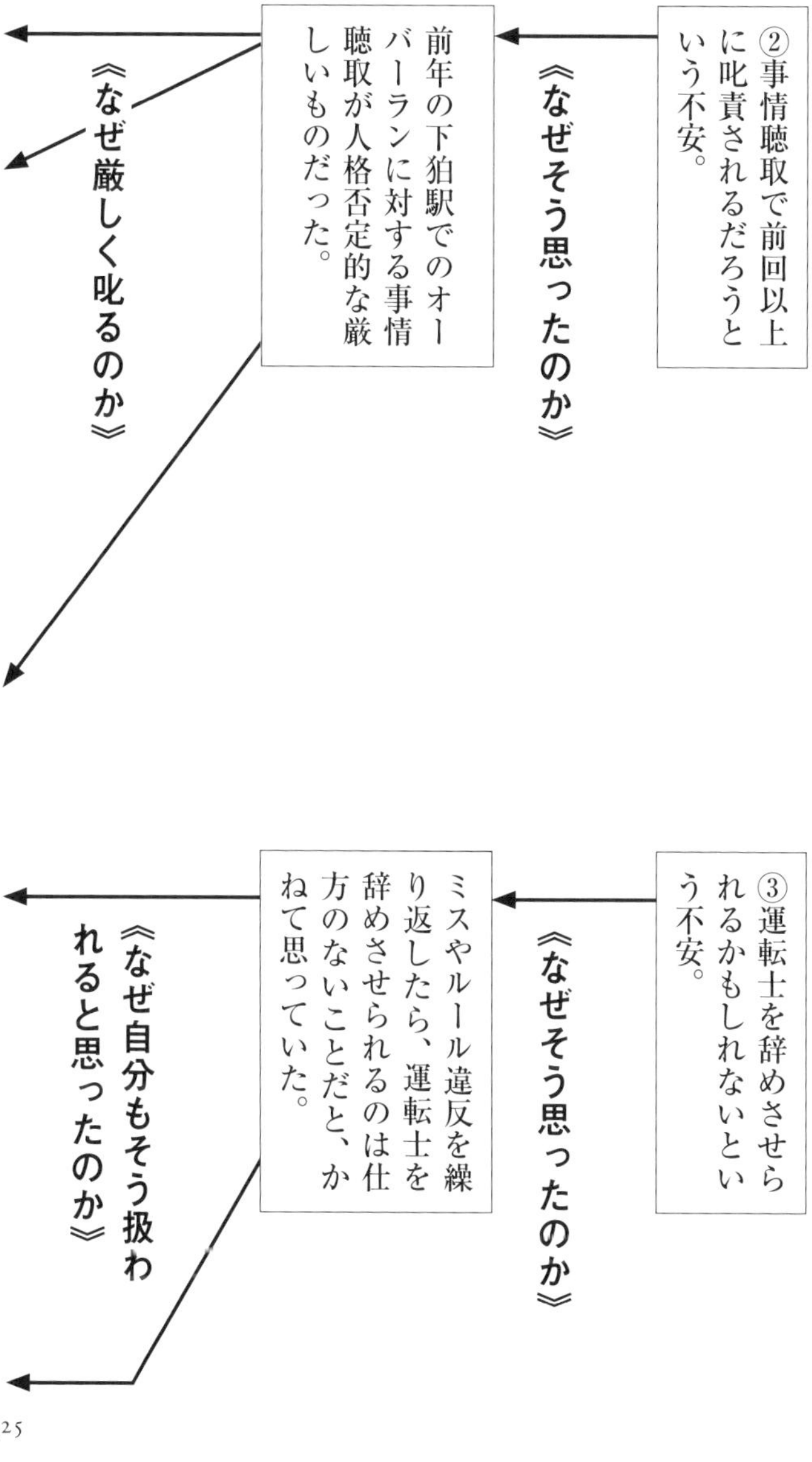
②事情聴取で前回以上に叱責されるだろうという不安。
《なぜそう思ったのか》
前年の下狛駅でのオーバーランに対する事情聴取が人格否定的な厳しいものだった。
《なぜ厳しく叱るのか》
③運転士を辞めさせられるかもしれないという不安。
《なぜそう思ったのか》
ミスやルール違反を繰り返したら、運転士を辞めさせられるのは仕方のないことだと、かねて思っていた。
《なぜ自分もそう扱われると思ったのか》

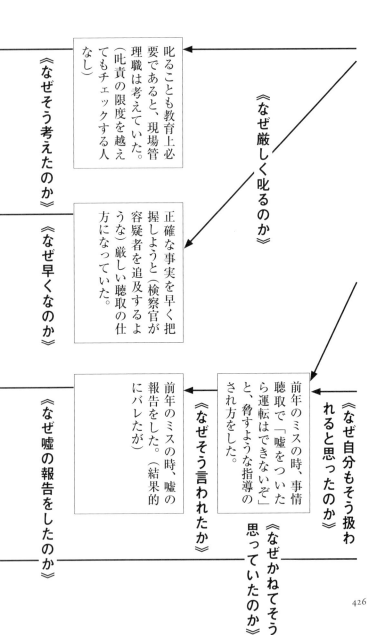

《なぜ厳しく叱るのか》

叱ることも教育上必要であると、現場管理職は考えていた。（叱責の限度を越えてもチェックする人なし）

《なぜそう考えたのか》

正確な事実を早く把握しようと（検察官が容疑者を追及するような）厳しい聴取の仕方になっていた。

《なぜ早くなのか》

《なぜ自分もそう扱われると思ったのか》

前年のミスの時、事情聴取で「嘘をついたら運転はできないぞ」と、脅すような指導のされ方をした。

《なぜかねてそう思っていたのか》

《なぜそう言われたか》

前年のミスの時、嘘の報告をした。（結果的にバレたが）

《なぜ嘘の報告をしたのか》

若手社員の不祥事が増えていることもあって、躾を含めた教育が必要だと、現場管理職は考えていた。

《なぜそう考えていたのか》

ＪＲ西日本が年々新卒社員を採用するのに伴い増加する若手社員をどう育成するか、会社の課題になっていた。

現場管理職は、重大なミスについては早急に本社に詳細に報告をするように求められていた。

《なぜ本社はそう求めていたのか》

本社は事故や重大なミスについて、関係機関への報告やプレスへの発表を急ぐ必要があった。

厳しい指導を受けることになるのを恐れた。

《なぜ指導を受けるのを恐れたのか》

前年に自分が厳しく指導を受けていたし、これまで職場で厳しい指導を受けている例を見聞きしていた。

実際に重大なミスを隠蔽して他職種に転換させられた例を、これまで見聞きしてきた。

《なぜ厳しい指導が必要だったのか》

安全確保のためには、信賞必罰が大きな抑止力になると、経営層・管理層ともに考えていた。

《なぜ他職種への異動が必要だったのか》

安全確保のためには、資質上問題のある運転士は他の職種へ転換させる必要があると、経営層は考えていた。

このように「なぜなぜ分析法」を進めていくと、ミスをした運転士に対する脅しとも言える叱責や運転士が資格剝奪を恐れることの背景には、本社の管理層やさらに上層の経営層の、電車の安全性確保に関する考え方が科学性・合理性のない旧態依然としたものであることがますます明らかになってくる。信賞必罰がヒューマンエラーや事故の大きな抑止力になるという歪んだ思想は、事故当時のＪＲ西日本の企業体質を端的に示している。

ＪＲ西日本がこの「フロー分析図」を作成したのは、二月二十五日の課題検討会で副社長の西川が作成と提示を約束してからのことだ。関係部の担当者が集まって分析作業を始め、頻繁に会合を開いて侃侃諤諤《かんかんがくがく》の議論を重ねては、背景にあった様々な要因の問題を、文字通り「なぜだ」

「なぜだ」と分析していった結果、一カ月で完璧とは言えないまでも被害者側に示し得る「フロー分析図」にまとめることができたのだ。

既述のように、「なぜなぜ分析法」による背景要因の洗い出しをしていくと、管理層や経営上層部の経営層の問題点が明らかになってくる。どんな企業でも、事故や不祥事を起こすと、経営層（特に経営トップ）にまで責任が及ばないように、責任を現場や直接かかわった人物に押しつけて、組織内の問題を隠蔽しようとする。刑事責任追及の裁判や損害賠償請求の民事裁判に少しでも不利になるのを避けるためだ。JR西日本も、事故後の会社としての姿勢は、そうだった。だから遺族側がいくら当時の社長に、「内部の事情を一番よく知っている会社自身が調査をして、何が問題だったかを説明してほしい」と懇願しても、社長は拒否し続けた。六百人を大きく超えるほどの死傷者を出すという大惨事を起こしていても、組織防衛を優先する姿勢を経営トップをはじめとする経営層は変えようとしなかった。

しかし、経営トップをはじめ経営層の顔ぶれが代わり、四年の歳月が流れる中で、JR西日本も遺族たちの4・25ネットワークと真剣に向き合うところまで変容し、その中で、事故の真因解明に不可欠の、運転士のミスの背景にあった組織的な問題をさらけ出す「フロー分析図」（＝「なぜなぜ分析法」）を自ら作成して、4・25側に提示するというところまで、会社としての姿勢を変えたのだ。

この〝企業の姿勢〟のあり方は、今後事故や公害を起こした企業や団体が原因解明や再発防止策についてどう対応すべきか、そのあるべき取り組み方の基本を示したものと意味づけることができるだろう。

抽出された組織的な問題点

課題検討会の場に戻る。

以上のような運転士のブレーキ操作の遅れという重大なミスの背景にあった組織的な問題を分析した「フロー分析図」について、JR西日本の運輸部長が詳しく説明したうえで、そこから読み取れる重要なポイントを整理した一枚のペーパーに沿って、要点の説明をした。要点は三項に分かれ、第1項は事故時の運転士の心理状態、第2項は「背後要因」、第3項はそれらのさらなる組織的な「背景」となっていた。第1項は既述の通りなので、第2項と第3項を記す。

【第2項】運転士が急カーブに入る時に、ブレーキ操作に注意を集中できないほど、心理的に混乱していた理由つまり「背後要因」は、次の三点に集約できると考える。（「フロー分析図」の別表Bに相当。）

①日勤教育を受けさせられるという不安。高見運転士は、日勤教育をペナルティ（処罰）と受け止めていた可能性が高い。

②事情聴取で前回以上に厳しく叱責されるだろうという不安。

③運転士を辞めさせられるかもしれないという不安。

【第3項】運転士をそのような心理状態に追い込んだ背景にあった問題点として推定されたものは、次の六点に絞られた。（以下は筆者による補足を含む。）

①再教育（日勤教育）を受けた運転士が、再び乗務に復職できるかどうか、それは厳しく振り

分けされる。会社としては、安全を確保するために、その運転士の意識・知識・技能が改善されたどうかをしっかりと確認する必要があると考えていた。その会社の姿勢を、運転士側は過度に厳しいと受け止め恐れていた。

②若手の社員（運転士だけでなく様々な職種の社員）をどのようにして専門的職業人に育成すべきか、（ライフスタイルや職業観、価値観が時代の流れの中で変わりつつある中で）現場の管理層が苦慮しているのに対し、本社・支社の上層部は時代変化に応じた指導・育成の方針を打ち出すなど、十分なサポートの取り組みをしていなかった。そのことが現場の管理層まかせの日勤教育を、運転士の技量向上に実効性のある内容の少ない座学中心のものにし、一部では「しごき」的な傾向を生じさせ、運転士が抱く日勤教育のイメージを処罰的なものに偏らせていた。

③旧国鉄時代には、各地の職場で労組の力が強く、管理職による業務指示が守られなかったり、職場規律（勤務時間、業務のこなし方など）が乱れたりしていた職場が少なくなかった。旧国鉄解体によるJR発足後は、JR各社とも経営層は一般株式会社と同様に、営業成績向上のための合理化とともに、職場管理の徹底、職場規律の確立に力を入れた。特に職場管理と職場規律は、安全確保のためにも重要と、経営層は考えていた。（しかし、その割には、安全確保のための取り組みは、日勤教育やヒューマンエラー対策に見られるように、不適切なものが少なくなく、不十分なものだった。職場管理と職場倫理の重視は、建て前としては当然としても、JR西日本の場合、運転士、車掌、保守・整備要員など安全に直接かかわる現場の者が自分のミスを率直に申告しにくかったり、何でも言える開かれたコミュニケーションとは反対の職場が形成さ

れたりする傾向を生んでいた。）

④ＪＲ西日本は、運転士などがミスをした時、安全対策部門が、なぜその人物がミスをしたのか、その原因と背景を、ヒューマンエラー論や組織事故論の観点から多角的に分析して、組織に潜んでいた落とし穴や欠陥を抽出し、ミスの発生自体を防ぐ対策はもとより、たとえミスをしても事故にならないようにする対策まで含めて、総合的な事故防止対策を立てるという発想による取り組みが、体制としてできていなかった。

⑤事故が起きないようにするには、運転士などがミスをしないようにするのが重要との考え方（その考え方自体がヒューマンエラーの本質から逸れている）に基づいて、そのためには規則やマニュアルを重んじ、ミスを厳しい処罰の対象にするのが効果的（ミスの「抑止力」という表現をしていた）という信賞必罰主義を、安全対策の基本軸に持ち込んでいた。運転士などは処罰を恐れて注意を仕事に集中させるから、ミスをしなくなるという古い間違った考え方にとらわれていたのだ。

運転士などの身になると、処罰を恐れるのは当然で、処罰を逃れるために、やってしまったミスについて、虚偽の報告をしたり、ミスの事実を隠蔽したりする者が出る可能性があるので、そういう行為に対しては、より厳しく処罰するという方針を採っていた。

⑥安全確保のためには、ミスを繰り返すなど資質に問題があると認められた運転士については、乗務をさせずに他の職種に移すという対応策を採っていた。（これは一般的には当然のことと見て良いだろう。）

これら六点が、「フロー分析図」から明らかにされた組織的な問題点だった。

背後要因こそ

ＪＲ側による資料に沿った説明が、ほぼ一時間を費やして終わると、4・25の遺族たちから次々に質問や意見が出された。かねて事故の原因は「組織事故」という視点から企業の構造的な問題点を明らかにしなければ解明したことにならないと主張してきた淺野の意見は、一つ一つが鋭かった。

「『事故の要因や背景について』と題された全体の要点を整理した一枚のペーパー、これには不満がある。

まず第1項として、『〝運転操作ミス〟の想定要因』として、ブレーキ操作に注意を向けるのを遅れさせた心理状態を七つ挙げているが、これは電車が脱線するに至った時の運転士の状況を言っているに過ぎず、事故の原因でも何でもないですよ。高見運転士をそういう心理状態に追い込んだ要因として挙げてある第2項の『背後要因』や第3項のそれらをもたらした『背景』こそが、事故の原因ではないかと思いますよ。

運転士のヒューマンファクターの『なぜなぜ分析』は、示された図表のようにやらなきゃいかんのは当然です。しかし、何のために分析するのか、どういう結論を得ようとするのか、その目的をはっきりさせないといけない」

淺野は続けて、より具体的な問題点を突いた。

「運転士の育成体制やミスをした運転士への対処の仕方など、安全確保の重要な課題である運転士の技量の質の向上という問題が、まるでなってない。今の時代の若手の育成について、現場の管理層は苦慮しているのに、本社も支社も最近における企業の人材育成の新しい取り組みを導入して現場をサポートするという発想すらしていない。

しかも一方では、運転士がミスをすると『厳正に対処』と言葉は格好がいいが、処罰主義以外の何物でもない。運転士を脅せば、ミスをしなくなるなどと本気で考えていたのか。

さらに高見運転士の車掌時代からの経歴を見ると、車掌としての乗務中にミスをしている。にもかかわらず二年で運転士の資格を与えているし、運転士になった直後に、重大なミスをして日勤教育を受けている。彼は資質の点で運転士には不適格だったのではないですか？」

運輸部長が最後の疑問点だけに答えた。

「車掌時代の適性については、車掌区がチェックすることになっています。その報告では、資質として問題があるというデータはありませんでした。他の昇格者と同じように、運転士としての資格審査をクリアしたということです」

浅野が再度疑問を投げかけた。

「高見運転士の事故時の心理状態を見ると、これは朦朧状態に等しいと言っていいような状態になっていたと思われる。そういう運転士の状態を、現場の管理層がつかむことは無理でしょう。問題はやはり運転士がそういう状態に追い込まれないようにするにはどうすべきかという点にある。

運転士一人は、JR西の乗客輸送事業全体の中では、一つのコマでしかないと会社は見ているかもしれないけれど、乗客のいのちを守るという安全確保のためには、その一つのコマが、ものすごく大事なんですよ。磨かなければならない玉なんですよ。安全とは乗客のいのちを守ること。そのことを第一に重要なこととして、運転士を教育し育成するという取り組みになっていないじゃないですか」

副社長・西川「今回の分析は、日勤教育をテーマにして、その問題点を明らかにすることに絞っていたので、『フロー分析図』の流れが日勤教育以外の問題にまで広がらないようにしたのです。淺野さんのご指摘やそれ以上の課題については、これから分析をして示していきたいと思っています。

それでも今回作成した『フロー分析図』による分析の最後のところでは、会社がかかえていたマネジメントにかかわる問題をかなり明らかにしてあると思います」

常務が淺野の指摘する運転士の教育・育成の問題について、西川の説明を補足した。

「本社は運転士の育成について仕組みを作りますが、いろいろと個別の事情もあるので、具体的な取り組みは、運転士一人ひとりのことをよく知る現場にまかせていました。それはそれで妥当性はあったと思います」

淺野は事故を起こした運転士の具体的な問題に焦点を当てて質問を続けた。

「高見運転士は、事故直前の伊丹駅で、所定の停止位置より大きくオーバーランをした後、車掌に頼んで運送指令に嘘の報告をしている。一年前にやはりオーバーランのミスをして日勤教育を受けた時に、あれだけ反省を書いたのに、また嘘を重ねた。なぜ、一年前の反省は生かされなかったのか。なぜ嘘を重ねたのか。会社はその問題をどう分析しているのか」

西川「この運転士は、前年の経験から、ミスをしてはいけないということはしっかりと自覚していたと思います。しかし、また大きなミスをしてしまった。前年のミスの時に厳しい事情聴取を受け、日勤教育も厳しかっただけに、《またやってしまった》ということで、気持ちが動転してしまったに違いない。そう推定しています」

木下「日勤教育では、毎日レポートを書かされているが、書いている内容は、ただただ自分の至らなさ、未熟さを反省し謝罪することの繰り返しになっている。そのように書かないと許されないという雰囲気が作られていたのではないか。運転士が追い込まれた心理状態になったのは、日勤教育のそういう雰囲気を経験したことに起因しているのではないか」

西川「そういうこともあっただろうとは思いますが、運転士を追い込んだ要素は、他にもいくつもあったと思います」

浅野「運転士がミスをすると、顚末書《てんまつしょ》というのを書かされるが、ミスをしたことに対しては、ヒューマンエラーの理論に沿ってもっと合理的に対応すべきこの時代に、顚末書などというものを義務づけるというのは、やはり処罰主義そのものではないか」

常務「再教育するにあたっては、まずどのような事情でミスをしたのか、事実確認をしなければならない。そのためにまず事情聴取をするわけですが、その事情聴取をするための資料として、本人に事の次第を文書に書かせるのが顚末書でして、そのこと自体を処罰の行為とは考えていません」

木下「建て前はそうでも、実際は違っていますよ」

議論は、このように運転士に過度にストレスを与える、JR西日本ならではの様々な問題について、4・25ネットワーク側があちらを突き、こちらを突きと、多岐にわたったが、それでも拡散して収拾がつかないものにはならなかったのは、ＪＲ側が「なぜなぜ分析法」による「フロー分析図」を提示し、運転士を追い込んだ背景にあった問題を俯瞰しながらの議論になっていたからだった。

しかし、西川副社長も認めたように、提示された「フロー分析図」は、運転士の異常なミスの背景にあった日勤教育関係の問題点に焦点を合わせたものだったから、それ以外の過密ダイヤやＡＴＳ－Ｐの設置遅れ、さらには組織の全般にわたるリスクマネジメントの問題については、いまだ分析と議論の対象にはなっていなかった。

会議終了の午後8時が近づいた時、淺野が発言した。

「日勤教育については、次回でもう少し議論したいが、そろそろテーマをダイヤの問題に移したい。運転士にストレスを与える過密ダイヤと高速化の問題です」

西川が答えた。

「諒解しました。ただあらかじめ申し上げておきたいのですが、ダイヤは過密で無理があると批判されているようですが、そうとばかりは言えないと思います。ゆとりのあるところも作ってあるんです。そのことを理解して頂きたい」

淺野が返した。

「適正なダイヤとは何か。その根本にある問題について、突っ込んだ議論をしたい」

事故からはや五年が経とうとしていた四月十九日午後6時から、大阪駅近くの弥生会館で、五回目の課題検討会が開かれた。駅から会館に向かった淺野は、これまでより一段と足を引摺るような歩き方になっていた。やはり妻と実妹を亡くし、重傷を負った次女がPTSDで辛い日々を過ごしているという苛酷な心理的ストレスの影響によるものだろう。軽い心臓発作を起こしたり、下肢に血管梗塞による痛みが生じたりするようになっていたのだ。

それでも事故の真相を解明し、JR西日本が納得できる安全対策に取り組むようになるまでは、一歩も退かない覚悟だった。

会議が始まると、前回に引き続き、運転士のミスの背後要因についての議論から入る予定であったのに、淺野は正面へのストレートの球でなく、外角に意表を突く変化球を投げ込んだ。

「JR西日本は、九〇年代半ばに当時の井手正敬社長の経営方針によって、京都駅の巨大な駅ビルを建設するために一兆五千億円に上る莫大な投資をした。その途上の九五年一月の阪神・淡路大震災では、新幹線・在来線共に大きな被害を受けた。その復旧の早さは称賛できるにしても、三千億円を投じた。さらに私鉄との競争に大阪圏の路線拡充と運転本数の増強、スピードアップに、大変な投資をした。

こうした事業拡大主義による巨大な投資が、運転士にストレスを与え、未熟な高見運転士を心理的に追い込んだのではないか」

西川がすぐに反論した。

「巨大な投資が高見運転士を追い込んだというのは、論理的に飛躍してますよ。その理屈には無理がある」

「いや、間違っているとは思いませんよ。運転士のミスの背後要因を洗い出すための『フロー分析図』を出してくれたのはありがたいが、ただこの図によるフロー分析では、問題をあまりに個人の事情に絞り込んでいて、背後にある問題を日勤教育だけで終わりにしてしまいかねない。背景にあるもっと大きな安全を二の次にしてきたＪＲ西日本の経営体質にまでメスを入れないと、真相究明になりませんよ」

西川「ともかく議論を進めましょう。今日は『フロー分析図』をわかりやすく整理し直した資料も用意してありますので」

確かに、淺野が言い出した「巨大投資が高見運転士を追い込んだ」という因果関係の捉え方には、企業側から見れば、あまりにも飛躍があるように思えるだろう。その意味では、西川の拒否反応は当然と言える。

しかし、ＪＲ西日本が井手体制の下で進めてきた事業拡大主義の下で、安全問題がどう位置づけられ、現場の人間がどんな状況に置かれていたかを詳細に分析していくと、淺野の指摘は〝論理的に飛躍〟と切り捨てることのできない問題を突いていることがわかってくる。

というのは、経営姿勢は「企業の安全文化」に決定的に影響するからだ。

国際航空の分野では、ＩＣＡＯ（国際民間航空機関）の技術委員会が採択して各国に配布している『航空事故調査マニュアル　第Ⅲ巻　改訂版』（２００３年）によると、調査の対象にすべき問題点として挙げられた重要な項目の中に、次の項目がある。

(1)企業の経営目標(goals)について。
・企業は(達成すべき)経営目標について公式に表明しているか。
・企業は品質重視のポリシーを持っているか。
・企業は安全確保のポリシーを持っているか。

(2)企業の組織構造について。
・生じた問題(事故や事業の失敗など)は組織の構造に起因するものか。
・(生じた問題に対する)経営層の責任は明確に定義されているか。
・管理層およびその他のスタッフによる優れた行為を評価し表彰する制度はできているか。
・管理層およびその他のスタッフが何らかの失敗をした場合に、どのような行為にどのような処罰をするという規則は作られているか。

(3)コミュニケーションについて。
・企業の組織内におけるコミュニケーションを円滑にして、関係部門が情報を共有できるようにして、事故発生のリスクを小さくする取り組みをしていたか。
・現場の管理者が本社の中枢部と十分にコミュニケーションできるようになっていたか。
・経営層は現場の実態を把握できるような風土になっていたか。

(4)過去の教訓について。
・企業は過去の事故や失敗の教訓を風化させることなく、それを絶えず安全への取り組みに活かすべく努めているか。
・企業が活動の中で否応なく引き摺っている過去の事故例はあるか。
(5)企業の体質というべき文化について。（以上に列挙した企業の組織的な数々の問題点は、すべて安全文化の範疇《はんちゅう》に入るものだが、この項目ではCorporate cultureという用語を使っているものの、「狭義の安全文化」というべき内容になっている。）
・組織はリスクがあっても、うまくやりこなせばいいという気風が浸透していないか。
・安全は組織の重要な目標なのだという意識が形成されているか。
・組織は過去において、事故ほどの問題が生じた時に、しっかりと改革の取り組みをした歴史を持っているか。
・組織は何らかの問題が生じた時に、それを無視したり隠蔽したりした歴史があるか。
(6)企業全体としての安全マネジメントについて。
・組織全体の安全マネジメントのプログラム（目標とそれを達成するための行動計画）を持っているか。
・組織全体に行き渡る品質確保のプログラムを持っているか。
・企業全体をカバーする安全推進本部を設けているか。それがあるなら、その本部は誰に対して報告義務を負うのか。
・企業は、最近外部の業務監査を受けているか。
・組織は運航に潜むリスクを探すために、しっかりとした外部機関による公的なリスク分析を受けているか。

以上は、航空会社が安全を確立するために求められる「組織文化」のチェック項目の主要なものだが、これは公共交通機関である鉄道事業を担う鉄道会社にも一〇〇パーセント共通するチェック項目だと言える。

そして、この「組織文化」のチェック項目の一つ一つについて、ＪＲ西日本の事故当時の実態を点検すると、愕然とするばかりだ。

ＩＣＡＯの『航空事故調査マニュアル』のベースになったのは、一九九〇年代以降、事故分析と安全対策に「組織事故」という視点を導入して革命的な影響を与えた英国のジェームズ・リーズンの理論だ。リーズンは事故の真の原因は組織に潜んでいた欠陥やリスク要因の重なりあいにあるという視点から、事故の諸原因を「組織調査分析のための６Ｍモデル」という図で示し、ＩＣＡＯの『航空事故調査マニュアル』にも採録されている（次頁の図参照）。

全体の中央に位置付けられたMISSION（ミッション）は、前記の「組織文化」のチェック項目の第一に掲げられた「企業の経営目標（goals）」に相当する。

ＪＲ西日本の事故当時の実態を見ると、経営目標なり公共交通機関としての社会的使命として、「安全・安心な輸送」なり「高い安全性の確立」という目標を、事業拡大や営業成績の向上といった株式会社としての目標と同列に位置づけて高く掲げていたかというと、決してそうではなかった。そのことは、事業規模の拡大などに情熱を注いだドン・井手正敬の発言集『マスメディアを通した井手正敬　小史』（交通新聞社編・ＪＲ西日本広報室刊、一九九九年）、『同　第２巻』

「組織調査分析のための６Mモデル」

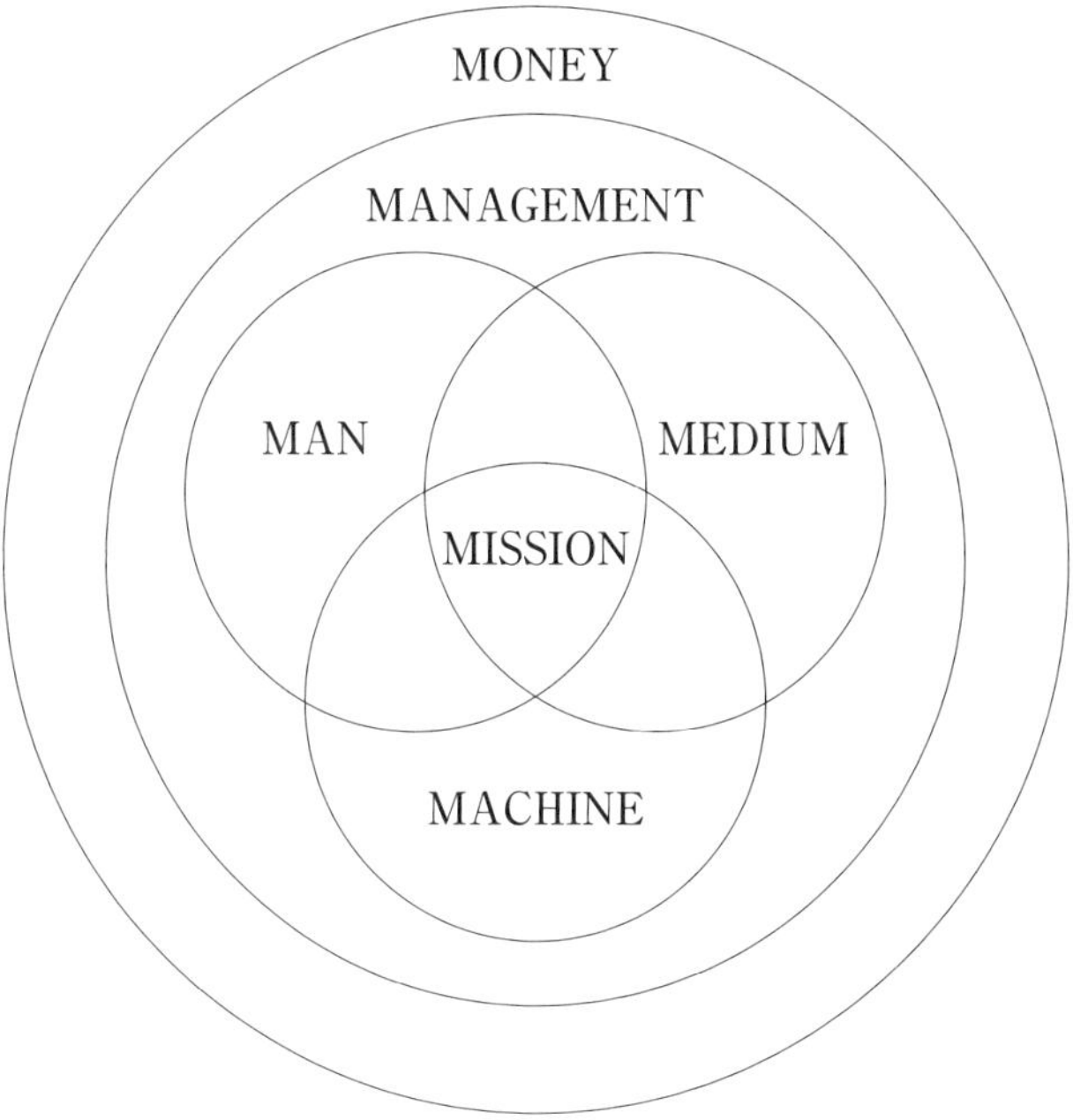

MISSION＝経営目標、社会的使命

MANAGEMENT＝経営・管理

MONEY＝財務状態、特に安全投資

MACHINE＝機械・システム系

MEDIUM＝マニュアル、情報、環境条件

MAN＝作業者、同僚、直接上司、管理者

（二〇〇四年）を見ると、アーバンネットワーク（阪神通勤圏の路線網）の高速化による対私鉄格差（シェア）の拡大、徹底した収益向上の追求、株式上場企業への活動、京都駅ビル建設などの大型プロジェクトの推進といった成長戦略に傾注した意気込みには物凄いものがあるが、鉄道の安全に関する発言は形式的で極めて貧弱だ。安全問題に関する発言自体が極めて少ないのだ。そのことは、井手の安全問題に対する関心の低さを示していると言わざるを得ない。

経営トップの逃げ口実

公共交通機関の安全は、乗客のいのちにかかわる重大な課題だ。企業が自らの存続と成長を確実なものにするには、一方で事業の積極的な展開に取り組まなければならないのは当然のことだが、もう一方では、利用客のいのちを守る安全対策に取り組まなければならない。これは絶対的な条件だ。事業展開と安全の確立は、車の両輪なのだ。

経済界では、企業の経営トップを評する時、しばしば「経営手腕が凄い」という言葉を使う。その中身は、強引な事業拡大と新規事業への進出、そのための政治家への食い込み、徹底的な社内の合理化などによって、会社の経営規模と利益をどんどん拡大していくというサクセスストーリーに満ちている。そういう経営トップのあり方は資本主義社会の株式会社なのだから、善悪の批判の対象にすることは必ずしもできないのだが、問題は、車の両輪のもう一方、安全の確立が事業規模の急激な拡大に十分に見合う形で保証されているかという点に掛かってくる。

ところが、井手が君臨していた時代（社長、会長在職中だけでなくその意を受けて後を継いだ南谷、垣内の社長時代を含む）における経営の実態を検証すると、前述のように、車の両輪のうち、事業展開の車輪は巨大であるのに対し、安全を支える車輪は極めて小さいのだ。

井手、南谷、垣内という人脈は、いずれも事務系であって、電車の運転・運行や線路・架線・信号、諸設備、車両などの技術系の人物ではない。安全の問題は専門性の高い技術がからむことなので、技術系の関係本部にまかせているというのが、歴代トップの考え方だった。

しかし、それは逃げ口上に過ぎない。安全対策の骨格を築くというのは、そこに乗客のいのちがかかっている最も重要な事業なのだから、その計画作成に当たっては、経営トップは問題の核心部分について、自ら学び、理解し、介入する責任があるはずだ。たとえ技術畑の人間でなくても、東京大学法学部卒のエリートとして鉄道会社の中核の業務をこなしてきた頭脳の持ち主なのだから、技術的な問題がからんでも、基本計画のレベルであれば、問題点がどこにあるかといったことは十分に理解できるはずだ。もしそれができないほど知的レベルが低かったのなら、経営に全責任を担うトップの座に就く人材ではなかったと言うべきで、それはそれで問題だ。

ちなみに、運転士の心理的混乱の背後要因についての「フロー分析図」を見ると、「なぜ」「なぜ」と問いを突き詰めた結果、経営層・管理層の問題点として、次のような事実が明らかにされている。

・事故の原因を運転士などがルールを守ったかどうかという点に絞って捉える古いヒューマンエラーの考え方を経営層も管理層も踏襲していた。
・現場での再教育に対し、上層部から適切にサポートする体制が不十分だった。
・事故の再発防止のためには、事故の直接的な原因だけでなく、背景にある組織的な要因を多角的に分析して広範な対策を立てるという取り組みの考えが経営層になかった。

ヒューマンエラーの問題に対処するには、エラーをした本人を処罰しても、再発防止には役立たない、背後要因を明らかにして、多様な対策を立てなければ、実効性のある安全対策にはならない、という理論は、一九八〇年代半ばから国際的に広く普及していた。さらに九〇年代末には、ジェームズ・リーズンの「組織事故」論が日本でも紹介され、たちまち「組織事故」が安全問題の分野では不可欠のキーワードになった。

にもかかわらず、JR西日本の中では、経営層・管理層においても現場の管理層においても、旧態依然たるルール至上主義、処罰主義に支配されていたのだ。安全問題の啓発書なり、航空会社各社のヒューマンファクター・ガイドブックの一冊でも読めば、自社の安全対策の欠陥に気づいたはずなのに。

このように分析すると、課題検討会でJR側が提示した「フロー分析図」は、右に挙げた経営層・管理層の問題点のところで終わりにするのでなく、さらに背後にあった問題――「なぜ安全対策の新しい理論を学び、なぜ、これまでの安全対策の再検討をしなかったのか」と、さらなる「なぜなぜ分析」をしてこそ、より深い経営層・管理層の問題点が明らかにされるのだということがわかってくる。

その究極の「なぜ」に対する答えは、「経営層・管理層に事業拡大に精力を注ぐのと同等に、乗客のいのちを守るためには、事故防止理論の新しい動向に絶えず注目し、自分の会社の取り組みが万全がどうかを点検する取り組みに精力を注がなければならないという意識がなかった」ということになる。いかに事業拡大の成功を経済界から称賛されようとも、六百数十人に上る死傷者を出す惨事を起こしたのでは、経営陣は失格だと批判されても、反論することはできないだろう。

企業の経営トップが事業拡大、営業成績の増大にばかり偏った情熱の入れ方を示すと、現場管理層の意識と現場への指揮ぶりがどうなるかを、強烈に示す事実がある。

事故発生直前の平成十七年度（二〇〇五年度）の当初に、JR西日本の中心的拠点というべき大阪支社の支社長が、全社員に対し発破を掛ける狙いで配布したリーフレット「平成17年度支社長方針」の表紙に、目立つ文字で掲げた五ヵ条の事業目標だ。その五ヵ条は、次のように謳い上げている。

Ⅰ稼ぐ
Ⅱ目指す
Ⅲ守る
Ⅳ変える
Ⅴ光をあてる、士気を高める

この中のⅠの「稼ぐ」は極めて具体的だが、それ以外の四ヵ条は抽象的でわかりにくい。わかりにくいがゆえに、「稼ぐ」ばかりが強烈に迫ってくる。「稼ぎまくれ」、「利益率をあげるのだ」という号令が響いてくるのだ。

そして、その五ヵ条のどこにも、「安全第一」とか、「安全の確立」といった言葉は見られない。車の片輪が欠けているのだ。井手体制の延長線上にあった企業体質が見事なまでに現場に浸透していたことがよくわかる。

大阪支社長は、事故調による聴取に対し、この「支社長方針」の趣旨について、次のように口述している。

「現場は建前論だけでは聞く耳を持たないので、とにかく少し楽しい話なり、そういう話をして引きつけておいて、様子を見て一番重要な事故防止の話をするというやり方でやっていた」

事業目標に「安全」を掲げることは、「建前論」に過ぎないのか。「事故防止の話」は、「様子を見て」からでないと、社員の注意を引くことができないのか。毎日満員電車が何十本も走っているのに、その乗客の「安全」の課題を切り出すのに、そんな気の遣い方をしなければならないと言うのなら、そもそも公共交通機関の社員として持つべき意識を浸透させる教育のあり方が問題だし、企業の「安全文化」のレベルが問われることになろう。

「支社長方針」のリーフレットの頁をめくって、解説の頁を読むと、「II目指す」の中の一項目として、「安全安定輸送へ『命』に直結、『そして人ごとではない』、ということを忘れずに」と記されている。「安全の確保」は、「事業拡大、利益の増大」と同列に置いて重視すべき最高位の経営目標であるはずなのに、「目指す」べきものの一項目にされているのだ。JR西日本の管内の中心的な区域を受け持つ大阪支社長の意識がこのようなものであったことは、当時のJR西日本の「安全文化」のレベルを評価するうえで、重要な要素となる。

淺野が、「(井出体制以来の)事業拡大主義による巨大な投資が、運転士にストレスを与え、未熟な高見運転士を心理的に追い込んだのではないか」と問いかけたのは、以上のような歴史的に形成されたJR西日本の「安全文化」にかかわる体質を究極の背後要因と捉えたからだった。

安全防護壁を崩すもの

ここで、事故の様々な要因の因果関係の捉え方について、頭の中をあらためて整理しておく必要があるだろう。「なぜなぜ分析法」などによって、ヒューマンエラーや機器の故障・欠陥などの通常直接的な原因と見られる事象の背後要因をどんどん掘り下げていくと、中間管理層から経営層に至るまで、多数の要因が論理的な繋がりとなって把握されていく。

では、経営層・管理層における要因と事故の直接的な要因とが直接結びつくほど密接な因果関係にあるのかというと、必ずしもそうとは言い切れない。既述の一九八二年のホテルニュージャパンの火災のように、消防法で義務づけられた防火管理者の配置や煙探知器などの設置を社長の直接の指示で無視していた場合には、宿泊客の寝タバコの不始末による出火が大火になるのを防げなかったという結果と、経営者の誤った判断・指示との因果関係が明確に成立し、裁判で経営者に対し刑事罰が科せられた。また、バス会社やトラック会社の社長が、運転手に過重な長時間運転を強いる勤務のシフトを組み、その結果、運転手が過労による居眠り運転に陥って死傷事故を起こした事例では、やはり裁判で経営者の判断・指示と運転手の過失との因果関係が認められ、経営者に対し、刑事罰が科せられた。

しかし、鉄道事故や航空事故の場合、経営層がこのように現場に対し悪質な安全管理の手抜きや作業の判断・指示をしたことが事故の原因とされた例は世界でも極めて稀だ。特に日本では、そのような事例はない。では、前述のような「なぜなぜ分析法」によって明らかにされた背後要因としての経営層・管理層の問題点と運転士のミスとの因果関係はどう評価すべきなのか。刑事罰の対象になり得るのか。

刑事訴追においては、因果関係を証拠をもって立証しなければならない。従って、経営層・管理層の刑事責任を問うには、経営層・管理層の安全への問題意識や取り組みに不十分なところがあり、それが事故の背後要因となった可能性があったとしても、直接的に事故の発生に繋がったと証拠をもって示さなければならない。しかも、もう一つの壁がある。予見可能性という壁だ。法律の分野で使われる難しい用語だ。経営層・管理層がこのままの安全対策では事故が起こる可能性が高いと（専門家のレベルで）予見できたのに、改善する努力を怠っていた――という場合に、「予見可能性があった」として、刑事責任を問われることになるのだ。しかし、従来の事故や災害の刑事裁判において、予見可能性が認められた例は少ない。

では、「なぜなぜ分析」などによって背後要因を明らかにすることには、どのような意味があるのか。

ここで理解しなければならないのは、事故をめぐる刑事訴追と事故調査の根本的な違いについてだ。

刑事訴追は、事故を引き起こすような行為（たとえ過失であっても）をした人物を特定して、その責任を刑事罰で背負わせることを目的としている。その行為と事故との因果関係は、証拠をもって明確にしなければならないから、問われる人物は、現場の作業者（運転士、パイロットなどなど）に限定されてしまう。せいぜい直属の上司が対象になるくらいで、事故の組織的な要因などは、責任追及の対象にならない。つまり刑事裁判では、事故の真の原因究明は期待できないのだ。

これに対し、事故原因を構造的に捉えようとする事故調査は、事故に直結したヒューマンエラーを起こした人物や機器の欠陥を明らかにするだけでなく、その背後にあった組織的な要因を洗い出して、事故の構造的な問題を究明する。この場合、背後要因と事故との因果関係は、刑事訴追の場合のように証拠で立証するような限定的なものでなく、背後要因になり得たと論理的に可能性が認められればよいという枠組になる。なぜなら、事故調の目的は、組織に潜んでいたリスク要因を可能な限り探し出して、それら一つ一つについて改善させ、その組織の安全性を高めて、事故の再発を防ぐことにあるからだ。

このような刑事責任追及と本質的に違う事故調査のあり方について、ＩＣＡＯの「事故調査マニュアル」は、次のように記述している。（　）内と〔注〕は筆者による補足。

▽潜在的な組織的弱点が、事故の明確な諸要因の連鎖とつながっていることを示す証拠がない場合には、それらを事故の要因として挙げるべきではない。

〔注・ここで「証拠」と言っているのは、刑事訴追において求められるような厳密な意味での証拠では必ずしもない。要因の連鎖を明らかにするフロー分析で論理的に可能性が高いと見られる背後要因は、事故の要因として指摘することが可能である。その可能性が高いと評価するかどうかは、ケース・バイ・ケースつまり事故の具体的な実態によって決められると言えよう。〕

▽しかし、それらは（事故の明らかな要因とは見られなくとも、削除すべきでなく）明らかになった

組織の弱点として、追加情報という形式で事故調査報告に書くべきであり、安全勧告の対象にもすべきである。

〔注・刑事訴追では明らかに排除されるようなことでも、事故調査の過程で把握された組織内のリスク要因は、はっきりと事故調査報告書に書いて、その組織の改革や安全性の向上に役立てよというのだ。これは、事故調査と刑事責任追及の違いを端的に示すものと言える。〕

ＩＣＡＯの「事故調査マニュアル」作成の理論的な基盤となったのは、「組織事故論」の提唱者である英国のジェームズ・リーズンであることは既述の通りだが、リーズンはその後、著書『組織事故とレジリエンス』(電力中央研究所ヒューマンファクター研究センター訳、佐相邦英監訳、日科技連出版社刊、原題“The Human Contribution : Unsafe Acts, Accidents, and Heroic Recoveries”、邦訳は二〇一〇年)において、事故の原因と背後要因の違いと相関関係について、次のように論じている(わかりやすくするために柳田が説明的に意訳)。

「状況要因」(注・本書で論じている「背後要因」に相当する)は、どんな組織にも存在する欠陥である。それらは、不適切な工具と装置、適切とは言えない安全文化、まずい設計と建設、その場しのぎの問題解決、経営や管理上の欠点などである。

しかし、これらの潜在的「状況要因」が事故を引き起こしたとするのは、短絡的である。「状況要因」だけで事故が起こるわけではなく、それゆえに「状況要因」は「原因」とはならない。

それでも「状況要因」が重要な意味を持つのは、組織の潜在的なリスク要因＝「状況要因」）が数多く存在すると、事故を防ぐ防護壁（＝バックアップ・システムやフェールセーフ・システムなど、人間のミスや機器の故障が生じても事故に発展するのを防ぐ安全装置や安全対策）にいくつも穴ができて、防護力が弱くなる。このため、何か事故を生じさせるきっかけとなるような問題が現場で発生し、そこにたまたまミスが生じて重なると、その連鎖が安全装置や安全対策による防護壁の穴を通り抜けて大きな事故をもたらすことになる。

だから、潜在する「状況要因」は、それだけでは事故の「原因」にはならなくても、（事故を生じさせる一翼となるものなのだから）経営層が絶えず組織に潜在するリスク要因をチェックして改善する義務を負うのである。

このように、リーズンが事故の「原因」と「状況要因（背後要因）」とを厳密に分けたのは、ICAOの「事故調査マニュアル」作成に中心的な役割を果たしている立場から、各国の政府がまとめる公的な事故調査報告書の構成や用語の定義などへの影響を考慮したうえでのことであろう。それはそれで妥当なことであろうが、しかし淺野のようにかけがえのない家族や妹のいのちを奪われた被害者の立場と心情から見れば、乗客のいのちを守る責任のある鉄道会社の経営層の安全意識の低さこそ事故の「原因」ではないのかと積極的に主張する心情と論理にも妥当性があると言えるだろう。

問題は、加害企業の経営層がそういう被害者の心情にどこまで寄り添う姿勢を見せるかにある。この五回目の課題検討会の場で、西川副社長は、淺野の主張に対し、「巨大な投資が高見運転士を追い込んだというのは、論理的に飛躍してますよ」と反論したが、対話の姿勢を放棄したわけではなかった。

第五回の課題検討会の冒頭での淺野と西川との議論は、水と油のようにはじけ合うようなものだったが、それでも感情的な対立になることもなく、「フロー分析図」の細部にわたる質疑応答に移っていった。特に高見運転士のパーソナリティ（性格、人格）が心理的狼狽《ろうばい》とどう関係したかという問題についての意見交換にかなりの時間を費やした。

淺野は、この日の検討会の終わり近くなった時、運転士の背後要因をめぐる議論を締めくくるように発言した。

「この事故があってやっと、JR西日本も社会も鉄道の安全問題について真剣に考えるようになった。この機会を無駄にしないように、この検討会での議論を、JR西日本の組織的な問題の改革などに発展させていきたい」

過密ダイヤの実態に挑む

第五回の課題検討会から六日後には、再び四月二十五日が巡ってきた。あの惨事が起きてからはや五年が経ったのだ。

この日、午前9時から尼崎市内のあましんアルカイックホールで、恒例となったJR西日本主催の福知山線列車脱線事故追悼慰霊式が、遺族・負傷者をはじめ、行政機関や経済界などの関係者を含め千人以上が参列して開催された。そして午後からは、淺野らの4・25ネットワーク主催の鉄道の安全を考えるシンポジウムが開かれた。

時代は二十一世紀に入ってからはや十年が過ぎ、新たなdecade《ディケイド》の二〇一〇年代になっていた。世界を見渡すと、新しい世紀が開けた時、二十世紀が残した核戦争の危機や地球環境破壊の危機などの重い課題を忘却したかのように、未来の夢物語がメディアなどに溢れたが、それも束の間のこと、二〇〇一年九月十一日にアメリカで発生したイスラム過激派による同時多発テロを契機に、世界は無差別テロ組織対米欧国家という全く新たなスタイルの〝世界戦争〟に突入した。さらに二〇〇八年アメリカのリーマン・ショックに端を発した世界的な金融危機の影響で、日本の産業界にも業績悪化の荒波が押し寄せ、「生き残り」「リストラ」「派遣切り」が時代の深刻さを象徴的に示す流行語となった。

しかし、世界情勢が混迷を深めようと、経済界・産業界が「生き残り」策に眉を吊り上げようと、一日に何百万人もの乗客のいのちを預かる公共交通機関の安全は絶対的に確保しなければならない課題であることに変わりはない。

そのような国内の状況の中でも、JR西日本が事故の遺族たちとの課題検討会で、事故原因や今後の安全対策について対談を続けようとしていたのは、新しい経営陣の事故に対する姿勢の真摯さを示すものだったと言えるだろう。

第六回の課題検討会は、五月二十四日にいつも通り弥生会館で開かれた。

長いテーブルをはさんで、会社側と4・25ネットワーク側が向き合って席に着くと、西川副社長が、正面の淺野の顔を見て、ぼそっと言った。

「疲れますなぁ」

確かに会社側の代表者ともなれば、遺族側からぎりぎりと錐《きり》を刺し込まれるように質問や疑念をあびせられ、それに対して精一杯の回答を示さなければならないのだから、精神的なストレスは決して小さくはない。事故後の垣内社長の時代のように、組織防衛のために「説明拒否」の姿勢を貫くだけだったら、それはそれで職務に忠実なのだから、内面的に苦悩するまでもないと言えよう。しかし、西川は、JR西日本を開かれた真っ当な会社にしなければならないという思いと、遺族に対して可能な限り誠実に説明責任を果たそうとしつつも、論理的に正当と考えるところはきちんと筋を通さなければならないという経営幹部としての責任感とがからみ合う中で、毎月の課題検討会に臨んできたのだから、つい「疲れますなぁ」という言葉も出てきただろう。事故直後であったなら、加害企業の幹部がそんな言葉を吐いたら、遺族たちは直ちに怒りをぶつけただろうが、課題検討会での率直な議論が六回目ともなると、互いに相手の人柄もわかってきたからか、浅野も木下も、西川がさらに、「疲れんためにも、急いでいきましょう」と言葉を継いでも、角を立てることなく「始めましょう」と答えた。

この日から、議題は列車ダイヤの問題に移された。4・25の遺族側は、運転士を追い込んだ背景には、列車ダイヤの高速化、過密化の進行という問題があったとかねて指摘していた問題だ。この問題に特に強くこだわっていたのは、木下だった。

木下は、大阪に本社のある会社の中堅幹部になっていたが、事故の数年前に、東京支社勤務を命じられ、しばらく関西から離れていた。しかし、事故の前年二〇〇四年に再び本社に戻り、自宅のある三田《さんだ》市から福知山線で大阪に通っていた。

通いなれた通勤電車だったが、すぐに電車の様子に違和感を抱くようになった。物凄いと言いたくなるほど、電車のスピードが速くなっていたのだ。立っていると、吊り革かポールにつかまっていないと立っていられないほどの加速感と揺れがある。

そればかりか、停車駅での停車時間がやたらに短い。乗降客が多くない駅では、ドアが五秒程度で閉まってしまう。数年ぶりの福知山線だが、利用者がかなり多くなった印象があるのに、各駅とも停車時間が以前より短くなった感じがあり、いかにもあわただしい。乗客はドアがすぐに閉まってしまうのを知っていてか、なだれ込むように乗り込み、駆け込みで無理に乗ろうとする客も目立つ。

《これはダイヤに無理があるのではないか》

そう感じた木下は、朝の出勤時に、乗車する新三田駅から上り快速電車の停車する宝塚、中山寺、川西池田、伊丹、そして尼崎までの各区間ごとの走行時間と、各駅での停車時間を記録してみた。特に駅での停車時間については、停車後のドアが開けられてから閉じられるまでの時間も記録した。時刻の正確さを期すために、時間の計測は携帯電話の表示を利用した。勤め先が通信機器メーカーだったので、製品の品質のデータなど数値を正確に把握する習性が身についていた。

このような電車の走行時間と停車時間の実測値を記録してみると、各電車の走り方は、必ずしもダイヤ通りになっていない場合が極めて多いことや停車駅でドアの開いている時間が所定の停車時間より短いこと、ドアが閉まりかかっているのに駆け込む乗客が多く、ドアの閉め直しをするために停車時間が長くなり、ダイヤの遅れの原因になっていることなどがよくわかった。

快速電車のダイヤ通りではない走り方に疑問を抱きつつも、一乗客に過ぎない木下は、どうしたらよいか、すぐには思いつかないまま、毎朝福知山線での出勤を続けていた。そして、翌年二〇〇五年四月二十五日、大事故が発生し、学生だった長男・和哉のいのちが奪われた。

無理なダイヤについては、和哉の死と重なりあい、ますます問題視する意識が強くなった。木下は、事故から二年後の二〇〇七年六月に、事故調が発表した事故調査報告書を読んだ時、やはりダイヤに無理があったことが詳細に分析されていると感じ、改めて毎朝自分の乗る快速電車がどのような走り方をしているかを測定してみようと、乗車する度に、最前部の車両の運転席のすぐ後ろに立って、事故前にやったのと同じように、停車駅区間ごとの走行時間、停車駅における停車時間、ドアの開閉に要する時間を差し引いた実際にドアの開いている時間の測定をして記録することを始めた。運転台にある速度計もウォッチした。

事故後は福知山線のダイヤの修正がなされ、途中停車駅の停車時間は、15秒だった駅もすべて20秒に変更されていたが、それでも20秒ではドアを閉められずに、5秒から10秒遅れることが少なくなかった。

新たに気づいたのは、ダイヤで計画された停車時分20秒の中には、停車してからドアが開き切るまでの時間とドアが閉じる時間が含まれていないということだった。開く時間と閉まる時間を足すと、1秒ないし1秒程度であっても、停車駅が三カ所になれば、合わせて5秒前後の時間になるのだ。

もう一つ重要な気づきは、ダイヤの遅れが生じると、次の停車駅までの区間で運転士が遅れを取り戻すために、速度を時速100キロから120キロの高速で走行させる傾向があることだった。

木下は、こうした電車の走行の実態を、二年間にわたって記録し続け、その結果を、一度JR西日本の社長宛に手紙に書いて提出し、安全性の危機感を訴えた。しかし、受け取った返事は、「列車ダイヤは安全性を十分に考慮して編成しています」という、一般的な説明をしてあるだけだった。

それでも木下は、無理なダイヤが運転士のヒューマンエラーの大きな要因になっていたはずだという思いを強く抱き続けた。そして、二〇〇九年の暮れ近くなって、4・25ネットワークの要請をJR西日本がようやく受け入れ、課題検討会が開かれることになった時、淺野に4・25の代表メンバーに入ってほしいと声をかけられると、二つ返事で承諾したのだった。

過密ダイヤの落とし穴

五月二十四日の第六回課題検討会は、まずダイヤ担当の課長が、配布した資料に沿って、ダイヤの作り方の概要を、「これは事故調に提出したものと同じ資料です」という枕言葉を付けて詳しく説明した。

ダイヤの編成作業は、旧国鉄時代から高度なプロの世界の仕事とされてきた。大都市圏では、通勤電車に特快、快速、各駅停車などの種類があって、各停の電車はしばしば途中駅で特快や快速に追い越されるのを待たなければならない。長距離の特急や急行を走らせる時には、一般の電車をどこかの駅で待機させせなければならない。線路が合流するところでは、電車の優先順を調整する必要がある。電車加速性能は、車種によって微妙に違うし、停車駅間の線路にカーブが多いか少ないかによって、区間走行時間に違いが生じる。

列車ダイヤは、こうした様々な条件をしっかりと考慮に入れて作成しなければならない。しかも、そこに経済性の要請という条件が加わる。乗客の多い通勤時間帯には、運航させる電車の間隔を可能な限り短くして、運転本数を増やすとともに、同一地域を走る私鉄との競争に勝つために、高速化（JR西日本は速達化と称した）を可能な限り追求したのだ。乗客を増やすことは、営業成績を大幅に向上させることになる。

これだけ多くの条件を満たす列車ダイヤの図表は、横軸に取った時間の経過に対し、縦軸に取った一列車ごとの速度の変化を示す運転曲線《ランカーブ》（駅出発後の加速による上昇曲線、最高速度の若干デコボコのある水平線、減速による下降曲線、駅停車中の速度ゼロの経過）が、無数と言ってもよいほどに、ほとんど重なり合うほどの密度で描き込まれている。それは、まるで精魂込めて描かれた〝芸術的作品〟と言ってもよいような図になっている。

そのような列車ダイヤを作成する担当者は、プロ意識が強く、専門外の社員の目には、まるで別格の達人のように映るのだ。だから、そういう別格の達人たちが作るダイヤは、科学的に合理性があるとされ、言わばアンタッチャブルの世界になっていた。

その世界に、門外漢の木下が大胆にも切り込もうとしていたのだ。ただ、木下はランカーブの理論闘争ではなく、連日電車に乗って実測したダイヤの実態を〝武器〟にしての闘争だった。

ダイヤ編成課長による説明で、特に強調されたのは、列車の一区間を走るに当たって必要とされる時間の幅「所用時分」というものは、「基準運転時分」「余裕時分」「停車時分」によって構成されているという基本的な事柄だった。

「基準運転時分」とは、線路の曲線部や直線区間などによって決められている速度制限とか車両の性能によって作成された区間内の運転時分のこと。単なる目一杯の計算値でなく、1〜2秒程度から時には10〜20秒もの「ゆとり」を加えて設定されるという。（「ゆとり」は、はっきりと秒数で明示されるものでなく、「基準運転時分」の中に含まれているという説明がなされているだけのものだ。）

「余裕時分」とは、駅での乗降客の混雑で停車時間が長引いたり、線路の工事で徐行を余儀なくされたりした場合に備えて、所定のダイヤの範囲内で運転できるようにするために、予め設定してある秒数のこと。運転士には明示されている。

「停車時分」とは、駅で停車している時分のこと。一般の人々が予想する時分よりはるかに短い秒数が設定されている。混雑する長いところで1分30秒、短いところでは15秒程度と、予想していた値より短時間の停車になっている。

会社側は、こうしたダイヤの作り方に従うなら、ダイヤはほとんど遅れることなく運航されると考えていて、それを「定時運転」と呼んでいるというのだ。

タテマエと現実

ダイヤ担当の課長が、ダイヤの編成の基本的な考え方についての説明を終えると、すぐに淺野が質《ただ》した。

「ダイヤの作り方はわかった。ただ、私たちが知りたいのは、当日の運転状況はどうだったかということ。事故を起こした電車の実際の運転経過ですよ。事故を起こした現場に差しかかった時の速度は、時速116キロとされているけれど、事故調の調査では、速度計に異常があって、運転台の速度計の表示は実際の速度より数キロくらい低く出ていたという。となると、時速122キロから124キロくらい出ていたのではないか。

そうなると、運転士はどんな運転をしていたのか。そこをしっかりと説明してほしい」

ダイヤ担当の課長が、事故を起こした電車から回収した速度記録計などのデータを基に分析した「当日の当該列車の運行状況について」と題する事故電車の走行経過表を使って説明した。それによると、事故電車の走行記録の主なポイントは、次のようになっていた。

・始発駅の宝塚駅では、ホームに入る前に、信号無視によるATS作動で非常ブレーキが発動するトラブルがあって、出発が定刻より15秒遅れた。

・最初の停車駅の中山寺駅では、ダイヤ通りなら15秒で発車すべきところを、駆け込み乗車があったことなどから発車までに10秒多い25秒かかり、累積で15秒＋10秒＝25秒の発車遅れとなった。

・次の停車駅の川西池田駅までの区間で、運転士の判断で計画より速度を上げ（制限速度の範囲内）、25秒の遅れのうちの6秒を取り戻した。

・川西池田駅では、停車時間計画の20秒に対し、駆け込み乗客などの影響で発車までに16秒多い36秒かかり、累積で25秒－6秒＋16秒＝35秒の遅延となった。

・発車後、速度を上げ、停車しない北伊丹駅通過時迄にわずかに1秒を取り戻したが、伊丹駅ではオーバーランの修正のために34秒を費やしたため、ホームの規定位置に停車したのが定刻より1分08秒遅れとなった。
・伊丹駅での停車時間計画は15秒と設定されていたが、実際には客の乗降に計画より12秒余計にかかり、停車時間が27秒になった。結局、遅延は累計で1分08秒＋12秒＝1分20秒となった。
・伊丹駅発車後、運転士はぐんぐん速度を上げ、通過駅の塚口駅を過ぎる頃には、時速が120キロの制限速度を超えていた。それほど速度を上げたことによって、遅延時間を8秒だけ短縮させていた。
・その後、やや減速させたものの、速度70キロ以下にすべき急カーブに、時速116キロ（実際には120キロ以上か）の高速で突っ込んでしまったのだ。

事故電車の宝塚駅から事故現場に至るまでの以上のような秒刻みの詳しい経過を見ると、運転士がダイヤの遅れを一秒でも取り戻そうと必死になっている状況がひしひしと伝わってくる。会社側によるこのような実際の走行経過の微細な説明を受けることによって、はっきりと見えてきたのは、運転時分における「ゆとり」や「余裕時分」と言われるものの実態の危うさだった。

既述の「ゆとり」と「余裕時分」の定義を読んだだけでは、かなり大まかに運転の所要時間が決められているように見えるが、実際はそうではないのだ。

福知山線の宝塚駅〜尼崎駅間の上り快速電車の場合、まず電車の性能や線路の直線か曲線かによる制限速度などの条件を揃えてコンピュータで区間全体の所要時間を計算すると、15分07秒という値が出る（停車駅における停車時分を含む）。これは運転士の技量や判断の個人差などは、考慮されていない数字で、「計算時分」と言う。

これに対し、平均的な技量の運転士による実際の運転操作で走った場合の所要時間を計測すると、15分35秒（平均値）という時間になる。これが、「基準運転時分」と呼ばれるものだ。「基準運転時分」は、コンピュータ並みの技術で運転した場合の「計算時分」より、かなり所要時間が長くなる。その差は、

（基準運転時分）（計算時分）

15分35秒－15分07秒＝28秒

となる。この28秒が宝塚駅から尼崎駅までの「基準運転時分」に含まれる「ゆとり」と言われるものなのだ。

28秒という数字だけをみると、まあまあ「ゆとり」のあるダイヤのように見える。しかし、実際の状況を見ると、そう甘くはなかった。木下が毎朝、出勤時に記録していた電車のダイヤの乱れが、現実には運転に「ゆとり」がないことを示していた。なぜ「ゆとり」がない運転になるのか。

宝塚駅から尼崎駅までにかかる「所要時分」は、「基準運転時分」だけでなく、途中の停車駅での「停車時分」を加えなければならない。ダイヤに設定された「停車時分」は、既述のように、

・中山寺駅　15秒
・川西池田駅　20秒

・伊丹駅　15秒
　合計　50秒
　となっていた。
　現実の停車時間がこのように短い秒数では対処し切れないことを、木下は実測してわかっていたから、課題検討会で取り上げることになっていたダイヤ問題については、特別にこだわりをもって臨んでいた。漠然とした議論でなく、論理的にしっかりと問題点を明らかにしようと、既に公表されていた航空・鉄道事故調査委員会の「事故調査報告書」のダイヤに関する分析の項を精読していた。
　事故調の「報告書」は、宝塚駅〜尼崎駅間のダイヤの設定内容について、詳しく調査・分析した結果に基づいて、次のように厳しく論じていた。
・事故以前において、宝塚駅〜尼崎駅間の「基準運転時間」を三回にわたって合わせて50秒短縮しているが、これはダイヤ担当者が会社の営業施策を実現させるためであった。
（筆者注・会社の営業施策とは、私鉄各社との競争に勝つためのダイヤの高速化・列車本数増のこと。）
・始発の宝塚駅では、快速電車をホームに停車させてから発車までの時間を1分30秒と設定してあったが、別のホームから先に出る上り急行列車の発車が遅れることが多く、その影響を受けて、上り快速電車は出発時からダイヤより遅れることが多かった。
・「停車時分」については、川西池田駅での計画の20秒では、事故以前の実態調査から発車が遅れることが多く、5秒ほど不足していた。

・また、中山寺駅と伊丹駅での「停車時分」15秒についても余裕があったとは考えられない。
・事故以前における事故電車と同じ時刻の上り快速電車の運転時分を調査したところ（65日分）、半数以上が尼崎駅に1分以上遅れて到着していた。

（筆者注・1分以上の遅延の常態化は、ダイヤに無理があることを示していると言わざるを得ないだろう。）

これらの事実から、「報告書」は、「宝塚駅〜尼崎駅間の基準運転時分と停車時分の合計は、余裕のないものであった」と厳しく批判していた。

さらに、停車駅の記録された着発時刻がかなり不正確であることや通過駅の通過時刻を確認する場所が日によって違うことなどから、「ダイヤの管理が適切に行われていなかった」とまで論じていた。

にもかかわらず、事故前のJR西日本は会社の方針として、列車が30秒以上遅延すると、運転士に「列車遅延時刻の報告」を求め、運転士などの不手際によって1分以上の遅延が生じると、関係した者を日勤教育と懲戒処分の対象にしていた。

JR西日本のベテランの運転士や技術畑の幹部の中には、ダイヤの遅れが生じた時、区間の最終駅到着の遅延を可能な限り短縮する「回復運転」をいかにうまくこなすか、その腕の見せどころを「男のロマン」と称する気風があった。

列車の制限速度（最高速度）は、直線区間の距離やカーブの曲率などによって決められているが、ダイヤは列車を制限速度よりやや遅い速度で走行させることを前提にして設定される。そこでダイヤの遅れが生じると、運転士は自分の判断で、制限速度を超えない範囲で速度を上げて、「運転時分」を短縮するように努める。

これが「回復運転」と言われるものだ。

実際には「回復運転」に入ると、制限速度を上回る速度を出すこともあったと言われていた。ともあれこのように各区間で制限速度まで目いっぱいに速度を上げて走行する運転は、直線区間で120キロを超えるリスク、そしてカーブに入る時には、加速のし過ぎによる制限速度オーバーとかブレーキ操作の遅れといったヒューマンエラーによって、脱線するリスクが高くなる。つまり、「回復運転」は、ベテラン運転士の「男のロマン」を満足させるものであっても、同時に事故のリスクを高めるという矛盾を孕んだものであった。

木下は、このような「回復運転」に内在する危険な問題について、JR西日本の技術畑の幹部との個人的な会話の中で知った時、強い怒りの感情が頭の中に込み上げてきた。

《「男のロマン」とは、とんでもない。乗客の命にかかわることなのに。実際、私の息子はいのちを奪われたんだ！》

ちなみに、鉄道に限らず航空、船舶、装置産業などにおいて、ヒューマンエラー防止のために設計・製造・マニュアル作成に求められる安全原則がある。それは、装置類の操作は所定の教育訓練を受けた平均的な技術を身につけた作業員が、必要な時間内に無理なく処理できるようになっていなければならない、というものだ。特別に高い技術水準にある熟達者でないと処理できないようなシステムであってはならないとされている。

この安全原則に照らして、JR西日本の各路線における「基準運転時分」と「停車時分」の決め方を評価するなら、少なくとも宝塚駅～尼崎駅間のダイヤの設定に関しては、全運転士が一人残らずストレスを感じることもなく対処できるようにはなっていなかったと言わざるを得ないだろう。木下の怒りは、当然のことだった。

机上計算の怖さ

課題検討会でダイヤ担当課長による説明が一通り済むと、淺野が質問した。

「事故を起こした電車の運行状況に関することだが、配布資料によると、始発の宝塚駅における発車までの停車時分、いわゆる『開通時分』ですね、それと他の駅での『停車時分』について、『課題があるものでした』と書かれているけれど、これは具体的にどういうことなのか」

課長「一つには、宝塚駅での発車までの停車時分を1分30秒としていたのですが、先に発車する福知山方面から来る急行列車が遅れがちなので、快速はどうしても1分30秒では発車できないことが多かった。そこで1分35秒なり1分40秒なり、停車時分をもう少し長くしたダイヤにすべきではないかということ。

もう一つは、途中の停車駅の『停車時分』についてですが、中山寺駅での15秒、川西池田駅での20秒、伊丹駅での15秒という設定になっていましたが、いずれの駅でも、乗車しようとする客の多さや駆け込み乗車などでダイヤ通りの『停車時分』では足りないことが多かったということです」

淺野「なぜ『停車時分』を変えなかったのか」

課長「例えば伊丹駅については、事故の二年前の暮れのダイヤ改正に当たって、現地調査をしたところ、『停車時分』は設定の15秒より長くかかり、平均で17秒から18秒かかっていることがわかったのですが、その程度なら駅員が整列乗車をさせたり『基準運転時分』に含まれる『ゆとり』の時分で補ったりすれば、ダイヤの遅れを生じさせないで済むと判断して、15秒の設定のままにしました」

こうした説明は、木下には辻褄を合わせているに過ぎないとしか思えなかったので、発言の口調は厳しくなった。

「『停車時分』が実際には17秒から18秒かかっているのに、ダイヤに設定されている15秒という短い秒数を変えようとしないで、整列乗車や『ゆとり』の時分でやりくりしようというのは、いかにも姑息なやり方じゃないですか。

事故を起こした電車が宝塚駅から伊丹駅に向かってどう走っていたかについては、説明でわかった。しかし、わからないことがある。

ダイヤを作るに当たっては、無理なものにならないように、『基準運転時分』の中に『ゆとり』の時分を何秒か含ませるだけでなく、停車駅での乗客の乗り降りに予想以上の時間がかかるとか、線路工事などの影響で徐行を余儀なくされるといった場合に備えて、別枠で『余裕時分』というものを設定することになっていると、はじめに説明しましたよね。

だけど、宝塚駅〜尼崎駅間の快速電車のダイヤについて、配布された資料を見ると、その区間には、『余裕時分』が設定されてないじゃないですか。一体、『余裕時分』を設定してある区間とない区間とは、どういう理由で分けてるんですか」

課長「『余裕時分』というのは、一定の区間で遅れが生じた場合でも、終着駅にはダイヤの時刻通りに着くようにするために、終着駅の一つ手前の停車駅の発車時刻やその後の走行時分の中に含ませる形で設定するようにしているのですが、宝塚駅〜尼崎駅間の上り快速電車については、尼崎駅の手前の駅からの『余裕時分』を設けていませんでした」

木下「その理由を知りたいんです」

課長「私共も今回調べてみたらなかったということを知ったのでして、なぜないのかまではまだ明らかにすることができていないのです。ともあれこの区間を特別扱いしていたわけではないと思います」

木下は、怒りが込み上げてくるのを懸命に抑えながら、質問を続けた。

「説明資料によると、宝塚駅発の上り快速電車は、尼崎駅到着が定常的に分単位で遅れるという状態にはなっていなかったと記されている。しかし、事故調の『報告書』には、『事故前六十五日間の半数以上の日に1分以上遅延して尼崎駅に到着するという、定刻どおり運転されることが少ないものであったと考えられる』と書かれている。

JRが説明資料に記している快速電車の運転時分の数字と事故調が『報告書』に記している運転時分には違いがある。おかしいじゃないですか。この違いは、どういうことなのか」

課長「事故調がどういうデータを根拠にしているのかはわかりません。独自の方法で計算したのだと思われます。私共は私共なりに分析したものを示しました」

木下「宝塚駅〜尼崎駅間のダイヤには無理はなかった。運転士がストレスを感じるほどのものではなかったというために、都合よく計算してるのではないかと思えてならない」

課長「そんなことはないです。事故調がどういうデータで計算しているのかは、私共にはわかりませんので、事故調の指摘について評価することはできません」

木下は、自分の感情の防波堤が決壊寸前になっているのを感じた。自分は息子のいのちを奪ったものは何か、その真相を何としても捉えたくて、自分のいのちを賭けるほどの思いで、ダイヤの実態を明らかにしようとしているのに、ＪＲ側は理論と机上の計算で数字をはじき出し、問題はなかったとしようとしている。

机上の計算結果がどんなものであろうと、自分が毎朝快速電車に乗って、走行と停車の時分を計測し記録してきた現実は、きれいごとで済ませることなどできないものだった。途中の停車駅での停車時分が10秒や20秒では、足りない状況だということは、議論の余地のないものだった。当然、発車が遅れ、電車の遅延は恒常的になってくる。整列乗車の呼びかけや「ゆとり」の時分でやりくりできる問題ではない。それでもなお、尼崎駅にダイヤ通りに着いていると言うなら、途中の「回復運転」のために、運転士が相当に電車のスピードを上げているはずだ。ダイヤの速達化と本数増加で利用者の利便をはかるという営業施策は、乗客のいのちを賭けて成り立っていたに過ぎない。

事故調の『報告書』は、福知山線の直線区間やカーブ区間における電車の暴走を防ぐＡＴＳ－Ｐの設置遅れという状態の中でのダイヤの問題点を、次のように厳しく論じているのを、木下はいつも頭に浮かべていた。

〈定刻どおりに運転されることが少ない列車運行計画とするべきでないことは言うまでもないことであるが、曲線速照機能（筆者注・ＡＴＳ－Ｐ車上装置のこと）等の運転操作の誤りによる事故を防止する機能がない列車を時速一二〇キロという速度で運転させるのであれば、その運行計画は相応の時間的余裕を含んだものとすべきである。〉

木下は、このまま議論を続けると、自分が怒鳴り声を上げるだろうと直感した。だが、わずかながら残っていた冷静さが、その感情を抑えた。

《ここで自分が爆発して、会議の進行を行き詰まらせたら、せっかく淺野さんが我慢に我慢を重ねて、責任追及を棚上げしてでも、事故の真相を解明し、JR西日本を安全性の高い鉄道事業者にしようとして対話の場である検証会議を発足させたのに、その対話の場を決裂させ破壊させかねない。だが、自分はこの席に座っていたら、感情を抑え切れないだろう。》

そんな思いが頭の中で渦巻くのを自覚した木下は、

「人が死んでいるのに、そんな逃げ口上ばかり並べる説明なんか聞いていられない」

と投げ棄てるように言うと、机の上の資料をまとめて鞄に入れるや、席を立って会議室から出て行った。一瞬、沈黙が支配し、会議のテーブルが凍りついた。

回復余力の少なさ

木下の退席は、本人の本気度という点から見れば、99パーセントまで本気だった。単なる怒りの感情をむき出しにしたものではなかった。木下は息子の事故死を無駄にしないために、身体を張って電車の運転時間の実態を実測して、机上の計算で編成されたダイヤには、現実には、特にラッシュ時には、ドアの所定の開閉時間に無理があることを把握して、そのデータを示したのだ。

それに対し、会社側は相変わらずペーパー上で数字をこねまわして、ダイヤの正当性を主張している。そこには、乗客のいのちを第一に重視しようとする気配が感じられない。木下が現場の実態を調査したことはあるのかと質しても、「ない」という回答が返されるだけ。木下が《このまま聞いていたら、自分は何を叫び出すかわからない》と危機感を抱いたのは、当然のことであったろう。

しかし、木下の心のなかには、全体状況を見つめる判断力が残されていた。

《せっかく淺野さんが責任追及を横に置いてでも、事故の原因解明を優先して鉄道の安全を築く道を拓こうという意図で、ＪＲ西日本側の同意を取りつけてスタートさせた課題検討会だ。それを台無しにしてしまうようなことになったら、淺野さんや参加した遺族の方々に申しわけないし、せっかくの真相解明の機会を失ってしまう。》

木下は、翌月の課題検討会からは、気持ちを整え直して参加した。

課題検討会におけるダイヤ問題をめぐる議論は、次のような問題点を洗い出した。

⑴従来のダイヤには、回復余力が少なかった。

⑵ＪＲ宝塚線においては、伊丹駅、川西池田駅での停車時分の不足などにより、運転士が区間で速度を上げて時間の回復をしなければならなかった。

⑶回復余力の少ないダイヤにより、遅れを出した運転士にあせりや動揺をもたらす可能性があった。

これらの問題に対する改善策としては、次の三点が挙げられた。

⑴回復余力のあるダイヤ編成

(2)ダイヤの実態を検証し、必要に応じて修正する。
(3)ダイヤと運転士のストレスとの関係をヒューマンファクターの視点で研究する。

リスク予知の技術力

課題検討会は、この年(二〇一〇年)秋から翌年春先にかけて、「新型のATS－P設置問題や「組織事故」の視点からの安全管理体制問題について議論を重ね、事故から六年を経た二〇一一年四月二十五日に尼崎市内のホールで、JR西日本の西川副社長と4・25ネットワークの淺野代表がそれぞれに壇上に立って、報告書の主要点と所感の報告を行うとともに、報告書を発表した。

その中で、JR西日本は、自らの組織的な問題点について、次のような「認識」を表明した。

〈福知山列車事故の最大の反省点は、潜在するリスクを充分洗い出せなかったことにあると考えている。この点については、ヒヤリハット事象を収集し水平展開する予兆管理活動は取り組んでいたが、その取り組みは緒についたばかりであり、リスクを予知するための仕組みを組織的に構築するに至っていなかった。

そうした問題に対応する組織の能力を、西川は、課題検討会での議論の中で、しばしば「技術力」という用語で表現していたが、報告書の総括の中でも、右の文章に続いて、「技術力不足」という項目を立てて、次のような反省を記述した。

〈予測しにくいリスクを浮かび上がらせるためには、過去の経験等にとらわれない極めて高いレベルの技術力が必要であるが、そうしたレベルには到達していなかった。

こうした状況における日々の業務運営の中で福知山線列車事故のような事故を予知できなかった一方で、ＡＴＳ整備の際に一部限定的とはいえ曲線速度超過対策を行っているにもかかわらず、曲線の危険認識を具体化できなかった。（中略）

事故分析を行うにしても、安全対策を策定するにしても、高いレベルの技術力を有することが必須条件である。〉

大事故の原因企業の経営首脳が、このような組織の欠陥を被害者側との共同文書の中で記述するのは前例のないことだった。

企業と被害者の共同報告書

４・25ネットワークとＪＲ西日本が課題検討会の報告書をまとめるに当たり、全会議にオブザーバーとして同席した私に対し、報告書の巻末に〝傍聴所感〟の文章を寄せてほしいとの要請を受けた。私はありがたく引き受け、「安全の原点――課題検討会に同席して――」と題するやや長文の所感を寄稿した。その一部を紹介しておきたい。

〈事故・災害・公害などの問題を取材者という立場から見つめるようになって、半世紀になる。それらの大規模な事件を取材する度に感じてきたのは、被害者の人間としての存在があまりにも軽々しく扱われてきた現実であった。

事故に直接・間接にかかわるのは、被害者、原因企業、事故調査機関、行政の四者である（医療や支援の分野はさておく。ここでの被害者とは、死亡者と家族。負傷者と家族の両者を含むものとする）。これら四者は、それぞれに事故のとらえ方や対処の仕方にかかわる思考の枠組みを異にする。企業は、とくに株式会社であれば、利益追求という自己目的と負担抑制という効率主義の枠組みの中で、自己防衛的になり、被害者を損害賠償（補償）の請求者という利害関係の中でしか捉えない傾向が強かった。（中略）

このようなわが国における被害者の位置づけの希薄さという歴史的な経過の中で、JR福知山線事故の真相究明をめぐって、事故調査委員会の報告書にもJR西日本の説明にも納得感を得られないまま葛藤の中にあった4・25ネットワークの遺族たちは、「なぜこんな事故が起きたのか」「なぜ家族は亡くなったのか」という問いに対し、自らの努力で答えを見出す以外に、気持ちを前進させることはできないと考えるようになっていったという。具体的には、事故の当事者であり事情を最もよく認識しているJR西日本に胸襟を開いて同じテーブルに座ってもらい、遺族側の抱く疑問に対し、誠実に答えてもらうという方法が考えられた。そうすることが、JR西日本による安全の再構築を真に実体のあるものにするうえで有効であり、二度とあのような事故を起してほしくないという切実な思いを満たすことにもなるに違いないと判断したのである。

JR西日本が4・25ネットワークの遺族たちのこのような要請に応えて、両者間で協議し、課題検討会を設けて誠実に対応したことは、時代的に大きな意味を持つと、私は感じた。私が中立の立場からオブザーバーという名目で参加することは、両者の合意によるものである。

検討会は、4・25ネットワーク側が代表の淺野弥三一氏を中心に七名、JR西日本側が西川直輝副社長を中心に幹部八名という固定した顔ぶれで、一年五ヵ月にわたり、毎月一回程度、のべ

16回開かれた。テーマを日勤教育・ダイヤ・ATS・安全管理体制という四点に絞り、一つのテーマごとに、毎回二時間半の会合を二回、三回と重ねて、集中的に議論を煮詰めていくという運営であった。遺族側が疑問点や不満を諄々と述べると、JR西日本側が必要資料を提示して、企業側の考えや技術的な問題を説明する。遺族側が納得できなければ、何回でも質問を繰り返す。時には、怒りの声も投げられる。それでも両者は決裂することなく、再び感情を抑えて、議論を続ける。

私はその真剣で熱気さえ帯びた議論の場に同席させて頂き、時折私なりの質問をしたり、論点を明確にするために参考になる意見を差しはさんだりしただけだったが、その経過の中で、企業側と被害者側の前例のないこの取り組みがもし挫折したなら、今後、事故が生じた場合に、被害者に対する企業や社会のかかわり方に致命的なマイナスの効果を与えるのではないかと危惧した瞬間もあった。しかし、両者の真剣な向き合い方、遺族側の「責任追及は差し当たり外してでも」という姿勢、JR西日本側の自らが変わる機会を逸してはならないという姿勢が貫かれたことによって、会合はねばり強く継続された。私はそのこと自体に、現場に同席した者として、大きな意義を感じ、感銘さえ受けたのだった。こうした歯に衣着せぬ議論を重ねることこそ、安全を考える原点であると。

これだけ議論を重ねても、遺族側には納得し切れない問題が残った。しかし、報告書の中で両者それぞれの見解を併記するという形で、議論をあいまいにしないことで、差し当たりの区切りをつけている。残った課題を明確に記録したのである。このことも重要である。

また、JR西日本側は、議論を煮詰める中で、ヒューマンエラー（運転士の曲線部におけるブレーキ使用の遅れ）の誘因となったさまざまな要因を、経営レベル、組織の風土のレベルにまで遡って明らかにする「なぜなぜ分析」によるロジックフロー図を作成して開示したり、ダイヤのあり方がヒューマンエラーの誘因になりうるという認識がなかったこと（つまり気づかされたこと）を率直に認めたり、曲線部におけるリスクの重大性を認識するだけの技術力がなかったことに気づかされたと反省を述べたりするなど、事故調査委員会の事故調査報告書より一歩踏みこんだ分析結果を明らかにした。これまでの事故の原因事業者であれば訴訟で不利になることを恐れて、絶対に示さなかったことをはっきりと述べるという誠実な姿勢を見せたのである。

旧来の企業や行政の被害者に対する姿勢を「乾いた三人称の視点」と書いたが、私はこの社会に人間性の豊かさを取り戻すには、被害者（一人称の立場）や社会的弱者（同）とその家族（二人称の立場）に寄り添う視点が必要だと感じる。「これが自分の親、連れ合い、子どもであったら」と考える姿勢である。もちろん、専門家や組織の立場（三人称の立場）に求められる客観性、社会性の視点は失ってはならない。そういう客観的な視点を維持しつつも、被害者・家族に寄り添う対応を探るのを、私は「二・五人称の視点」と名づけている。課題検討会におけるJR西日本の遺族たちに対する応答の仕方に、私は「二・五人称の視点」に近づこうとしている姿勢を感じた。

ここにまとめられた課題検討会の報告書は、時期を同じくしてまとめられた、事故調査に組織事故の視点を導入することや被害者の視点を重視することなどの提言を盛り込んだ運輸安全委員会の「JR西日本福知山線事故調査に関わる不祥事問題の検証と事故調査システムの改革に関する提言」と並んで、今後、安全問題を考えるうえでも、事故が発生した場合の企業の姿勢の取り方や企業と被害者の関係のあり方を考えるうえでも、大きな示唆を与えるものとなるであろう。〉

第六章　時の刻み、いのちの刻み

1

負傷学生の自死

脱線現場脇に建てられた慰霊碑には、犠牲となった乗客一〇六人のうち、遺族の同意を得られなかった数人以外の氏名が刻まれているが、それ以外にも犠牲者なのに、ＪＲ西日本の方針で名を刻まれていない乗客が二人いる。生き残った者の、事故のショックで心的外傷を受け、そのトラウマを引き摺るなかで自死に追い込まれた人たちだ。

その中の一人の若者、岸本遼太について記す、

遼太は、宝塚市に母と二人きりで暮らしていた大学生だった。大学では環境社会学を専攻し、四年生になっていた。

事故の時、四両目に乗っていて、首をねんざする怪我を負った。四両目は、三両目までと違って死者こそ出なかったが、それでも負傷者は一〇二人に上っていた。軽傷とはいえ、死傷者が全体で六百人を超える大惨事となると、精神的なショックは大きい。

遼太は二カ月後の六月二十五日、パニック障害に陥り、ＰＴＳＤ（心的外傷後ストレス障害）と診断された。その後、大学をなんとか卒業できたが、自宅で苦悩する日々を過ごし、ブログや

日記帳に、「すぐ隣で大勢の人たちが亡くなった。なぜ自分は生き残ったのか」と、罪責感に苦しむ心理状態を綴っていた。事故でも災害でも、家族や友人などが命を奪われると、残された者のなかには、「なんで自分が生き残ったのか」と罪責感にとらわれて苦しむ人が少なくない。そのぶん加害者や原因企業などに対する怒りの感情が強くなる。

遼太は「JRを末代までたたってやる」との激しい感情も記していた。

うつ病に陥り、カウンセリングに通ってはいたが、翌年夏、もう一つのショックが重なった。大好きだった父親が天橋立近くの海岸で魚釣りをしているうちに、波に襲われて亡くなったのだ。六十五歳だった。遼太の喪失感は大きく、事故から三年半近く経った二〇〇八年九月、自宅で母の留守中に自死した。

後に事故現場近くに犠牲者の慰霊碑が建てられ、犠牲者の氏名が刻まれたが、遼太の名は刻まれなかった。事故による死亡ではないというのが、JR西日本の説明だった。母の岸本早苗は、遼太は事故による負傷が原因で心を病んだのだから、事故による直接死と同様に、慰霊碑に名を刻んでほしいと要望したが、JR西日本は、自死者の名を刻むことに遺族のなかに反対する声があるからできないの一点張りだった。心の病いや自死者に対する偏見の強いこの国の精神的風土をむき出しにした対応だった。

早苗は、夫の遭難死に続く一人息子の自死に呆然となり、孤独な晩年を施設で過ごした。施設に移ってしばらく経った二〇二〇年十月、早苗は家を引き払うにあたり、遼太への思いをいつまでも残したいと、庭先に植えて間もなかった桜の若木を、近所の人たちの協力を得て、すぐ近くの御殿山公園の一角に移植した。桜の木には、自宅に植えた時から、「遼ちゃん桜」と名づけていた。移植時には、かつて遼太が習ったピアノの先生も参加して、みんなで賛美歌を歌った。

私は明日業者が早苗の家財整理に来るという日、財産処理すべてを委託された弁護士・津久井進と一緒に、岸本家を訪問し、仏壇にお参りをした。仏壇と言っても、小さな低いテーブルの上に、遼太の遺影を飾り、線香台が置かれてあるだけだった。私は黙って焼香させて頂き手を合わせた。

室内は様々なものが散らばっていて、何一つ片づけられていなかった。クラシック音楽のCDの山が二重ねあった。見るとモーツアルトのポピュラーなピアノ協奏曲が一番上にあった。床に散らばった雑多な物のなかに、小学校の国語の教科書が何冊もあった。

《国語の先生だったのか。それでも音楽が好きだったんだ》

そんなことを思い巡らしていたら、机の上の片隅に、A4サイズの紙に咲き始めた桜の花枝をカラープリントした美しい一枚のペーパーが目に入った。

手に取ると、冒頭に大きく「桜の涙　作詞 岸本早苗」とあり、やや長めの歌詞が印刷されてある。

さくらさらさら　さくらの涙
こんにちはってご挨拶
あれからいろいろありました
涙なんかみせたくない
でも、悲しいことは悲しいと

さくらさらさら　さくらの涙

（中略）

さくらさらさら　さくらの涙
こんにちはってご挨拶
涙にこたえて咲きました
春の陽気にさそわれて
ほら、嬉しいことは嬉しいと
さくらさらさら　さくらの涙

（後略）

そして、末尾にはこう記されていた。

〈2005年4月25日　福知山線脱線事故にて逝去された　107人の御霊に心より哀悼の意を捧げ、次代へ歌いつぎたいという志でこの曲を作りました。岸本早苗〉

この曲を、遼太の遺影に歌って聞かせたのだろうか。私は、しばらくその場に佇んだ。

2

痛みに耐えに耐えて

玉置富美子にとって、顔面裂傷の修復手術を、七年経っても八年経っても毎年一回か二回は繰り返さなければならないのは、とても痛くて辛いことだったが、痛みの辛さという点で日常生活により大きな支障となっていたのは、左足首から踵《かかと》にかけての傷跡の痛みだった。

事故によってパックリと裂けた傷口は、直後の救急手術によって塞いだものの、内部の筋肉や神経がどうなっているのか、とにかく常に痛みがあり、時に歩行時に左足に体重がかかると、ズンズンと痛みが走る。

靴を履いて外出すると、圧迫痛が加わって腫《は》れてくる。外出時には、杖か手押しカートの取っ手を支えにして歩かなければならない。無意識のうちに左足をかばうので、体が左に傾いた姿勢になる。このため腰痛を起こし、膝関節炎や股関節炎を起こすこともある。夜中に痛みで目が覚め、眠れなくなることもある。

普通に歩けないことが、社会復帰を妨げている最大の要因になっていた。六十二歳を過ぎ、六十三歳を過ぎ、公的に高齢者とされる年齢が近づくにつれ、何とか左足の痛みを取れる画期的な治療法はないものかと、探し続けた。

事故から九年を過ぎた二〇一四年、六十四歳を迎えて、富美子はずっと顔面の治療を担当してくれている大阪大学医学部附属病院形成外科の細川亘教授や同じ病院の整形外科医に、左足の痛みを除去してくれる治療法に取り組んでいる外科医はいないか、改めて尋ねてみた。しかし、二人の医師の答は同じだった。

「左足の踵の傷跡の痛みは、これ以上の治療は難しいでしょう。痛みは一生続きますよ」

大学病院の教授が言うのだから、大抵の患者ならあきらめるだろう。だが富美子はあきらめなかった。

朗報を耳にしたのは、その年の秋だった。細川教授による最初の顔面修復の手術を受けた時から、細川教授との連携で痛みの治療に当たってくれていた麻酔科の阪上学《さかうえまなぶ》医師がしばらく前に独立して、西宮市内でペインクリニックを開業したので、富美子は通いやすい阪上クリニックで痛み止めの薬の処方をしてもらうようにしていた。患者が多く忙しい大学病院の医師たちと違って、個人でクリニックを営む阪上医師は、富美子が左足の痛みについて、「何とかなるでしょうか」と辛さを訴えると、じっくりと耳を傾けてくれた。そして、こう言ってくれたのだ。

「奈良のほうなのですが、稲田先生という腕のいい形成外科の先生が外科病院を開業しているんです。交通事故などで重傷を負った患者さんの神経修復手術も手がけているので、このクリニックからも何人か紹介しました。神経修復手術の条件に適応するかどうかを検査して、適応と診断されると、稲田先生が執刀するのです。ここから紹介した患者さんたちのうち二人が適応と診断され、手術を受けたところ、良くなったそうです。

神経修復は特殊な手術なので、玉置さんの左足の踵の神経再生手術が可能かどうか、私にはわかりませんが、一度訪ねてみてはいかがですか。もし診てもらいに行くのでしたら、紹介しますよ」

富美子は、的確で知的な医師という印象を抱いていた阪上医師の言葉だったので、目の前に一筋の光が射したように感じた。

早速紹介状を書いてもらうと、稲田外科病院に予約を申し込んだうえで、その年十月二十日、奈良に向かった。杖をついてゆっくりと歩き、JR宝塚駅から福知山線の快速電車に乗った。伊丹駅を過ぎると、間もなくあの事故現場を通る。高層マンションは当時のまま建っている。あれから間もなく十年が経とうとしている。何度通っても、マンションが視野に入ってくると、胸の中にザワザワッと嫌な気分が走る。

大阪駅で大和路線に乗り換えると、奈良まで直行だ。奈良駅に着くと、タクシーを使わずに稲田外科病院まで歩いた。予約した時、奈良駅から徒歩で十数分と聞いていたし、地図を見るとわかりやすかったからだ。自宅から稲田外科病院まで約2時間かかった。人は希望に胸を膨らませていると、遠距離の旅程も、苦にならないものだ。

奈良市と言っても、すぐ側に有名な寺があるわけでもない、どこにでもあるような街角に稲田外科病院はあった。最先端の神経再生治療に取り組んでいると聞いていたので、ピカピカの玄関構えの権威を誇るような病院かと想像していたが、着いてみると、意外に庶民的で、受付のスタッフも親切だった。

外来診療室の前でしばらく待っていると、名前を呼ばれた。中に入ると、稲田有史《ゆうじ》医師が丁寧に迎えてくれた。

稲田医師は富美子からJR事故で重傷を負って以来、左足の痛みで辛い日々を過ごしてきた事情を一通り聞くと、「ちょっと足を見せてください」と言った。そして、左足の内側踝《くるぶし》のすぐ下の深く窪んだ手術痕から踵にかけての一帯を触診しながら、どのあたりが痛むのかと尋ねたり、室内を歩く姿勢を観察したりと、取りあえずの診断をした。

「手術できるかどうかは、精密検査をしたうえでないとわかりません。ともかく精密検査をしてみましょう。検査ですが……」

と言って、稲田医師はカレンダーで手術の可能な日をチェックした。

「十一月の五日か六日はいかがですか」

富美子は、すでに勤務先を退職しているので、大事な治療のためなら、最優先で日が決められる。

「十一月五日でいいです」

「十一月五日ですね。今度は朝から一日がかりの検査になりますので、前日から検査入院ということにしてください」

「はい。大丈夫です」

検査の予定を決めるだけでも、富美子は何となく、事態がいい方向に転回するような気になってきた。

神経再生手術の劇的進歩

交通事故やスポーツや外科治療の失敗などによって神経が損傷し、強い痛みの後遺症が残った場合、「難治性疼痛障害」として、従来の整形外科や形成外科では、お手上げになっている例が多かった。あまりにも痛みがひどい場合には、麻薬系の鎮痛剤を使うとか神経ブロックをするといった方法しかなく、そうなると患者は日常生活に支障を来たすようになる。

この難問に果敢に挑んだのは、京都大学再生医学研究所臓器再建応用分野の研究医たちだった。その一人、若手の中村達雄医師が画期的な末梢神経の再生法によって難治性疼痛障害患者の完全治癒に成功したのは、二〇〇二年のことだった。

末梢神経が切れて、感覚の信号を神経細胞間で伝達できなくなったばかりか、神経切断による痛みを発生させている患者に対し、直径1〜2ミリなど障害に応じた寸法の細い特別のチューブを切れた神経の間に埋め込み、切れた神経の両断端をチューブの両端から挿し込む。特別のチューブとは、体内で分解・吸収される外科手術用の糸を素材にして、組みひもの技術によって直径1〜2ミリのチューブに編み上げたものだ。ミクロ単位の精密生物工学とも言うべき神業《かみわざ》だ。

そしてチューブの内側には、細胞の増殖を促進するコラーゲンを塗っておく。すると、チューブの両端から挿し込んだ神経細胞の端が、それぞれ1日にほぼ1ミリのペースで伸びてゆき、最後には神経が繋がって、感覚の信号が伝達されるようになるとともに、切断されたことによる神経の痛みも消えるのだ。このチューブは「コラーゲンチューブ」と名付けられた。

神経の切断区間の長さによって、神経がつながるまでの日数は違ってくるが、例えば切断区間が3センチであれば、計算上は両側からの神経細胞の増殖の速度が1日2ミリで、15日でつながることになるが、実際にはもっと日数がかかることが多く、つながってもしっかりと1本の神経として機能するまでにはさらに経過を見る必要がある。

一口に神経細胞と言っても、脳や脊髄の中枢神経と痛覚や運動や動作などの信号を伝える末梢神経では、性質が大きく違う。脳や脊髄の中枢神経は切れたり潰れたりすると、再生は容易ではない。これに対し、末梢神経は結構再生力が強い。その再生力をコラーゲンによって引き出し、しかも切断された神経の両断面を極細のチューブ内で増殖させ、しかもチューブ内なので、成長した両断面がぶつかり合って結合するというわけだ。切れた末梢神経を繋ぐこの方法は、まず動物実験で成功させていた。

二〇〇二年四月のことだった。当時、京都大学医学部附属病院の救命救急センターに所属していた稲田医師は、神経再生法を開発した中村医師らの研究チームに入っていて、新しい神経再生法を人間の患者に活かすべく、万全の準備を整えていた。そこに、踵に重傷を負って救命治療はしたものの、強い痛みが残ってしまい、一年間も苦しんできたという患者から相談を受けた。六十代の男性だった。フォークリフトの作業中に荷物が落下して、片足の踵がぱっくりと口を開けるほどの重傷を負ったという。踵付近の末梢神経が切断されて、痛みが残ったものと見られた。

「どこの病院に行っても神経が切れているので、その痛みを取るのは不可能だというのです」

患者はそう訴えた。早速、一通りの診断をすると、足首は動かず、踝《くるぶし》から先は冷たかった。

稲田医師は、今こそ神経再生手術の臨床での実践の時が来たと判断し、中村医師らの研究チームで検討し、治療を引き受けた。

最初の臨床例となる手術だったので、検査、診断の段階からチームで徹底的に検討した上で、手術の手順を決め、手術に臨んだ。結果は成功だった。足の踵辺りに正常に血液が流れるようになり、触れると温かくなっていた。リハビリの日が経つうちに、杖をついて痛みもなく歩けるようになり、やがて杖なしでも歩けるようになった。患者は普通の日常生活を送れるようになったのだ。

稲田医師、中村医師らのチームは、その後、様々な原因による難治性疼痛障害患者の神経再生手術を次々に行い、臨床例数を増やしていった。稲田医師は、途中で奈良市内に稲田外科病院を開院して病院長を務めながら、神経再生手術に取り組んだ。京都大学医学部附属病院と稲田外科病院での神経再生手術例は、はじめの五年間で百五十人を越えた。手術の成果は、外科的に手術することができたというだけでは、評価しても意味がない。一年、二年という経過観察によって、痛みがなくなり、該当する身体の部位の機能が回復して社会復帰ができてはじめて手術は成功したと言える。その経過観察の結果は、80パーセントが社会復帰という極めて高い水準になっていた。

これは神経障害性疼痛の治療に否定的だった国際疼痛学会の治療指針を根本的に変えさせるほど画期的な治療法の開発だったと言える。

以下に、象徴的な手術成功例を二例見ておく。

【症例1】交通事故で頭部右側の強打によって、右頬骨《ほおぼね》付近から耳までがパックリと開くほどの裂傷を負った関西地方の28歳の男性K氏。一命を取り止め、外傷は治癒したが、右顔面の額、まゆ、目尻が下がったままで、指で触っても感覚がない。顔がひどくゆがんでいるのだが、顔面神経2本が切断されているため、右顔面を動かすことができない。

K氏に対しては、京大の中村医師が、直径1〜2ミリ、長さ3センチのコラーゲンチューブを、切れた顔面神経2本のそれぞれの空いた位置に移植して、神経の両断面をチューブの両端に挿入した。約一ヵ月後、顔面の感覚がわずかに戻り始め、目を上目遣いにすると、まゆが少し動く。五ヵ月後、右額のしわが左側とほぼ同じになる。

そして、二年、三年と経つうちに、右顔が垂れ下がっていたことなど、まるで忘れたかのように、顔の表情が自然になり、はじめてその笑顔を見た人は、K氏が顔に重傷を負った人とは、説明されない限り想像もできないほどになったのだ。

【症例2】風呂場での転倒によって割れたガラス戸で右腕の動脈が切断され、出血多量で一時は意識が戻らなかった東京近郊の二十九歳の男性T氏。外科治療は済んでも、5秒ほどの間隔で激痛が襲ってくる。救急治療をしてくれた担当医が東京の大学病院など十ヵ所の病院に、T氏の症状を伝えて、激痛を取る治療をやってもらえないか、次々に打診したが、どの病院も「手に負えない」という返事だった。

担当医が「やっと見つかりました」とT氏に言ってくれたのは、怪我をしてから一ヵ月ほど経った時だった。奈良市内にある稲田外科病院の稲田医師が新しい方法による神経再生医療に取り組んでいるというのだ。麻薬系の疼痛治療薬で激痛を少しは和らげていたが、長期展望が開けないでいたT氏は、早速奈良へと出かけて、稲田医師の診断を受けた。

診断結果は、極めて厳しい決断を要するものだった。ガラス戸による受傷部位の状態が予想以上に悪く、メインの神経が3本も切断されているうえに、周辺の組織が腕の伸びる方向に7センチにもわたって、損傷していたのだ。周囲の細胞が広範に壊死《えし》しているところに、神経だけを再生しても、神経細胞が生き続けるのは難しい。窮余の一策とも言うべき対策は、骨をはじめ動脈、静脈、神経のすべてを切断して腕を7センチ短くしたうえで、切れた神経を繋いで機能を再生させるというものだ。

T氏は腕を7センチも短くするという手術に驚愕したが、一カ月も苦しんできた激痛から解放されるには、その方法しかないとわかると、稲田医師に言った。

「そうしてください。お願いします」

手術は骨を7センチも切り取って、腕を短くするのだから、大変だった。骨と同時に動脈1本、静脈4本、神経4本を短くして、1本ずつ繫ぎ直すのだから、稲田医師にとっては、まさにマイクロサージャリーの腕を試される手術だった。神経3本は直接繫げたが、1本はチューブを使った。手術は成功した。

一カ月ほど経つと、激しい痛みが和らぎはじめ、腕の機能も少しずつ回復していった。一年半後には、デイサービス事業所に就職し、柔道整復師だった能力を生かして高齢者に寝たきり予防の体操の指導をすることができるようになった。そして、三年、四年と経つうちに、コップを持ったり、腕を上げることが自然にできるようになった。

神経再生手術の極致は、コラーゲンチューブ治療法なのだが、神経再生の手法はそれだけではない。神経は切断されていないが負傷した際に食い込んだ異物や壊死したり硬化したりした組織に圧迫されているために痛みが発生している場合には、異物や邪魔な組織を慎重に除去していく。神経を傷つけたらとんでもないことになるから、マイクロサージャリーと同様に、拡大鏡をかけ、最後にはカミソリで神経にくっついている組織を丁寧に剝いでいくのだ。これも熟練を要する高度な手技だ。だから稲田医師は、啓発的な論文の末尾には、こう書いている。

〈(神経障害性疼痛の手術の）難易度は高く、末梢神経外科に精通した熟練のマイクロサージャリーが必須となり、安易に行われるべきではない。〉

前記の最初の五年間の手術例百五十人の中には、神経は切れていないが組織的な圧迫によって障害が生じていた例も多数ある。

「手術はできます」

「この症状を何とかしてほしい」と切望する患者の何年経ってもあきらめずに求め続ける歩みと、医師や研究者による卓抜な発想による新しい治療法の開発とが、何かの伝手《つて》で出逢った時、そこに劇的ないのちの再生の物語が生まれることがある。そんな物語の誕生に接すると、医療とは、患者が必死に生きようと歩んできた街道と、精魂込めて研究に取り組んできた医師の人生街道の交差点で創造される作品だという思いを強くする。

何年経ってもあきらめずに歩んできた患者として、ここに記録しようとしているのは、土置富美子の再生の記録だ。

事故から九年余を過ぎた二〇一四年十一月四日午後、富美子は翌日の精密検査を受けるために、初診時と同様に電車で奈良に向かった。短期入院なので、持参するものは簡単な着替えなど少なくていいから、高さ60センチほどのカート一個を引けばよかった。もともとカートは傾く姿勢を支える杖代わりに使っていたから苦にはならなかった。

翌五日は、これまでにやったことのないような特殊な検査がいくつもあり、本当に一日がかりだった。稲田外科病院には初診時には想像もしなかったほど、内部の神経の状態を多角的に詳しくとらえるためのいろいろな検査装置がそろっているので、大学病院への通院に慣れた富美子も、さすがに驚いた。

検査の種類は、ＭＲＩ（磁気共鳴画像診断装置）による左足の内部の組織の状態を調べる検査くらいなら、最近では大抵の病院で日常的に行われる時代になっているが、左足の体表面の温度を測るサーモグラフィー検査、電気刺激により神経の信号伝達速度などを調べるＮＣＳ検査、左足の神経の状態を調べる特殊な造影検査、足関節後足部に関する評価判定、下肢運動能力に関するＶＴＲ撮影による下肢ＡＤＬ検査、等々、多岐にわたった。

稲田医師による診断結果と治療方針の説明は、次の日六日に行われた。その席には、富美子が予め連絡をしておいたＪＲ西日本の富美子担当の社員の上司（課長Ｎ）が同席した。左足の痛みに対する治療が事故による負傷に起因するものなのかどうかを、医師から聞くためだった。事故に起因するのかどうかは、診療費をＪＲ西日本が負担するのかどうかにかかわるからだった。

富美子と課長Ｎを前に、稲田医師はパソコンで何種類もの画像やデータを一通りチェックすると、富美子に向かって言った。

「十年近くも大変でしたね」

その一言に、富美子は心がふわーっと何か暖かいもので包まれるような気持ちになった。

《この先生は患者の苦しみをわかっているんだ。きっと痛みを取ってくれるに違いない。遠いのを厭《いと》わずに奈良まで来たかいがあった》

そんな思いを込めて、富美子は頭を下げた。

「はい。ありがとうございます」

ところが、課長Nが言葉をはさむように稲田医師に言った。

「玉置さんの左足の治療は、事故後の手術で一応済んでいるのですから、九年以上経ってもなお痛むというのは、ご本人の足の内部の組織にもともと問題があったとか、ご本人が足に無理な負担をかけているといった理由によることもあると思うのです。そうであれば、ＪＲ西日本の責任とは違うのではと……」

富美子は、《この課長は事故の責任を棚上げして、何ということを言うのか。足の痛みは事故の後からずっと続いているのに、被害者の辛さを全くわかってない》と、大企業の体質とも言える人間性の稀薄な課長の言葉に腹が立ってきたが、まずは稲田先生の説明を聞こうと忍耐して黙っていた。

稲田医師は、表情を一瞬険しくして、課長Nを叱りつけるような口調で言った。

「玉置さんの痛みは、事故と無関係とはとても言えません。応急の手術で傷口を塞いではいても、内部は潰れた状態で血流が悪くなり腫れていますから、神経が二カ所で圧迫されていて痛むのは当然です。痛くて辛いと玉置さんが訴えるのは、診断データと全く合致しますから。その通りですよ。左足は右足の五～六割しか機能していません。嘘はついていませんよ。玉置さんの十年間の苦しみ、課長さんにはわかりませんか？」

富美子は、稲田医師のはっきりとものを言う態度に、胸がすっきりとなるのを覚えた。

稲田医師は富美子に診断結果をこう言った。

「手術はできます。痛みはゼロにはできなくても、八割までは改善してあげられます。手術は早いほうがいいですよ。六十五歳になる前の方が、機能回復が早いから。

術後、二カ月くらいのリハビリが必要ですから、長期入院の準備をしてきてください」

この時、稲田医師は富美子には伝えなかったが、精密検査によって、重要なことを把握していた。左足の踝の近くから足先に達する神経2本は切れていない可能性が高いと推定されていたのだ。しかし、神経は硬化した組織によってひどく圧迫されゆがめられているため、血流が十分に届かず、機能を果たせなくなっていたばかりか、激しい痛みの原因になっていたのだ。「虚血再灌流障害」と呼ばれる病態だ。これは神経が切断されている場合より、神経を再生させられる可能性を高くする条件になる。

手術日は、すでに足とは別に富美子の顔面修復手術が大阪大学附属病院の細川教授によって年内に行われる予定になっているので、その術後の安定を待って、年明けの一月にしようということになった。

富美子は、足の機能や痛みの回復という極めて狭い専門分野において、患者のために治療法を究めようとしている医師がいることを知り、その恩恵に浴することができる幸運を、本当にありがたいことだと思った。振り返れば、西宮市のペインクリニックの阪上医師による紹介があってのこととは言え、阪上医師を訪ねたことも含めて、何とか左足やあちこちの痛みを取れないかと、救世主を求める思いで、iPS細胞による神経再生の実現を期待したり、折に触れては治療できる最先端の医者探しを続けてきたりした自分の生き方に間違いはなかったのだと、あらためて思うのだった。

十年目に甦った左足

年が変わり、二〇一五年になった。

一月十六日、入院の日、富美子は再び電車で奈良に辿り着いた。幸いにも、以前から自分の映像記録を撮り続けているテレビのクルーが自宅から付き添ってくれて、入院に必要な大きな荷物を持ってくれたので、自分はカートとハンドバッグ一つを持つだけで済んだ。

入院の日から四日間、手術に万全を期するために、十一月の時とほとんど同じ各種の検査が念入りに行われた。たかだか足首から下の狭い範囲の手術であっても、挫滅に近いダメージを受け、十年近く経って組織が固まっているところもある可能性も考慮して、稲田医師は手術の戦術の組み立てに万全の準備をしようとしていたのだ。

そして、いよいよ手術日の一月二十一日を迎えた。午前9時30分に執刀開始なので、富美子は午前9時には、手術室にストレッチャーで運び込まれ、全身麻酔をかけられた。何の不安もなく眠りに入った。

目が覚めると、とうに昼を過ぎていて、手術室ではなく自分の病室だった。やがて稲田医師が笑顔でやってきた。

「手術はうまくいきましたよ。左足はギプスをあてて包帯を巻いているので、まだ見ることはできないけれど、三〜四日後には見ることができますよ。これからは一所懸命にリハビリに励んでください。きっと痛みもほとんどない生活ができるようになると思います」

富美子は、まだその実感がなかったが、手術が無事成功だったことを知らされて、嬉しさがこみ上げてきた。

「先生、ほんとにありがとうございました」

術後の経過は順調だった。ただ、翌日、足にかなり腫れが出たので、ギプスの一部を取り除き、圧迫し過ぎないようにした。

四日後の一月二十五日、包帯を解き、残していたギプスを一旦はずして、左足の手術口に異常がないかを確認する時、富美子は手術痕をまじまじと見た。手術口は、左足内側の踝より十センチくらい上から始まり、内側踝の下の辺りを曲がって土踏まずの上のところまで達している。手術の範囲は、想像していたよりずっと広く伸びていた。全長十五センチはある。そして、メスで切った跡は縫合糸で閉じられているものの、まだ赤黒い血腫が切り傷の内側に不規則ににじんでいて、痛々しかった。しかし、切り傷のややキリキリした痛みはあるものの、内部のあの重たい痛みはなくなっていた。

「事故直後の手術の絞扼部《こうやくぶ》は避けて、組織がしっかりとしているところをメスで開きましてね。何と事故時の細かい鉄粉まで残っていましたよ。踵付近の組織の瘢痕部から血管を剝がして、血管を圧迫していた硬化した組織を切除して、全体に血流がよくなるようにしました。足首から踵にかけての体温が上がりましたし、足全体に通じる神経が二本、圧迫されていたのが痛みの主な原因でしたが、圧迫していた組織の塊を取り除いて血流をよくしましたから、痛みもずいぶん軽くなったと思いますよ。圧迫物となっていた固くなった組織を速やかに取り除くのがちょっと難しい手術でしたがね」

稲田医師は、そう説明した。神経は切断されていなかったので、コラーゲンチューブを使う神経細胞の再生処置はしないで済んだのだ。

富美子は《そうだったのか》と納得した。左踵の内部にいつも瓦礫か何かが詰まっているような重たい痛みがなくなり、左下肢全体が軽くなったような感じなのだ。富美子は嬉しくなって、携帯で左足の写真を撮った。

手術から十三日後の二月三日、ギプスがはずされた。富美子はベッドから降りて歩いてみた。左足に重たさを感じることなく歩くことができた。杖に頼らずに、普通に歩けるのだ。

だが、嬉しさのあまり、調子に乗って歩き過ぎた。夕方になって、傷口からかなりの量の出血があったのだ。しかし、止血の手当てを受けて、出血は少量になった。

翌四日には、半抜糸。七日に全抜糸となった。

リハビリのメニューが、どんどん多くなった。歩く訓練だけでなく、ベッドに腰をかけて、小型のスケボーのようなローラーの上に足を乗せて、前後に何度も何度も動かすことで、下肢の筋肉を強くする。足首を曲げては伸ばす。足指でタオルをつまんで引き寄せる。ベッドに寝て両足を足枕に乗せ、足指を曲げたり伸ばしたりする。一つ一つの訓練をひたむきにこなす日々が続いた。

ギプスをカットするという知らせを受けた関西テレビのディレクターとカメラマンがやってきた。三十八歳になるというディレクターは、富美子のリハビリに向き合う熱心な姿を見て、

「僕は二十歳代のはじめ頃、交通事故で足を骨折したことがあるんですが、術後のリハビリというのは、筋肉が固くなっていて辛いんですよね」

と言った。

《痛みというのは、やはり経験した人でないとわからないものだ。この人はわかってくれている。》

富美子は嬉しかった。

「全体重をかけて歩いてみてください」

療法士が言うので、富美子は歩いて廊下にまで出てみた。

気がつけば、カメラマンが目に涙を浮かべている。

「どうしたの？」

富美子が聞くと、カメラマンは、

「玉置さん、杖もつかずに姿勢よくして真っ直ぐに歩いている姿、はじめて見ました。今までは、杖とかカートで歩く姿しか見てなかったから、こんなに回復できるんだと感動したもんですから。つい、涙がね」

ずっとカメラのレンズを通して、富美子の苦しい日々を見てきたカメラマンならではの感性で、治療の前と後の違いに驚嘆したのだろう。

富美子は言った。

「私もこんな日が来るなんて、想像できなかった。苦しんだ十年間は何だったんだろう。これからは、全国で密かに怪我の後遺症に苦しんでいる人に、自分の経験を通して光を届けたいですね」

富美子のたゆまぬリハビリの成果を見ていた療法士は、二月半ばになった頃、朗報と言うべき言葉をかけてくれた。

「玉置さんの回復のテンポは、通常よりすごく速いです。この調子ですと、二カ月を待たずに、三月上旬には退院できそうですよ」

二月十七日、シャワーをあびてもよいという許可が出た。一カ月近く風呂にも入れなかったのだ。シャワーをあびて出てきた時、富美子は、本当の意味で「生還」の日が近いのだという喜びの感情が湧き上がってくるのを感じた。

苦しみの後の喜び

弥生三月になると、奈良の神社仏閣や奈良公園の木々も芽吹き始めた。

富美子は、足のリハビリのために、毎日二時間くらい有名な寺や神社を訪ね歩いた。はじめのうちは、足の負担感が強いので、バスを使ったが、慣れてくると、病院から目指す寺までできるだけ歩いた。郊外の遠い寺には、バスを使った。

興福寺、薬師寺、元興寺、法華寺、東大寺、奈良公園、春日大社……など、二度も三度も訪ねても飽きることがなかった。元気に仕事をしていた頃に出張で奈良に来たことはあったが、こんなにゆっくりと寺社廻りをするのははじめてだった。

診療もリハビリ指導もない土曜日には、五時間も外出時間を取って、薬師寺や唐招提寺まで足をのばした。

《今日は何々寺に行って何々菩薩を観よう》などと目的を持って歩いて行くと、気持ちが前向きになるし、血液の循環もよくなっていく。からだにいいなと思う。はじめはややおずおずとした気持ちもあったし、疲れやすかったので、一日に一千歩程度で止めたが、すぐに慣れてきて、三月の半ばに近づく頃には、一日に平均五千歩も歩けるようになっていた。

東大寺の南大門を入る時には、階段の段差がかなり大きいが、杖などなくても、苦もなく上り下りできた。鹿たちの姿が春ののどかな空気をかもし出している中を、東大寺の境内を大仏殿へと歩く気分は、最高だった。

《ここまでよくしてくださったことに感謝して、お礼参りに来ました》

富美子は、大仏様にも、三月堂（法華堂）の観音像にも、さらにはほかのどの寺の仏像にも、そうつぶやくのだった。単に足の痛みを取ってくれただけでなく、古寺の多い奈良の都《みやこ》でリハビリの散策をできるなんて、自分はなんと恵まれているのだろうと、感謝の気持ちがこみ上げてくる。そして、頭の中に灯が明々ともったかと思えるような鮮やかさで熱い思いが湧き上がってきたのだ。

《今まで十年間も痛みで苦しんできた日々は、一体何だったのだろう。でもその苦しみがあったからこそ、今日の喜びは大きいのだろう。

痛みで苦しむ人々に、このような喜びがあるのだということを知ってほしい。そのことを広く

伝えよう。それが自分が事故で生き残った意味なのかもしれない。》

桜の季節があっという間に過ぎ、事故から十年目の四月二十五日も過ぎた。つつじがあちこちの彩りの主役になった頃、富美子は退院することができた。

家事もずいぶん楽にできるようになったが、一番大事な目標は、やはりリハビリのための散歩だった。伊丹市内の慣れた街でも、歩くだけで気持ちが前向きになる。稲田医師からは、毎日歩くことが大切だが、一日に八千歩を限度にして、無理をしないようにと言われていたものの、何事につけ熱心に集中して取り組む性格の富美子は、気がつくと一万歩を超えていた。一万二千歩の日も少なくなかった。

これなら、気分転換に海外旅行に出ようかと、妹と相談すると、思い切って二人で東欧に行こうということになった。チェコ、スロバキア、ハンガリー、オーストリアなど、古い文化の香りのする街を訪ねるのは、リハビリなどと気負わずに歩くことになるからいいじゃないと思ったのだ。ひとり旅ではまだ危ないが、妹が一緒なら心強い。夫も子どもたちも賛成してくれた。

留守をすることで気になるのは、飼い犬二頭のうちの一頭、黒のダックスフントのつくしが、11歳半の老犬になり、ヘルニアで後ろ足に力が入らず、うんちがうまくできず、毎日排便の世話をしてやらなければならないことだった。つくしは、つくしんぼが生えそろう春先に生まれた子なので、そう名付けたのだ。もう一頭は、十二月生まれなので、冬の星座を代表するオリオン座の名を借りて、発音しやすくリオンと名付けていた。

つくしの世話は、家族が引き受けてくれたので、富美子は安心して出かけた。この東欧への旅は十年に及んだ足の痛みとの闘いで心の奥底に沈殿していた澱《おり》のようなものを払拭してくれた。

しかし、帰国した六月三十日、悲しい出来事があった。空港から携帯で自宅に電話をかけ、「帰ったよ」と伝えたら、娘が「つくしが亡くなった」と言ったのだ。つくしが排便で辛そうにしている姿が目蓋の裏に浮かんだ。

《傍にいてやれなくて、ごめん》

富美子はそうつぶやいた。同時に、つくしへの思いがこみ上げてきた。

《つくしがいたから、つくしが頑張って生きている姿を見ていたから、自分も頑張れたんだ。ありがとう、つくし》

このような日常の出来事一つひとつに、感謝の気持ちを抱く富美子になっていた。

東欧の旅先でも、そうだった。旅先のどこの空港でもセキュリティチェック時に、金属探知機に引っかからなかった。その度に、左足の手術の時に、内部に事故の時の細かい砂状の鉄粉が残っていたのを、稲田医師がきれいに取り除けてくれたことを思い出した。鉄粉くらいでは金属探知機に引っかかることはないかもしれないが、《もし取り除けられていなかったら、めんどうなことになったかもしれない》という気持ちがあった。ブザーの音が鳴らないことだけでも、稲田医師との出会いの幸運をありがたく思うのだった。

秋風が吹き始めた頃、股関節に痛みを感じるようになった。夜、寝てからも、かなり痛む。退院してからの検診は、通いやすい尼崎市の近藤病院で診てもらうことにしていたので、近藤病院で診断を受けると、股関節が炎症を起こしていた。痛みが取れるまで、散歩はしばらく休みましょうと言われた。痛みは半月ほどで取れたので、まずはほっとした。

未来は変えられる

年が明けて二〇一六年二月、一年近い自宅リハビリの効果や手術した足に異常は生じていないかどうかを総合的に検査するために久々に稲田外科病院に入院した。足の手術前の顔面修復手術以来一年余が過ぎ、再び右顔面の垂れ下がりによる目の痛みなど支障が顕著になってきたので、またまたの再手術の前に、左足の回復が万全かどうかを確認する必要もあってのことだった。

稲田医師の診断結果は、嬉しいものだった。

「手術した後の左足の神経は支障なく働いています。左足の運動機能は90パーセント回復していて、とてもいいです。ただ、無理したらいけません。頑張り過ぎないように、時に休むようにしましょう」

翌月、富美子は、いつもの大阪大学医学部附属病院で顔面の修復手術を受けた。執刀は細川教授でなく、比較的に若い医師だった。若い世代だけに、これからの医学の進歩についてしっかりと見据えているだろうと思った富美子は、手術が済んだ後、その医師に質問した。

「iPS細胞による治療法がどんどん研究されているようですが、私の生きているうちに、iPS細胞による治療法が開発されて、この顔面が下がってくるのを根治してほしいなと思っているんです。そんな日が来るでしょうかね」

医師は笑顔で答えてくれた。

「iPS細胞による治療法の進歩は早いと思います。もう少し待っていてください。きっと根治できるようになると思いますよ」

富美子は、向こう一～二年でそんな日が来るとは思っていなかったが、若い医師が真面目に答えてくれたので、たとえ夢でも期待して待っていようと思った。

富美子は、筋トレの施設に通い始めたので、顔面の苦労を除けば、背筋を伸ばして真っ直ぐな姿勢で歩けるようになったし、両脚の筋肉もしっかりとしてきて、歩くことも階段の上り下りも、全く苦にならなくなった。正座もできる。身体全体が楽になったという実感があった。

もともと本を読むのが好きだったのだが、左足の手術を受ける前までは、心にゆとりがなく、好きな時代小説も思うように読めなかった。しかし今はもう、毎日、家で時間があれば時代小説を読み、時には聖書も読む。バスや電車の中でも読んでいる。

60歳代半ばを過ぎたこともあって、生き方についての考えも変わってきた。それまでは社会復帰を新しい就職先を探すことと結びつけていたが、年齢的に見て、納得できるような勤め先を見つけるのは無理だとわかってきたので、知的な面で自分を前向きにして高めていこうと考えるようになった。

キリスト教の洗礼は受けていないが、幼少期からなじんできた聖書の様々な聖句をわが身に引き寄せて、生き方をゆるぎないものにしていこうと考えるようになった。

《過去は変えられないが、未来は変えられる。過去にあったどんな辛いことでも、その経験が今の自分をつくったのだ。だからこそ、過去の経験を未来に生かしていこう。》

それが、事故から十二年を生きてきた時の富美子の人生観になっていた。

3　iPSへの夢

事故による重傷を克服し、大学卒業後、損害保険会社にシステムエンジニアとして就職した三井花奈子は、二〇一四年四月、転勤希望が叶って、慣れない東京での独り暮らしから西宮市にある会社の支部に戻った。川西市の自宅から通えるので、母親の三井ハルコも安心した。

花奈子は、曝露療法によって電車に乗ることへの恐怖心は乗り越えたとはいえ、やはりJR福知山線で毎日通勤するのはストレスが強いので、私鉄を使った。

西宮支部で与えられた仕事は、会社の合併などで業務システムについても統廃合の必要が生じた時、廃止する側のシステムをどのようにトラブルなく閉じるかという、かなりやっかいな仕事だった。それでも花奈子はこなすことができたが、仕事量が多いため、朝7時に家を出て、帰宅はいつも夜11時頃という過酷な勤務だった。

そんな日々の中で、花奈子が引きずっていたのは、右耳の難聴だった。

普段、パソコンを前に仕事をしている時には、何の支障もないのだが、人と話している時とか会議をしている時に、顔の向きによっては、相手の話す言葉を正確にとらえられない時がある。家族や友人だったら、気がねなく聞き返せるからいいのだが、仕事で会う人とか会議の最中だと、やはり困る。

医師の診断では、鼓膜は残っているので、聴覚神経が衝撃か強い圧迫で切れたのかもしれない。しかし聴覚神経を修復する治療法はないという。

花奈子本人にとっても母親であるハルコにとっても、いつの日か医学の発達によって、聴覚神経再生の可能性が拓かれないだろうかと、心の奥で夢を描いていた。

事故から間もなく10年になろうとする二〇一四年の十二月、JR西日本のあんしん社会財団の主催で恒例の「いのちのセミナー」として、今年は京都大学のノーベル医学賞受賞者・山中伸弥教授による講演会が開かれるというチラシが、JR西日本から送られてきた。事故の遺族や負傷者とその家族で希望があれば無料で招待しますというのだ。ハルコと花奈子がチラシを見ると、テーマは「先端の科学から考える」とあり、場所は大阪駅の新しいビル・グランフロント大阪のコンベンションセンターで、定員千七百名と書かれてある。ただ、申し込みが定員をオーバーしたら抽選になるという。

ハルコの頭に、最近のニュースが甦った。山中教授が発見したiPS細胞による人間の様々な組織を再生させる研究は、急速に進んでおり、真先に臨床試験が行われるテーマとして、目の網膜細胞の人工的形成と移植が挙げられているという記事だ。

《iPS細胞の臨床研究がもっと進めば、聴覚神経の再生も可能になるのではないか。花奈子はまだ若いから、それほど年を取らないうちに、その研究が成功するかもしれない。》

どんなことでもチャンスを無駄にしないという性格のハルコは花奈子に、その思いを話した。花奈子も強く興味を抱いた。

「山中先生の話を聴きに行こうか」と、ハルコが誘いをかけると、花子は即答した。

「うん、行ってみる」

二人の気持ちは一致した。すぐにネットで申し込むと、二人とも抽選で当たり、招待状が送られてきた。

十二月二十一日、二人はJR福知山線の電車で大阪に出かけた。乗りたくない電車だったが、大阪駅に出かける時にはやはり便利だ。午後一時半から百分に及ぶ山中教授の講演は、研究者を志した経緯から始まり、iPS発見までの研究の紆余曲折から発見に至ったドラマ、そしてiPS細胞による再生医療の今後の展開に至るまで、一般の人にもわかるような語り口だった。

聴覚神経の再生などという未着手の分野についてまでは言及しなかったが、ハルコには講演全体のトーンから、未来への光がわずかでも見えたような気持ちになった。

花奈子に、「どうだった?」と聞くと、

「来てよかった」

花奈子は納得したようなすっきりした表情で答えた。

人は未来に暗闇しか見えない時、絶望し、生きる気力を失う。未来にかすかにでも希望が見える時、気持ちを立て直し、生きる力を奮い起こすことができる。それは真実だろう。

それから二年余り経った二〇一七年一月七日、事故の負傷者などが毎月集まって、情報交換や直面する問題などを話し合う「負傷者と家族等の会」の第九十九回の集いが、新年早々開かれた時、娘さんが骨盤骨折の重傷を負った父親のS氏が、重要な報告をした。

娘さんはほぼ普通に日常生活を送ることができるのだが、将来結婚して出産する場合に、何か支障が生じることがあるかもしれないと、医師に言われているという。当然、本人も親も不安を感じることなので、いつの日か骨盤を正常に修復することができるような医療の進歩はないものかと、話題のiPS細胞による再生医療の進歩に期待をかけていると語った。

集まった人たちから注目されたのは、もっと現実的な問題だった。S氏一家は、数年前にJR西日本と傷害補償の示談を済ませているのだが、もし将来医学の進歩によって画期的な治療法が実現した場合には、JR西日本が示談書にかかわりなく医療費を負担してくれるように交渉してきたところ、最近になって、JR西日本側がその方向で検討しますと回答してくれたというのだ。

加害者と被害者の示談が締結されると、加害者側は今後それ以上の要求は受けないというのが、法的な原則であるだけに、S氏が報告したJR西日本の回答は、画期的なものだった。医学の進歩による画期的な治療法はどのような条件を満たせばよいのかといった問題は残っているにせよ、JR西日本が示した回答は、iPS細胞による再生医療が急速に進展を見せ始めた最近の医学の事情を見ると、被害者側にとっては朗報と言えるし、JR西日本の企業体質が被害者の立場に寄り添う方向へと変わり始めたと言えるのかもしれない。

ナイーブな感性

「何で私は生き残ったの」と、亡くなった人々への罪責感から逃れられないでいたOLの恵子は、事故から九年目の四月二十五日を前に、四月十九日に自ら企画して伊丹市内で開いた七回目のライブ「Music to the sky〜空まで音楽が届きますように〜」の冒頭で、内容が重たくなるなと思いながらも、やはり語っておかなければならないと決心して、あらかじめ書いておいたあいさつ文を読み上げた。恵子は、事故後の自分の引きこもり状態などを語った後、ようやく立ち直って九年目を迎えた思いを次のように語った。

〈世間では「もう」十年かもしれません。でも私の中では「まだ」と「もう」という気持ちが交錯しています。

十年経った今でも、目に見えない傷に苦しんでいる方や治療中の方、様々な方がいると思います。

私の場合は、いまだに電車の音が怖く、耳には音楽が欠かせないし振動も体が覚えており、身構えて乗車する感じです。

道を歩いている時でも、横にトラック等大きい音の車が通ると、音に怯えたり、事故が起こるまで普通にできてきたことが、事故後全てと言っていいほど変わりました。事故に遭う前の生活を返してと何度思ったかわかりません。

でも私は生きています。生きてる限り今後の人生はありますし、事故に遭ってなかったら出会わなかったであろう今周りにいる方々。その方々に出会わなかったら、未だにふさぎこんでいたかもしれません。

二十一歳で事故に遭い、まだ事故に対しての考えが子どもだったあの頃に比べ、歳を取った今、考えも少し大人になりました。

（足かけ）十年経ち風化されているのが目に見えて悲しく辛いですが、風化させないために、私には何ができる？と、今でも自問自答の日々ですが、前を向いてこの先も事故のことを伝えて行きたいです。〉

恵子は、音楽のライブイベントのあいさつとしては、長過ぎるかなと思いつつも、このメッセージを伝えるために自分で企画したのだから、しっかりと話さなければと自分を鼓舞して、さらに続けた。

〈生き残った罪悪感は未だ消えることはありません。この気持ちは一生消えることがないと思います。

一年一年経つにつれて風化されていっており、時間が経つのが怖い時があります。

フラッシュバックが起こったり、未だに事故の時や電車などが夢に出てきて苦しい時がありますが、前向きになっていってるのは事実です。

「何で生き残ってしまったの、辛い、苦しい。死にたい」という考えだったのが、「生き残ったからには事故を風化させない。そのためには一生懸命前を向いて生きる」に変わってきました。

きっと死ぬまで事故があったということを背負って生きていかなければならないけれど、そ

れをおろすことなくこの先も事故のことは伝えていきたいと思います。〉

恵子のナイーブな感性に、高校時代に母を事故死で喪ったという不条理な喪失体験が重なっているからだろう、多くの犠牲者や負傷による心身の傷を引きずっている人たちに対して心を傷めている様子がにじみ出ていると言おうか。音楽イベントの月並みなあいさつではなかった。誠実に言葉を紡いだという感があった。

恵子は最後に、自分を支えてくれた家族や友人や出会った人々への感謝の言葉を述べ、来場者たちに対して、「ほんの少しでも思い出していただけたり、知っていただけたらありがたいです」と言って結んだ。

会場は尼崎市内の旧酒造家の大きな酒蔵を改造した二百人近く入るイベント施設だった。木造りのクラシカルな雰囲気なので、恵子は若手のアーティストたちによる4・25追悼のライブ会場としてふさわしいと考えたのだ。

出演者は、南努、グックルの吉留慎之介、わたなべだいすけ、アシガルユースという顔ぶれだった。会場は、詰めかけた音楽ファンの若者たちでいっぱいになり、恵子のあいさつに耳を傾けた後、演奏に大いに沸いた。

新しいいのち

一年後の二〇一五年にも、恵子は十年目の4・25を前に、四月十一日に前回と同じ会場で、八回目のライブ「Music to the sky ～空まで音楽が届きますように～」を主催した。

このイベントの開催には、毎年二人の若い女性が恵子といっしょになって準備を支えてくれていた。一人は奈良県内に住む一歳下の中嶋聡子で、もう一人は七歳下の兵庫県三田の永井由美子だった。聡子は二〇〇六年四月の第一回のライブの時、好きなアーティストが出場者の中にいたので、聴きに来たのがきっかけで、二年後から手伝うようになった。由美子はSNSで恵子がサポーターを探しているのを知って、アシスタントになったのだ。

十年目のライブのプログラムには、恵子がメッセージ性のあるあいさつ文と一緒に、聡子も由美子もそれぞれにメッセージを載せた。

恵子のあいさつ文は、前回とほぼ同じ内容だったが、十年という節目に強調したのは、自分が事故後落ち込んでいた時に生き直す力を与えてくれたのは音楽だったという点だった。

〈(死にたいとまで思っていた自分に)元気や生きる希望をくれたのが音楽でした。通院以外は外に出ず、引きこもってはずっと音楽を聴いていました。その後、ライブハウスに通うようになり、生の音を聴く度に元気をもらい、無理して笑ってた笑顔もだんだんと自然に笑えるようになってきました。……〉と。

これに対し、聡子のメッセージは——。

〈イベント開催を手伝うことで、(それまで知らなかった)福知山線にはじめて乗ったり、事故にあわれた方々や遺族が集まる集いに参加したり、事故現場に行ったりと、何も知らなかった私がイベントをきっかけにたくさん知ることができました。

恵子ちゃんが元気になれるものの一つに音楽があります。事故にあった人たちだけではなく、私の周りには、いじめにあって自殺しようとした友達、うつ病になった友達、大地震の恐怖が消えない友達、仕事が大変で辛い思いをしている友達など、大小はありますが、様々な苦しみを持った人たちが音楽に助けられ、元気になれたり頑張る気持ちをもらえたりしています。

音楽の力って、無限大だと思います。

事故のことを知ってもらいたい。思い出してもらいたいという気持ちはもちろんありますが、暗い気持ちだけにはならずに、楽しい音楽でみんなが笑顔になって、幸せな気分になって帰っていただけるようなイベントになればいいなぁと思っています。〉

また、由美子のメッセージにも、ひたむきな思いが漲っていた。あの惨事が起きた時、由美子はまだ高校生で、自分の住む三田はＪＲ福知山線沿いの地域だったから、新聞やテレビの報道を見て大変なショックを受けた。報じられる犠牲者の中には、地域の他の高校生の名や知っている大人の名前もあったので、なおのこと身近な事故だと感じた。

〈イベントを手伝ってほしいと言われた時、正直私が参加していいのかなという気持ちがありました。しかし、「他人事ではないこの事故について、たくさんの方に知ってもらいたい」という思いもあって、イベントに参加しました。イベントを手伝うにあたり、事故についてあらためていろいろなことを知りました。

私に何ができるのだろう？

事故にあった方の悲しみは、私には計り知れないし、簡単にわかるものではありません。本当の辛さをわかることはできないけど、こんな悲惨な事故があったということを風化させないように伝えていくことは私にもできると、初めてイベントに参加した時に強く感じました。

私が偉そうに言うことではないのですが、Music to the skyを通して、四月二十五日という
この一日だけでもいい、事故について考える機会になればと思います。

私たちが元気や勇気をもらった音楽が空に届くように。様々な場所に届くように。

そして、二度と同じような事故が起きないように。〉

人と人がつながり合うということ、とりわけ社会的に日陰に追いやられがちな事故や災害の被害者・被災者とその経験がない人がつながるということの意味と重要性を、これら若い女性たちのメッセージは気づかせてくれる。

この十年目のライブでは、実に多くのアーティストが参加した。ピアノロックバンドのリーダー・ナカノアッシ、男女四人のロックバンドPURPLE HUMPTY、京都在住の三人のバンドLOVE LOVE LOVE North Torioのギター・ボーカル岩瀬敬吾、混声男女ユニットのHuenicaといったアーティストたちが、次々に熱演したのだ。

恵子は、この時お腹に新しい生命を宿していた。そして、半年後の十月二十九日、男の子が生まれた。不思議なことに、その日は恵子の母の命日だった。

《人のいのちは、こうして次の世代へとつながっていくのか》

と思うと、恵子は母喪失のトラウマからようやく癒されたような気持ちになった。

赤ちゃんには、音楽を奏《かな》でて人に元気や勇気を与える人になってほしいという願いをこめて、「奏《かなた》」と名づけた。「かなた」と読ませるのは、まさにMusic to the sky――音の調べを空まで届かせようという思いから、「はるか彼方まで届け」という意味を込めてのことだった。

赤ちゃんを育て始めた恵子の心にちょっとした変化が生じた。いのちを見る目の変化だ。新し

い小さないのちに対して、強い責任感を抱くようになったのだ。朝な夕なに授乳や奔のおむつ交換などをしていると、笑顔を見せてくれる。
《ああ、この子が生きるには、母親である私に頼るしかないんだ。》
そう思った時、小さいいのちに対する強い責任感を感じるとともに、これからの自分が生きる意味がはっきりと見えてきたと思えたのだ。

自転車を漕いで

奇跡的と言ってもよい医師たちの取り組みと本人のあきらめない忍耐力で両足切断を免れた山下亮輔は、二〇一〇年に近畿大学を一年遅れで卒業し、生まれ育った街の伊丹市役所に就職した。それは、事故に巻きこまれる前、大学の法学部を選んだ時から考えていた道筋ではあった。法律に興味を持ち、学んだことを生かして、例えば福祉などの分野で少しでもよい方向に社会を変えていけるような職種に就きたいと思っていたのだ。そして、伊丹市役所で障害福祉課に配属された。

その仕事は期待していたとおりの職種ではあったが、仕事の種類も量もやたらに多く、ピリピリ緊張するような場面もあった。駆け出しの若い職員ということもあって、とても自分が発信者になって何かを変えていくなどという仕事をするのはほど遠いことのように思えた。それでも休み時間にヘッドホンで音楽を聴いていれば、心は休まったし、もともとストレスを溜め込まない性格だった。

障害福祉課で二年仕事をした後、二〇一二年の春には、介護保険の係に異動になった。仕事の流れは、ずっと楽になり、精神的にゆとりも出てきた。

障害福祉課にいた時も、介護保険係に変わってからも、相談に来る来庁者に、山下はやさしく丁寧に対応した。何の面識もない人であっても、親身になって相談事に耳を傾けた。

山下は、時々、来庁者に対応している自分を、もう一人の自分が見つめて、ふと思うことがある。

《事故に遭わなかったら、自分は自己中心のすごく冷たい人間、何の面白みもない人間になっていただろうな。生死の境をさ迷っていた時、本当にたくさんの人々に支えられて生還できた。その後も、苦しんだ悩みを専門家に助けられて抜け出すことができた。お陰で人の苦しみや悲しみを理解できるようになれた。》

もちろん事故は絶対に起こすべきでないことは言うまでもない。それはそれで当然のことだ。だが、現実に事故に遭遇してしまった以上、不運をどう受け止め、今後の人生を歩むうえで、不運をどう意味づけるかは、別の次元の課題であろう。そして、導き出す答は、人によって違うはずだ。

山下の場合、事故の苛酷な体験を、〈人生の文脈の中で、心の持ち方と価値観を180度変えてくれた出来事〉と位置づけたと言えようか。

山下は、伊丹市内のひとり住まいのマンションから、自転車で通勤した（口絵頁の写真）。片道10分ほどで行き来できる。ひとり住まいは、大学に復学した時から、両親に頼らずに暮らせるように、自ら始めたものだ。山下の軽快な自転車の走り方を、何も知らない人が見たら、かつて瀕死の境から生還し、両下肢の感覚を失い、足首を曲げることもままならなくなり、両足に装具をつけてペダルを漕いでいるのだとは、想像もつかないだろう。

勤務を終えてマンションの自宅に帰ると、まず一日中つけていたプラスチック製の装具をはずす。うまくできた補助具だと思う。骨神経麻痺で自分の意思では上に曲げることができない足首を、装具は歩行やペダル漕ぎに合わせて足首を動かしてくれるのだ。

装具をはずすと、必ず足の裏をチェックする。感覚がないので、どこかにぶつけて怪我をしていても、気づかないからだ。稀《まれ》に、怪我をして出血していることがある。帰宅してはじめて気づくのだ。

あの事故から十年が経とうとしている二〇一五年を迎えた頃には、もう足裏に出血するような怪我はしなくなった。冷え込みの厳しい朝でも、さわやかな気持ちで出勤できる。寒風を顔に受けながら、頭の中を、仕事も暮らしも、《すべてうまくいってる》という思いがよぎる。

そんな日々の中、その年一月末の日曜日には、豊中市の小学校の講堂を借りての、交通事故被害者を支える会に招かれて、講演に出かけた。

山下が講演で重点を置いて語ったのは、事故の被害の苛酷さより、大変な怪我を契機に、どういうすばらしい人たちに出会い、そういう人たちにいかに支えられ、今を生きているかという、辛い中で生きようとしている人々に示唆を与えるような前向きの話だった。

集まったのは、三十人ほどだったが、交通事故の後遺症に苦しむ人など、何らかの問題をかかえていたり、関心の高い人ばかりだったので、山下が語るエピソードは、現実に体験したことばかりだったので、みな感動し、熱心に質問する人もいた。

このような講演を、年に三～四ヵ所から依頼される。北海道の函館や群馬県の前橋にまで出かけたこともある。もちろん出かけるのは、役所が休みになる土曜日か日曜日に限られるが、各地に出かけてわかったのは、事故や災害による心や身体の後遺症に苦しんでいる人々がいかに沢山いるかという現実だった。

十年目の4・25が近づいた二月二十一日土曜日には、仲間たちと夕刻五時から八時までの三時間、伊丹市の三軒寺《さんげんでら》駅前にある石だたみの広場でキャンドルイベントを開催した。山下が学生時代から中心になって、毎年四月二十五日が近づくと、早目の日程で開いていたものだ。

犠牲になった乗客の霊を慰めるとともに、事故の風化を防ぐために、来場者や通りがかりの人々に一人一本ずつローソクを渡して灯してもらい、石だたみの上に置いてもらうのだ。はじめに山下と仲間たちで四百本に火を灯し、続いて来場者などが灯したローソクが三百本に上った。合わせて七百本のローソクの灯が、夜の駅前広場を祈りの空間に変えた。

この夜、山下はコーディネーターの役に徹した。裏方としてローソクを来場者に配ったり、進行役としてトロンボーンやホルンなどの管楽器を奏でる仲間たち五人がキャンドルサービスのBGMを流すような形で曲を演奏するのを支えたりする役を担ったのだ。キャンドルイベントを自分で企画して、自分がギター演奏などで主役を演じたら、キャンドルイベントを私物化したような印象を与えかねないと考えてのことだった。

吹奏楽器の仲間たちが演奏した曲目は、「切手のない贈り物」、映画『風立ちぬ』の主題歌、「上を向いて歩こう」などだった。

キャンドルイベントでは歌わなかったが、四月下旬、三井ハルコたちのNPO法人「市民事務局かわにし」が主催する、川西市のショッピングセンター「アステ川西」内にある吹き抜けの広場での10周年の音楽イベントには、ギターを弾きながら歌う役で出演した。山下ならではのけじめのつけ方なのだ。

4

組織の問題に切り込む

事故を起こした責任はどこにあるのか、あるいは誰にあるのか、という被害者とJR西日本の対立構造の中では、事故の真の原因解明はできないとの判断から、責任追及や怒りはとりあえず横に置いて、被害者と会社側が一緒になって、事故原因を明らかにしようではないかという遺族たちの要請にJR西日本が応えて、福知山線脱線事故の課題検討会が開かれたのは、既述のように事故から四年八ヵ月経った二〇〇九年十二月から一一年四月にかけてだった。

政府の航空・鉄道事故調査委員会による公的な事故原因調査とは別に、被害者と加害企業が同じテーブルで向き合って、事故原因を単なる運転士の運転ミスという個人レベルの問題として片づけるのではなく、その背景にあった組織的・構造的な問題点にこそ、事故を発生させ、惨事の発生を未然に防げなかった真の原因があるはずだという視点に立って分析・検討するのは、日本の公共交通機関はもとより産業界においても、前例のない画期的なことだった。

しかし、課題検討会は、ＪＲ西日本の安全への取り組みにおいて、組織的・構造的にどういう問題があったかということに関しては、かなり明らかにはしたものの（それはそれで意義は大きかったのだが）、ではＪＲ西日本は問題点を克服し安全性の高い企業になるには、経営のあり方や組織や業務や役員・社員の意識を具体的にどうすべきかという実践的な改革策を内外に提示するところまでは至っていなかった。

課題検討会の設置を求めた時に中心的役割を果たした４・25ネットワークの淺野弥三一は、課題検討会の報告書をまとめる段階に入った時期から、次はＪＲ西日本の安全への取り組みの改革や安全文化（組織の風土）の構築について有効な提言をまとめる、より専門性の高い安全フォローアップ会議の設立を、当時の佐々木隆之社長に申し入れていた。

安全フォローアップ会議は、課題検討会が報告書をまとめて解散してから一年後の二〇一二年五月にスタートした。メンバーは、専門家として西川榮一・神戸商船大学名誉教授、芳賀繁・立教大学教授、山口裕章・九州大学教授、白井文・前尼崎市長の四人、４・25ネットワークから淺野弥三一、木下廣史の二人、ＪＲ西日本から山本章義・運転本部長、川上優・鉄道本部安全推進部長、白取健治・安全研究所長の三人の計九人だった。

なぜ大惨事となる脱線転覆事故が起きたのか、その根源にあるＪＲ西日本の経営と組織の問題について、課題検討会は、⑴運転士の強いストレス要因になっていたペナルティの傾向を持つ再教育（日勤教育）の問題、⑵高速化・過密化のダイヤの問題、⑶万一の運転ミスによる速度超過を防ぐためのATS－P設置遅れの問題、(4)経営方針を含む安全管理体制の四つの視点から、かなり突っ込んだ問題点の洗い出しを行ったが、安全フォローアップ会議は、ヒューマンエラーや安全と組織の問題についての専門家が加わったことによって、運転士のとんでもない速度超過ミスの背景にあった数々の組織的な要因の因果関係や、経営陣の安全意識の希薄な事業計画に関する意思決定の根源にあった問題をどうとらえるべきかについて、因果関係の詳細なフロー分析をすることによって、普遍性のある問題提起をするところに到達したという点で注目すべきものだった。

普遍性があるとは、JR西日本が大事故によって露呈した経営（組織）の意思決定あるいは安全文化を支配していた「見えざる力（魔の手）」は、実は歴史的に国家や民族にかかわらず政治・政策や企業経営の重大な失敗において共通に見られた問題なのだという意味だ。そのことをあらためて整理すると、次のようになる。

・運転士が速度が時速一二〇キロを超えるほどの高速運転をしていた直線区間から、時速七〇キロ以下に落とすべき急カーブ区間に入る時、ブレーキ操作が遅れた直接的背景要因として、無理なダイヤの縛りとルール違反のミスに対する懲罰的な日勤教育に対する恐怖に近い心理的ストレスがあった。

・経営層やダイヤ関係の技術者たちによるダイヤ編成は、机上の計算によって合理的と判断して決定したものであって、運転士はその通りに守れると判断していた。現実には、乗客の乗降状況、天候、速度計等の機器の故障、等々、様々な条件によって設定のダイヤ通りに運転できない場合の方が日常的に多いことや、ダイヤ通りに運転できないことが運転士にとって大きなストレスになっていることについて、経営層や技術者たちは実態を把握していなかったし、ほとんど意識に入れていなかった。

・経営層は、ダイヤの高速化（速達化と称する）と過密化を決定する一方で、運転士による速度超過などのミスによる事故を防ぐためのATS－P設置計画の遅れを承認し、新ダイヤとATS－P設置の遅れというずれが、リスクを高める要因となることについて、全く検討もせず、考慮すらしていなかった。〔筆者注・水俣病、トンネルじん肺、薬害エイズなどの裁判で行政や企業の「不作為責任」（すでに存在する対策を取れば被害を未然に防げたのにその対策を取らなかった責任）が問われた事例に相当すると言えるだろう。〕

なぜ、経営層や技術者たちは、そうした経営のあり方を問われるような意思決定の過ちを犯したのか。乗客の生命に責任を持つ大量輸送機関の経営においては、営業による利益の追求と安全とは、しばしばクルマの両輪に譬えられる。安全を軽視して利益だけを求めることは、企業倫理として許されないばかりか、企業の存立を危うくしかねないはずだ。そのクルマの両輪を大事にするとは、観念的にそう思うだけでなく、組織の取り組みにおいて具体性を持つことが求められるのは当然だ。ところが、右に列記したように、JR西日本においては、経営層においても技術者たちにおいても、安全に対する具体的認識も意識も、あまりにも稀薄だった。それは、なぜか。

経営層のヒューマンエラー

安全フォローアップ会議のメンバーの専門家たちは、経営層が陥りやすいヒューマンエラーの罠について、最近における国際的な研究の成果を導入して、この問題にメスを入れたのだ。

その分析視点には、三つの新しいキーワードが登場する。

「集団浅慮（groupthink）」

「多元的無知（pluralistic ignorance）」

「プロスペクト理論（Prospect Theory）」

かなり専門性の高い用語だが、これらの用語の意味とJR西日本の組織的要因分析への適用について、安全フォローアップ会議の報告書の論述に沿って書くと次のようになる。

まず「集団浅慮」について、報告書はこう記す。

〈豊かな経験と見識を持ち、地位も高く、考え方も似通った者たちが集まって話し合いをするとき、それぞれの言動は、自ずと共通点が多くなることが多く、互いに自分の考えに自信を深める作用をもたらす。こうした自信は、異論に対する自己正当化の根拠としても利用されやすい。「そうはいうが、あの○○さんも私と同じ意見なんだよ」といった使い方である。多くの場合、類似した考え方や価値観の者たちが集まって合議をすれば、ひとつの考え方・価値観を全員が支持し合う状況が生まれ、決定の客観的妥当性をチェックする活動は抑制される。この現象がエスカレートすると、自分たちの考え方や価値観を正当で公正であると一方的に信じるようになり、その結果、集団として的確さや妥当性に乏しい決定をしてしまうことにつながる。〉

こうした集団現象を、「集団浅慮」というのだ。そして注意しなければならないのは、「集団浅慮」が進行する過程においては、集団を構成するメンバー（企業の場合は特に幹部や中間管理職、中央官庁の場合は特に局長、部課長）に、次のような言動が顕著になることだ。

①異論を唱えることが罪悪視されたり、抑制されたりする。

②自分たちの決定の正しさを過信する。

③その決定がもたらす結果を楽観視する。

④これまでの決定方針を堅持する。

⑤外部からの抑制や異論を無視する、等。

このような集団現象は、「決して珍らしい現象ではなく、歴史上幾多の政府による政策決定の深刻な失敗の背景で、この現象が起こっていたことが報告されている」と、報告書は指摘する。

日本における巨大な国家政策の失敗としては、日中戦争とそれに続く太平洋戦争への突入が挙げられるが、そうした戦争突入とその後の主要な作戦における陸海軍の失敗について、経営学者・野中郁次郎一橋大学名誉教授ら六人の研究書『失敗の本質』（ダイヤモンド社、一九八四年）を読むと、日本の官僚社会や企業社会においては、今なお「集団浅慮」の傾向が根強く、この国の命運にかかわる戦略・戦術の決定が、まさに「集団浅慮」という土壌の上で決定されていることが、リアルに伝わってくる。

このような「集団浅慮」は、組織の中で特定の人物に権力が集中するほどに組織全体を被う体質になってしまうおそれがある。JR西日本においては、ドンと言われた一九九二年以降の井手正敬社長の時代以降、安全に対する取り組みに「集団浅慮」の傾向が顕著になったと言えるだろう。（著者の認識では、安倍晋三政権における安保関連法推進、防衛予算の急増、原発推進などの政策

強行と一人勝ち的権力掌握の傾向に、「集団浅慮」の危険性を感じていた。〉

第二の「多元的無知」とは、報告書によれば、次のようになる。

〈経営層の提示する考え方や価値観に違和感を覚えたとしても、その違和感を主張するわけではなく、「そんな考え方もあるのだろう」と妥協する人は多い。そんな妥協を大多数の人間が行うと、結局のところ、大多数の者にとっては、違和感を覚えこそすれ、決して望んで（予期して）いない考え方や価値観が、全体のものとして決定されてしまうことになる。こうした現象は、「多元的無知」と呼ばれている。〉

そして、報告書は、ＪＲ西日本について、こう指摘したのだ。

〈速達化を優先する経営層の態度に、異論を主張する者がいて、積極的な議論が展開された形跡は見られない。むしろ、旧国鉄以来の上意下達の組織規範が強く残っていたことが報告されており、「多元的無知」の現象が起こっていた可能性を強く示唆する。異論の存在を認識し、理解しようとする組織文化の醸成も重要課題だといえるだろう。〉

第三のキーワード「プロスペクト理論」は、「もうひとつ注意を払っておくべき心理メカニズム」として強調されている視点だ。

〈人間（筆者注・大方の官僚や企業人を指すとみてよいだろう）は、利益や成功を求めることよりも、コストや失敗を避けようとすることに、強く動機づけられている。限られた予算の中で、利益を生む事業の推進と、安全確保・従業員福利厚生の充実の二つの要素は、トレードオフの関係になる。日常的に確保されている安全に費用をかけることは、当然のことながらコストとして認知されやすい。そしてコストに伴う心理的な喪失感は、客観的なコストよりも強く我々の心に刻み込まれる。これは「プロスペクト理論」によって確証されている。

これは意思決定過程でしらずしらずのうちに作用するヒューマンエラーの罠のひとつである。（JR西日本において）安全拡充策への取り組みに時間がかかってしまったのは、利益を直接生み出すわけではない経費であるがゆえにコストとしての認識が強く、人間が本来持つ「できるだけコストは避けようとする心理メカニズム」の影響を受けていた可能性は高い。〉

以上の三つのキーワードで明らかにされるのは、個人のヒューマンエラーではなく、集団メンバー全員がそろって陥ってしまうという大きな落とし穴（罠）の問題だ。もちろんそういう集団現象は、現場の従業員が自ら作り出すものではなく、経営層とりわけ経営トップの資質と打ち出す経営方針が起点となるものであることは、言うまでもなかろう。

それゆえに、報告書は、次のように提言しているのだ。

〈経営トップ層が抱く意思は、広く強く組織成員の行動に影響を与えるものであり、経営層は自分たちが上記のような意思決定にまつわるヒューマンエラーの罠に陥っていないか、絶えず相互チェックする態勢をとることが必要である。〉

一つの大きな組織の中に、ドンとまで呼ばれるような経営トップ＝権力者が君臨するようになったら、その組織の安全に関する潜在的なリスクは大きくなっているととらえるべきであることを、集団的なヒューマンエラーの理論は気づかせてくれる。

これまでの様々な事故・災害の原因調査を振り返ると、この安全フォローアップ会議の報告が提起した経営層の経営方針や業務運営の取り組みにかかわる意志決定をめぐるヒューマンエラー、そして（組織全体の）集団的ヒューマンエラーという視点で、背景分析を行い、事故の真因に迫った前例はなかった。ＪＲ福知山線事故から九年後の二〇一四年六月、安全フォローアップ会議は報告書を公表した。事故原因の真因に迫るまでに、九年かかったことになる。

亡き妻への報告

安全フォローアップ会議が報告書をまとめて解散したことで、淺野は事故後の人生街道の節目を迎えたような気持ちになった。妻と妹を喪い、次女の人生をゆがめられた怒りを、「なぜだ」という真相究明のために抑えに抑えてきた。そして、事故から四年半を経てＪＲ西日本の幹部らと向き合って事故の真因を議論する場を設けることができるようになり、五年かけて、なお一部に問題を残しながらも、事故の背景と言うより真因と言うべき問題点を浮き彫りにするところまで辿り着いた。

課題検討会と安全フォローアップ会議の会議回数は、合わせて二十二回にも及んだ。しかし、一般的な役所の審議会や検討会のように、役所側の意向に沿って予定調和的に進められる会議と違って、データをめぐる見解の相違やＪＲ側の自己防衛的な説明の仕方をめぐって、激昂することが少なくなかった会議だった。それでも席を蹴ったり決裂したりしたのでは、被害者と加害者が直接向き合って真因解明の議論をするという、前例のない機会を無にしてしまう。忍耐することも必要だった。しかも会議の時間だけ対応すれば済むという生易しい問題の論議ではない。自宅で様々な資料を読みこなし、問題点がどこにあるのかを自分なりに整理して、次の会議に臨まなければならない。

そんな日々を過ごす中で、ストレスに起因する右足の血管梗塞による痛みをかかえるようになり、右足を引き摺るような歩き方を余儀なくされる時期もあった。心臓のはたらきも弱っているという医師の診断もあった。まさにPTSDに相当する症状であろう。

《疲れた》

というのが、安全フォローアップ会議の報告書をまとめ終えた後の実感だった。

JR西日本の幹部と激論を重ねた歳月を振り返ると、JR側もよくぞ真正面から向き合い、理解を深めてくれたという思いも抱くようになっていた。

《会社という巨大な組織の経営には、いろいろなしがらみもあるだろうし、一気にスパッと変革するのは難しい面もあるだろう。そういう中で、課題検討会から安全フォローアップ会議に至る期間に、社長も担当副社長も誠意をもって対応しようとしてくれたことは確かだ。事故発生当時までの経営陣と比べると、いい方向に変わってきたと実感できる》

淺野は、筆者（柳田）への述懐だが、そんな感慨を抱くようになったのだ。

残る重要な課題は、JR西日本が安全フォローアップ会議の提言を受けて、自分の力でどのように安全を守り抜く企業に変わり得るかだ。安全フォローアップ会議は、その課題について、JR西日本が社内でこれでよしと自己納得するのでなく、提言を受けて改革する安全管理体制を外部の専門機関による「第三者の眼」で検証することを求めていた。

提言を受けた真鍋清志社長（二〇一二年就任）は、安全フォローアップ会議の提言に沿った安全管理体制の改革を第三者機関に依頼して取り組むことを明言した。

年が変わり事故から十年目になる二〇一五年四月二十五日が近づいた頃、淺野は妻・陽子の仏壇に飾ってある遺影に向かって語りかけた。

「やるだけのことは、身体を張ってやったつもりや。これで納得してえな。そろそろ休んでもええやろ」

翌五月、真鍋社長は、新たに決めた「安全考動計画２０１７」による安全管理体制の改革の実施に関する内部監査に加えて、「第三者の眼」による二重の検証をするために、企業の監査を専門とする国際的会社である「ビジネス・アシュアランス・ジャパン株式会社」に監査を委嘱したと発表した。

淺野は真鍋社長が提言の実現に向けて着実に取り組んでいることを評価して、メディアの取材に対し、こう語った。

「これからは安全への提言者の一人として、ＪＲ西日本がどのように変わっていくか、じっと見守っていこうと思う。改革が真に末端まで浸透するには時間がかかるだろうが、三年から五年で改革が目に見えるようになればいいなと思う」

組織罰の法制化を

一人娘の早織を亡くした父親の大森重美は、ＪＲ西日本の経営の責任問題はとりあえず横に置いて原因の究明を優先しようという淺野たちとは考えを異にして、事故を起こした企業など組織に対して「罪」を問えるような法制度を求める運動を、二〇一六年九月に起こした。

具体的には、有志による「組織罰を実現する会」を立ち上げて、自ら代表となり、支援の法律の専門家としてかねて応援団を務めてきた津久井進弁護士が事務局長の役を担うことになった。

また、別の事務の被害者だが、中央自動車道（通称中央高速道路）の笹子トンネルの天井崩落事故（二〇一二年）で28歳だった長女を亡くした松本邦夫も会に参加して、副代表になった。

組織罰の趣旨は、「経営者の安全対策に対する姿勢が、事故の決定的な要因となる場合が多い」ことから、「経営者（代表者）が事故の原因となった過失行為に直接関わっていなくても、事故防止対策に重大な不備があり、それが代表者の意思や黙認によるものであった場合」には、代表者をも処罰できるようにすることが、事故防止に効果的だというものだ。

そのような罰則規定を特別立法で設けよというのが、「組織罰を実現する会」の目的だ。ちなみに、組織の代表者を処罰する規定は、独禁法や労働基準法では設けられている。

大森らは、このような組織罰の法制化を何とか実現しようと、組織罰を実現する会編のブックレット『組織罰はなぜ必要か 事故のない安心・安全な社会を創るために』（現代人文社、２０２１年）を刊行するとともに、法務省や衆議院の法務委員会に請願書を提出した。しかし、法務省にその法制化の動きは見られない（２０２４年12月現在）。

いのちを繋ぐ糸

浅野弥三一の次女・奈穂は、愛犬クッキーの死以後、出口の見えない暗いトンネルに入りこんでしまったような状態に陥っていた。

それは事故から五年目の母の命日を過ぎて間もない五月のことだった。四月二十五日の追悼慰霊式の時には、4・25ネットワークの活動で知り合った人たちと、「五年過ぎたんだねぇ」と語り合っていた。それから二週間ほど経った日の早朝五時頃だった。電話の音がしきりに鳴るので、目が覚め、《何だろう》と思って電話に出ると、父親からだった。

「クッキーが死んだ」

「えっ、死んだ？」

驚きとショックで気持ちが動転した。ともかく「すぐ行く」とだけ言って、それほど離れていない宝塚市内の実家に駆けつけた。

クッキーは元々自分が飼っていたのだが、事故前の六年間、犬の調教師を目指してカナダで暮らしている間、母が世話してくれていた。奈穂が落ち着くまではということで、引き続き実家で母がみてくれていた。その母が突然いなくなったので、今度は父が世話してくれていたのだ。

犬であれ猫であれ、感性が敏感で、飼い主の家族に何か異変があると、鋭く察知するものだ。クッキーも、事故で母がいなくなってから、すっかり元気をなくしていた。

クッキーはマルチーズ系の雑種だったので、体が小さかった。亡骸《なきがら》は小さな箱に入れ、花を顔以外は見えなくなるほど入れた。

母の棺の中を花で埋めつくした時のことが、突然奈穂の脳裏に甦った。母を二度亡くしたような気持ちになった。それは言葉では表せられないほど強烈な喪失感だった。

それからというもの、奈穂は何もかもしたくなくなった。事故後二〜三年は、母と叔母のいのちを奪ったJR西日本に対し怒りと憎しみの感情が強く、4・25ネットワークの活動を生き残った自分の使命と感じて、会合の受付でもチラシの配布でも、どんな用事でも引き受けて走り回ってきた。その使命感もまるで消えてしまった。４・25ネットワークの集まりがあっても、出かける気力を失くしていた。ただ空疎感のみが自分を支配し、引きこもってしまった。

父親は、４・25ネットワークの中心になって、ＪＲ西日本に真相解明を働きかけていたが、その父親の行動とも距離を置き、会いに行こうとも思わなくなっていた。

このようになる一、二年前から、妙に気力がなくなって、気が沈むので、神戸市内にある兵庫県こころのケアセンターに通い、多くの遺族たちと同じように、カウンセリングを受けていたが、それも行くのを止めてしまった。

活動を共にしていた人々とも会うこともしない日々が長引き、気がつけば事故から十年が過ぎていた。それまでの数年間、遺族や負傷者の家族の何人かとは、時々メールのやり取りをしていたことが、辛うじて社会と繋がる細い糸になっていたと言おうか。それは細い糸であっても、絶対的な孤独のブラックホールに呑み込まれないためのいのちを繋ぐ糸であったかもしれない。気にかけてくれる人が、一人でも二人でもいるということのいかに大切なことか。

《これからどうしようかな》

暗闇に閉じこもるのでなく、ふと前向きにそう考えるようになったのは、事故から十年を過ぎた頃からだった。事故当時は三十歳を過ぎて間もない頃だったが、今ははや四十歳代になっている。十年目の四月二十五日頃は、まだ心にもやがかかっているような状態だったが、十一年目に入った頃には、《このままではいけないな》という思いが湧き上がるようになってきたのだ。

時折、パソコンを開いて、様々な企業や団体の求人広告をのぞく。だが、職種の点でも仕事の内容の点でも、自分に合った仕事はない。いきなり社会に出て、効率主義・成績主義が支配する会社で仕事をするには、まだ無理がある。ＪＲ福知山線にはまだ怖くて乗れないし、私鉄の電車やバスに乗っても緊張する。辛い喪失体験のトラウマは、やはり根深いと言おうか。

ある知人が、こんなことを言った。

「あせらないで、ゆっくり生きる道を考えたほうがいいのではないでしょうか。世の中の多くの人は、心を痛めて社会活動をできなくなった人を心の弱い人と言いますが、違うと思うんだな。感性が鋭く豊かな人ほど、心に傷を負いやすいし、傷が深いと行動できなくなってしまうんだと思います。逆に大変な経験をしても涙ひとつ流さずに、元気でいられる人というのは、鈍感で他者の心を思いやる感性に欠けているからそうしていられるのかもしれない。

いきなり就職して自立した生活を取り戻そうなどとは考えないで、収入はわずかでも楽しくやれる仕事とか、ボランティア活動とか、他者と心を通じ合い繋がっていける場を探したほうがいいんじゃないでしょうか。経済的なことは、お父さんに援助してもらえばいいんですよ。それは甘えとは違います。だって、若者でも難病だったり障害があったりしたら、親が世話をするのが当たり前じゃないですか。いちばん大事なことは、生きることです。

これまでよく頑張って生きて来られましたね。奈穂さんは、ＮＰＯ活動などで、他者の心をよく理解してくれる人を知っていると思うのです。そういう人に率直に相談してみるのもいいかもしれませんね。でも、無理に急ごうとしないでね」

現代社会では、一般のサラリーマンでも、ただでさえ過重労働、パワハラ、いじめ、自死などの落とし穴にはまってしまう生きづらさに包まれている。そんな中で、事故で心に傷を負った人たちの生きる道は険しい。

十三回忌の納骨

事故や災害によって大切な家族を失った人が陥るPTSDは、一般に思われているよりも手強《てごわ》い。心的外傷後ストレス障害と訳されるように、心に傷＝トラウマを負ったことに起因して、様々な精神症状や身体症状が生じるのだが、どのような症状が出てくるのか、軽症なのか重症なのかは、極めて多様だ。

JR西日本との課題検討会で列車ダイヤの問題点を鋭く切り込んだ4・25ネットワークの木下廣史は、JR側との真実追及の議論を繰り返すだけでも強いストレスを感じ、心身両面の疲労感は蓄積するばかりだった。

近畿大学建築学科の三年にまで進んでいた長男・和哉のいのちを突然奪われた怒りを、木下は加害企業に列車ダイヤの欺瞞性を暴くエネルギーに変えていたが、専業主婦として二人の男の子を育ててきた妻ひとみは降りかかった喪失感の持って行き場がなかった。和哉の葬儀の時、涙ひとつ見せなかったので、木下は《気丈だな》と、誤った受け止め方をしていた。しかし、真実は逆だった。ショックが大き過ぎて、泣くことすらできなかったのだ。

ひとみの心を支えたのは、他の遺族との繋がりだった。三田市の地域には通勤通学にJR福知山線を使っている人が多いことから、同じ快速電車に乗り合わせて犠牲になった人たちの遺族が早い時期に、ネットや人づてに連絡を取り合うようになったのだ。驚いたことに、木下家の住むマンションの一つ階下に、福祉系大学一年生だった娘を亡くした家族が住んでいたのだ。その家族と繋がることができ、いつまでも親しく交流を続けられたことは、ひとみにとってどれだけ支えになったかわからないほどだった。

三田市内には他にも大学生の息子や娘を亡くした家族が何世帯もあったから、そういう家族との繋がりは、喪失感に共通するものがあり、何かにつけて頼んだり頼まれたりという支え合う関係になっていた。体調が悪い時には、買い物をしてもらえたのだ。

気持ちが沈んでうつ的になっても、外部に取りつくろう必要もなく、「気持ちが沈んで動けないから頼むね」と率直に言えば、理解してもらえる。心の病気への社会的偏見を気にして無用に隠そうとする日本の閉鎖的な社会では、心を病むと病いそのものと偏見の二重の苦しみに縛られがちだが、周囲から理解のある繋がりで支えられるのは、どれほどストレスを軽減してくれるかわからないほどだ。

そんな支えがあったので、ひとみは多少辛くても、スーパーでの勤務を続けることができていた。ただ、木下もひとみも後になって知ってすまないことをしたと後悔したのだが、高校生だった次男の喬介もショックが大きく、学校ではほとんどの時間を保健室で孤独に勉強していたという。それでも学校の配慮もあって近畿大学に推薦入学できたことは大きな救いになった。

ところが、事故から九年経った頃、ひとみに異変が生じた。食べた物が食道を通りにくいと感じるようになり、おかしいなと思っているうちに、ある日、食べた物が胸につまって吐いてしまった。すぐに心療内科の診察を受けたところ、

「逆流性食道炎」

と診断された。なぜそのような症状が生じたのか。医師は、はっきりと、「心のストレスが根

底にありますね」と言ったのだ。

「お勤めは休んだほうがいいでしょう」

医師はそう言って、スーパーでの仕事はストレスが強いから休職するようにとアドバイスしてくれた。実際、食べると吐くような状態では、スーパーのレジの仕事は無理だった。

木下は数年前に勤務先が大阪にある企業の本社から東京支社に異動を命じられ、単身赴任の身になっていた。亡くなった長男の和哉より五歳下で当時高校生だった次男も大学を出て東京の会社に就職したので、三田の家にはひとみがひとりで住んでいた。木下はひとみのことが気になるのだが、会社の仕事はあまりに忙しいので、月に一回帰るのが精一杯だった。

《今年は十三回忌やな》

事故当時、木下はまだ四十六歳だったし、実家の跡継ぎでもなかったので、まだ墓を持っていなかった。半年後に三田市内に墓地を買い求めたが、和哉の遺骨をすぐに埋葬するにはためらいがあった。事故の真因は解明されていないし、JR西日本の責任もあいまいなままだった。肝腎なことが何もわかっていないのに、遺骨を埋葬して和哉をあの世にやってしまって、本人は納得するだろうか。真相を解明しJR西日本が責任を認めたことを報告できるようになってからのほうがいいのではないか。

木下は寺の住職に相談した。住職はたまたま木下と同じ年だったこともあって、木下の苦悩に理解を示してくれた。「そういう事情なら、納骨は七回忌頃になってからでもいいですよ」というのだ。

結局、木下はひとみと相談したうえで、亡き人の魂が宿るとされる喉仏を別の箱に入れて自宅の仏壇に置き、他の遺骨は事故から半年後の秋に、購入した墓に納骨した。それから七回忌を過ぎても和哉ひとりをあの世への旅に出すのは忍びなく、はや十三回忌が近づいてきたのだ。

《課題検討会と安全フォローアップ会議が終わって、会社の安全管理体制にまずは前進が見られるようになった。和哉をいつまでも引き止めておいてはいけないか。》

そんな思いが浮かぶようになった木下は、《十三回忌には仏壇の喉仏を納骨して成仏させてやらないといけないだろうな。》と思うようになった。

いつまでも若くはない。五十八歳になっていた。定年まであと一年半だ。何とか頑張って定年まで働いたら、その後は三田に帰って、ひとみと一緒にのんびりと暮らすことにしよう。――心はその方向に固まっていた。

5

「私自身が生きることが……」

同志社大学に入学したばかりの次女・怜子を亡くした母・牧子は、事故から七年近く経った二〇一二年三月、上智大学グリーフケア研究所の三年間にわたる第一期ケアワーカー専門家養成講座を修了した。五十歳代の半ばを過ぎていたが、亡き娘の身代りの大学生になったつもりで、臨床心理学や宗教別の死生観の特質やケアの実践などをひたむきに学んだ。週に十時間を超える授業の枠だけでなく、幅広く人間を理解するための本を読んだ。娘のいのちを守ってやれなかった自責の念と誠実な信仰心が、そうした学びへの精神力の集中をもたらしたのだろう。

牧子にとって、グリーフケアの知識と実践を学ぶのは、単に教養を豊かにするためといったものではなく、自分自身をしっかりと見つめ直し、事故や災害や病気などによって愛する人を失い悲嘆に苦しんでいる人々のために役に立ちたいという強い思いからだった。だから講座を修了しグリーフケアワーカーの資格を得ると、その年三月に、一期生として一緒に学んだ元中学校教諭で六十八歳になる山下文夫らと四人で、東大阪市に住む山下の家を事務局にして、喪失体験者の相談や悲しみを分かちあう集いや啓発講演を行う「はすの会東大阪」を発足させた。四人のうちの一人は、養成講座を二年だけ受けて、ケアワーカーのアシスタントをできる知識を身につけた牧子の夫だった。代表には山下がなった。集いを開く場は、東大阪市の協力で、同市の青少年女性センターの一室を使えるようになった。

毎月一回、日曜日に開かれる分かち合いの集いに参加する人は、一回に数人くらいだったが、それぞれに心の中に封じこめていた愛する子どもや連れ合いや親を亡くした悲しみを泣きながらでも語れることは、背負っていた重い荷物を少しずつ下ろしていけるような心の解放感がもたらされるので、「はすの会東大阪」の活動は途絶えることなく続けられている。

集いの参加者は、事故から十年目を迎えるまでの三年間で、のべ百八十人を数えた。そして、「はすの会」の活動が少しずつ阪神地方で知られるようになるにつれて、大阪より西の地域の人々からは、もっと身近なところにそういう場がほしいという声が寄せられるようになった。問題は分かち合いの集いを開く場を探すことだった。牧子も宝塚に住んでいるので、東大阪市まではかなり遠方になる。上智大学グリーフケア研究所特任所長（当時）の高木慶子に相談しながら場所探しを進めているうちに、神戸市東灘区の児島医院が協力してくれることになり、二〇一五年六月に「はすの会神戸」を発足させることができた。

「はすの会」による講演会も、年に二回のペースで続けられた。一般的な文化講演会と違って、テーマもねらいも、死別体験者が閉じこもらないですむように、本人や周囲の人々の意識を啓発することに絞っているので、定員を六十人から八十人程度にして、悲嘆の意味や悲しみを分かち合うことが人生をどう変えるかといった問題について、高木や死の臨床研究の先駆者である柏木哲夫などの専門家がじっくりと語りかける内容にしていた。

牧子は、このように積極的に社会と繋がる活動を続けていたとはいえ、あの事故のことを忘れ、怜子を失った悲しみが薄らいだわけではなかった。悲しみを分かち合う会を終えてひとりで帰る時、あるいは街を歩いていてふと空を見上げ流れる雲を見つめ、風を肌に感じた時、あるいは夜、寝床で目をつむった時——様々な場面で、ふっと事故当日のことが脳裏に甦ると、強い風で舞っていた事故現場の土埃の臭いまでが感じられる。《自分はこんな風に生きていていいのだろうか》という罪責感に苛《さいな》まれる。

そんなかたちで亡き怜子のことを思う時、なぜか心の中に流れてくる讃美歌に救われるのだ。それは中学高校時代に、当時はまだ洗礼は受けていなかったが、ミッションスクールだったので、いつも歌っていた讃美歌５３２番だ。タイトルはないが、歌詞は心に染みついているほど馴染んでいる。

ひとたびは死にし身を
主によりていま生きぬ、
みさかえのかがやきに
つみの雲きえにけり。
……（中略）……
ひるとなく、よるとなく、
主はともにましませば、
いやされぬやまいなく、
さちならぬ福もなし。

若き日に心にしっかりと刻まれた言葉や歌というものは、人生の途上で予想もしていなかった苦難に直面した時、それが救いの道標《みちしるべ》となることが少なくない。牧子の場合、讃美歌と聖書の中の聖句が、そんな意味を持ったのだろう。

牧子が「はすの会」などでケアワーカーとしての務めを果たさなければならない時、たとえしんどくても、自分を励ますために頭の中で復唱する聖句がいくつかある。その中の一つは、こうだ。

〈いつまでも存続するものは、信仰と希望と愛と、この三つである。このうちでもっとも大いなるものは、愛である。〉（コリント人への第一の手紙13：13）

牧子は事故から十二年目の四月二十五日を間近にした日の筆者・柳田への手紙に、こう書いている。

「遺族にとりましては、愛する者を失った悲しみは、どのように思い考えても、減ることも、無くなることもありません。心の中には常に「どうしようもない」思い、絶対的な孤独があります。ただ、残されたものとして生きていくうえで、先人の知恵や思いは励みになります。暗闇を見つめ感じながら、でも飲み込まれてしまわないように、それは（＝巻き込まれることは）亡き娘の死を良くないものとしてしまうというか、娘の人生を否定する（ことになる）ように思います。私自身が生きることが娘の存在を肯定するものであり、それが今も娘をこの世の生と繫ぐものだと思っています」

治験からセルフケアへ

右肩甲骨骨折、全身打撲などの重傷を負った中島亜矢子は、急性期の治療を終えた後も、背中や足の痛みとしびれが何年経っても取れず、時には耐え難いほどになることもしばしばだった。大阪大学医学部附属病院の整形外科に定期的に通院していたのだが、症状が固定して、一向によくならない。事故から六年ほど経った時、担当の整形外科医から新しい提言をされた。

「今度、この大学病院で難治性の痛みの新しい治療法を開発するために、鍼灸やアロマ、ヨガなどの補完代替医療と西洋医学を統合した統合医療の治験を始めるのですが、参加して治験を受けてみませんか」

というのだ。亜矢子は後に振り返った時、整形外科医が西洋医学だけにこだわらないで、東洋医学にまで視野を広げて率直に提案してくれて、本当にありがたかったと感謝の気持ちを抱いたという。

伝統的な漢方医療やアロマ、ヨガなどであれば、副作用の心配はないだろうし、これまでの西洋流の薬を使う疼痛治療では痛みは改善されそうになかったので、亜矢子は治験に参加することにした。

代替医療の専門家として、京都府亀岡市にある明治国際医療大学鍼灸学部の伊藤和憲《かずのり》教授らが阪大病院まで来て治療に加わるという。プログラムは、急性期の医療と違って、一年目に鍼灸、アロマ、ヨガなどの治療とセルフケアの指導を一クール受けると、しばらく休んで教わったアロマやヨガなどを自宅で実践するセルフケアに取り組む。通院した時だけでなく、自分で自分を訓練するセルフケアが大事だと強調されるのだ。

そして、二年経ったら再び阪大病院で治療を一クール受け、それが終わるとまたセルフケアに移る。その繰り返しを三年間やるのだ。

《あれ？　何だか身体が軽くなったような気がする。痛みが少しやわらぐ感じがある》

亜矢子がそう感じるようになったのは、一回目の鍼灸などの治療の後、セルフケアをきちんと続け始めてしばらく経った頃からだった。整形外科では少しも痛みが改善されなかったのに、日常生活の中で何となく身体が軽くなったような気がし始めたのだ。そして、三回目の治療が済んだ頃には、ずいぶんよくなっていた。

それからというもの、亜矢子はセルフケアの大切さについて、すっかり〝信奉者〟になっていた。やはり事故による負傷者で同じようにあちこちの痛みが取れずに辛い思いをしている〝事故友達〟に会うと、伊藤教授から提供されたツボケアなどのセルフケアの手引きをコピーして提供したりした。

事故から十年経った二〇一五年の夏、日本航空ジャンボ機事故から三十年を迎えたこともあって、亜矢子は夫の正人と一緒に日航機事故発生当日の八月十二日、群馬県上野村の御巣鷹の尾根への慰霊登山に参加した。前日から上野村の民宿に泊まり、前夜の灯籠流しに参加したうえで、翌日朝から登山したのだ。尾根の「昇魂の碑」の前では、高崎アコーディオンクラブの人たちが馴染みの曲や墜落事故で犠牲になった坂本九の「上を向いて歩こう」などの曲を演奏する中を、みんなでシャボン玉を飛ばして、五百二十人の犠牲者の霊に黙禱を捧げた。

慰霊登山をする人々は後を絶たず、「昇魂の碑」の前の狭い空地は、人々でごったがえすほどだった。そんな中で、亜矢子と正人は、前夜の灯籠流しでも一緒になった8・12連絡会の美谷島邦子をはじめ、東京の東武線竹ノ塚踏み切り事故で母親を亡くした加山圭子、東京・港区にある高層住宅のシンドラー社製エレベーター事故で高校生の息子を亡くした市川正子らとの交流を深めた。めいめいが短冊に安全な社会への願いを書いて、木枠に下げ、一緒に安全祈願の鐘を鳴らした。

様々な事故や災害の被害者同士の交流は、一九九〇年代の半ばから始まっていた。一九九一年の信楽高原鉄道事故の遺族たちが弁護士や研究者らと作った鉄道安全会議（ＴＡＳＫ）や一九九四年に起きた中華航空機墜落事故と一九八五年の日航ジャンボ機墜落事故の遺族たちの8・12連絡会との交流がそのきっかけだった。様々な事故・災害の被害者たちが、それぞれの周忌の慰霊の集いに訪問し合ったり、安全安心な社会作りを求めるシンポジウムに共に参加したりといったかたちで、繋がりを続けていこうというものだ。二〇一一年に東日本大震災が発生してからは、その津波被害者たちも加わるようになった。政治的な活動や連帯の規約を作るといったものは避けて、ゆるやかに繋がっていくことで、被害者が孤立しないで、生き直す道を探しやすくしようというのだ。

これは、災害や事故の被災者・被害者が繋がりあって、安全・安心な社会をつくろうとする新しい社会文化の広まりと言えよう。

亜矢子と正人の二人は、事故から六年を過ぎた二〇一一年八月十二日に、はじめて御巣鷹の尾根への慰霊登山をしたが、その時は、補完代替医療を受け始めたばかりで、まだ背中や足の痛みがあって、急な斜面の登山道を登るのは、かなりきつかった。それでも老若男女の登山者たちが次々に足を踏みしめて登っていく中に混じって、頑張って昇魂の碑の立つ尾根に辿り着いて、様々な事故・災害の被害者たちと出会うと、心が洗われるような清々しい感覚になり、生きる力をもらった気持ちになった。

御巣鷹の尾根で出逢った彼ら彼女らの清々しい表情は、私の目蓋の裏に生き生きと焼きついている。

それから四年経った二〇一五年八月十二日の二度目の慰霊登山の時は、亜矢子の背中や足の痛みはほとんどなくなっていたので、気持ちの清々しさもひとしおだった。他の事故や災害の被害者たちと、日常的に交流しているわけではなく、何年かに一度であっても、惨事のあった現場で再会し、長年の知己であるかのような親密感を味わうと、帰り道に就いた頃には、生きていることへの肯定感と言えるような落ち着いた気持ちになっていた。強いて言えば、生きる力をもらったという感じと言おうか。亜矢子は、前回の慰霊登山の時より一段と強く、そんな思いを抱いた。

人が誰かと繋がるということ、特に同じような喪失の悲しみや辛さを経験した者同士が繋がるということは、人が厳しい状況の中でもなお生きる意思と力を失わないことに繋がる例が少なくない。それは、亜矢子だけの問題でもなければ、慰霊登山をした人たちだけの問題でもないだろう。人間のいのちを支える普遍的な命題なのだと言えるかもしれない。

亜矢子は、事故から十一年目になる二〇一六年の年が明けて間もなく、事故による負傷が原因で身体に痛みをかかえている〝事故友達〟八人に呼びかけて「鍼灸の会」なるものを始めた。痛みをかかえていると、どうしても落ち込みがちになったり、何をするのも億劫《おっくう》になったりする。鍼灸の治療も独りで通うだけでなく、たまには友達同士で一緒に受けて、おしゃべりでもする時間を設ければ、鬱陶《うっとう》しさも解消できるだろうという思いを、補完代替医療の治験で世話になり、その後も治療を受けている伊藤和憲教授に相談したところ、ボランティアで協力しますよと嬉しい返事をもらった。

たまたま亜矢子の住む川西市内の阪急絹延橋駅近くに、ＪＲ西日本が被害者のためにと「相談センター川西」を開設していて、談話室や小部屋が利用できるので、そこを半年に一回のペースで借りることにした。二〇一六年一月から始めた「鍼灸の会」は、テーマを設けて集うのではない。伊藤教授が一人一時間のペースで鍼灸の治療をしてくれている間、他の人たちは懇談室でお茶を飲みながらおしゃべりをするだけ。半年に一回と言っても、当日都合のつかない人もいるので、集まるのは数人程度だが、鍼灸とおしゃべりで〝事故友達〟が半日を共有できるというのは、気持ちをリフレッシュするうえで貴重な機会になった。

空色のしおり

ＪＲ事故の負傷者や支援の専門家らで二〇〇八年二月に発足させた「空色の会（ＪＲ福知山線事故・負傷者と家族等の会）」は、事故から四年が経とうとしていた二〇〇九年の年が明けて間もない頃、事故の風化を防ぐ一つの活動として、毎年四月二十五日には、ＪＲ尼崎駅でＪＲ線の利用者に、その日が何の日であるかを思い起こしてもらうための「空色のしおり（栞）」を配ろうということになった。

「空色のしおり」は、幅五センチ、長さ十七センチの小さなもので、淡いブルーのリボンをつけてある。誰でも受け取れるように、声高な告発調になるのは避け、表には、やさしいタッチの絵と簡単な英語のメッセージとして、

We Hope 4.25
A day we never forget.

と記してあるだけだ。

裏面には、「あなたの道しるべ」との表題を付して、柔らかい言葉を刷り込んだ。

あの日の朝、いつもの日常の中で
多くの人が列車に乗っていました。
それぞれに目的を持って

そして一変した日常…。
空は真っ青に澄み渡っていました。

その空色の栞（しおり）に
私たちの願いを託しました。

「あの日を決して繰り返すことなく
心安らかに暮らせる社会を育んでいきたい」

この控え目なトーンの文は、事故と被害に対する様々な考え方や主張の違いはあっても、共に被害者であるという共通点に立って、事故に関係のない人々にも抵抗感なく受け容れてもらえるような語りかけにしようという、精一杯謙虚であろうとする姿勢が投影されていた。

しおりの表にいわば本のカバー絵のように掲げる絵も、事故そのものの状態を具体的に示すものでなく、平穏で明るい社会の実現への願望を表すものにしようということで、空色の会の人たちの考えはまとまっていた。二〇〇九年の最初のしおりと、次の年のしおりの絵は、会のメンバーの知り合いに、プロの画家ではないが絵心のある若い女性がいるというので、その人に頼んだが、三年目の二〇一一年の四月からは、「空色の会」の仲間でもある福田裕子が描くことになった。

人体を描けるようになるまで三年も苦しんだ裕子だが、それからさらに三年経ち、描く絵にのびやかさが見られるようになっていた。裕子にとって最初となるその年の「空色のしおり」の絵は、小さな野の花の咲く野辺を歩く、一人の男の子を描いている。よく見ると、男の子の頭の上に、一羽の小鳥がとまっている。男の子は、小鳥が驚いて逃げないようにしてあげようと思ったのか、足をそっと小幅にしてゆっくりと歩いているように見える。小さないのちでも、大切にして守らなければいけないという思いを、事故を体験したからこそ意識するようになったことが、こうした絵の構図にも表れてくるのだろう。

裕子は、その後も毎年四月が近づくと、「空色の会のしおり」の挿画を引き受けるようになったが、しおりの小さな挿画だから、気軽にさらっと描けばいいなどと軽く考えずに全身で向き合おうとするところに裕子の絵に対する姿勢が表れていた。事故の時、1両目で重傷を負いながらも共に助かった友人の木村仁美の目に映った裕子の創作姿勢は、「裕子はしおりの絵を描く時期になると、どんな絵にしようかとのたうちまわって苦しんでいると言ってもいいような様子だった」という。

それでも裕子は、誰かのために役に立てるような絵を描く機会を与えられているのはありがたいことだと受け止めていた。

経済的繁栄の陰で

事故から七年を経た二〇一二年四月二十五日に配る「空色のしおり」の絵を描き上げて夏がやってきた頃、裕子は右肩に痛みを感じるようになった。よく見ると、右肩が腫れている。利き腕側の肩だから、何をするにも支障を来たすようになった。

裕子は事故の時、右鎖骨の骨折などの重傷を負ったが、右鎖骨を修復する手術をした際に、補強のために、チタン合金の棒を鎖骨に添えるように埋め込んだ。棒と言っても、既製の細長いボルトだった。そのボルトの頭の周囲が腫れて痛みを生じさせているのだ。痛いので右肩にはカバンをかけられない。七年経っても、このような後遺症が出るのだ。

兵庫県立西宮病院の整形外科で診断を受けると、右鎖骨はしっかりとしていて支えがなくても大丈夫だから、チタン棒を抜いてしまいましょうということになった。そこで八月末に入院して手術を受けたのだが、棒が鎖骨などに癒着していて、無理に剝がそうとすると、かえって周囲の組織を傷めてよくないということがわかった。炎症の原因となっていたボルトの頭のところは、金属の経年劣化のためかポコッと折れたので除去し、へばり着いた棒の部分は残すことになった。

事故直後の救急手術で、右肩にチタン棒が埋め込まれた時から、裕子は、これは自分があの大変な事故で重傷を負った被害者であることを記憶し続けるための証として残しておこうと心に決めていた。だから、新たな手術でチタン棒をそのまま残すことになっても、心理的な抵抗感はなかった。若い女性なのに、あの車内で犠牲になった人々への罪責感が強いのか、金属棒が埋め込まれた身体を、そのまま体験の「記憶」として残しておこうと自然体で受容しているのは、事象の本質を見据えようとする芸術家指向のパーソナリティに由来するものなのか。

裕子と仁美は、西宮市の別々の小学校で、放課後に夕方まで学校に残る子どもたちを見守る学童保育の仕事を、事故から数年経った頃から引き受けている。

はじめは仁美がアルバイトのつもりで勤め始めたものだった。大学を卒業する時、多くの学生たちのように、どこかの会社にすんなりと入って、月給をもらってという世間並みに真直ぐな人生を歩むのは、自分らしくないという思いから、就活をするのは止めた。事故に遭遇したことは理由ではなかった。他者から、「あんな事故に遭ったんだものね」などと言われるのは嫌だった。小・中・高・大学とすべてストレートで進んで来すぎた、この辺で一、二年ふらふらしてみたほうがいいと考えたのだった。

とはいえ、母親は桁違いに厳しいので、実家に居候するわけにはいかない。何しろ母親は、小さい頃から、

「自分で何とかせいや」

と言うのが、日常だった。

仁美は小学校四年になった時から、仕事で遅くなる母親と三歳下の弟を含めて、家族三人の食事を用意する台所の仕事をすべてまかされるという育て方をされていた。父親は離婚して家にはいなかった。

仁美は、事故の翌年大学を卒業した後、マンションに独り住まいをし、バイトをして生活していたが、二〇〇九年になって、西宮市の社会福祉協議会の学童育成センターから、つてがあって、学童保育の仕事をしてくれないかと頼まれた。

子どものめんどうを見るのは、嫌いではなかった。だが、ためらいもあった。正規の職員になって、自分の人生の軌道がその仕事で決められてしまうのは嫌だなとの思いがあったからだ。とはいえ、自分の年齢のことも考えると、中途半端なバイトばかりしていてはとも思う。《せっかく選んでくれたのだから、呼ばれたところへ行ったほうがええか。来たクルマに乗ってしまえ。》

そんな思いがめぐる中で、仁美は、「常勤を義務づけられる正規職員にはなりたくないのですが、非常勤のパートでの仕事ならやらせて頂きます」と答えた。

仁美が通い始めた小学校の学童保育の児童は、一年生から三年生までと特に事情のある四年生を合わせると、約五十人もいた。その生活指導や集団作りなどをするのだが、心の発達に問題のある子や家庭内に問題のある子が少なくない。子ども同士の人間関係や保護者への対応など難しい問題も多い。

それでもその仕事に就くと、子どもたちに問題が多いだけに、いい加減ではいられなくなるし、まして投げ出して退職してしまうというわけにもいかなくなる。二年目には、裕子に声をかけ、別の小学校の学童保育のパート職員に就いてもらった。

仁美にとって裕子は、なくてはならない存在だった。あの事故にかかわる問題になると、本当に深いところでわかってもらえるのは、同じ体験をした裕子しかいないからだ。

事故から十年が過ぎた頃から、仁美は、福祉の問題について、より専門的にかかわれる職種に就きたいと思うようになった。気がつけば学童保育の仕事に就いてから八年が過ぎている。学童保育の子どもたちと接していると、そこには貧困の親子連鎖や発達障害や家庭教育の欠落や家庭の崩壊など、この国が謳う経済大国の陰で進行している社会のひずみと、否応なしに向き合うことになる。そうであるなら、それらの福祉問題により積極的に深く向き合う職種に勤務先を変えたほうがいいのではないか、そのほうが自分の新しい人生設計に繋がるのではないかと考えるようになったのだ。

そういう意味での就活に、仁美は積極的に取り組み始めたのだ。

バベルの塔の向こうに

事故から十年を迎えた二〇一五年四月、「空色のしおり」のために裕子が描いた絵は、砂浜に立つ男の子と女の子を小さく描き、その向こうには、青い海と青い空が限りなく広がるスケールの大きな構図になっていたが、海面には「天国への階段」とよく言われる光の束が幾筋も斜めに降り注ぎ、空には白いカモメの群れが舞っている。絵描きの内面に広がってきた未来への希望を、素直に表現した作品と言えるかもしれない。（口絵頁参照）

しかし、それはノー天気に未来を信じているわけではないことが、さらに二年経った二〇一七年四月のしおりの絵で示される。

その絵は、やはり砂浜と海と空を広々と描いているのだが、中央にあるのは、無垢の子どもではない。石をレンガのように積み上げて建てた大きな円筒状の建造物だ。その空洞の建造物が何のためのものであるかはわからない。決して美しいものではない。しかも、上層部は崩れ落ちて失われ、斜めになった破断面が強烈にさらけ出されている。バベルの塔を連想させられる。現代の科学技術文明の破綻をシュールレアリスムの手法で表現したのだろう。

しかし、そんな中にも、いのちの息吹がある。壊れた建造物の手前には、白サギのような真白な母鳥がいて、くちばしで小さな雛鳥の毛づくろいをしてやっている。さらに遥か海の上空には、一羽のカモメがまるでジェット旅客機のように翼を大きく広げ、後ろに一筋の飛行機雲のような白い雲を長く引いて飛んでいる。建造物の破滅の状況は強烈に情景の中央を占拠しているが、たとえそんな破壊物が居座ろうと、いのちある者は生きる営みを放棄したりはしない。

裕子のこの絵は、謎めいてはいても、決して暗くはない。むしろ、破壊を乗り越えて生きるという未来志向のメッセージを発信していると言えるだろう。

「空色のしおり」は、小さな短冊でしかない。そのささやかな紙片の上半分に刷り込んだ絵は、五センチ四方のほんとに小さな縮小画でしかない。駅頭で「空色の会」のメンバーたちが一千枚をJR利用者に配っても、果たして何人がしおりの小さな絵をしっかりと見て、絵が語りかけているメッセージを感じ取ってくれるかわからない。それでも表現活動をする者にとっては、一人でもいい、しおりの短い言葉を読み、小さな絵を見て、何かを感じ取り、「四月二十五日」という日の意味について、深く考えてくれる人がいたらいいという思いで、被害者である裕子は明日を生きていくのだ。

6

人生が濃くなる

事故の時、3両目からマンション中地階の駐車ピット内に投げ飛ばされながら、奇跡的に生存した坂井信行は、左足首や右鎖骨などの骨折が治癒した後は、都市工学によるまちづくりをする会社の仕事を続けてきたが、『空色の会』負傷者と家族等の会」の集いには、積極的に参加してきた。

毎年四月二十五日に尼崎駅構内で「空色のしおり」をJR利用者に配布するメンバーの中にも、必ず加わっていた。声高に何かを主張するのでなく、様々な意見に耳を傾け、自分の考えを静かに語るというのが、坂井の個性と言えば個性かもしれない。しおり配りに参加するのは、いつも十人足らずだが、そんな中での五十歳代になった坂井の行動も個性的と言えるかもしれない。みんなから離れたところに一人で立ち、通行人に控え目に声をかけて、しおりを手渡すという配り方をするのだ。そして、みなでそれぞれ分かち持った数十枚のしおりを、誰よりも早く通行する人々に手渡してしまう。黙々と行動するタイプと言おうか。

坂井は、事故の二年後に負傷者と家族で出版した手記集『JR福知山線脱線事故　2005年

4月25日の記憶』に寄せた体験記の中で、こう書いた。

〈これまで全く面識がなかった人々の間に芽生えてきた不思議な仲間意識、このつながりを大切にしていきたいと思います。

私は、人間らしく生きられる社会の実現をめざしていくことをこれからの目標に決めました。そしてそのためになすべきことについて、事故の貴重な体験を共有するさまざまな立場の人と交わる中で自分なりの答えを模索していきたいと考えています。（中略）これからの人生の中では、事故前の日常を取り戻すことをめざすのではなく、新しい日常を見出していく努力を続けていきたいと思っています。創造的な方法で。〉

さらに、事故から十年を経た「空色の会」の文集『福知山線事故・それぞれの10年　空色の文集』（非売品）に坂井が寄せた文では、こう記している。

〈何よりも重要なのは、事故に遭わなければ出会うことのなかったかもしれない多くの人との出会いです。すごく不思議な縁です。それぞれの立場や事情は違っても、わずかでも共有できるものがあれば出会い、つながれることがわかりました。〉

〈もう一つ、人生はアクシデントや困難に出会うほど濃くなっていくということ。何事もなく、すんなり進めばあっさりと過ぎ去っていきます。私は自分の人生がどんどん濃くなってきたのを感じます。大けがをして痛かったですが、周りの人にたくさんの心配や迷惑をかけたのですが、人生は濃くなりました。自分勝手な考えかもしれませんが、いろいろ経験できたし、いろいろ考える機会にもなりました。最近思いついた「人生が濃くなる」という表現も気に入っています。もともと気楽な性格なのでしょうか。とにかく、私は人生を濃くしたいです。〉

坂井は、大学で建築学科に進み、大学院では都市計画を専攻した工学系の人物だ。都市の全体設計を考え、その中で細部の地域のあり方を決めていくという発想の仕方が、自分自身の人生を俯瞰する中で、個別の出来事や経験の意味づけを考えるという姿勢にも繋がっているのかもしれない。

坂井流の「哲学」によれば、風化を防ぐ取り組みについての考え方はユニークだ。事故の悲惨さや教訓を社会全体で忘れることなく、今後に活かしていこうというのが、風化の防止だが、一時的に「風化をさせないようにしよう」と叫んだからと言って、風化を防げるわけではない。伝える側が忘れてはいけないものをしっかりと認識して、それらの物事が忘れ去られないように、自然体で語りかけていき、きちんと本質を理解してもらうように努める。そうすることで、いわば結果として、風化が防がれるというのが本物だろう——というのが、坂井流の風化防止論だ。坂井の穏やかだがたゆみない「空色の会」での活動は、まさにこの風化防止論と言えるだろう。

そして、もう一つ大事なことは、風化の防止に取り組む者自身が、その行為によって自らの生活と人生が「濃くなる」と実感できるものでないと、自分自身も〝風化〟してしまう、つまり本物でないという点だろう。これは、どんな社会活動にも共通することと言えるだろう。

順子の警世語録

高次脳機能障害と診断されている鈴木順子の脳の知的機能と身体機能は、母もも子や姉敦子のたゆみない介護と言葉かけ、そして毎週一回通い続けている西宮協立リハビリテーション病院での言語療法と理学療法の効果で、事故から十年目が近づいてきた頃には、回復への歩みがかなり顕著になってきた。そのことを示す象徴的な出来事の一つは、自分にとってよい方向に変わったことについて、順子自身が正確に言葉で表現するようになったことだった。例えば――。

「鼻が通るようになって、鼻で呼吸ができるようになったわ。それまで何で鼻があるのか、わからんかった」

この言葉の後半はお得意のユーモアだ。

「今日は体温が安定してる」

「ぜんそくが起こらなくなって、ほんとに楽になった」

事故前の若い頃は、低気圧が近づいたりすると、ぜんそくがひどくなり、もも子は《この娘は生きていけるのか》と心を痛めていたのに、事故で重態に陥り再生してからというもの、なぜかぜんそくの発作が起こらなくなったのだ。

順子は、自分がなぜ身体が不自由になり、家の中でも車椅子でしか移動できなくなっているのか、その理由がわからなかった。事故の記憶が全くないからだ。もも子が、「電車の事故で障害者になりました。でも、順子の責任ではないですよ」と教えるのだが、記憶障害ゆえに、しばらくすると、また同じことを聞くのだ。

ところが、事故から十年目の日が近づいた四月十二日の誕生日に、ノートに自らこう書いたのだ。

〈ジュンコは

電車の事故で

体が不自由に
なりました。
40サイ〉

事故に遭遇した朝には、颯爽と白のパンツ姿に真珠のネックレスを首にかけて家を出た三十歳だったが、はや四十歳の峠に差しかかっていた。

事故から一年半ほど過ぎた頃から、順子はユーモラスな言葉や警世の句あるいは哲学的な箴言《しんげん》と言えるような言葉をつぶやくようになっていた。それ以来、そうした言葉の連打は終わることなく続けていたが、十年を過ぎた頃には、一段と冴えていた。二〇一五年から二〇一六年にかけて、本人が日記帳やスケッチ帳に書いたり、もも子が記録したりしていた語録ノートの〝傑作選〟を拾い出すと――。

〈去年の今日は、（気管切開で）穴だらけでした。それが私の勲章です。〉

〈癒すのは、人間（に）しかできない。〉

〈女は闘うようには作られていない。子を産み育てるようにできている。そうできるようにするのが、男の仕事や。〉

〈介護のお金、切られるのは、私の人格と才能が切り取られるということです。〉

〈お金の数だけでは表せないものを、（母や姉の介護に対して）感じております。〉

〈（他人に）軽くみられても、自分が納得すれば、それでいい。〉

〈勉強すればするほど、大事なこと、なくしていく。試験の点数を取ることだけが（人生の）目的ではない。〉

十年一カ月目の「歩けた！」

順子がはじめて自分の足で歩けた日、それはもも子にとっても敦子にとっても、感動の日だった。事故から十年経った日の翌月、二〇一五年五月二十九日だ。

その日、順子は敦子の運転するやや大きめのボックスカーで、もも子と一緒に、西宮協立リハビリテーション病院に出かけた。リハビリのメニューは、いつものように言語療法四十分と理学療法一時間だった。（その日、筆者は同行させていただいた。）

言語療法は小さな診療室で療法士が机をはさんで順子と向き合う。

療法士がカレンダーの五月の頁を開いて見せる。

「今日は何月？」

「五月」

「来週来られるのは、六月ですね」

「そうですね」

「六月は何日まである？」

「三十一日はないですよね」

「今日金曜日は、何のリハビリですか？」

「玉井先生のと、成田先生のです」

記憶力も少しずつ回復している。

「よく覚えてるね。火、木に、西宮のデイケアに行っているところ、オレンジ西宮ってわかる？」

「うーん、建物見ないと……」

「そうですね」

「オレンジ西宮」

「オレンジって、どんなイメージ？」

「赤とか青だと、イメージ限られるけど、オレンジはいろいろ、誰でも受け入れられる。夏とか暑い感じ」

療法士がオレンジによく似た甘夏を一個、机の上に置く。つやつやして美味しそうだ。順子はそれを左手に持って香りを嗅いでみる。右手は少ししびれがあるので、左手を使うことが多くなっている。柑橘類特有の甘酸っぱい香りに、順子は、

「（オレンジは）元気の出る色」

「甘夏の木、見たことある？」

「ありません」

療法士は甘夏の小枝を出して、甘夏の傍に置く。枝には濃い緑の葉がついている。順子は甘夏を枝にくっつけてみて、「実はどこになるのかな？　枝の上の方と下の方のどっちかな？」と療法士に聞く。

「上の方でも下の方でも、どちらにでもなるのよ。じゃあ、甘夏を順子さんのお得意の絵に描いてみましょうか？」

順子は、鉛筆と色鉛筆のケースとスケッチ帳をバッグから取り出し、まず鉛筆を左手に持っ

た。だが、描き出さずに、じーっと甘夏を観察している。

「葉っぱ、はじめて見ました。意外に小さいんですね。実は重いから、落っこちないかな」

幼子のようなみずみずしい感性がフル回転しているのがわかる。なかなか描き始めない。

「まずは描きながら考えましょうか」

療法士が口をはさんだ。三、四分してから、順子はようやくスケッチを始めた。甘夏の円形をスッスッと柔らかい、しかし迷いのない線で描いていく。小枝に葉っぱを描く。虫食いのところも、丁寧に描く。

「葉っぱはもっとギザギザしてるかと思ったけど、そうではないですね」

大体鉛筆でのスケッチができると、次は色鉛筆で色をつけていく。甘夏の丸み、葉っぱの重なり合いが、生き生きとした感じで表現されていく。そうした鉛筆の動き、対象をリアリティのある絵で表現していく手の動きは、脳の機能が活性化していることを示すものだし、デザイナーの仕事をしていた能力が、少しずつ再生していることを示すものだろう。

言語療法は単に言葉を話せるように訓練するのではない。目でしっかりと対象をとらえる力、会話を通しての考える力、生活の態様を辿りながら記憶を甦らせる力――つまり生きている日常と言葉との関係を、いわば一体のものとして息づかせる訓練なのだと言えるだろう。絵を描くことも、その中に位置づけられている。

四十分ほどの言語療法を終えると、次は同じフロアにある体操ジムのような広い理学療法の部屋に移動する。

理学療法士成田武富が、まずこの日のトレーニングのねらいについて、わかりやすく説明する。前半は、マットの上で寝た姿勢から座位に移る時の肩、腕の使い方。そして、四つん這いで進む這い歩きする時の、片手側に重心を掛け、もう一方を自由に動かせるようにして、手と足を前に進めるコツ。療法士がマットの上でそのことを実地に示してみせてから、順子にやらせる。動作がうまくいくと、「そうそう」と言葉をかけて励ます。

後半は、椅子の座位から立ち上がり、窓辺の壁沿いに伝い歩きをする訓練だ。壁際に置いた椅子から手を伸ばして窓枠に指をかけて立ち上がる。両足の膝関節と筋肉の働きが弱っているので、両足を伸ばすのにやや時間がかかるが、それでも立つことができた。

今度は、窓枠に手を掛け、身体を壁に擦り寄せるようにして、横に伝い歩きをする。柱のところまで歩くと、次は背中を壁に当て、手を窓枠にかけずに横に歩く。ずいぶん歩けるようになっている。片道わずか七〜八メートルの距離だが、順子は真剣な表情で横歩きの往復を終えると、再び椅子に座る。

「ずいぶん足の動きがよくなってきましたよ。今日は、思い切って椅子の背もたれを支えにして、伝い歩きでなく、前に向かって自力で歩く練習をしてみましょうか」

療法士はそう言うと、順子を立たせて、椅子の後ろ側から両手を背もたれに掛けさせた。療法士も順子から手を離して、同じように別の椅子の後ろから背もたれに手を掛けて並んだ。

「では、まず右足を前に出して、椅子を前に滑らせましょう」

順子は、その通りに従う。

「今度は左足を前に出して」

ゆっくりとその繰り返しをして進むうちに、順子はふらつくこともなく、自分の両足で、五メートル、八メートルと歩き続けたのだ。療法士は自分の椅子から離れて、順子の横に付き添い励ましの言葉をかける。

順子は、椅子を支えにしてとはいえ、ついに自分の足で歩けるところまで、運動神経と筋力とが回復したのだ。（口絵頁参照）

離れたところで見ていたもも子と敦子は、その瞬間を目撃して感動した。事故から十年と一ヵ月余りが経っていた。（その決定的瞬間を目撃できた筆者も深く感動した。）

療法士の成田は、順子に言った。

「こんな短いリハビリの期間に、それほど力まないでこれだけ歩けるようになったんですから、これからはもっとたくさん動けるようになりますよ。ともかく速く動けるんで、驚きましたよ」

順子がすぐに答えた。

「負けず嫌いなんです」

「子どもの頃から？」

「いいえ、子どもの頃はぜんそくがあって、運動はできませんでした。でもぜんそくは治りました」

リハビリを終えた順子は、もも子と敦子と一緒に、院内の食堂でパンとコーヒーの軽い昼食を囲みながら、会話を弾ませた。

「順ちゃんは、何か一言言うと、すぐにカーッとなって、ひとの助言なんか聞かなかったけれど、すっかりそれがなくなったね」

敦子が言うと、順子は素直に認めて、

「前は何だかわたし、カリカリしていましたね」

もも子が順子の再生ぶりに目を瞠《みは》ったこともあってか、感慨深げに言った。

「わたしほんとに思うんだけど、あなたたちを産んでよかったとね。あなたたちがいるから、家庭づくりをやり直すことができた、よかったってね」

もも子は本当に、《〝あたたかい家庭〟をやっている》と思ったのだ。

激痛が夫を変えた

二〇一七年の正月明け早々、もも子の夫・正志が頸椎の整形外科手術を受けた。暮れから痛みはないのだが首が奇妙に腫れてきたので、比較的近くにある脳神経外科の専門病院で検査を受けたところ、かなり進んだ頸椎変形症と診断されたのだ。手術は無事終わったのだが、術後三日間は首を絶対に動かさないように、コルセットで固定された。それは患者にとっては、凄い苦痛だった。他の入院患者たちの話を聞くと、皆同じような苦痛を経験していた。痛みを経験した者同士だと、相手の話す痛み苦しみのことがよくわかる。

正志は若い頃から病気一つしないで生きてきた。電気関係の仕事のことしか考えない職人的な性格だった。手術を受けたのははじめてだったし、術後に首を固定され首も動かせない苦しさを経験するのもはじめてだった。ともかく妻や娘と話をする時、相手の顔を見て、相手の心を察して傷をつけないように配慮するということの全くない人だった。もも子はそういう夫の姿勢に耐えられず、子どもたちがまだ幼かった頃、離婚をして働きながら、子育てをした時期もあった。

だが、父親がいないのは、子どもたちにとってよくないとの思いから、七年後に復縁した。それでも正志の性格は変わらなかった。夫婦関係の冷たい空気に対し、敦子も順子も思春期を過ぎた頃から、母もも子に対して反抗するようになっていた。家族がバラバラという状態になっていた。

しかし、事故で順子が大変な後遺症を背負ったため、妹思いの敦子が隣に引っ越してくるほど身を挺して介護に加わった。全身を投げ出して介護するもも子に対し、順子も母の愛への感謝と嬉しさを素直に表現するようになった。三人がはじめて家族らしい家族になったのだ。それでも正志は、仕事一筋で介護にはほとんど加わらなかった。

ところが、生まれてはじめて大手術を受け、首を動かせない拷問のような術後の苦しみを経験したら、突然変化を見せたのだ。病棟で真顔で言った。

「俺がやってきたこと、間違っていた。痛い思いをする人の心が、はじめてわかったよ。すまなかった」

その言葉を聞いた時、もも子は思わず涙した。

「お前が俺にきつく言うのも、愛情があるからなんだ。それもわかったよ」

そこまで正志は言った。しかももも子の顔をきちんと見て話すのだ。もも子は夫が「コペルニクス的転回をした」と感じた。

その時、順子も病院に車椅子で見舞いに連れてきてもらい、傍にいた。父正志の変化を言葉から感じ取り、嬉しそうに言った。

「やっぱりお父さんは、お医者さんでないと治せないんや」

順子ならではのいつものちょっとずれた感じのユーモアに、涙していたもも子も敦子も爆笑した。

「それでも人生にイエスと言う」

この年二〇一六年の八月から、順子はもも子と一緒に、週一回の陶芸教室に通い始めた。自宅から車で十分余りの西宮市東山台の住宅地にある陶芸家の黒台洋子が自宅に窯を設けて開いている「柿の木窯」と称する教室だ。通常の粘土に多治見地方の鉄分を含んだ黄土を混ぜると、陶器にやや黄みがかった独特の味わいのある色を出せる流儀で、桃山時代からの伝統を持っている。教室に通う時には、正志か自宅の裏隣りの主婦か近くに住む男性の誰かがクルマを出してくれる。順子はそうしたボランティアの支えに恵まれていた。

陶芸は、以前にも少しチャレンジしたことがあり、何か表現活動をしたいと思っている順子にとっては、やりたいことの上位にあるものだった。

師匠の黒台は、粘土のこね方や創作するものの形を作っていく手順など、基本的なことを丁寧に教えてくれると、あとはあまりうるさく口を挟まないので、順子はのびのびとした気持ちで、茶器の製作に挑んだ。主に抹茶を飲む茶碗に挑むのだが、日常の湯飲みにも挑む。既成の概念にとらわれないで、順子ならではの極めて独特の形を作っていく。

教室は一回二時間で、習い始めの頃は、茶器一つを作るのに、三日もかかったが、冬に入った頃には、一回で茶器一個を作ることができるようになった。

粘土をこねたり、形を作ったりする大きく広い台の上で、順子が気持ちを集中させて、茶器の形を指先を達者に動かして練り上げていく間は、ほとんどしゃべらない。楽しんで夢中になっている様子が、表情に表れている。

台の向かい側では、もも子も茶器作りに熱中している。（口絵頁参照）

母親が傍で見ているのでなく、母親も自分のために作品制作に没頭すると、順子にとっては、《自分が楽しいと思っていることを、母も楽しんでいる》と無意識のうちに感じるのだろう。自分がまるごと肯定されているという空気に包まれて創造性を発揮できるようになるので、陶芸は心を集中できる最高の場になる。反対に、もし母親が横から観察していて、あれこれ口を出したら、最悪の場になるだろう。

二時間で一個の新しい茶器の形を作り終えると、順子はにこやかな笑みを浮かべて言うのだ。

「ああ楽しかった。お茶碗を作っている間は、余計なことは何も考えないで、ただただ楽しいだけだったわ」

順子にこのような新しい変化が生まれたのを感じながら、二〇一七年の新しい年を迎え、正志の手術も無事終えた頃、もも子は十二年の来し方を振り返って、こう思うのだった。

《あの第二次世界大戦の時代に、ナチスドイツがユダヤ人絶滅のために設けたアウシュヴィッツなどの強制収容所を生きのびたヴィクトール・フランクル（手記『夜と霧』の著者で精神医学者）が残した言葉に、「人生に無駄な時間はない、特に悲しく辛い時にこそ深い意味がある」というのがあって、広く「それでも人生にイエスと言う」という名言で知られているけれど、「イエス」と言って肯定的に受け止めるとは具体的にどういうことなのだろうと、わからないでいた。

でも、事故から十二年目が近づいたこの頃になって、やっとわかって来た。順子が気づかせてくれたんだ。》

もも子はよく本を買って読み、感動した言葉を深く考え、自分の心に染み込ませる。家庭の日常の中では、馬鹿笑いなどしていても、生き方に関する知性には、年嵩《としかさ》に相応する豊かさがある。順子の新しい展開を感じる中で、もも子は筆者への手紙に、こう書いた。

〈最近読んだ本の中に、「(子は)お母さんのにおいをいっぱい吸いこんで眠る」という一行があり、はっとしました。私も順子の「におい」をほほにすりつけ、首筋から耳元にかけて、娘のにおいを吸い取っていました。私を一番支えてくれていたのは、「娘のにおい」だったと感じました。

石牟礼道子著の『苦界浄土』の文中、杉原彦次の次女ゆりさん(水俣病患者)の母が語った「ゆりが吐きよる息は何の息じゃろか、草の吐きよる息じゃろか、うちは不思議で、ようくゆりば嗅いでみる。やっぱりゆりの匂いのするとね。赤子のときとはまた違う、肌のふくいくしたよか匂いのするとね。娘のこの匂いじゃとうちは思うがな。……」という言葉。

母親はわが子の魂の存在を「匂い」によって感じている、と石牟礼さんも書かれていました。そして、私は今でも、順子を嗅いでいます。

リハビリのセラピストは、大きな一本の木が根元からゆさぶられて、小さな枝や葉が全部ちぎれ飛んでしまって、木の幹だけ残っている状態を説明してくださいました。でも幹は残っているので、また新しい芽が出て来て茂ると言ってくださいました。赤ちゃんや幼児のスケッチ画のあふれる絵本『幼い子は微笑む』(長田弘詩、いせひでこ絵、講談社)の幼い子たちに感動

しましたが、順子は微笑みながら、幹の中心で光をつかんでいます。〉

〈了〉

あとがき

二〇〇五年四月二十五日午前九時過ぎに、兵庫県尼崎市内のＪＲ西日本福知山線で発生した通勤電車の脱線転覆事故は、死者百七人（運転士を含む）、重軽傷者五百六十二人を出す大惨事となった。

日本が戦後の混乱期を乗り越えて、経済の高度成長期に入った時期に、首都圏で相次いで大規模な列車脱線二重衝突事故が二件発生した。一九六二年五月の国鉄常磐線・三河島駅構内での列車脱線二重衝突事故（死者百六十人、重軽傷者二百九十六人）と翌一九六三年十一月の国鉄東海道線鶴見駅近くでの列車脱線二重衝突事故（死者百六十一人、重軽傷者百二十人）だ。

私は、当時ＮＨＫの記者だったので、これら二件の列車事故の凄絶さを鮮烈に記憶している。三河島事故では、土手上の線路から脱線した車両が土手下まで転落して、車両の先端が民家に突っ込むという異常な情景を曝け出したし、先に衝突した電車から降りて線路上を歩いて駅に戻ろうとしていた乗客たちが、突っ込んできた別の電車に一瞬のうちにはね飛ばされるという事態になった。土手下にいた人たちは、「大勢の人間が空から降ってきた」と言って、大惨事の衝撃を語った。

一方、鶴見事故の現場は、何本もの線路が並行して走る広い駅構内なので、衝突して脱線した電車の一部車両が線路に対し直角方向に飛び出した姿で、衝撃の激しさを物語っていた。

このような走行電車のエネルギーの大きさを、過去の事故事例から見てみると、ＪＲ西日本の福知山線の尼崎事故のように、電車が時速百キロ以上の高速で鉄筋コンクリート造のマンションに突っ込むと、どのような破滅的状態が生じるかは、想像に難くない。

事故が起きた時、航空、鉄道、船舶のいずれであるにせよ、利用者の「なぜこんなことが起こったのか」という疑問に対して答えを出すには、通常の犯罪捜査におけるように、犯人を捕まえれば〝一件落着〟というわけにはいかない。「なぜ」「なぜ」という問いを繰り返し、原因を深掘りして、いわゆる〝背景要因〟や〝組織的要因〟まで洗い出してはじめて、事故を発生させた真因（構造的要因）と事故の全体像を解き明かすことができるのだ。

事故が起こると、被害者は、なぜこんなことが起きたのか、なぜ自分はこんな事故に巻き込まれなければならなかったのかと、加害者（企業など）にぶつける。被害者が求めるものの中心は、一つは責任の明確化と謝罪であり、もう一つは、なぜ事故が起きたのかその原因の解明である。

事故の再発防止という観点からは、後者の原因解明が重要なのだが、この国の事故史を振り返ると、真に再発防止に役立つ事故調査の方法と制度が確立されたのは、二〇〇〇年代になってからだった。三河島事故や鶴見事故、さらには信楽高原鉄道事故については、多くの教訓を導き出す事故原因の調査分析が行われなかったのだ。JR西日本福知山線脱線事故は、科学性をもった事故調査が行われた最初の鉄道大事故となったのだ。

本書は、事故が多くの人々のいのちに損傷をもたらすという側面と、なぜこんな事故が起きたのかという原因究明の側面の両面を、可能な限り微細に掘り下げて、リアルに描き出すように努めた。そう記述することが、事故の真実の姿を浮かび上がらせて、再発防止に役立つと考えたからだ。

大惨事からはや二十年が経ったが、大事故というものは、被害者にとってはもとより、社会全体にとって、決して忘却の彼方に消し去ってはならないものである。本書が「安全安心な社会」の構築の一助となることを願って止まない。

なお、本書の取材・執筆にあたっては、福知山線列車脱線事故調査報告書に関わる検証メンバー・チーム著『ＪＲ西日本福知山線事故調査に関わる不祥事問題の検証と事故調査システムの改革に関する提言』（二〇一一年）、ＪＲ福知山線脱線事故被害者有志著『ＪＲ福知山線脱線事故　２００５年４月25日の記憶』（神戸新聞総合出版センター、二〇〇七年）、松本創著『軌道　福知山線脱線事故　ＪＲ西日本を変えた闘い』（新潮文庫、二〇二一年）、山下亮輔著『18歳の生存者　ＪＲ福知山線事故、被害者大学生の１０００日』（双葉社、二〇〇八年）、鈴木もも子著『ありがとう　わが娘・順子、ＪＲ福知山線事故からのテイク・オフ』（ＰＨＰ研究所、二〇〇八年）、小椋聡・小椋朋子『ＪＲ福知山線脱線事故からのあゆみ　ふたつの鼓動』（コトノ出版舎、二〇一八年）を参考にさせて頂いた。

また、この事故の多くの被害者、関係者のお世話になった。ご協力に感謝します。

二〇二五年二月

著者

柳田邦男（やなぎだ・くにお）

1936年栃木県生まれ。60年東京大学卒業。NHK記者時代の72年『マッハの恐怖』で大宅壮一ノンフィクション賞受賞。その後、作家活動に入り、79年『ガン回廊の朝』で講談社ノンフィクション賞、95年『犠牲〔サクリファイス〕　わが息子・脳死の11日』の執筆とノンフィクション・ジャンルの確立への貢献で菊池寛賞受賞。「現代人のいのちの危機」をテーマに病気、事故、災害、公害、原発問題などのドキュメントや評論を半世紀にわたって書き続けている。主な著書に『零戦燃ゆ』『心の貌 昭和事件史発掘』『新・がん50人の勇気』『「想定外」の罠　大震災と原発』『言葉が立ち上がる時』『「死後生」を生きる　人生は死では終わらない』などがある。

それでも人生《じんせい》にYes《イエス》と言《い》うために
JR《ジェイアール》福知山線《ふくちやません》事故《じこ》の真因《しんいん》と被害者《ひがいしゃ》の20年《にじゅうねん》

2025年4月10日　第1刷発行

著者　柳田邦男《やなぎだくにお》
発行者　大松芳男
発行所　株式会社 文藝春秋
〒102-8008
東京都千代田区紀尾井町3-23
電話　03-3265-1211
印刷所　光邦
製本所　大口製本

定価はカバーに表示してあります。万一、落丁乱丁の場合は送料当社負担でお取り替え致します。小社製作部宛お送り下さい。

ISBN 978-4-16-390637-9